复杂网络视角下的科研社群：
结构、主题与演化

毛　进　著

科　学　出　版　社

北　京

内 容 简 介

　　本书从复杂网络视角将科学知识系统刻画为复杂科学知识网络，并重点聚焦于科研合作网络中的科学家群体聚集结构——科研社群。本书探讨了科研社群的识别方法及其结构和学术属性，以及科研社群的演化事件识别、演化路径抽取和分析，并结合科学系统的语义信息提出主题科研社群概念，深入研究了其识别方法、演化增长规律和动力机制，探究了科研社群与主题的协同演化规律，进而提出了基于可解释机器学习的科研社群演化预测方法，揭示了科研社群的内在演化机理。全书围绕图书情报学领域开展了案例分析和实验研究。

　　本书可为情报学、科学学与科技管理、科学社会学、科技史学、复杂科学等领域的科研、教学及管理人员提供有价值的理论和实践参考，也可供对科学发展过程感兴趣的读者阅读、参考。

图书在版编目（CIP）数据

复杂网络视角下的科研社群：结构、主题与演化 / 毛进著. -- 北京：科学出版社，2024. 9. -- ISBN 978-7-03-079187-0

Ⅰ. G250.255

中国国家版本馆 CIP 数据核字第 20243HJ925 号

责任编辑：郝　悦 / 责任校对：王晓茜
责任印制：张　伟 / 封面设计：有道文化

科 学 出 版 社 出版

北京东黄城根北街 16 号
邮政编码：100717
http://www.sciencep.com

北京市金木堂数码科技有限公司印刷
科学出版社发行　各地新华书店经销

＊

2024 年 9 月第 一 版　　开本：720×1000　1/16
2024 年 9 月第一次印刷　　印张：19 1/4
字数：390 000

定价：208.00 元
（如有印装质量问题，我社负责调换）

序

随着人类社会生产力的发展和文化水平的提升，人们开始对自然界进行深入的探索，科学家作为一种职业逐渐出现。早期的科学家大多是敏锐的自然观察者和思考者，他们非常善于独立观察和思考自然现象，并提出解释这些现象的理论，如古希腊时期的哲学家、数学家毕达哥拉斯、阿基米德，数学家欧几里得，以及我国古代的祖冲之和沈括等。随着 19 世纪现代科学的兴起，科学社会也发生了较大变化，以观察、假设、实验和分析等为主的科学研究方法更加标准化和严格化，不同的科学学科也逐渐分化，构建起专业化的术语和理论体系。在这一时期，科学建制得到了迅速发展，出现了许多重要的科学机构和社团，包括英国皇家学会、法国科学院等团体，为科学家提供了分享研究成果和促进科研合作的平台，大学的产生也使得科学更加专业化、职业化。科学家之间产生了越来越多的互动和合作，逐渐形成科学共同体。现代科学期刊的发展、国际合作的盛行和政府研究机构的兴起，进一步促进了科学共同体的蓬勃发展。可以说，科学共同体作为一种庞大的由研究人员、机构和组织组成的网络，在共同推动科学发展和人类知识进步方面做出了突出贡献。

在此背景下，武汉大学青年学者毛进采用了一种崭新的复杂网络视角，将这种科学社会中的科学家群体定义为科研社群，撰写了《复杂网络视角下的科研社群：结构、主题与演化》一书。科学社会是一个巨大的复杂社会系统，由科学家、科研机构、政府等个体组成，个体之间通过包括学术交流、科研合作、政策制定等在内的各种方式相互作用。借助于复杂网络视角，该书将科学家及其复杂的交互关系抽象建模为科研合作网络，并将研究聚焦于科学社会中的科学家群体结构——科研社群。

复杂网络建模方法在量化研究科学社会中的科研社群方面具有多重优势。一方面，科学家之间的交互关系具有多元化特征，其中，科学家之间的合作关系为核心，将重点放在科学家之间的合作关系上，尽管简化了研究假设，但是能够抓住主要矛盾，揭示科研社群最重要的关键特征。另一方面，复杂网络方法提供了丰富的量化分析方法和工具，能够有效揭示科研社群的静态交互结构和动态演化特征，有助于深入理解科研社群的运行机制。而且，科学社会系统的开放性也能被复杂网络所捕捉，科学社会中的其他维度也能被整合在复杂网络模型中。该书同时考虑了科学家之间的合作关系和科学知识的语义信息，深入探究了科研社群和科学研究主题之间的交互关系，这是该书的一个重要特色。

这部著作是毛进读博以来在该研究方向上长期思考和研究的结晶，受到了多项国家科研项目的支持，是第一本从复杂网络视角研究科研社群的学术著作。在长时间的研究过程中，毛进综合运用了复杂网络分析、文本挖掘和机器学习的多种研究方法，对科研社群的识别、演化和预测开展了一系列系统深入的研究。该书不仅探讨了基于科研合作网络的科研社群识别方法，分析了科研社群的结构特征和学术属性，还提出了一种主题科研社群概念，将不同研究主题的科研社群分层分析，提出融合网络拓扑结构和语义信息的主题科研社群发现方法。围绕科研社群的动态演化问题，该书设计了科研社群演化事件分类框架，提出了科研社群演化路径抽取和分析方法，并揭示了主题科研社群的演化增长规律和动力机制，进而深入地探究了在整体科学研究过程中科研社群与主题的协同演化规律。针对科研社群的演化预测，该书采用前沿的可解释机器学习方法建立科研社群演化事件预测模型，通过预测模型的算法归因揭示科研社群演化过程的影响因素。

我与毛进博士的导师是好友，在他的导师的引荐下，毛进博士和我认识，在与其接触过程中，他的进取和睿智、谦逊和善良让我喜欢上了这个胖乎乎的小伙子。因此，当他将新著书稿发给我并请我为该书写序时，我欣然答应。阅读后，我感觉他把情报学的理论方法融入了科研合作机制和科学共同体演化的研究领域中，其成果会对相关领域研究人员和广大读者产生积极的影响。我相信，在毛进博士的继续努力下，一定会在情报学和信息资源管理领域取得更大的成绩。

该书出版之际，写上几句，是为序。

2024 年 3 月 27 日

前　言

Alone we can do so little；together we can do so much.

单枪匹马，杯水车薪；同心一致，其利断金。

——海伦·凯勒

　　科学是人类认知世界、探索真理的重要手段之一，其既是智慧与勤奋的结晶，也是人类文明进步的推动者。科学研究的本质是人类对自然规律和社会现象的探索与理解，然而这个过程并不仅是由孤立个体努力而推动的，同时更是众多科研人员之间密切合作的结果。在过去的几个世纪里，科学合作一直是科学发展的重要动力之一。从古代的学术交流到现代的国际合作项目，科学合作不断促进着知识的传播和创新。科学合作不仅能够充分利用各方的专长和资源，还能够加速科学发现进程，提高科研成果的质量和影响力。

　　在科学发展历程中，科学合作伴随着科学建制而产生，科学研究所、大学、实验室等科学组织机构的形成，催化了各种形式的科学合作。科学合作不仅受制于科学建制的组织结构和管理机制，同时也会影响和塑造科学建制的发展方向和模式。科学建制不仅提供了科学研究所需的物质条件和组织支持，还承担着培养科研人才、传承科学知识、推动科学进步的重要责任。科学建制的不断完善和优化，有助于提高科研效率和科研质量，促进科研社群的健康发展。随着科学建制的不断深入和拓展，科研社群的规模不断扩大、复杂性不断提高，但仍然主要以建制化的科研组织形式存在。可以说，科研社群通过合作与交流，共同攻克科学难题，推动了科学知识的发展和创新。

　　随着信息技术的快速发展和互联网的普及，科学研究已经进入了数字化和网络化的时代。在过去的几十年里，科研合作受到技术进步、资金结构变化、全球化以及科学探究性质的转变的影响，而发生了显著变化，包括形成了国际化的合作网络，产生了大量的跨学科合作，跨越机构边界的团队规模越来越大，信息和通信技术促使大量实时远程协作的虚拟合作形成，等等。在这个时代背景下，依托科学建制的科研社群呈现出了一些新的特点和趋势。首先，科研社群的国际化程度不断提高，科研人员之间的跨国合作愈发频繁，科研成果的国际化程度也在不断提高。其次，科研社群的多样化特点日益显现，不同学科、不同领域的科研人员之间开展了更加广泛和深入的合作，形成了跨学科、跨领域的科研合作网络。最后，科研社群的虚拟化和数字化程度不断提高，科研人员通过网络平台和科研工具进行远程合作和交流，加速了科研信息的传播和共享。针对这些新的变化，区别于科学建制的组织视角，需要采用新的研究视角来探究科研社群的形成、结构和演化，从而深入理解科研社群和科学合作的本质，也有助于推动科学研究的进步和创新。

有鉴于此，本书尝试借助近些年来涌现的复杂科学来研究科学系统中的科研社群。本书的一个重要的视角是将科学知识系统刻画为复杂科学知识网络，而科研合作网络是这种复杂科学知识网络的一个截面。因而，可以将科研社群理解为科研合作网络中的科学家群体聚集结构，从而借助于复杂网络分析，并结合机器学习技术，系统地研究科研社群的结构、特征、演化过程。本书首先剖析科学知识网络和科学结构，定义科研社群，探讨科研社群的识别方法及其结构和学术属性，以及科研社群的演化事件识别、演化路径抽取和分析；其次结合科学系统的语义信息提出主题科研社群概念，深入研究其识别方法、演化增长规律和动力机制，探究科研社群与主题的协同演化规律；最后，提出基于可解释机器学习的科研社群演化预测方法，揭示科研社群的内在演化机理。

本书是在我的博士学位论文及之后课题组多年研究成果基础上所做的系统梳理与汇总。全书由我主笔，在整个研究过程中得到了我的恩师李纲教授的悉心指导，课题组多位同学也参与了部分研究工作和资料收集工作。马铭、向姝璇参与了第 1 章的资料收集工作，董姝仪、梁瑜萱、汪弈辰分别参与了第 2、3、4 章的资料整理工作，唐晶参与了第 4、7 章的研究工作，田云裴主要完成了第 8 章的相关实验，权志邦参与了第 8 章的资料整理工作。课题组多位博士生也为本书的内容撰写提供了宝贵的意见。

本书的研究得到了国家自然科学基金创新研究群体项目"信息资源管理"（编号：71921002）、面上项目"基于'问题-方法'关联识别的科学知识创新探测与协同演化分析"（编号：72174154）、青年科学基金项目"基于学术异质网络表示学习的知识群落发现"（编号：71804135）和博士后科学基金面上一等项目"融合语义与关系的科研社群识别与演化研究"的资助，也得到了武汉大学第七批人文社会科学青年学者学术发展计划"数智赋能科技创新治理：方法和政策研究"团队的支持。我要衷心感谢苏新宁教授为本书作序。苏新宁教授是情报学领域的著名专家，他的学识和经验令我十分敬佩。苏教授非常平易近人，在日常交流中经常给予我莫大的支持和鼓励。感谢科学出版社对于本书选题和内容的认可，特别感谢邓娴等编辑老师在书稿的编辑和整理过程中所付出的辛勤努力，这些都对书稿的最终质量起到了关键作用。

期望本书能够为科学研究者、科研管理者和政策制定者提供有关科研社群及其演化规律的全面理解和分析方法，帮助他们更好地理解和利用科研社群，推动科学研究的发展和创新。同时，期望本书能为情报学、科学学与科技管理、科学社会学、科技史学、复杂科学等领域的研究者提供研究思路和方法，为未来的研究工作提供重要的参考和借鉴。

毛　进

珞珈山下，东湖之滨

2023 年 11 月

目　　录

第1章 复杂网络与科学知识网络

在当今信息时代，科学研究和知识传播发生了革命性的变化。复杂网络与科学知识网络的兴起对我们理解科学的本质以及知识的传播方式产生了深远影响。复杂网络与科学知识网络的交汇融合逐渐成为一个备受瞩目的领域，为我们提供了全新的视角来理解和推动科学的发展。

科学知识网络，作为一个包罗万象的概念，代表了科研领域内的合作与知识共享，同时扮演着知识生成、传播和演化的角色。这一网络不仅是科学家之间互相沟通的桥梁，还是科学研究的催化剂。它有助于推动科学的创新，促进学科之间的交叉合作，加速知识的传播和应用，从而为解决当今社会和环境面临的复杂问题提供了重要支持。科学知识网络也为政策制定者、研究者和学生提供了丰富的资源，以使其更好地理解科学领域的发展趋势和知识的前沿。

科学知识网络与复杂网络有着紧密的联系。一方面，复杂网络理论是理解科学知识网络的基础，因为科学知识网络本质上是复杂网络的一种表现形式，它由科学家、研究机构、出版物、引用关系和研究方向等多种科学知识系统元素构成，这些元素之间的相互关系和交互作用形成了一个复杂的网络结构。另一方面，复杂网络理论提供了分析和理解科学知识网络的工具和框架，通过复杂网络方法，可以揭示科学知识网络中的关键节点、信息传播的路径、合作网络的结构等重要特性，这有助于更好地理解科学知识的传播和演进机制。

因此，想要了解并掌握"复杂网络与科学知识网络"，本章首先将介绍"复杂系统与网络科学"，通过了解其概念，以便更好地理解复杂网络和科学知识网络背后的原理。其次，将深入研究"复杂网络"，重点关注其结构特征、模型和动力学，以帮助读者理解科学知识网络作为一种复杂网络的重要性。最后，将探讨"科学知识网络"，强调它在科学研究、知识传播和社会创新方面的作用。这三节的有机组合将为我们提供更深入、全面的理解，有助于揭示科学领域的复杂性和知识传播的机制。

1.1 复杂系统与网络科学

我们居住在许多错综复杂系统的环绕之中。例如，在我们的日常生活中，涉及诸多相互交织的系统，如交通、经济和社会网络等。交通系统决定了我们的出行方式，经济系统塑造了职业生涯和经济状况，社会网络则深刻地影响了人际关系和信息获取途径。这些系统可以统称为复杂系统，其特点在于相互连接、相互影响，共同形成了一个庞大而精密的整体。它涉及自然科学、工程学、经济学、管理学和人文与社会科学等各个领域。复杂系统内各组件的相互作用塑造了一个包含离散事物及其相互关系的网络结构，通常通过节点与节点间的连边来描述。从网络科学的角度来看，我们能够利用网络来描绘现实中的各种情境，比如，社交媒体中用户间的信息传播、城市道路交通流动等任何相关实体及实体关系，从而深化对复杂系统的理解。

　　复杂系统和网络科学已经成为国际国内的研究热点。自然和生命等许多领域的基本科学问题，已经紧紧与复杂性研究联系在一起。随着经济全球化、信息网络化的发展，社会、经济、环境、资源等方面和领域的实际问题也越来越突出地显现出系统性和复杂性的特点。例如，2021 年的诺贝尔物理学奖分别颁发给了真锅淑郎（Syukuro Manabe）、克劳斯·哈塞尔曼（Klaus Hasselmann）和乔治·帕里西（Giorgio Parisi），以肯定他们在"深化我们对复杂物理系统理解的开创性贡献"方面所做出的杰出贡献（Bianconi et al.，2023）。正如诺贝尔奖的新闻稿所言："他们奠定了研究地球气候以及人类如何影响气候的基础，同时彻底改变了无序物质和随机过程的理论。"（The Nobel Prize，2021）

　　同时，考虑到底层结构对系统行为的显著影响，除非深入研究网络构架，否则将难以深刻理解复杂系统。因此，网络科学的不断发展成为理解复杂系统宏观行为的基石。目前，复杂系统与网络科学已应用于各种跨学科的领域，包括气候科学、流行病学、信息技术、社会科学和工程学等。深入研究复杂系统和网络科学，可以更好地理解全球性挑战，改善技术和工程应用，推动科学和技术创新，了解人类行为和社会系统。这些领域的研究对于解决当今最复杂的问题，提高决策的质量以及推动社会进步都具有重要意义，为我们的现实生活和未来的发展提供了宝贵的见解和分析工具。了解复杂系统和网络科学的基本概念和方法将有助于读者应用这些知识来解决实际问题（Thurner et al.，2018）。

1.1.1　复杂系统

1. 复杂系统的概念与定义

　　科学技术在过去的一个世纪中实现了巨大的进步，使人类对自然和生命等复杂系统有了更加深刻的理解。这一进步的推动力之一就是还原论方法，该方法被认为是现代科学的基本方法之一。在科学研究中，当科学家试图理解研究对象的性质和规律时，他们会采用还原论方法，将复杂的对象分解成更基础的部分,以便更深入地了解每个部分的结构和属性。这种分解的过程帮助科学家逐步推导出整体的属性,从而为认识复杂系统提供了框架和途径。复杂问题的简化是科学研究发展的一个关键因素。通过将复杂问题化简为简单的部分,科学家能够更有效地深入研究每个组成部分,并在理解其基础属性的基础上,逐步还原并解决整体问题。这一方法推动了科学研究的不断发展,为大量重大发现奠定了基础。许多重要的科学发现都源自还原论方法。以生物学为例,逐步分解生物体的结构和功能,可以揭示细胞内复杂的生化过程。在物理学领域,对微观领域的还原研究揭示了粒子物理学的奥秘。这种还原论方法不仅有助于深刻理解事物的本质,还为跨学科研究提供了有力的工具,推动科学实现了跨越式的发展(狄增如,2011)。

随着研究问题复杂程度的不断提升,人们逐渐意识到,仅仅通过了解系统的基本结构单元的性质和规律,不能充分理解系统的行为,其行为和特性远非由其组成部分的简单相加所能解释的。这一认识引发了对更深层次、更全面理解复杂系统的追求。例如,我们无法在实验室中对基因进行简单的复制和剪切以获取相应的基因表达物。复杂系统内各组分间的相互作用以及组分间的演化和涌现等行为无法通过还原论方法得以复现。在此背景下,整体论和系统论的重要性逐渐为人所熟知,基于整体论和系统论的视角分析复杂系统整体与部分以及结构与功能的复杂性的研究逐渐兴盛。1999 年,《科学》(*Science*)期刊发表了探寻复杂系统形成原因与自然规律的文章,认为结构化的复杂系统同样遵循简单的自然规律(Goldenfeld and Kadanoff,1999)。在现代科学技术的九大学科部类体系中,钱学森院士为系统科学赋予了更为明确的定位。他认为,系统科学不仅是一门学科,更是一种方法论,一种研究客观实际的方式。这种方法强调从整体与局部的关系角度出发,深入探讨系统内各要素之间的相互作用,从而全面理解和分析系统的运行规律(钱学森,2007)。

综合来看,还原论、整体论、系统论和复杂性研究共同构成了复杂系统科学方法论的进化过程。这些方法的有机结合和辩证统一推动了复杂系统科学的发展,为解决复杂性问题提供了更全面的视角。复杂系统作为系统科学的重要分支,也是复杂性科学主要的研究方向之一。尽管复杂系统这一重要学科已经存在了半个世纪,然而,复杂系统理论仍处于初级阶段,对于其明确定义尚未达成一致意见(汪寿阳等,2021)。这一领域的研究迫切需要更深入的思考和理论构建,以更全面地理解复杂系统的本质。复杂系统的构成涉及多种元素,包括物理实体、个体、机构等。这些元素之间的关系错综复杂,形成了系统的内在结构和动态,使得研究者需要在理论和实践中深入挖掘这些元素之间的相互关系。在复杂系统中,元素之间的相互作用是其独有的特征,这种作用不仅包括简单的线性关系,还包括非线性、动态和适应性等多种属性。这些复杂而多面的相互作用使得系统的整体表现不仅仅是成员表现的简单加总，使得系统的行为更为丰富和复杂（Newman，2011）。

复杂系统理论结合了数学和物理原理，借用了生物学和社会科学的概念，并使用了新的计算技术，以试图根据其组成元素及其在网络环境中的相互作用来理解这些属性。随着全面的大规模数据集的出现，关于复杂系统理论的猜想的可验证性不断增强。运用复杂系统理论的目标是理解相互关联系统的动态系统结果，控制和设计如经济、金融、城市、气候和生态等系统的属性。虽然复杂系统理论在某种程度上构建在早期尝试理解相互作用系统的基础上，如还原论、整体论或系统论，但它已经发展为一个独立的科学分支，具有定量、可预测和可验证的性质，可被视为自然科学的一部分（Thurner et al.，2018）。

2. 复杂系统集体行为的理解

复杂系统由许多组分构成，这些组分之间通过多种相互作用紧密联系，形成了超越个体功能之和的整体体系（Gallagher and Appenzeller，1999）。这种整体性质使得系统的行为不是各个组分行为的简单加总，而是表现为一种新的集体行为，有时被描述为涌现行为。因此，一个由显示涌现行为的相互作用的单元所组成的系统可被看作一个复杂的系统。简单的复杂系统通常包含一定数量的个体，但这些个体之间的关系表现为线性、简单、机械的相互作用。一个典型的例子是理想气体，理想气体中系统由大量微小的质点组成，这些质点没有体积，只有质量，分子之间仅涉及完全弹性碰撞，碰撞中能量守恒、动量守恒。在研究这类系统时，采用简单的统计平均方法成为一种有效的研究途径（狄增如，2011）。对系统中各个个体的统计特性进行分析，可以揭示整个系统的一般性质，为深入理解和预测系统整体行为提供了便利。这种方法虽然相对直接，但更适用于那些相互作用关系相对简单、呈线性的系统类型。

然而，复杂系统通常具有更高的复杂性，因此更难以研究和理解。它们涵盖了多个领域，如社会系统、经济市场、人体免疫、动物行为、信息系统等（Newman，2011）。复杂系统的行为通常不能通过简单的规律或线性关系来描述，而涉及非线性效应和相互反馈的复杂动态过程。这意味着系统的整体行为不是各个组件行为的简单叠加，而是由相互作用和反馈引发的复杂动态过程。由于系统的非线性特性和相互作用效应，复杂系统的行为通常具有难以预测的特点，微小的变化或扰动可能引发系统的巨大变化或相变。

例如，在蛋白质网络中，微小的 pH 值的变化或少量的氨基酸替换，将折叠成完全不同的 3D 蛋白质结构。在无序的磁性系统中，每个自旋通过改变自己的方向响应缓慢变化的外部场，进而形成巴克豪森（Barkhausen）噪声（Sethna et al.，2001）。但复杂系统也具有自组织和自适应的能力，能够通过适应环境的变化和内部的相互作用来调整自身结构和行为，以达到某种稳定状态。例如，在股市系统中，股票价格由许多投资者之间复杂的相互作用决定，并且价格变动也呈现出幂分布特征（Stanley et al., 2002）。复杂生态网络中，物种、种群等同样在与环境或其他因素的相互作用下维持着动态平衡。

复杂系统的规模与复杂性之间并非呈现简单的正比关系，复杂系统规模的扩大并不一定导致系统更加复杂。复杂性的决定因素主要集中在两个关键方面：首先，个体之间存在非线性相互作用，这种相互作用是系统宏观行为的关键因素；其次，个体必须具备适应性，即能够根据环境变化调整其行为。系统内的非线性相互作用是复杂系统宏观行为的关键，使得整体行为无法简单通过个体行为的简单叠加来解释。此外，系统结构呈现出空间上的多尺度和多层次，不同尺度和层次之间表现出复杂多样性。非线性因素的存在导致大规模问题无法简单地通过小规模的叠加方式解决，同时在高级别上显现的特性也不能直接根据低级别的性质解释。这凸显了理解复杂系统的挑战和重要性，需要综合考虑其多层次、多样性和非线性特征。

3. 复杂系统研究前沿

复杂系统理论是系统科学中的前沿领域，也是复杂系统研究的核心任务，对复杂系统进行分析已成为现代科学面临的最大挑战之一。其主要目标在于揭示那些难以用传统科学方法解释的动态行为。随着研究的深入，发现孤立地采用概念或实体来研究复杂系统，即运用还原论方法并不足以充分理解复杂系统。相反，研究复杂系统没有单一的途径，需要在采用新的方法促进多概念整合的基础上，采用模式识别、分类、可视化等计算技术以及协作环境和数据共享平台等工具和方法来探究概念化的复杂系统理论，更好地理解复杂系统的结构和动力学（Comin et al., 2020）。尽管这些方法看似多种多样，但事实上，大多数方法都有一些共同的元素，强调综合应用整体性和分解性思维来分析系统。传统复杂系统理论分析涉及两种基本方法。

一种方法是构建简化的数学模型，学者致力于提取真实系统行为的关键定性元素，以建立可解释的框架，从而获取科学洞见。这一方法的工具涵盖了动力系统理论、信息论、网络分析等方法。通过这些手段，研究者能够深入分析系统的基本特征，揭示系统中的重要相互关系，为科学理解提供有力支持。典型例子如下。

复杂系统中的关键枢纽发挥着关键的动力学和结构作用，常被称为影响者（influencers）。最近，在《自然通讯》（*Nature Communications*）杂志上发表的一篇论文中，研究人员基于振荡动力学原理，发现将影响者置于某个最佳噪声强度下，可以增强系统的同步效应。这一效应源于系统结构和随机性之间的协同作用，具有高度的非线性特性，当噪声过强或过弱时会消失。研究人员进一步发现，在具有耦合振子的复杂系统中，影响力枢纽能够显著增强系统的动态响应。这一发现强调了影响者在复杂系统中的重要性，以及它们如何影响系统的动力学行为（Tönjes et al.，2021）。

新冠疫情的暴发对科学研究产生了广泛的影响。一方面，防疫和经济政策的制定参考了最新的科研成果，这对应对疫情产生了积极的影响。然而，另一方面，一些决策者可能会忽视重要的科学依据，或者受到不够严谨的研究的误导，这也在一定程度上影响了应对疫情的效果。在发表在 Science 杂志上的一篇文章中，研究者对新冠疫情后的政策和科研数据进行了综合分析，分析了不同系统间的共同演化规律。研究表明，在应对人类社会的突发危机时，科学理论作为决策的依据至关重要，而科学共同体的判断可以为理论的可靠性提供坚实的支撑（Yin et al.，2021）。

另一种方法是利用计算机模拟构建更加全面真实的仿真模型。模型涵盖了复杂系统相互作用的各个组成部分，包括微小的细节，以深入研究系统的涌现行为。在这一方法中，蒙特卡罗模拟在基于代理的模拟中扮演着关键角色。通过蒙特卡罗模拟，研究者能够模拟系统中的随机变化和不确定性，进一步深化对复杂系统行为的理解。典型例子如下。

面对突发性事件的随机性以及偶发性，来自法国里昂大学等科研机构的研究者提出了一个新的方程式来构建一个能够捕捉突发事件的分析框架。在该模型中，研究者分析了异质时间下的相互作用，将阈值时间模型和传染病模型的相互作用进行了对比。研究者发现，增大事件出现的时间方差对于阈值时间模型而言，可以加速或者减速传播，但对于传染病模型而言，则可以减慢传染病的传播速度。这一特性对于理解物理系统和社会系统中的信息传播至关重要（Unicomb et al.，2021）。

1999 年，一篇发表在 Science 杂志上的关于无标度网络（scale-free network）的文章成了被引用次数最多的文章之一（Barabási and Albert，1999）。然而，近几年来，无标度性在真实网络上的普遍性受到了质疑。在 2019 年发表在《自然通讯》上的 "Scale-free networks are rare"（《无标度网络是罕见的》）一文中，作者使用幂律模型拟合各种真实网络，指出无标度网络是罕见的（Broido and Clauset，2019）。2021 年，发表在《美国国家科学院院刊》（Proceedings of the National Academy of Sciences of the United States of America）上的一篇文章使用有限尺度缩放方法探究了约 200 个真实网络的无标度性是否与其有限的网络规模有关，以验证真实网络上无标度性是否普遍存在。研究发现，不论网络规模如何，大多数网络都表现出了相同的幂律行为，这包括蛋白质相互作用网络和超链接网络等。然而，在某些情况下，特别是在交通运输和社交等网络中，有限的网络规模会导致明显的幂律行为偏差。因此，研究得出结论：许多自然发生的网络的无标度性是客观存在的，但常常因有限的网络规模而难以直接被观察到（Serafino et al.，2021）。

尽管复杂系统理论目前仍处于起步阶段，但它可能会引领一场系统科学的新革命，甚至对整个传统科学方法产生深远影响。综合运用这两种方法，有望更深刻地理解和解释复杂系统的行为，从而在多个领域带来重大科学发现。具体来说，复杂系统的主要研究方向或研究问题包括以下几个（汪寿阳等，2021）。

（1）复杂系统的基本性质与演化机理。复杂系统在结构特征和基本性质方面呈现出多职能和多元化，其复杂且多样的结构使其能够执行多种职能。这种多元化性质赋予系统活跃性，使其在不断发展中能够保持活跃状态、持续学习、完善或重新组织。此外，复杂系统呈现开放状态，能够积极吸收周边环境信息，实现持续进化，不断朝着适应环境的方向发展。受到科技发展的深刻影响，人际关系和物质之间的联系日益紧密，给复杂系统带来了变革与挑战。在应对这一挑战的过程中，需要发掘系统在外部发展方面的规律，制定长期时间序列的策略，并建立高度非结构化的模型，以更好地理解和应对系统的变迁。这一系列研究和努力将有助于构建更为强大、灵活的管理系统，以应对日益复杂和变幻莫测的环境（Errickson et al.，2021；Liu et al.，2015）。

（2）复杂系统的知识和信息融合。随着社会数字化程度的提高以及大模型、无人驾驶、量子计算等颠覆性技术的涌现，以往"陈旧"的复杂系统知识不足以支撑构建和描绘新系统的运转模式。我们需要在数据驱动模式的指导下，利用人工智能、通用大模型等先进技术实现异构数据的融合汇聚和智能计算，实现领域知识的及时补全与修正优化（Duan et al.，2021；Grimm et al.，2005）。

（3）宏观经济与金融复杂系统。国际政治动荡，加之近年金融创新，如加密货币和数字货币的兴起，已经给各国的经济带来了许多不确定因素。尽管这些因素给资本市场带来了新的机遇，但也使政府监管和投资者的挑战更为复杂。因此，复杂系统方法为解决上述问题提供了新的分析途径，利用系统动力学方法、自组织理论等可以帮助制定经济复苏的可行政策，化解系统性、偶发性的重大金融风险。通过对上述问题的解决与防控，我们能更有效地应对系统性风险，从而确保资本市场的稳健发展（Carleton and Hsiang，2016；Yoon et al.，2021）。

（4）复杂管理系统的智能优化、仿真和调控决策。面对复杂化的管理系统，由于需要同时考虑多种复杂性因素，确定预期目标和评价标准变得愈发困难。管理的核心环节在于优化和决策，因此，需要发展新的理论来满足实际需求。一个可行的解决方案是将人机混合模式与现有决策系统相融合，通过"专家智慧＋AI"的模式驱动复杂系统的协同和资源调度，新决策要素的识别和测度，以及非结构化异质数据的融合和决策分析等问题的解决与推进（DeFries and Nagendra，2017；Yun et al.，2017）。

4. 复杂系统研究的应用价值

复杂系统在日常生活、科学、经济中扮演着重要角色，宏观世界复杂系统涌现性问题已成为各学科领域的重要研究议题，对复杂系统的理解、数学描述、预测和控制也进而成为 21 世纪的主要科学挑战之一。具体来说，复杂系统研究的重要应用价值体现在以下几方面（狄增如和陈晓松，2022）。

（1）生命现象复杂性研究。生命现象是复杂系统领域中最为典型和引人注目的研究对象之一。传统的生物学研究主要以还原论研究范式为指导，强调将生物系统分解为更基础的部分，以深入了解其分子层面的结构和功能。DNA 分子和中心法则的发现推动了我们对生物系统内部运作机制的深刻理解。前者为遗传信息传递提供了关键的线索，后者则揭示了生物体内各种生命现象在分子水平上的基本原理。2020 年，由北京师范大学和中国科学院物理研究所组成的研究团队在《中国物理快报》（*Chinese Physics Letters*）上发表了题为"三维单量子点跟踪揭示附着细胞的准二维扩散"（Quasi-two-dimensional diffusion in adherent cells revealed by three-dimensional single quantum dot tracking）的研究成果（Jiang et al.，2020）。研究团队通过发展先进的实验观测技术，首次发现了生物大分子的稳定运输模式，揭示了细胞内分子的扩散规律，研究成果进一步深化了对细胞迁移机制的理解。英国物理学会的《物理世界》（*Physics World*）杂志在该文章发表后对其进行了特别报道。

（2）社会经济系统中的规律挖掘。2008 年的全球性金融危机不仅是世界经济系统的危机，也是古典经济学理论的危机，它促使学术工作者从系统复杂性的角度重构经济学。在《贷款违约通过信贷创造驱动的商业周期：基于代理人的视角》（The business cycles driven by loan defaults via credit creation: an agent-based perspective）一文中，Yu 等（2022）使用自底向上的研究方法，构建了一个多主体模型，旨在揭示由信贷扩张-破产-信贷紧缩的连锁反应所形成的周期性模式。该研究团队使用了校准后的结构向量自回归（structural vector autoregression）模型，以揭示可能的因果链条。这有助于解释银行资本的顺周期性和货币政策的银行资本渠道。重构经济学的研究，体现了系统科学思想和方法对科学认识经济、金融系统复杂性的重要作用。

（3）认知行为与群体智能。复杂系统的复杂性的典型例子是大脑的结构和功能，这一系统涉及分子、神经网络、神经系统等多个层次。利用复杂性思维，系统化地研究大脑结构、功能和建模，是脑科学研究一直以来的重点。Zeng 等（2022）在《空间导航的几何表示理论》（A theory of geometry representations for spatial navigation）一文中提出了联合编码理论，该理论基于几何感知到认知地图构建的全过程，解释并预测了一种新的几何细胞。进一步地，该研究在机器人仿真平台上利用预测的几何细胞编码，快速构建了稀疏的半米制拓扑认知地图。这一成果不仅拓展了我们对大脑空间导航和认知机制的认识，同时也为发展受大脑启发的自主智能系统提供了创新的思路。

在当前科学研究中，大脑认知科学与集群行为和智能的研究呈现出平行发展的趋势。集群行为和智能的研究作为系统科学的一个关键领域，对系统科学的发展，以及智能系统和人工多主体系统的协同具有重要的推动作用。以鱼类集群行为研究为例，该研究关注鱼类在游动中如何与周围环境和同伴互动，从而产生集群行为。这样的研究不仅在理论上有助于深刻理解集群行为的本质，同时也为实际应用提供了实用的见解，特别是在搜索和救援行动、环境监测、无人机群操纵等领域具有潜在的应用前景（Jiang et al.，2017）。

（4）科学系统建模及科学学（science of science）。随着科学的不断发展，科研团队数量以及科研团队出版物的数量也随之大幅增多。科学家之间的联系途径也变得愈加多元，包括共同发表研究成果、参与国际研讨会、开展合作项目、引用等方式，使得科学界形成了紧密的网络。这种联系在很大程度上推动了科学的发展，但也导致科学系统复杂性增大。近年来，将复杂系统的研究方法引入学术领域的研究活动中的趋势越发明显。学者通过网络科学、动力学和统计学等分析方法，构建科学系统模型，以数据驱动的方式揭示科学系统中涌现的群体现象，挖掘科学活动中的规律和机理，进而形成了一个新兴的研究领域，称为科学学（Zeng et al.，2017）。

在将科学视为复杂系统的工作中，通过建立系统不同尺度和维度之间的联系来揭示科学研究中的隐藏规则和模式成为研究的主流范式。科学学的研究主题涵盖了理解和建模科学系统的结构和动力学模式（Peterson et al.，2010）、预测系统的演变、早期识别有发展前景的组件（Newman，2014）、发现在科学上取得成功的途径以及厘清知识的创造和传播机理（Jones et al.，2008）等更具实际意义的问题。在所有这些研究领域中，复杂性科学的方法在提供新见解方面发挥着独特的作用。最突出的方法是复杂网络。用复杂网络描述学术数据揭示了几个重要的结构属性，包括高度的集聚趋势、丰富的俱乐部效应和社区结构，利用这些属性可以预测未来的链接（交互）和建立捕捉系统演化机制的网络增长模型（Zeng et al.，2017）。同时，科学学的研究实际上也在通过提供通用的分析方法和高质量的经验数据库，推动着复杂性科学的发展。

1.1.2　网络科学

网络科学，是一门关于网络的科学。这门兴起于世纪之交的科学，起源于对现象的观察、对数据的解读、对规律的揭示，以及对科学普适性的追求。通过描述对象、流和数据的结构，网络科学致力于探究自然界广泛存在的网络所具有的一般性规律（Thurner et al.，2018）。

网络科学的起源可以追溯到 1735 年的哥尼斯堡（Shields，2012）。当时，一座城市的政府在市区周围的河流上建造了七座桥（图 1-1）。面对不同的出行选择，数学家提出了一个问题：是否可能找到一条路径，只穿越每座桥一次，且路径有一个起点和一个终点？瑞士科学家 Euler（1741）观察到穿越城市四个独立部分的实际路线与问题无关，并将区域压缩为一个点，进而以图论的方法提供了科学的解答。他发现具有奇数链接的节点超过两个时，这样的路径是不存在的。

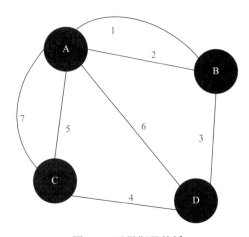

图 1-1　哥尼斯堡的桥

欧拉是第一个解决现实世界网络问题的人，他从根本上消除了数据中不必要的细节，并将简化的系统表示为网络。欧拉的证明生动地展示了网络科学如何应对复杂性挑战。人们发现，尽管复杂系统千差万别，但这些系统背后的网络，无论是在结构方面还是在演化方面，都受到一些共同的基本规则和原理的支配。以细胞网络为例，它描述了基因、蛋白质和代谢体之间的相互作用，并将它们有机地组织成活跃的细胞结构。社交网络则包括职场、朋友和家庭关系，它在人类社会中扮演着重要的角色，决定了知识、行为和资源在社会中的传播方式。因此，尽管现实世界中的网络在形态、大小、性质、年龄和领域上各异，但它们都遵循着相似的组织原则。如果不考虑网络中每个组成部分和链接的具体特性，我们所得到的网络在许多方面都非常相似。网络科学为我们提供了一种通用的语言，使不同领域的研究者能够轻松地进行跨学科交流。虽然每个领域都有其独特的研究目标、技术手段和科学挑战，但许多问题实际上具有相似的性质，这为跨学科工具和思想的交叉探索提供了机会。事实上，不同领域的科学家面临着类似的任务，包括描述复杂系统内部的连接模式、从不完整和嘈杂的数据集中提取信息，以及理解系统在面临故障或受到攻击时的稳健性（巴拉巴西，2020）。

复杂系统与网络科学之间存在着紧密的关联关系。研究复杂系统的必要性在于对整体涌现性行为进行动力学分析，这要求首先深入刻画个体的动力学行为以及个体之间的相互作用关系。个体之间的非线性相互作用被认为是决定系统复杂性的关键因素。因此，准确刻画系统中的相互作用关系对于研究复杂系统具有重要意义。近年来，应用网络结构描述复杂系统中个体之间的相互作用关系的网络科学分析受到广泛关注。通过刻画网络结构并研究网络动力学，学者揭示了一系列的复杂系统规律，如小世界性质、幂律分布、社团结构等，上述研究也成为学者进一步理解复杂系统宏观行为的基础。

实际上，任何包含多个个体和多个个体相互作用的复杂系统都可以抽象为复杂网络。复杂网络的意义在于为理解复杂系统的性质和功能提供了基础，尤其是可以对涌现现象的复杂性进行分析。涌现现象表现为整体性和全局性，采用传统的分析方法难以深入研究。因此，考虑个体之间的关联和相互作用成为理解复杂系统的关键。在这一背景下，网络科学为探讨复杂系统提供了基础，强调了网络结构在系统行为中的关键作用。底层结构对于系统行为具有重大影响，而要深入理解复杂系统，就必须深入研究网络结构。因此，网络结构与复杂系统的行为和涌现现象密切相关。这一观点强调了网络科学在复杂系统研究中的基础性贡献，为科学家提供了理论框架和方法论，以使其更好地理解和解释复杂系统的复杂性。

网络科学尽管是 21 世纪的新兴学科，但其对科学、技术、商业和自然的重要性远超预期。在经济领域，大型互联网公司如谷歌、苹果、脸书和推特，它们的技术和商业模式都深受网络科学的影响。特别是谷歌公司，拥有规模庞大的万维网，其搜索技术与网络科学密切相关。在医疗健康领域，21 世纪初的人类基因图谱项目展现了一种独特的网络图谱。随着对网络科学的深入研究，学者开始关注精确绘制人脑神经元之间相互连接的地图，这成了当前研究的热点。研究人脑神经图谱可以为更好地理解和治疗多种神经系统疾病和脑疾病提供新的视角。美国国家卫生研究院于 2010 年启动了人类连接组计划，旨在创建哺乳动物脑神经元地图，这一举措进一步强调了神经图谱研究的重要性。另外，2019 年新冠病毒大规模传播，网络科学被应用于知识图谱的构建，以挖掘顶级临床候选药物，进而用于 2019 年新冠病毒的治疗，成为备受关注的应用领域。

此外，恐怖主义问题一直困扰着人类社会。网络思维被用来破坏恐怖组织的金融和通信网络，并绘制组织成员关系地图，从而有效地打击了恐怖主义。这一领域的研究对于维护全球安全具有重要意义。

1.2　复　杂　网　络

复杂网络是一个跨学科的领域，融合了复杂系统和网络科学的元素。运用其深入研究网络结构、模型以及动力学，促使我们更全面地理解复杂系统和网络科学。

复杂网络的结构特征涉及网络的拓扑属性，包括节点中心性（centrality）、集聚系数、网络规模、网络密度等。通过研究这些特征，能够深入了解网络中节点之间的关联关系以及信息传播的规律。例如，节点中心性揭示了网络中存在的一些重要的"关键节点"，它们在网络中具有极高的连接度，对信息传播和网络的稳定性具有巨大影响。

复杂网络模型是为了模拟和描述真实世界中的复杂网络而设计的数学和计算模型。这些模型的建立目标是捕捉网络的特定特征和行为。例如，小世界网络模型用于解释网络中的短路径现象，随机网络模型用于模拟随机网络的生成，无标度网络模型则被用于描述存在极少数量的超级节点的网络。这些模型有助于更好地理解网络的生成机制和演化过程。

复杂网络动力学关注的是网络中的节点和链接随时间演变的过程。它包括信息传播、节点行为的变化、网络的演化等方面。通过研究复杂网络动力学，可以理解网络中的信息传播、合作、竞争以及自组织等复杂现象。例如，研究社交网络中疾病传播的动力学可以帮助预测疫情传播的趋势。

这三个方面，即复杂网络的结构特征、复杂网络模型以及复杂网络动力学，相互交织在一起，共同构成了复杂网络研究的重要组成部分。它们协同作用，帮助我们揭示和理解网络中的各种行为和现象，为学者研究复杂系统和网络科学提供了更深刻的见解。

1.2.1 复杂网络的结构特征

复杂网络的结构特征是理解各种互联系统中出现的复杂模式和特性的基础。现实中，人们感兴趣的网络往往很大，要深入理解大规模网络背后的隐藏含义，首先需要了解网络的基本参数或结构特征。对于有 N 个节点、E 条边的网络图 G，可表示为 $G = (N, E)$。

1. 网络规模

网络规模通常指节点的个数 N，少数情况下，也可用网络连边 E 的数量进行表示。网络中的连边具有方向性，包括有向和无向。例如，万维网中的链接是指从一个网页链接到另一个网页，这是有向的网络连边。电力网络中，电力传输线可看作是无向的，因为电流可以沿着两个方向移动。

2. 网络路径和距离

网络中，路径是指沿着网络中的链接或边行走经过的路线，路径的长度表示其包含的链接个数[图1-2（a）中，节点1和节点6之间的一条路径对应的线路为1→3→5→4→2→6，路径长度为5]。网络科学中，路径具有一些重要性质，如最短路径、网络直径和平均路径长度。最短路径是指两个节点之间的最短连接路径[图1-2（b）中，节点1和节点6之间的最短路径为3，路线为1→3→2→6]。最短路径的长度通常被称为两个节点s和v之间的距离，记为$d_{(s,v)}$，其数量并不唯一。网络直径，记为d_{max}，是指网络中所有最短路径的最大长度。平均路径长度，表示为$\langle d \rangle$，是指网络中所有节点对之间的平均距离。

3. 网络密度

网络密度D通常定义为在具有N个节点的网络中，连边数量E与可能的连边数E_{max}的比率。因此，网络密度代表了网络的未来发展潜力。

$$D = E / E_{max} \tag{1-1}$$

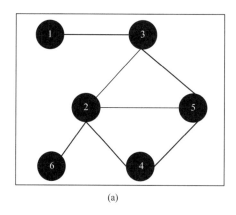
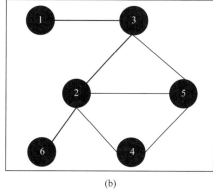

(a)　　　　　　　　　　　　　　(b)

图1-2　网络路径和距离示意图

4. 节点中心性

中心性是为网络节点进行排序的一种方法，可以用来寻找网络中最重要的节点。在不同的重要性衡量标准下，中心性指标有所不同。

点度中心性（degree centrality），是最为简单的中心性指标，节点n的点度中心性定义为节点的连边数：

$$C_{D(n)} = \deg(n) \tag{1-2}$$

介数中心性，代表了某节点与其他节点之间的互动程度。介数中心性高的节点通常位于网络的关键位置，因为它们在网络中的信息流、传播及通信路径中扮演着重要的角色，这使得介数中心性高的节点对信息传播和网络的整体稳定性具有重要的影响。弗里曼在 1977 年给出了第一个介数中心性的正式定义。节点 n 的介数中心性可表示为以下公式：

$$C_{BC(n)} = \sum_{s \neq n \neq t} \delta_{st(n)} / \delta_{st} \qquad (1-3)$$

其中，δ_{st} 为节点 s 到节点 t 的所有最短路径之和；$\delta_{st(n)}$ 为这些路径经过节点 v 的次数。可注意到一个节点的介数中心性与该网络图中的节点个数相关。

接近中心性，是节点与网络图中其他节点之间的最短路径的平均长度。因此，接近中心性最大的节点与其他节点更为接近，公式为

$$C_{CC(n)} = 1 / \sum_s d(s, n) \qquad (1-4)$$

其中，$d(s, n)$ 为节点 s 和 n 之间的距离。但进行节点接近中心性计算时通常将式（1-4）进行归一化，即乘 $1/N$，处理后的中心性值可在不同的网络中进行比较。

特征向量中心性，是衡量节点在网络中的影响力的一种指标，它考虑了节点的连接情况以及连接到该节点的邻居节点的影响力。该指标假设一个节点的重要性取决于它与其他重要节点的连接程度，而非仅仅依赖于节点的度（即节点的直接链接数）。因此，特征向量中心性能够更全面地捕捉网络中节点的影响力，尤其是那些连接到其他高度重要节点的节点。对于图 G，定义其邻接矩阵为 $\boldsymbol{A} = [a_{v,t}]_{n \times n}$，$n$ 为图 G 中的节点总数，当 v 与 t 相连接时，$a_{v,t} = 1$，否则为 0。则节点 v 的特征向量中心性 $C_{EC(v)}$ 的求解公式为

$$C_{EC(v)} = \frac{1}{\lambda} \sum_{t \in M(v)} C_{EC(t)} = \frac{1}{\lambda} \sum_{t \in G} a_{v,t} C_{EC(t)} \qquad (1-5)$$

其中，$M(v)$ 为节点 v 的相邻节点集合；λ 为一个常数。谷歌的 PageRank 和 Katz 中心性是特征向量中心性的变形。

5. 集聚系数

集聚系数，也称为聚类系数，定义为网络中一个节点的所有邻居节点（不含该节点自身）之间实际存在的链接数与所有可能存在的链接数之比。对于一个度为 k_i 的节点 i，其局部集聚系数定义为

$$C_i = \frac{2L_i}{k_i(k_i - 1)} \qquad (1-6)$$

其中，L_i 为节点 i 的 k_i 个邻居之间的链接数。集聚系数的取值介于 0 和 1 之间。根据节点的局部集聚系数，整个网络的集聚程度可以通过其所有节点的平均集聚系数 $\langle C \rangle$ 来刻画，定义为

$$\langle C \rangle = \frac{1}{N} \sum_{i=1}^{N} C_i \qquad (1-7)$$

网络平均集聚系数 $\langle C \rangle$ 的概率化解释是，网络中任意两个与同一节点相邻的节点间存在连接（linkage）的概率，其反映了网络中节点邻居之间形成连接的整体趋势。网络科学的内涵不仅取决于其研究对象，还取决于其研究方法。掌握网络科学需要熟悉该领域上述每个方面的特征。正是这些特征的组合为我们提供了理解真实网络性质所需的多方面的工具和视角。

1.2.2　复杂网络模型

复杂网络模型是用来模拟和描述复杂网络结构和行为的数学和计算模型，同时也是复杂网络研究的关键组成部分，它们扮演着模拟和描述复杂网络结构以及预测网络行为的关键角色。复杂网络模型是一种抽象工具，通过研究和利用复杂网络模型，研究人员可以探究网络中的特定特征和性质，如节点度分布、连接机制等。然而，针对不同的研究问题和情境，有许多不同类型的复杂网络模型，如规则网络、随机网络、小世界网络、无标度网络等是常见的模型类型，它们用于描述网络的不同特性。这些模型不仅有助于理解复杂网络的性质，还能帮助揭示网络背后的基本原理。

1. 规则网络

规则网络是指具有一定规律和有序结构的网络。平移对称性晶格，是最为常见的规则网络。我们将一维链、二维晶格以及三个节点两两相连的三角网络称为最简单的规则网络（图 1-3）。

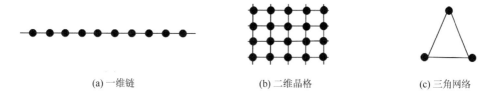

(a) 一维链　　　　　　　　(b) 二维晶格　　　　　　　(c) 三角网络

图 1-3　规则网络

正方形"规则"格是一个非随机规则网络，其中每个节点连接到其所有最近的邻居。晶格也可以表示为环、树和星星。网格可以描述昆虫、飞禽、走兽和人群的特征，其中每个个体（节点）的行为取决于其最近邻居的行为。规则网络中的交互结构具有同质性，这意味着几乎所有节点在拓扑上都是等价的。

2. 随机网络

随机网络（图 1-4）又称埃尔德什-雷尼网络，有两种定义方式：$G(N,L)$ 模型和 $G(N,p)$ 模型。

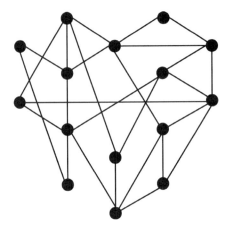

图 1-4 随机网络

$G(N,L)$ 模型是一种将 N 个节点通过 L 条随机放置的链接相互连接的模型，这一定义方式源自埃尔德什和雷尼在他们关于随机网络的一系列文章中的使用。相反，$G(N,p)$ 模型则是由埃德加·N. 吉尔伯特提出的，它假设网络中存在 N 个节点，每对节点以概率 p 相互连接。构建这一模型的过程包括两个主要步骤：首先，从 N 个孤立节点开始；其次，选择一对节点，并生成一个介于 0 和 1 之间的随机数，若该随机数小于 p，则在这对节点之间建立一条链接，反之，则保持该节点对不连接。对于所有 $N(N-1)/2$ 个节点对，重复执行这一步骤。最终产生的网络被称为随机图或随机网络。

3. 小世界网络

小世界网络可被视为一种数学图，在这种图中，大多数节点通过较短的路径相互连接，同时保留了一定的局部有序性，具有较高的集聚系数，即节点的邻居之间存在一定的集聚性。这种属性在社交网络中引发了特殊的现象，被称为小世界现象。小世界现象在许多实际网络图中都有体现，包括社交网络、神经网络、互联网以及科学合作网络等。

在 1967 年，美国哈佛大学社会心理学教授斯坦利·米尔格拉姆（Stanley Milgram）提出了著名的"小世界问题"。米尔格拉姆设计了一项信件传递实验，从而引入了"小世界"概念。该实验旨在验证六度分隔假说，即任意两个陌生个体平均只需要通过 6 个中间人就能建立联系。实验中，米尔格拉姆选择了 296 名志愿者，起点分别设在美国堪萨斯州的威奇托和内布拉斯加州的奥马哈。志愿者被要求将一封信通过中间人传递给一个位于马萨诸塞州波士顿郊区的股票经纪人。研究表明，在平均 6 个中间人的传递下，社会网络中的任意两个人都可以建立联系。这一结论为社会网络研究提供了深远的启示，揭示了人际关系中的普遍联系模式（汪秉宏和李平，2016）。

　　小世界现象揭示了一个重要观点：地球上的两个随机选择的个体之间，通常只需要很少的相识关系链条，就可以建立联系。这种观点强调了社交网络和信息传播的独特关联性，以及在复杂网络中的共同性质。小世界概念提醒我们，即使生活在地球上不同位置的两个人，他们之间也可能通过仅有的几个相识关系建立联系。这一观点为更好地理解网络和社交互动提供了重要洞察。

　　1）瓦茨-斯托加茨小世界网络模型

　　第一个小世界网络模型是由美国康奈尔大学的邓肯·J. 瓦茨（Duncan J. Watts）和斯蒂芬·斯托加茨（Steven Strogatz）在著名学术期刊《自然》（*Nature*）上发表的《小世界网络的集体动力学》（Collective dynamics of 'small-world' networks）一文中提出的（Watts and Strogatz, 1998）。他们发现了一些重要规律：在真实世界的复杂网络结构中，网络的构建介于完全规则和完全随机之间，呈现出一种复杂的中间状态。为了模拟真实网络的复杂结构，他们以一个规则网络为基础，并通过一定的概率 p 对规则网络中的每条边进行随机重连。在这个随机重连的过程中，他们限制了节点的自我连接和重复边的连接，以确保网络的合理性。这样的操作引入了一定的随机性，同时也产生了被称为捷径的长程连接。通过引入这些相对较少且随机的捷径，网络的平均距离显著缩短，使得节点之间更为紧密相连。与此同时，网络仍然保持了原有的较高群聚性。这种结构特性的产生赋予了网络小世界特性，即网络中的节点通过较短的路径相互连接，同时仍然形成紧密的小群体（图 1-5）。

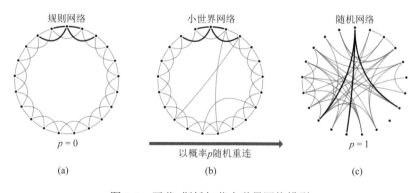

图 1-5　瓦茨-斯托加茨小世界网络模型

2）纽曼-瓦茨小世界网络模型

纽曼-瓦茨小世界网络模型（图 1-6），又称为 Newman-Watts 模型，由社会网络学家马克·E. J. 纽曼（Mark E. J. Newman）和网络科学家瓦茨于 1999 年提出（Newman and Watts, 1999）。这一模型被构思为对瓦茨-斯托加茨（Watts-Strogatz）模型的扩展和改进，旨在解释诸多真实世界网络的特性，尤其是高度群聚性和较短的平均路径，这两者是小世界网络的典型特征。纽曼-瓦茨模型的出发点是一个规则网络，其中每个节点与其相邻的节点都直接相连。然后，通过引入一定数量的随机边，模型引入了随机性因素。这些随机边创造了捷径，允许节点之间更迅速地互联，从而有效地缩短了网络中节点之间的平均距离。

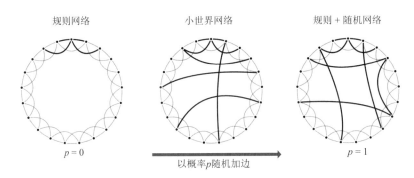

图 1-6　纽曼-瓦茨小世界网络模型

纽曼-瓦茨模型的重要性在于它提供了一种更符合真实世界网络特性的建模方式。该模型的提出有助于更深入地理解小世界网络的形成机制，并使该模型在各个领域的网络研究中得到广泛应用。

4. 无标度网络

为了深入了解无标度网络及其特征，首先需要掌握幂律分布的概念。幂律分布描述了一种情形，即节点的链接数与节点数的乘积保持不变。换句话说，这表示一个几何平均值恒定，例如，一个大节点拥有 10 000 个链接，大节点的数量为 10 个，一个中等节点有 1000 个链接，中等节点的数量为 100 个，一个小节点有 100 个链接，小节点的数量为 1000 个，以此类推。如果将这种分布在对数坐标上绘制，将呈现出一个向下倾斜的曲线，这是幂律分布的典型特征（图 1-7）。也就是说，幂律分布是指某个性质的分布，其密度函数呈现出幂函数形式，通常指数小于-1，这样的分布具有恒定的几何平均值。

幂律分布描述了一种情况，即大多数个体具有较小的数量级，而少数个体具有较大的数量级。研究人员发现，对于许多现实世界中的复杂网络，如科学合作

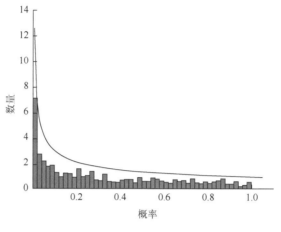

图 1-7　幂律分布

网络，网络的节点度同样遵循幂律分布，即网络中的大多数节点只与少数几个节点连接，而只有极少数节点与大量其他节点连接，这类网络被称为无标度网络。如果用节点度概率分布 p_k 表示网络中度为 k 的节点出现的频率，则有下面简洁的公式：

$$p_k \sim k^{-\gamma} \tag{1-8}$$

其中，幂指数 γ 为描述网络结构特性的一个参数，取值通常为 2～3。人们通常将无标度网络与随机网络做对比。随机网络是通过随机连接节点形成的网络，见图 1-8。

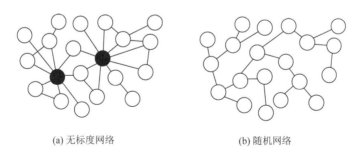

(a) 无标度网络　　　　　　　　　　　(b) 随机网络

图 1-8　无标度网络和随机网络

无标度网络通常服从齐普夫定律（Zipf's law），根据这一规律，在无标度网络中，只有极少数节点与大量其他节点连接，这些高度连接的节点被称为关键节点。相比之下，在随机网络中，各节点的度分布较为均匀，没有明显的关键节点。这一特性赋予了无标度网络卓越的韧性，使其在面对意外故障时能够保持稳定性，因为只需少数关键节点的支撑即可。然而，当网络受到协同性攻击时，它可能表现出更大的脆弱性。因此，无标度网络表现出了鲁棒性和脆弱性并存的特点。

1.2.3 复杂网络动力学

复杂网络动力学是一个跨学科领域，专注于研究复杂网络中节点和链接随时间演化的行为和特性。这些网络包括社交网络、生物网络、计算机网络和基础设施网络等多种类型，它们均具有非线性相互作用和突发现象等动力学特征。

研究的核心问题包括网络的生长和演化，通过考察节点的添加和链接的建立，以及节点之间的行为和相互作用，了解复杂网络如何随着时间的推移而演变和发展其结构。此外，复杂网络动力学还关注网络的稳定性和脆弱性，探讨网络的鲁棒性对于外部干扰和攻击的响应，以及网络脆弱性的机制。通过数学模型和计算方法，该领域模拟网络中的各种动态过程，如信息传播、疾病传播和社交互动。同时，它还研究网络的结构和性质，如拓扑结构、度分布和社团结构，以揭示这些特性如何影响网络的动态行为。

对复杂网络动力学进行研究有助于深入理解和预测各种网络中的行为，复杂网络动力学不仅为网络科学领域提供了有力的工具，还在社会科学、生物学、信息技术等多个领域具有较大的应用潜力。

1. 优先连接

优先连接是复杂网络动力学的基本原理之一。随机网络模型假设节点随机地选择其他节点进行连接，然而在大多数真实网络中，新加入的节点更倾向于与已有链接数量较多的节点相连接，这一现象被称为优先连接（Barabási and Albert，1999）。Barabási 和 Albert 发现，新节点连接到现有节点的概率与现有节点已拥有的链接数成正比。换句话说，那些已经具有较多链接的热门节点通常会吸引更多的链接，导致出现"富者愈富"的现象。典型例子如下。

我们都熟悉谷歌、推特和脸书，却很少会访问充斥在万维网中的数十亿不怎么出名的网页。相比于链接数较少的节点，我们对链接数多的节点了解得更多，因此也更有可能连接到一个链接数多的节点。

每年有数以百万计的论文发表，然而我们偏向于阅读以及引用那些被引用次数多的论文——引文网络（citation network）中节点度较高的节点。

一个演员所出演的电影越多，在演员网络中的度越高，就越有可能获得出演新角色的机会。

这些例子突出了优先连接的普遍存在，以及它在不同领域中的重要性。

2. 网络增长

网络不是静态实体，而是一个增长过程的产物。网络增长是指在现有网络中增加新节点和链接的过程，会使网络的规模逐渐扩大和复杂性逐渐提高。网络增长可以发生在各种类型的网络中，包括社交网络、互联网、生物网络和基础设施网络等。典型例子如下。

万维网由 1991 年仅包含一个节点（万维网创立者蒂姆·伯纳斯·李建立的第一个网页），到今天包含超过 1 兆（10^{12}）个网页，这个巨大的数字是由数百万个人和数百万个机构不断增加新网页而最终达到的。

好莱坞演员网络随着新电影的发行而不断扩大。

随着新研究论文的发表，科学合作网络和引文网络不断扩大。

网络增长的动力学通常由一系列规则或机制来驱动。这些机制可以是随机的，也可以是基于特定的偏好或规则的。一些常见的网络增长机制包括以下三个。

随机增长：在随机增长中，新节点和链接以随机方式添加到网络中，没有明确的规则或偏好，这种机制通常用于模拟随机网络的形成。

优先连接：优先连接是指新节点更有可能连接到已有节点，特别是链接数较多的节点，这反映了现实世界中一些网络的特性，如人际关系网络中的“富者愈富”现象。

模型驱动增长：一些网络增长受到数学或计算模型的驱动，这些模型可以根据一定的规则生成网络的节点和链接，例如，无标度网络模型的网络增长就是一种模型驱动增长。

但在现实世界中，网络中的节点度数通常受到一些限制。举例来说，社交网络中，一个人能够联系的用户数是有限的；或者在分子结构网络中，原子的连接共价键数量是固定的。这与使用优先连接模型生成的网络不符，因为后者不考虑这些限制。而且，在真实世界中，网络中的链接也会断裂，而不是像优先连接模型中的链接那样持续增加。

值得注意的是，Kharel 等（2022）发表了一篇名为《保度网络增长》（Degree-preserving network growth）的研究论文，其中提出了一种名为“保度增长”（degree-preserving growth）的网络增长模型。这一模型的假设是网络中的平均度数之和保持不变。也就是说，网络中的节点只能拥有有限数量的链接，并且每个节点都有适当的链接数量。如果节点的链接数超过或少于其适当数量，这些节点在网络中所占的比例将降低。尽管这个模型相对简单，但它具有可解析的数学特性，因此在各种场景中得到广泛应用。

3. 网络度动力学

度分布是描述复杂网络特征的核心特征。它描述了节点度的概率分布，代表了每个节点所拥有的链接数，影响着网络的演化与增长。因此，探究不同复杂网络模型的度分布特征，有助于揭示复杂网络的基本组织和动力学特性。

1）规则网络

规则网络中的每个节点都与相同数量的邻居相连，网络中所有顶点都相同，因此规则网络具有均匀的度分布。规则网络的度分布集中在单一尖峰，为 delta 分布：

$$\delta(k - k_0) = 0, k \neq k_0$$

$$\int_a^b \delta(k - k_0)\mathrm{d}x = 1, a < k_0 < b \tag{1-9}$$

函数值在除了零点以外的点都等于零，而其在整个定义域上的积分等于1。

2）随机网络

随机网络中，任意一对节点之间的每条潜在边都以固定的连接概率 p 存在，与其他边无关。节点 i 恰好有 k 个链接的概率的求解思路如下。

k 个链接出现的概率为 p^k；剩下 $N-1-k$ 个链接不出现的概率为 $(1-p)^{(N-1-k)}$；在节点 i 的 $N-1$ 个可能存在的链接中选出 k 个，可供选择的方案总量为：$\binom{N-1}{k}$。

因此，随机网络的度分布服从二项分布：

$$p_k = \binom{N-1}{k} p^k (1-p)^{(N-1-k)} \tag{1-10}$$

二项分布的形状取决于网络大小 N 和连接概率 p，极限情况下，式（1-10）中的度分布可以近似为如下泊松分布：

$$p_k = \mathrm{e}^{-\langle k \rangle} \frac{\langle k \rangle^k}{k!} \tag{1-11}$$

其中，$\langle k \rangle$ 为网络的平均度。这两个分布都在 $\langle k \rangle$ 附近有一个峰值。增大 p 的值会使网络变得稠密，平均度 $\langle k \rangle$ 和度分布的峰值会右移。同时，分布的宽度（离散度）也由 p 和 $\langle k \rangle$ 控制。网络越稠密，分布越宽，节点度的差异也越大。小世界网络是随机网络模型的一种扩展，融合了规则网络和随机网络的特性，其度分布同样类似于泊松分布。

3）无标度网络

无标度网络的节点度服从幂律分布，这也是无标度网络与其他类型网络的显著区别。随机网络和无标度网络的主要区别体现在度分布的尾部，即 p^k 中 k 比较大的区域（图 1-9）。

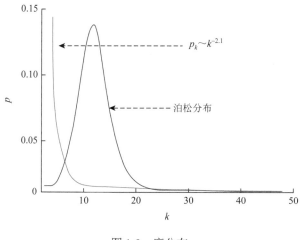

图 1-9　度分布

可以发现如下结论。

当 k 较小时，幂律分布在泊松分布之上，这意味着无标度网络中存在大量度数较低的节点，而在随机网络中这种情况很少见。

当 k 接近 $\langle k \rangle$ 时，泊松分布在幂律分布之上，这意味着在随机网络中，大多数节点的度数接近 $\langle k \rangle$。

当 k 较大时，幂律分布再次超越泊松分布，这表明在无标度网络中观察到高度连接的节点（即枢纽节点）的概率要远高于在随机网络中观察到这样的节点的概率。

以万维网为例来阐述上述差异的量级。假如其度分布服从泊松分布，则观察到一个 $k=100$ 的节点的概率是 $p_{100} \approx 10^{-94}$；而当 p_k 服从幂律分布时，这个概率为 $p_{100} \approx 4 \times 10^{-4}$。因此，假如万维网是一个平均度为 $\langle k \rangle = 4.6$、节点数为 $N \approx 10^{12}$ 的随机网络，则有

$$N_{k \geqslant 100} = 10^{12} \sum_{k=100}^{\infty} \frac{(4.6)^k}{k!} e^{-4.6} \approx 10^{-82} \tag{1-12}$$

这意味着，链接数不少于 100 的节点几乎没有。相反在已知万维网的度分布服从幂指数系数为 2.1 的幂律分布的情况下，有 $N_{k \geqslant 100} = 4 \times 10^9$。也就是说，度 $k > 100$ 的节点数不少于 40 亿。

无标度网络中的幂律分布特性意味着网络中有少数节点具有极高的度，而大多数节点只有相对较低的度。具有高中心性的节点，被称为"超级节点"或"中心节点"，在网络中起到关键的作用。这些节点的存在使得网络更具有鲁棒性，即在受到随机攻击或出现故障时，网络仍能够保持相对的稳定性。然而，当这些关键节点受到有目的的攻击时，网络可能会变得脆弱，因为失去这些节点可能导

致网络分裂或功能受损。在自然界、工程领域、经济领域等各个领域中，许多复杂网络的度分布都呈现出幂律分布的特点。这些网络包括互联网、金融系统网络、社交网络等。这表明无标度性在各个领域都具有普遍性，并且与人类社会密切相关。因此，深入分析和研究无标度网络的拓扑结构将有助于更好地理解和掌握各种复杂网络的特性，这具有重要的现实意义和价值。

4. 复杂网络动力学模型

在初步了解了真实网络中的网络生长、优先连接偏好以及网络度动力学之后，可以构建一个最简单的、呈现幂律分布的网络增长模型，即 Barabási-Albert 模型，也被称为 BA 模型或无标度模型。这一模型的定义如下。

初始时，网络中有 m_0 个节点，每个节点间至少存在一个链接。接下来，在每个时间步长，向网络中添加一个新节点，该节点拥有 m（小于等于该时刻网络中已有节点数）条链接，该节点会和网络中已经存在的 m 个节点相连（图 1-10）。

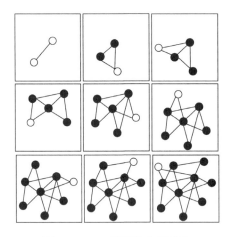

图 1-10　BA 模型的生长演化

新节点每次在选择节点进行连接时，选择度为 k_i 的节点进行连接的概率为

$$\Pi(k_i) = \frac{k_i}{\sum_j k_j} \tag{1-13}$$

优先连接是一种概率性机制，它允许新节点与网络中的任何节点建立连接，无论这些节点是核心节点还是只有少数链接的节点。然而，正如式 1-13 所示，在面对度数较小和度数较大的节点时，新节点更有可能选择与度数较大的节点建立连接。经过 t 个时间步后，BA 模型生成了一个网络节点数为 $N = t + m_0$，连接数为 $N = m_0 + m_t$ 的网络。具体而言，在 BA 模型中，每当有新节点加入时，现有节

点都有机会增大其度数。新节点进入时，它会从网络中已经存在的节点中选择 m 个节点进行连接，新节点与节点 i 相连的概率由式（1-13）给出。

如果用一个连续实数变量来近似 k_i，该变量可以理解为 k_i 在多次网络生长过程中的平均值。那么，节点 i 获得新链接的速率为

$$\frac{\mathrm{d}k_i}{\mathrm{d}t} = m\Pi(k_i) = m\frac{k_i}{\sum_{j=1}^{N-1}k_j} \tag{1-14}$$

其中，系数 m 体现的是每个新节点会带来 m 个链接。因此，节点 i 有 m 次被选择的机会。式（1-14）中分母项出现的求和项是关于网络中除新加入节点之外的所有节点进行的。因此有

$$\sum_{j=1}^{N-1}k_j = 2mt - m \tag{1-15}$$

$$\frac{\mathrm{d}k_i}{\mathrm{d}t} = m\Pi(k_i) = \frac{k_i}{2t-1} \tag{1-16}$$

当 i 取值很大时，分子中的 -1 项可以忽略不计，从而得到

$$\frac{\mathrm{d}k_i}{k_i} = \frac{1}{2}\frac{\mathrm{d}t}{t} \tag{1-17}$$

对式（1-17）进行积分，并且考虑到 $k_i(t_i) = m$，即节点 t 在时刻 i 加入网络时拥有 m 个链接，可得到

$$k_i(t) = m\left(\frac{t}{t_i}\right)^{\beta} \tag{1-18}$$

其中，β 为动态指数，常取值为 0.5。通过式（1-18），可以有如下发现。

每个节点的度都依照幂律增长，并且有相同的动态指数，即 0.5。因此，所有节点遵循相同的增长规律。

度的增长是亚线性的，也就是说，β 小于 1。这是 BA 模型生长特性的必然结果：每个新节点在加入网络时，相比于之前加入网络的节点，都有更多的节点可供连接。因此，随着时间的推移，每个节点都会争取更多的机会来建立连接。

节点 i 越早加入网络，它的度 $k_i(t)$ 就越高。因此，高度连接的枢纽节点之所以具有高度数，是因为它们比其他节点更早加入网络。这种现象在营销和商业领域中被称为"先发优势"。

进一步推导 $k_i(t)$ 的公式，可得到节点 i 获得新链接的速率：

$$\frac{\mathrm{d}k_i(t)}{\mathrm{d}t} = \frac{m}{2}\frac{1}{\sqrt{t_i t}} \tag{1-19}$$

这意味着在每个时间步，节点越老，获得的链接就越多，因为它们有更小的 t_i。同时，节点获得链接的速率随着时间的推移下降 $t^{-1/2}$。随着时间推移，每个节点获得的链接的数目将会越来越少。

1.3 科学知识网络

1.3.1 复杂知识系统

复杂系统普遍存在于我们的世界之中，其中，复杂知识系统是一个典型的复杂系统。知识是通过从混乱的信息环境中收集、处理和解释相对独立的、分散的知识概念或整合观点有机形成的。知识系统由大量知识组元通过局部非线性相互作用构成，其中特定的结构和功能通过知识组元之间的相关性和协调实现。与此同时，系统中的知识组元具有时间单向性、空间分布不均匀、动态以及与外部环境交换等运动特征。由于这些是复杂系统的基本特征，这种类型的系统被称为复杂知识系统（Zhao and Liu，2011）。

科技知识的粒化、组织和逻辑关系是人类理解物体的基础。科技知识系统包含大量科技知识组元，科技知识的颗粒化可以产生各种粒度的知识组元，基于层次关系与逻辑关系，这些代表知识的组元交互、关联、相互依赖，形成了一个统一的整体。从所处知识领域、所处时间窗口等角度进行界面划分，这些组元在各种界面上进行具体内容与发展动能的交换与关联。整体而言，汇集各粒度、各维度、各类型知识与知识主体的科技知识系统形成了一个复杂知识系统。

1. 复杂知识系统的构成

在确定的边界内，基于一定的知识载体，知识系统汇集了人类对客观世界的显性认知（马峥，2022）。复杂知识系统由相对独立的组元构成，其内部关联为之提供了动能，呈现出时序动态增长的特征。组元，即知识内容单元与知识主体单元，是科学知识系统的基本单元。对于一个复杂知识系统，其组元包含了关键字、术语、出版物、出版物来源、作者、机构、引文、分类等信息（Chen et al.，2023）。其中，关键字包括作者关键词、系统关键词、主题词等具体形式，出版物包括论文、专利、专著等。知识单元之间的关联模式是该复杂系统的骨架，该骨架是描述复杂知识系统演化动力学特性的基础（柴立和和槐翠倩，2016）。网络或矩阵能够代表离散的对象及其关系的集合，因此复杂知识系统可以由网络或矩阵抽象表示。将组元作为网络节点，组元间的相互作用作为连线或边，能够得到表示对应复杂知识系统的网络。

2. 复杂知识系统的功能

通过复杂知识系统，与科学、技术相关的知识能够被有效组织起来，复杂知识系统为文献、专利等出版物所包含的科技知识及其内在关联提供了科学的表达方式与可视化方式，为科技知识提供了空间载体。整体而言，复杂知识系统所研究的特定和任何经验路径下的最优选择及最优驱动达成模式，包含最优选择、初始状态、领域、达成模式等，为复杂知识系统研究的整体目标提供了参考。与复杂知识系统相关的系统理论、系统动力学、系统工程学、控制论、网络科学等科学理论与方法，为研究复杂知识系统提供了理论依据与方法路线。

基于复杂知识系统对知识内容单元、相关主体及其内部空间的、时序的关系进行表达，对由科技知识主体关联促进的知识传播、科技知识主动传播扩散的相关机理进行研究，探索促进科技知识传播、保证科技知识稳定流动、提高科技知识系统整体效率的因素与条件，为相关科技创新主体与政策主体等就促进科技知识流动、提升科技合作效能、提高科技知识系统效率提供决策参考。

复杂知识系统能够描述科技知识组元的循环的、互锁的、时间延迟的各种互动关系，在此基础上可以对科技知识组元及其关系的发展演化进行建模，对不同知识领域的各类型科技知识互动机制、各类型科技知识流动特征进行研究，从而预测领域内科技知识演化的潜在方向与过程路径，以及细分领域科技知识演化对整体科技知识结构的影响机制，在探索领域科学技术知识普遍演化发展规律的同时，为基于科技知识发展预测与超前感知的科学研究、技术研发、技术布局提供可靠参考。

3. 复杂知识系统的研究价值

对于一个复杂知识系统，科技知识组元的特征与属性、科技知识关联作用的逻辑与方式、科技知识组元的组织与形成、科技知识组元对环境的适应机制等都具备一定的学术价值与应用价值。对科技知识组元的特征与属性、科技知识关联作用的逻辑与方式进行研究，即对各粒度、各维度、各类型知识与知识主体之间的相互关联及影响的逻辑与规则进行研究，使其能够帮助厘清各范围、各主题对应的知识社区内的科技知识相互作用、相互影响的机理与内在因果关系。知识形成是模糊的、没有明确边界的，研究科技知识组元的组织与形成就是在复杂知识系统理论背景下对知识组元进行分类识别、组织以及广泛的关联预测，相关研究能够帮助预测知识发展方向与技术应用前景。研究科技知识组元对环境的适应机制即研究科技知识组元如何与局部和整体的周围环境相互作用，如何利用环境提供的局部规则与其他组元反映并进一步影响局部环境，以及如何调整其属性表现以适应动态变化的环境，该研究有助于加深对复杂知识系统的理解以及更好地辅助创新主体进行科学决策。

对图书情报科学领域复杂知识系统的研究发现如下。随着学科间呈现出越发明显的交叉发展和渗透融合的趋势，多学科知识交叉融合、协同演化，从出版物所承载的复杂知识系统出发能反向解析跨学科研究中知识产生和发展的脉络，揭示跨学科研究的形成规律与学科之间的互动模式（Kim et al.，2022）；知识在分布式的研发中产生，通常没有易于识别的社区，而相对应的应用市场存在较大不确定性，借助复杂知识系统进行分析能够弥合科学发现与技术市场化的信息差，用于技术机会发现、创新路线图构建，有助于揭示科技创新法则，以促进科学成果转型和科技创新政策优化（Robinson et al.，2013）。总体而言，复杂知识系统的动态结构和模式、涌现和进化的机理、局部相互作用等系统行为都是重要的研究方向。

1.3.2 科学系统的网络模型

科学系统可以指理论系统或客观知识系统，是一个以相互作用的理论为基本要素有机地构成特定的结构从而具有不同于各个理论的新功能的整体。其宏观结构是由许多非交叉学科、交叉学科、综合学科和横断学科等构成的系统（李喜先，1992）。不同于该定义，本节所关注的科学系统来源于科学学，将参与主体纳入研究范围，弱化科学系统与社会系统、技术系统、文化系统的边界，关注科学和经济、社会发展的融合。在该背景下，科学是通过稠密反馈环与社会相连接并嵌套于社会之中的复杂系统（殷杰，2006）。研究科学系统内部的运行模式以及各类构成要素之间的交互关系，有助于揭示科学知识的增长与演变规律，发现科学知识生产的一般模式，进而为推动科学事业的发展与知识的再生产提供借鉴，并寻求对科技政策范式的更高程度的理解（马亚雪等，2021）。科学系统研究内容包括出版物引用、人才流动、科学评价、学术传播等科学活动的内在机理与运行规律（Nuzzolese et al.，2019；Thelwall and Nevill，2018），以及知识或技术内部的系统结构、潜在关系与运行机理等（Dey et al.，2017；Hassan et al.，2018）。

随着科学活动数据可获取性的提升以及数据分析技术的逐步发展，针对科学系统及其构成要素的研究范畴不断拓展。科学系统能够由网络模型表示，借助网络研究科学系统是普遍的研究范式。从网络的视角解析科学系统，可将其视为一个由科研人员（作者）、项目、期刊、会议、论文等实体组成的复杂的、自组织且不断发展的网络（Xu et al.，2017），如图1-11所示。对科学系统进行建模形成的实体关系网络通过实体的多重组合有效涵盖科学系统中多种类型的实体关系，在此基础上进行实体关系群落的构建和基于多层网络关系进行实体关系整合，能够实现对科学系统中数据与关系的有效组织与分析。比如，可以基于三元链路模型构建包含科学共同体（成员）、媒介以及科学活动产物三类实体的网络。根据整合中心选择的不同，可形成三种类型的实体关系群落，从不同视角对科学社会中的实体关系进行建模，适应不同的研究场景。在以上述三类实体为节点分别构建同类实体关系网络的基础上，可形成基于三元链路模型的多层关系网络，以实现实体数据单元与实体关系群落的横向关联。进一步地，通过引入科学知识网络，能够利用实体间的功能联系以及知识实体间的上下位关系，实现从专业领域的视角建立知识实体链接。

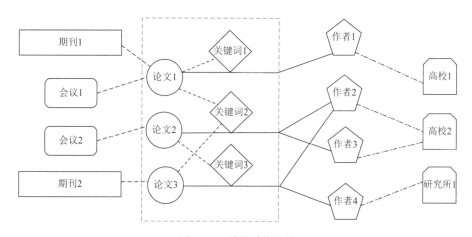

图 1-11　科学系统网络

科学知识网络隶属于科学系统网络，是一个集合概念，指的是与知识、信息及知识间联系有关的一类网络（刘向等，2011），是根据知识单元的语义角色构建的网络。构建科学社会多层关系网络以及科学知识网络，能够实现对科学社会中四类实体，即科学共同体（成员）、媒介、科学活动产物和知识实体的全局关系的建模以及实体数据的连接。科学知识网络的一个组元或节点可以象征科学知识的存储单位、载体或主体。根据考察粒度的不同，可以选取为论文、专利、专著等，或者更细粒度的引用片段、作者关键词、系统关键词、主题词等，抑或是参与科学知识创造的主体，如学者、机构等。

传统上，论文被用作科学知识网络分析的分析单元，在这些科学知识网络中，单一的研究单元可以聚合成几个更高的层次，如作者、期刊、机构、国家和领域等不同的单元。虽然以论文为单位进行网络构建能够表示一部分科学知识的关系，但非结构化或半结构化数据，如标题、摘要、关键词、主题词、引用片段等能在更细粒度上对知识内容进行表达。更具体地，可以将理论、概念、算法和方法等科学文献最基本的知识实体作为组元进行科学知识网络构建，能够更好地促进对科学知识关联的理解，同时消除或整合不同数据源、学科、组织和地理位置的知识实体。边表征了知识单元之间相互联系的关系，在不同网络中边有不同的实际含义。比如，在引证网络中代表引证关系，在合作网络中代表共现关系。组元内部直接和间接的引用与被引、共被引（co-citation）与耦合、从属与包含、共现等关系进一步构成科学知识网络的脉络与骨架。科学知识网络是动态发展的网络，其边具有方向性和加权特征，因而有向网络（directed network）、加权网络（weighted network）和动态网络（dynamic network）更贴近科学知识网络的发展实际。

就应用于学术网络的方法而言，可以区分为三类：宏观一级的统计、中观一级的聚类技术和微观一级的指标。宏观级统计对于识别网络的整体结构特征非常有用，一些典型的宏观级统计包括组分、双组分、最短距离、集聚系数、度分布以及容错和攻击容限。中观级方法侧重于一组参与者的行为，各种聚类技术，如主题识别和社区检测，可以归入这一类。微观级指标有助于了解单个节点的影响力、层级、排名和社会结构的不平等程度，主要包括中心性指标、页面排序算法（PageRank）及其变体。广义上讲，可以确定科学知识网络的六个应用：评估研究影响，研究科学合作，研究学科性和跨学科性，确定研究专长和研究主题，探索知识发展路径与扩散路径（Yan et al.，2012）。

基于科学系统网络，从中可转换得到典型科学知识网络，包括引文网络、科研合作网络、共词网络（co-word network）、共被引网络（co-citation network）、文献耦合网络等。此外，还包含论文期刊网络、作者论文网络、论文关键词网络、会议论文作者网络等异质网络（李纲和毛进，2014）。这些网络隶属于科学系统网络，对应不同形式、含义与内容，应用于不同的研究场景以达成具体目标。

1.3.3　引文网络

引文是科研活动产生的必然结果，引用与被引用展示了科学研究中对某一科学现象进行认知的步骤，揭示了知识从雏形到成熟再到创新革新的演化与进步的过程。对于单篇文献而言，引用别的文献作为参考文献被称为施引（citing），施引文献即引证文献、来源文献，该行为体现了文献间借鉴参考与发展延伸。对于一篇节点文献，其参考文献列表中的文献具备不同功能，包括体现该节点文献的研究背景依据、所借鉴的研究方法工具、所取得的进步进展等。同样，引证文献指引用节点文献的文献，也能够反映该节点文献的上述不同方面。在此基础上，二级参考文献和二级引证文献能够进一步反映文献关系。总的来说，对一个引文网络，新节点的添加及其与已存节点的连接反映了新知识的产生和对旧知识的继承。引文是出版物间知识联系的纽带，是科学文献等出版物在科学知识交流系统这一抽象的人类知识空间中被实实在在记录下来的所凝固的足迹（王雪和李睿，2018）。引文网络具象化地呈现了文献之间的关系，其节点代表科技文献，其边展现了文献之间的引用、被引用关系。一般来说引文网络是稀疏网络，少量文献能得到高频次的引用。图 1-12 给出了引文网络的示例，其边为有向边，从 P1 到 P3 的边代表 P1 对 P3 进行了引用。类似的表现文献之间的引用联系的网络还包括共被引网络、文献耦合网络（bibliographic coupling network）。共被引网络的节点代表科技文献，边表示两篇或多篇文献被后来的一篇文献同时引证。文献耦合网络的节点代表科技文献，边代表两篇或多篇文献引证了相同参考文献，它们所包含的相同参考文献的个数称为耦合强度。共被引网络与文献耦合网络将在 1.3.6 节与 1.3.7 节具体介绍。

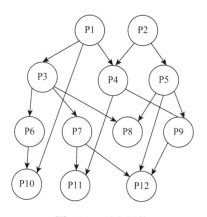

图 1-12　引文网络

　　基于引文网络能够进行聚类分析、路径分析、社会网络中心性分析等，用于交叉测度研究与学科领域识别界定、知识流动研究与知识轨迹整合发现、人才与出版物评价分析等。具体来说，不同引文网络可以传递出不同的信息，比如，期刊网络对科学知识交流系统进行了载体化表征，参考文献网络表现了研究内容和主题及其背景知识，可以通过将二者结合定义一个研究领域或者专业（韩毅等，2010）。在一个引文网络中，知识节点的加入与连接的产生是具有时间次序关系的，因此引文网络是有向网络；同时，文献无法对自己施加引用，因此引文网络是无环网络。

　　借助引文网络能够辨识知识流动轨迹、量化知识关系，并帮助认识知识扩散整合模式、内容传播机制和整体发展规律（Mao et al.，2020）。引文网络能够呈现出某一研究和对应文献在被研究网络中的位置，体现其所处地位与重要程度，基于引文网络的一些指标可以用于成果评价与分析。另外，网络结构信息与时间信息对于实现引用行为预测有一定意义，在此基础上可以进行科学出版物的质量评估（Zhao and Feng，2022）。在一般引文网络的基础上对引用的具体内容进行分析是较为前沿的研究方向，包括引用位置、强度与语境，能够帮助研究者更具体地了解文献的引用关系和学术影响。引用位置分析包括引用位置定性分析与引用位置定量分析，通过定位参考文献在文章中被引用的具体位置，对不同位置的引文效用与特点进行研究。可以对引文的重要性进行识别与区分，从而更加深入地挖掘引文网络所包含的信息。将引文强度与位置结合，能够对引用行为进行更直观的解读。将引文与情感态度结合进行引文情感分类、引文情感识别、引用动机分析能够呈现作者引用文献时的情感以及状态，是目前热度较高的前沿方向。

1.3.4　科研合作网络

科研合作在一定程度上能够整合科研资源、提升科研效率，从而促进科研创新。Newman（2001）对科研合作网络进行了先行性研究，他假定两名科学家有联系的条件是他们合著过论文，发现一名科学家若想与其他任何一名科学家取得联系，只需要经过五个到六个科学家。这样看来，科学界形成了一个"小世界"，科研合作在科研活动中十分普遍。Guimerà 和 Amaral（2005）构建了经济学、社会心理学、天文学和生态学四个学科的科研合作网络，发现在一定范围内，网络连接的紧密度对科研产出有影响。因此，科研合作网络的研究意义不言而喻。科研合作网络（collaboration network）是一种典型的社会网络，具备小世界性。如图 1-13 所示，对于一个科研合作网络，网络中的一个节点对应一位作者，如果两个作者之间曾合作过科研论文，这两个节点之间就生成一条连线。同类的表现作者关系的网络还包括作者共被引网络（author co-citation network）、作者文献耦合网络（author bibliographic coupling network）。作者共被引网络的节点代表作者，边代表两位或多位作者被一篇文献同时引证。作者文献耦合网络的节点代表作者，边代表两位或多位作者引证了相同参考文献。作者共被引网络与作者文献耦合网络将在 1.3.6 节与 1.3.7 节具体介绍。

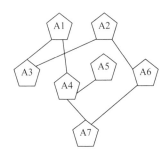

图 1-13　科研合作网络

科研合作网络的直接用途是团队识别和集团发现，能够用于合作者推荐等场景；通过科研合作网络能够了解合作的模式与动机，为发展科研合作关系、促进科研创新提供新的视角和建议（胡一竑等，2009）；借助科研合作网络能够研究合作演化规律，对科研合作相关理论和实证研究有一定的借鉴意义（胡枫等，2013）；结合科研合作网络构建知识扩散演化模型，能够为发挥知识扩散的最大化效能以及形成更稳健的科研合作模式提供参考（李纲和巴志超，2017）；此外，从科研合作网络研究的视角出发研究其与创新绩效的关系，有助于建立高效研究合作网络，增加学术产出（张雪等，2019）。对于科研合作网络，较为前沿的研究方向是结合机器学习的手段对科研合作进行预测，基于已有的合作进行合作对象推荐。可以将科研合作网络的网络拓扑和学者属性结合进行网络嵌入设计，从而进行学术关系挖掘（Wang et al.，2020）。

1.3.5　共词网络

文字是科学知识的主要载体，文本包含了大量科学技术信息。其中，词是可以独立运用的最小语言单位，是知识单元的微观载体。一门学科中的概念术语可以被视为控制该学科科学实践的基础器件，保持学者在分享观点和实践经验时的稳定性。对于一篇文献，其中的作者关键词、系统关键词、主题词等词的组合能够传递文献所包含的部分关键信息。通常来说，学界研究最多的共词网络节点所代表的是期刊论文关键词，因此该共词网络是期刊论文中关键词共现构建的科学知识网络。如图 1-14 所示，在一个共词网络中，节点代表抽取所得的词，边代表共现关系。共现是一种典型的知识关联关系，词共现指一组词同属于从一篇文献抽取得到的词集合。构建共词网络需要按照一定规则抽取词语，使得抽取得到的词语及其组合能够从分析需要的角度较为完整且简要地表达文献内容。在揭示科

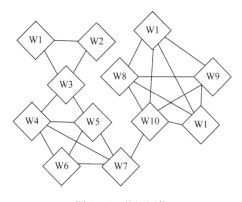

图 1-14　共词网络

学知识结构、结构关联与结构演化特征上，共词网络因其细粒度的知识表征能够取得较篇章级别引用网络更好的效果。

共词网络分析的基本流程是基于关键词或主题词等词语及其共现关系构建共现矩阵与共词网络图谱，在此基础上对知识结构进行各个维度的分析与解读（刘自强等，2020）。共词网络分析方法在知识网络研究中应用普遍，最为常见的就是利用论文关键词及其共现关系构建共词矩阵，进而映射为共词网络并可视化，从而揭示某一学科、领域、主题的研究热点与趋势、知识结构与演化等（张斌，2014）。比如，静态共词网络直接反映了领域知识结构，可以用于技术社区识别、科研主题分析（王晓光和程齐凯，2013）；不同时期的共词网络能够用于探索知识进化、技术发展的内部机制与实现路径，在此基础上将共词网络改造成有向网络，能够进一步揭示科学知识发展变迁过程中的信息（刘自强等，2020）。总的来说，共词网络具有时间性、细粒度特征，对共词网络进行分析能够帮助情报工作人员分析学科前沿、热点与发展趋势。多数词共现分析相关研究在确定网络边权时只考虑词对共现情况，即基于词频数计算网络边权，在利用更多词对属性计算网络边权方面有一定改进空间。对于共词网络，其边权重在不同应用场景下的设计是较为前沿的研究方向。基于区分边权重的网络构建方法进行分析，能够更好地实现词重要度评分、词社区划分、词共现链路预测等。

1.3.6　共被引网络

作为测度文献间关系程度的一种研究方法，文献共被引的概念由苏联与美国的情报学家提出。文献共被引指两篇文献同时出现在同一篇文献的参考文献列表中。作者共被引分析（author co-citation analysis，ACA）的研究方法，则是在文献共被引思想的基础上被提出的，其将该思想拓展至作者层面。作者共被引的基本假设是：当两名作者同时被同一篇文章所引用时，则它们之间具共被引联系，两名作者同时被引用的次数越多，则该联系就越为密切。后续研究针对共被引对象、共被引强度、共被引矩阵进行了一系列的拓展（陶颖等，2017；Ahlgren et al.，2003）。"用于情报研究的文献计量方法中最具影响力的首推共引分析方法。"（王建芳和冷伏海，2006）一般来说，共被引网络是基于共被引关系所构建的网络。如图 1-15 所示，节点代表文献，边代表两篇文章被共同引用，边权重则为被共同引用的次数。根据研究目的的不同，可以选取不同共被引的研究对象，广义的共被引即两个研究对象（期刊、文献、片段、作者等）同时被另外一个研究对象所引用。同时，正如引用行为可以根据引用动机划分类型，共被引关系也能够进一步划分类型（如同系列、同主题、发展关联、运用关联、并列关联），实现更加丰富的共被引关系内容结构化表达（魏晓俊等，2023）。

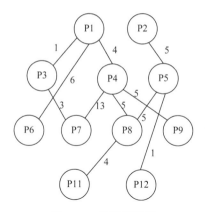

图 1-15　共被引网络

共被引网络常用于领域知识结构分析、学科发展监测和文献搜索等应用场景。共被引网络的相关研究包括聚类与社团划分。在一个文献共被引网络中，每一个聚类往往能够反映某一个主题的内容，因为聚类通常意味着其所包含的文献有较高的共被引频次，体现了一定程度的相似性与关联性。因此，共被引网络能较好地适用于领域知识结构分析（Nogueira et al.，2020）；采用动态视角分析共被引网络，可以了解知识结构与主题内容变更，实现学科发展监测（Chen et al.，2014）。另外，考虑到共被引所隐含的知识关联，也可以将共被引网络用于文献语义搜索与问答推荐（Eto，2019）。事实上，包含引文语义与引文语法分析的引文内容分析的发展为传统的共被引理论由面向著录信息到深入全文文本信息提供了契机。传统共被引网络构建方法将著录信息所包含的共现与否的次数统计作为作者间联系强度的依据，不能体现共被引作者间的真实联系强度。因此，语句层共被引关系内容抽取与分类、共被引网络边权重设计都是具备潜力的研究方向。另外，共被引网络与文献耦合网络结合应用将在 1.3.7 节具体介绍。

1.3.7　文献耦合网络

美国学者 Kessler 基于"学科或专业内容越相近的论文，它们引用相同文献的数量越多"的这一现象，提出了文献耦合的概念。文献耦合是一种关系，指同时引用一篇文献的两篇文献之间的关系，而这两篇引用相同一篇文献的论文被称为耦合论文（coupled papers）。简言之，如果两篇文献有相同的参考文献，则它们构成耦合关系，参考文献列表的交集所包含的文献数量是耦合关系的耦合强度。文献耦合网络是研究耦合论文的重要方法。如图 1-16 所示，对于一个文献耦合网络，其节点代表文献，边代表两个节点对应的文献有相同引用，边权重表示耦合强度，即拥有的相同参考文献的篇数。

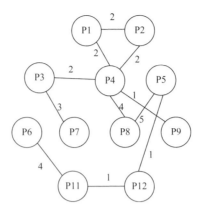

图 1-16　文献耦合网络

　　知识耦合是多种知识元素连接组合、交互渗透整合形成新知识的过程与结果（Yayavaram and Ahuja，2008）。根据耦合的原理，作为分析单元和知识单元的关键词、主题词、文本片段、文献篇章都可以用于关联不同作者或机构的文章。其中，非常具代表性的分析方法是作者文献耦合分析（author bibliographic coupling analysis）方法，其对应的科学知识网络即为作者文献耦合网络。耦合网络中，其节点代表研究对象，其边代表一定的知识关联与隐含关系。将耦合的分析方法进行推广，基于耦合的思想可以构建作者耦合网络、作者关键词耦合网络、作者期刊耦合网络、作者机构耦合网络、期刊机构耦合网络、期刊文献耦合网络、机构文献耦合网络、专利耦合网络等科学知识网络。其中，作者关键词耦合网络所对应的作者关键词耦合分析（author keyword coupling analysis）方法利用作者所著文献集包含的关键词的整体耦合强度分析作者关系，该方法也是使用频次较高的分析方法。对于作者关键词耦合网络，其节点代表作者，其边代表两节点代表的作者所著文献中包含了相同的关键词。

　　图 1-17 对耦合、引用、共被引关系进行了展示。P1 与 P2 同时引用了 P4，因

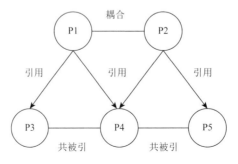

图 1-17　耦合、引用、共被引关系图解

此 P1 与 P2 具备耦合关系；P1 同时引用了 P3 与 P4，因此 P3 与 P4 具备共被引关系；同理 P4 与 P5 具备共被引关系。

不同的耦合网络适用于不同的研究需求，如作者文献耦合网络更加适用于探索完整的研究主题，而作者关键词耦合网络能更灵敏地适用于学科技术突破发现与前沿进展追踪（宋艳辉和武夷山，2014）；专利耦合网络能体现出技术主体整体知识逻辑的关联性，以及在应用场景和目标市场方面的相似性，可用于揭示创新合作机会、识别新兴技术等（李睿和张瀚东，2022），国际专利分类（international patent classification，IPC）耦合网络则主要用于判断技术相似性。值得注意的是，耦合网络与共被引网络应用于各类分析场景中各具优势，因此，将耦合网络与共被引网络结合起来进行分析能够取得较为完整可靠的结论。例如，对知识领域进行分析时，在作者文献耦合网络中未探测到而在作者共被引网络中探测到的知识细分领域可能已经呈现出热度降低的趋势；相反，在作者文献耦合网络中探测到而在作者共被引网络中未探测到的知识细分领域则呈现出热度上升的趋势，很有可能预示着这是一个新颖的、新兴的、前沿的知识细分领域。与共被引网络研究类似，结合内容特征的耦合网络构建有较大的研究空间。结合自然语言处理技术进行引文抽取分析并在此基础上对内容进行加权处理，能够完善耦合网络边权重信息，从而更好地计量研究结果，促进研究成果的各方效益转化。

1.3.8　多模知识网络

科学知识网络通常围绕一种关系或者一个主体展开。对于一个科学知识网络，如果节点类型数量为 1，边的类型数量为 1，则该网络为单模科学知识网络。单模知识网络能够包含的信息是有限的，因此可以通过整合不同类型的网络形成混合网络，在分析中添加多个主体（如作者、期刊、文章、单词），并对多主体带来的复杂关系进行分析。如果一个科学知识网络节点类型数量大于 1，或边类型数量大于 1，则该网络为多模科学知识网络。根据研究对象特征项之间的关系构建的关系网络，如体现作者合著关系的合作网络、体现词与共现关系的词共现网络等网络均为 1-模网络（one-mode network），1-模网络表示一个行动者集合内部各个行动者之间的关系。在 1-模网络的基础上，2-模网络（two-mode network）能够表示一类行动者集合与另一类行动者集合之间的关系。2-模网络整合了多种关系，能够识别两个行动者集合之间的关联，因此能够适用于解读多方面多维度关系。

多模知识网络可以分为两类，一类为节点代表的类型单一，但边含义多样的网络，如一个同时体现文献引用关系、共现关系、合作关系、共词关系、相似关系的网络；另一类为节点代表多种主体类型，其对应边的含义也是多样的网络，如一个包含作者关系与文献关系的网络。整体来说，多模网络可以更广泛地捕捉复杂学术环境中各种研究单元的作用以及其内部关系。

多模知识网络集成了多类主体的多种关系信息或单类主体的多种关系信息，能更加全面地利用数据，因此其应用范围十分广泛，如核心节点识别、节点重要度评估、推荐、消歧、社群划分、路径分析、链接预测等。根据关注主体的不同，多模网络有不同的功能作用。比如，以词共现网络、引用网络和耦合网络等单模科学知识网络为基础，可以通过矩阵运算和机器学习等方法融合一模关系，使得不同特征项融合为二模甚至多模网络结构，从而实现对多元关系的分析与阐释（胡玉宁等，2021）。比如，当一篇或多篇文献被一个主题词和一条引文记录同时以标引的方式关联时，该主题词与引文具备了耦合关系，耦合强度可以由被标引的文献数表征。因此，对 1-模的基于隶属关系构建的主题词网络与引用网络进行矩阵转换能够得到基于耦合关系的主题词-引文二模知识网络，实现文献主题词和引文两类特征项的数据融合。此外，考虑多实体间的关系，对元路径、元图进行分析并设计多模网络嵌入也是重要的研究范式。对于科学系统网络，可以对论文、地点、作者、术语和用户等，以及这些实体之间的关系进行建模，对多模网络的嵌入表示进行学习，完成如论文推荐等一系列工作。进行多模网络的表示学习是主要前沿方向，目前有基于矩阵分解的模型、基于随机游走的模型、基于自编码器的模型、基于图神经网络的模型、基于知识图谱嵌入的模型，以及混合模型（赵素芬，2023）。多模网络的表示学习优化能够给下游应用带来准确度、科学性的提升，如何应对网络大规模性与动态性带来的表示方法挑战，解决来源数据的异质性、不完整性、不准确性带来的信息融合问题，以及研究目标多样性带来的研究方法和模型调整问题，是未来值得深入研究的方向。

本章参考文献

巴拉巴西 AL. 2020. 巴拉巴西网络科学. 沈华伟, 黄俊铭, 译. 郑州：河南科学技术出版社.

柴立和, 槐翠倩. 2016. 基于共词网络的哲学和科学视角：知识系统作为典型复杂系统的演化. 系统科学学报, 24（4）：15-19，27.

狄增如. 2011. 系统科学视角下的复杂网络研究. 上海理工大学学报, 33（2）：111-116.

狄增如, 陈晓松. 2022. 复杂系统科学研究进展. 北京师范大学学报（自然科学版）, 58（3）：371-381.

韩毅, 张克菊, 金碧辉. 2010. 引文网络分析的方法整合研究进展. 中国图书馆学报, 36（4）：83-89.

胡枫, 赵海兴, 何佳倍, 等. 2013. 基于超图结构的科研合作网络演化模型. 物理学报, 62（19）：547-554.

胡一竑, 朱道立, 张建同, 等. 2009. 中外科研合作网络对比研究. 管理学报, 6（10）：1323-1329.

胡玉宁, 韩玺, 朱学芳. 2021. 融合主题指纹-引文的方法逻辑：理论阐释与数据呈现. 情报科学, 39（11）：21-29.

李纲, 巴志超. 2017. 科研合作超网络下的知识扩散演化模型研究. 情报学报, 36（3）：274-284.

李纲, 毛进. 2014. 元网络视角下科研团队建模及分析. 图书情报工作, 58（8）：65-72.

李睿, 张瀚东. 2022. 基于专利引用耦合 2-模网分析的国家间创新合作机会揭示. 情报理论与实践, 45（3）：118-124.

李喜先. 1992. 复杂的科学系统理论及其应用. 自然辩证法研究,（1）：29-33, 64.

刘向, 马费成, 陈潇俊, 等. 2011. 知识网络的结构与演化：概念与理论进展. 情报科学, 29（6）：801-809.

刘自强, 岳丽欣, 许海云, 等. 2020. 时序共词网络构建及其动态可视化研究. 情报学报, 39（2）：186-198.

马亚雪, 毛进, 李纲. 2021. 面向科学社会计算的数据组织与建模方法. 中国图书馆学报, 47（1）：76-87.

马峥. 2022. 基于"反事实"思想测度学术期刊对知识系统信息熵变化的贡献. 情报学报, 41（7）：745-761.

钱学森. 2007. 创建系统学：新世纪版. 上海：上海交通大学出版社.

宋艳辉, 武夷山. 2014. 作者文献耦合分析与作者关键词耦合分析比较研究：Scientometrics 实证分析. 中国图书馆学报, 40（1）：25-38.

陶颖, 周莉, 宋艳辉. 2017. 知识域可视化中的共被引与耦合研究综述. 图书情报工作, 61（11）：140-148.

汪秉宏, 李平. 2016. 小世界网络浅介. 现代物理知识, 28（3）：51-55.

汪寿阳, 胡毅, 熊熊, 等. 2021. 复杂系统管理理论与方法研究. 管理科学学报, 24（8）：1-9.

王建芳, 冷伏海. 2006. 共引分析理论与实践进展. 中国图书馆学报,（1）：85-88.

王晓光, 程齐凯. 2013. 基于 NEViewer 的学科主题演化可视化分析. 情报学报, 32（9）：900-911.

王雪, 李睿. 2018. 知识生态学视角下的各类引文现象阐释. 情报杂志, 37（9）：179-184.

魏晓俊, 谭宗颖, 苏娜平. 2023. 语句层共被引关系内容抽取与分类及其应用研究：以 Athar 引用语料库为例. 情报理论与实践, 46（2）：201-209.

殷杰. 2006. 当代西方的社会科学哲学研究现状、趋势和意义. 中国社会科学,（3）：26-38.

张斌. 2014. 共词网络的结构与演化：概念与理论进展. 情报杂志, 33（7）：103-109.

张雪, 张志强, 陈秀娟. 2019. 基于期刊论文的作者合作特征及其对科研产出的影响：以国际医学信息学领域高产作者为例. 情报学报, 38（1）：29-37.

赵素芬. 2023. 异质网络特征表示学习研究综述. 计算机时代,（1）：12-16.

Ahlgren P, Jarneving B, Rousseau R. 2003. Requirements for a cocitation similarity measure, with special reference to Pearson's correlation coefficient. Journal of the American Society for Information Science and Technology, 54（6）：550-560.

Barabási A-L, Albert R. 1999. Emergence of scaling in random networks. Science, 286（5439）：509-512.

Bianconi G, Arenas A, Biamonte J, et al. 2023. Complex systems in the spotlight: next steps after the 2021 Nobel Prize in Physics. Journal of Physics: Complexity, 4（1）：010201.

Broido A D, Clauset A. 2019. Scale-free networks are rare. Nature Communications, 10：1017.

Carleton T A, Hsiang S M. 2016. Social and economic impacts of climate. Science, 353（6304）：aad9837.

Chen C M, Dubin R, Kim M C. 2014. Emerging trends and new developments in regenerative medicine: a scientometric update（2000-2014）. Expert Opinion on Biological Therapy, 14（9）：1295-1317.

Chen X, Ye P F, Huang L, et al. 2023. Exploring science-technology linkages: a deep learning-empowered solution. Information Processing & Management, 60（2）：103255.

Comin C H, Peron T, Silva F N, et al. 2020. Complex systems: features, similarity and connectivity. Physics Reports, 861：1-41.

DeFries R, Nagendra H. 2017. Ecosystem management as a wicked problem. Science, 356（6335）：265-270.

Dey R, Roy A, Chakraborty T, et al. 2017. Sleeping beauties in Computer Science: characterization and early identification. Scientometrics, 113（3）：1645-1663.

Duan H B, Zhou S, Jiang K J, et al. 2021. Assessing China's efforts to pursue the 1.5℃ warming limit. Science, 372（6540）：378-385.

Errickson F C, Keller K, Collins W D, et al. 2021. Equity is more important for the social cost of methane than climate uncertainty. Nature，592：564-570.

Eto M. 2019. Extended co-citation search：graph-based document retrieval on a co-citation network containing citation context information. Information Processing & Management，56（6）：102046.

Euler L. 1741. Solutio problematis ad geometriam situs pertinentis. Commentarii Academiae Scientiarum Petropolitanae，8：128-140.

Gallagher R，Appenzeller T. 1999. Complex systems. Science，284（5411）：79.

Goldenfeld N，Kadanoff L P. 1999. Simple lessons from complexity. Science，284（5411）：87-89.

Grimm V，Revilla E，Berger U，et al. 2005. Pattern-oriented modeling of agent-based complex systems：lessons from ecology. Science，310（5750）：987-991.

Guimerà R，Amaral L A N. 2005. Cartography of complex networks：modules and universal roles. Journal of Statistical Mechanics：Theory and Experiment，2005（2）：P02001.

Hassan S U，Imran M，Iqbal S，et al. 2018. Deep context of citations using machine-learning models in scholarly full-text articles. Scientometrics，117（3）：1645-1662.

Jiang C，Li B，Dou S-X，et al. 2020. Quasi-two-dimensional diffusion in adherent cells revealed by three-dimensional single quantum dot tracking. Chinese Physics Letters，37（7）：078701.

Jiang L，Giuggioli L，Perna A，et al. 2017. Identifying influential neighbors in animal flocking. PlOS Computational Biology，13（11）：e1005822.

Jones B F，Wuchty S，Uzzi B. 2008. Multi-university research teams：shifting impact，geography，and stratification in science. Science，322（5905）：1259-1262.

Kharel S R，Mezei T R，Chung S，et al. 2022. Degree-preserving network growth. Nature Physics，18：100-106.

Kim H，Park H，Song M. 2022. Developing a topic-driven method for interdisciplinarity analysis. Journal of Informetrics，16（2）：101255.

Liu J G，Mooney H，Hull V，et al. 2015. Systems integration for global sustainability. Science，347（6225）：1258832.

Mao J，Liang Z T，Cao Y J，et al. 2020. Quantifying cross-disciplinary knowledge flow from the perspective of content：introducing an approach based on knowledge memes. Journal of Informetrics，14（4）：101092.

Newman M E J，Watts D J. 1999. Renormalization group analysis of the small-world network model. Physics Letters A，263（16）：341-346.

Newman M E J. 2001. The structure of scientific collaboration networks. Proceedings of the National Academy of Sciences of the United States of America，98（2）：404-409.

Newman M E J. 2011. Resource letter CS-1：complex systems. American Journal of Physics，79（8）：800-810.

Newman M E J. 2014. Prediction of highly cited papers. Europhysics Letters，105（2）：28002.

Nogueira S，Duarte F，Gama A P. 2020. Microfinance：where are we and where are we going？. Development in Practice，30（7）：874-889.

Nuzzolese A G，Ciancarini P，Gangemi A，et al. 2019. Do altmetrics work for assessing research quality？. Scientometrics，118（2）：539-562.

Peterson G J，Pressé S，Dill K A. 2010. Nonuniversal power law scaling in the probability distribution of scientific citations. Proceedings of the National Academy of Sciences of the United States of America，107（37）：16023-16027.

Robinson D K R，Huang L，Guo Y，et al. 2013. Forecasting Innovation Pathways（FIP）for new and emerging science and technologies. Technological Forecasting and Social Change，80（2）：267-285.

Serafino M，Cimini G，Maritan A，et al. 2021. True scale-free networks hidden by finite size effects. Proceedings of the National Academy of Sciences of the United States of America，118（2）：e2013825118.

Sethna J P, Dahmen K A, Myers C R. 2001. Crackling noise. Nature, 410: 242-250.

Shields R. 2012. Cultural topology: the seven bridges of Königsburg, 1736. Theory, Culture & Society, 29 (4/5): 43-57.

Stanley H E, Amaral L A N, Buldyrev S V, et al. 2002. Self-organized complexity in economics and finance. Proceedings of the National Academy of Sciences of the United States of America, 99 (suppl. 1): 2561-2565.

The Nobel Prize. 2021. The Nobel Prize in Physics 2021. https://www.nobelprize.org/prizes/physics/2021/summary/ [2023-10-10].

Thelwall M, Nevill T. 2018. Could scientists use Altmetric. com scores to predict longer term citation counts? . Journal of Informetrics, 12 (1): 237-248.

Thurner S, Klimek P, Hanel R. 2018. Introduction to the Theory of Complex Systems. Oxford: Oxford University Press.

Tönjes R, Fiore C E, Pereira T. 2021. Coherence resonance in influencer networks. Nature Communications, 12: 72.

Unicomb S, Iñiguez G, Gleeson J P, et al. 2021. Dynamics of cascades on burstiness-controlled temporal networks. Nature Communications, 12 (1): 133.

Wang W, Liu J Y, Tang T, et al. 2020. Attributed collaboration network embedding for academic relationship mining. ACM Transactions on the Web, 15 (1): 1-20.

Watts D J, Strogatz S H. 1998. Collective dynamics of 'small-world' networks. Nature, 393: 440-442.

Xu H Y, Yue Z H, Wang C, et al. 2017. Multi-source data fusion study in scientometrics. Scientometrics, 111: 773-792.

Yan E, Ding Y. 2012. A framework of studying scholarly networks//ArchambaultÉ, Gingras Y, Larivière V. Proceedings of the 17th International Conference on Science and Technology Indicators. Montréal: Science-Metrix and OST: 917-926.

Yayavaram S, Ahuja G. 2008. Decomposability in knowledge structures and its impact on the usefulness of inventions and knowledge-base malleability. Administrative Science Quarterly, 53 (2): 333-362.

Yin Y A, Gao J, Jones B F, et al. 2021. Coevolution of policy and science during the pandemic. Science, 371 (6525): 128-130.

Yoon J, Klassert C, Selby P, et al. 2021. A coupled human-natural system analysis of freshwater security under climate and population change. Proceedings of the National Academy of Sciences of the United States of America, 118 (14): e2020431118.

Yu M, Feng Z J, Wang Y G. 2022. The business cycles driven by loan defaults via credit creation: an agent-based perspective. Finance Research Letters, 48: 102846.

Yun S D, Hutniczak B, Abbott J K, et al. 2017. Ecosystem-based management and the wealth of ecosystems. Proceedings of the National Academy of Sciences of the United States of America, 114 (25): 6539-6544.

Zeng A, Shen Z S, Zhou J L, et al. 2017. The science of science: from the perspective of complex systems. Physics Reports, 714/715: 1-73.

Zeng T P, Si B L, Feng J F. 2022. A theory of geometry representations for spatial navigation. Progress in Neurobiology, 211: 102228.

Zhao J, Liu L. 2011. Construction of concept granule based on rough set and representation of knowledge-based complex system. Knowledge-Based Systems, 24 (6): 809-815.

Zhao Q H, Feng X D. 2022. Utilizing citation network structure to predict paper citation counts: a deep learning approach. Journal of Informetrics, 16 (1): 101235.

第2章 科学结构与科研社群

科学作为一种反映对世界的客观认知和观念形态的知识体系，是一个极为复杂的系统。它具有多个方面、不同层级、不同粒度上的结构，且随着科学的进步持续不断地发展和演变。为探究科学演进的内在逻辑，揭示科学发展的机制，科学家经过长期研究积累了许多理论成果，如科学的门类结构、学科结构、层级论、智力结构以及知识结构，都代表着学者从不同角度对科学结构的深入探索。近年来，科学计量学（scientometrics）领域的研究者利用文献计量、文本挖掘等方法，深入研究科学知识的呈现方式，并通过实证研究来检验科学结构理论。

科研人员是科研活动的核心参与对象。随着数据驱动科学研究（即第四科研范式）的兴起，科研合作成为研究人员解决复杂研究问题的有效途径。作为科学研究的能动主体，科学共同体、科研社群和科研团体，在科学研究中都代表了具有集聚特征的科研人员群体。从群体视角下的科研人员组织方面入手研究对于理解科学规律具有重要意义。剖析科研人员群体的组织方式、群组性质、演化方式，探究科研人员群体对于科学研究的作用，是科学学研究中对于科研人员群体研究的重要内容。从不同角度来理解科研人员群体，并探索这种人员组织结构与科学知识增长的关系，将是未来研究的发展方向。

2.1 科学的结构

随着近现代科学的发展，科学家逐渐意识到科学本身具有其内在的发展规律。通过研究科学的体系结构来认识科学自身发展的内在规律，是对科学进行研究的一个重要途径。

早期观点认为，科学作为人类社会活动的一部分，本身不具有结构性，科学的发展主要借助于其他社会外力的推动。例如，科学的产生和发展受到社会经济的影响，科学的发展方向取决于生产并服务于生产。也有人认为科学的发展受到社会革命的影响，政治因素对科学发展起到重要助推作用。例如，在第二次世界大战中，德国对于核武器的迫切需求，促进了德国核物理研究的蓬勃发展。然而，这些事实只是科学发展进程中的片面反映，并不能说社会经济和政治因素等是科学发展的内在动因。相反，现代科学史和科研管理经验表明，这些因素只是科学发展的外因，而科学的自身结构及其演化规律才是科学发展的客观内在因素。

因而，蕴含在科学之中的内在逻辑结构才是主导科学发展进程的主要因素。

那么科学的内在逻辑结构到底是什么呢？库恩（2012）说，"科学结构乃是科学进化长期形成的有机构成"。时至今日，对科学结构的理解才渐为清晰。现代科学结构是在科学进步历史中经过长期积累而沉淀下来的科学内部所固有的、不以人的意志为转移的客观存在，既反映了科学的内在逻辑结构，也反映了科学发展的内在逻辑和机制（卫军朝和蔚海燕，2011；李学军，1989）。

作为一种人类活动，科学已具有复杂而庞大的体系，而且仍在继续发展。剖析和厘清科学结构，本身已成为一项重要的科学研究问题，并被多个研究领域讨论。在科技哲学中，讨论了科学知识的宏观门类结构和学科结构划分。在科技史研究中，根据科技发展过程，剖析科学结构的划分及演化过程。在最近几十年如火如荼发展的科学计量领域，学者利用科研成果中的各种计量对象，通过某种挖掘方法和可视化技术来表现科学结构，从而对科学结构进行实证分析。科学计量学，能够更为细致地对科学的中观和微观结构进行实证分析，从而成为科学结构的实例依据。

科学作为一种认识和反映世界的观念形态和知识体系，是一个非常复杂的系统，具有不同粒度、不同方面的结构。结合系统论观点，科学系统是相互作用的要素的综合，而其性质超越科学要素性质的简单加总。系统的整体性和要素的非加和性，由系统结构所决定，即由系统要素或子系统的相互作用和相互关系决定（Жуков和刘则渊，1981）。根据这一观点，理解科学结构是科学系统研究的重要环节，甚至比理解科学系统要素的意义更大。按照粒度来分，科学具有宏观、中观和微观结构。按照划分方面来分，赵红洲（1981）认为科学具有门类结构、学科结构、知识结构等方面。科学的门类结构是科学发展所表现出的宏观结构特征，它体现了人们认识和利用科学知识的阶段性。根据科学结构学理论，科学的门类结构主要由基础科学、技术科学和应用科学三个门类构成（赵红洲，1981）。每一类科学拥有相应的科学理论和科学技术。科学的学科结构是根据科学知识的范围和领域而划分的。每一门学科知识具有其自身的范围和领域，不同学科的研究对象和研究问题不同。结合现代科学体系的特点，科学的学科结构具有层级性、交叉性和动态性等特征。科学的知识结构是知识体系中所表现出的结构，这里区别于科学知识的门类结构和学科结构。科学的知识结构不仅具有层级性，可以借用地球壳层结构进行表示（赵红洲，1981），还存在反映自然界的现象和本质的经验知识-理论知识结构，以及根据科学知识存在方式划分的知识内容-知识形式结构（周昌忠，1987）。

2.1.1　科学的门类结构

科学的门类结构是科学的宏观结构，又被称为"科学的一级结构"。科学的门类结构既是科学体系的静态逻辑框架，又反映科学个体发展的动态过程。

在 19 世纪初，划分科学门类的依据是科学与社会关系的密切程度，由此出现了"纯科学"（自然科学）和"应用科学"（技术科学）的区分（刘洋和王楠，2018）。"纯科学"或"自然科学"旨在扩展科学和技术知识，开拓新的研究领域（刘大椿，2002）。"应用科学"或"技术科学"则应用科学知识解决实际问题。不过一些研究者认为"纯科学"概念有偏见，因此引入了"基础科学"的概念，逐渐替代了"纯科学"。

到了 20 世纪初，"基础研究"和"应用研究"成了广泛使用的科学门类区分术语，强调"基础研究"对认识一般知识和自然界规律的贡献，以及"基础研究"是"应用研究"的先驱。基础科学旨在推进科学知识的前沿，探索自然界的基本原理和规律，以便更深入地了解世界。基础科学的研究通常不直接与应用或实际问题相关，而是追求对自然现象本身的理解。基础科学的发现和理论的构建为应用科学提供了基础，尽管它们本身可能不会立即应用于实际问题。

发展到 20 世纪中叶，工程建设活动的增多使其显示出与科学和技术不同的特点，"应用技术"或"工程技术"的重要性显著提高。由此，在马克思主义思想的指导下，世界著名科学家钱学森（1982）运用系统思想建立了现代科学技术体系的矩阵式结构，该矩阵纵向上有三个层级的知识结构（图 2-1），即三大门类：应

图 2-1　钱学森提出的现代科学技术体系结构（于景元，2001）

用技术、技术科学、基础科学。应用技术直接改造客观世界,技术科学为其提供理论基础,而基础科学则进一步抽象概括客观事物的规律。技术科学实际上是基础科学与应用技术之间的过渡桥梁。对三大门类再进一步概括,就是马克思主义哲学所涵盖的人认知客观和主观世界的科学。

钱学森提出的现代科学技术体系结构从横向上看有十一大科学技术部门,包括:自然科学、社会科学、数学科学、系统科学、思维科学、人体科学、地理科学、军事科学、行为科学、建筑科学、文艺理论。值得注意的是这个学科体系是动态发展的系统(于景元,2001),今后随着科学技术的发展,还会产生新的科学技术部门。

赵红洲先生构建的科学门类结构延续了钱学森提出的现代科学技术体系结构中的三大门类,即基础科学、技术科学和应用技术。他认为这三大科学门类,反映了科学个体发展过程的不同阶段,第一阶段是基础科学阶段,是基础理论和实验技术的相互作用阶段;第二阶段是技术科学阶段,是技术理论和专业技术的相互作用阶段;第三阶段是应用技术阶段,是应用理论和生产技术的相互作用阶段。任何一门科学都包括科学理论和技术设施两部分,基础科学包括基础理论和实验技术,技术科学包括技术理论和专业技术,应用技术包括应用理论和生产技术。因此科学和技术虽然有不同的侧重点,但它们是对立统一的,其矛盾运动贯穿科学发展的全过程。由此可见,科学与技术的协同发展对于推动整个科学的发展是不可或缺的。

2.1.2　科学层级论

1. 科学层级

科学层级论是科学结构的一个重要理论,这一理论致力于反映科学版图结构的内在逻辑和学科特性。这一理论强调不同学科之间的分层结构,其中一些学科位于更高的层级,而其他学科位于较低的层级。这一观点可以追溯到奥古斯特·孔德提出的学科分类理论(Lewes,1853)。不同学科在知识体系、理论发展和方法论复杂性方面存在显著差异,这决定了它们在科学层级结构中的位置(Simonton,2015)。科学层级论的核心思想是区分学科的"软度"和"硬度"。"硬科学"通常指的是具有高度共识和基础知识稳定的学科,如物理学和化学;与之不同,"软科学"通常指的是知识共识较少或不太稳定的学科,如社会科学。"硬科学"更容易对新研究成果形成共识,而"软科学"则需要更多的讨论和解释。

赵红洲(1981)建立了类似的科学层级结构,他采取了解剖分类的方法,将每门学科的研究对象按照其物质层级以及物质的大小进行划分,这种思想把学科看成是一种层级结构,同一种运动形式的研究对象可以排成一行,相对应地,同一种物质层级的研究对象可以排成一列。他在学科层级结构上进一步提出了时间进化轴的概念，探讨了学科的发展规律，包括学科的转移和演化。他认为学科结构图可以反映出科学史上各学科产生和发展的规律性。随着时间的推移，学科可能会从一个层级转移到另一个层级，这可能使得在某些层级上出现科学研究的兴盛时期。例如，随着时间的推移，21世纪前，科学学科从关注宏观机械运动的力学，逐渐转向热学、化学、电磁学，最终发展到核物理和基本粒子物理，涵盖了从宏观到微观世界的不同层级和能级的研究。

2. 小学科与大学科

大科学（big science）和小科学（little science）的概念最早由阿尔文·温伯格提出，用以区分学科项目的尺度。随着著名社会学家普赖斯的代表作《小科学，大科学》的出版，这两个概念的内涵逐渐丰富。小科学和大科学不再是简单项目规模上的大小，而是组织形态上的巨大差异。小科学被定义为科学家以个人或小组的形式开展研究，竞争性是其一大特点，科学家以追求科学真理为导向，独自设定研究问题、开展探索和研究（de Solla Price，1963）。相反，大科学涉及更多的研究资源和从业人员，并伴随着科学建制结构的变化而变化（熊志军，2004）。

在科学实践的历史中，小科学曾是近代科研的主要组织形态，许多重要的科研突破来源于对小科学的研究，纳丁·科恩-格雷斯的DNA双螺旋结构实验、托马斯·杨的双缝干涉实验都是小科学研究实现突破的典型案例，小科学研究通常由个别研究者或小团队进行，着重于基础科学的理论和实验研究，为科学领域的进展和发展做出了重要的贡献。在小科学时代，科学研究有更高的自主性，研究者更多出于纯粹的个人兴趣而从事研究工作，经济价值、社会效益往往不是科学研究的出发点。

随着第二次世界大战的爆发，科学飞速发展，开始由小科学向大科学转化。大型强子对撞机和人类基因组计划是大科学的典型示例，它们需要庞大的国际合作，需要巨额经费和大量研究人员的参与，以解决复杂的科学问题，推动前沿科学的发展。这些项目代表了大科学的规模和影响力。正如普赖斯所说的"大科学结束了科学的英雄时代"，小科学时期的许多重大突破由少数精英科学家个人实现。相对地，大科学则由无数普通科学家参与和推动，具有以少量科研团队领导者为成果代表者的特点。随着科研项目的规模越来越大，科研涉及的事务性工作越来越多，一项创造性的研究需要大量的非创新性工作来支撑，大量人力、物力、经费的需要，使得科学活动不再完全是理想化、自由化的新知识探究（王大明，1994）。且随着学科规模的扩大，科学成果的数量递增，形式更加多样化，多维度的科研评价体系逐渐建立，同行评议和社会影响等因素成为评估科学成果的维度，外部因素逐渐干预科学研究活动。

3. 学科的软硬

基于科学层级理论，孔德根据学科研究对象的客观特征（即普遍性、依赖性和复杂性），对主要的实证学科依次排出了数学、天文学、物理学、化学、生物学、社会学的一种由下向上的等级秩序（Lewes，1853；Simonton，2015）（图 2-2）。这种从"底部"到"顶部"的位置顺序演变成了对学科"软度"和"硬度"的描述。学者主要从学科共识角度定义学科"软"和"硬"的概念，即通过衡量学者在既定理论、事实和方法方面的共识程度，来确定一个学科是"软"还是"硬"（Braxton and Hargens，1996；Fanelli，2010）。对于"硬"学科，学者的大量基础知识共识使他们能快速对新研究发现的有效性和意义达成一致，使其成为进一步研究的基础。研究对象更加复杂的学科，则是更"软"的领域，较少的共同背景和坚实理论使得共识变得不太可能达成，所以新的研究结果需要大量的论述和解释才能被同行接受（Simonton，2004）。因此，"硬科学"和"软科学"被认为是不同的社会系统，呈现出不同的交流、出版和引用模式，在科学界具有不同的地位（Shapin，2022）。

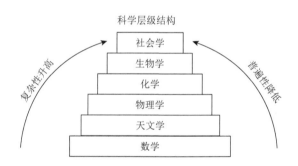

图 2-2　孔德提出的科学层级结构

为了量化学科的软硬程度，学者提出了多种文献计量指标，如价格指数（de Solla Price，1970）、基尼系数（Cole，1983）、香农熵（Evans et al.，2016）等。通常，自然科学被认为是"硬科学"，而社会科学则被描述为"软科学"。Cole（1983）提出，等级制度是科学体系的固有特征。在 Cole 提出的科学层级结构中，自然科学（如物理学）处于顶端，社会科学处于底端，生物科学处于中间位置。在 Cole 提出的层级顺序基础上，Fanelli 和 Glänzel（2013）通过测度与学科共识相关的计量指标发现：学科的软硬程度和学科共识程度存在关联，从物理科学到生物科学，再到社会科学，这一科学层级结构显示，学科内部的共识程度逐渐下降。然而，一些学者如 Becher 和 Trowler（2001）则对科学层级结构的具体学科顺序有着不同的看法，他们认为经济学、化学、物理和材料科学应该被描述为"硬科学"，且化学的"硬度"最高；而历史、媒体等社会科学是"软科学"，且历史是最"软"的学科。在较新的研究进展中，Peng 等（2021）利用神经网络向量嵌入技术，获取引文网络中所包含的信息，量化表示了学科知识，构建了知识领域中从"软学科"到"硬学科"的坐标轴（图 2-3）。图 2-3（a）反映了常见的期刊（论文集）在软硬谱系上所处的位置，图 2-3（b）反映了各个学科的期刊在学科软硬谱系上的位置，黑线代表学科对应的中间值，反映了学科整体所处的软硬水平。

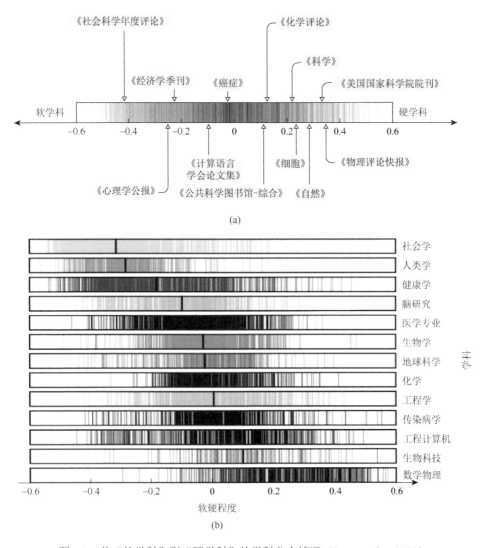

图 2-3　从"软学科"到"硬学科"的学科分布情况（Peng et al.，2021）

2.1.3　科学的学科结构

学科结构是科学的二级结构。学科结构是科学知识体系中不可或缺的一部分，它按照一定的原则和条件，对各门学科的对象和领域进行划分，明确其在整体科学体系中的位置，并阐述各学科之间的相互关系（丁雅娴，1994）。学科分类体系的构建与维护对于促进科学事业的发展、优化科学体系结构，以及统一科技管理都有重要的理论和实践意义。

学科分类体系的萌芽可以追溯到亚里士多德分类学，亚里士多德尝试对自然界进行分类和解释，但他的分类更多地基于观察和推理，并非严格意义上的学科划分以及对人类知识的划分（Arabie et al.，1996；丁雅娴，1994）。到 15 世纪，文艺复兴标志着知识和科学的重大转变，这一时期，英国思想家培根以人类的理性能力为依据，将所有知识划分为三大类：历史、诗歌和哲学。到 19 世纪，学科开始出现更为剧烈的细分，孔德作为法国实证主义的奠基人，进一步细化了学科分类，将其分为数学、天文学、物理学、化学、生物学和社会学等。与此同时，黑格尔用更为系统的方法，尤其是"从属原则"，以从抽象到具体、从低级演化到高级的发展观来构建学科体系。19 世纪工业革命和科学技术的快速发展促进了各学科的专业化和细分。在这一时期，许多新学科不断形成，如化学、物理学和生物学。同时，社会科学也开始作为独立的学科出现。20 世纪进一步见证了细分学科和交叉学科的出现。信息科学、计算机科学、环境科学等都在这个时期成为独立的学科。联合国教科文组织和其他国际组织也开始系统化地进行全球学科分类。

到 21 世纪，科学知识迅猛增长，大量新兴学科领域不断涌现，学科分类这一问题变得更加复杂。不同国家和机构构建了多种符合不同场景和特点的现代学科分类体系。根据我国 2022 年 9 月修订的《研究生教育学科专业目录（2022 年）》，我国的学科分为哲学、经济学、法学、教育学、文学、历史学、理学、工学、农学、医学、军事学、管理学、艺术学、交叉学科 14 个门类。根据联合国教科文组织 1974 年公布的学科分类，基础学科包括数学、逻辑学、天文学和天体物理学、地理科学和空间科学、物理学、化学、生命科学等主要一级学科。科睿唯安的科学网（Web of Science，WoS）的学科架构包括自然科学、社会科学以及艺术和人文学科三大学科的 252 个学科类别，其中 WoS 的核心合集又可以被分为艺术与人文、生命科学与生物医学、自然科学、社会科学和应用科学五大研究方向。因为 WoS 将收录的每本期刊分配到一个或多个主题类别，其分类粒度较细，允许用户客观地衡量范围和与引文特征相似的论文的表现，所以 WoS 的学科主题标签适合用于详细的文献计量分析。在 WoS 的基础上，科睿唯安开发了基本科学指标

（Essential Science Indicators，ESI）数据库来识别 WoS 核心合集中表现最好的研究。ESI 分析来自科学引文索引扩展版（Science Citation Index Expanded，SCIE）和社会科学引文索引（Social Science Citation Index，SSCI）期刊的文章和评论，以确定论文、组织等的表现如何。与 WoS 的学科分类不同，ESI 基于 22 个学科大类对论文进行划分，且 ESI 仅将每个期刊分配给一个领域，期刊上发表的相关论文隶属于该领域。但对于多学科（multidisciplinary）期刊，会对期刊中的文章根据其所引用的参考文献重新分配到更为具体的学科。

荷兰莱顿大学科学技术研究中心（Centre for Science and Technology Studies，CWTS）的全球大学排名使用了 WoS 数据库作为数据源，但对学科大类进行了重新划分，包括：生物医学科学、生命科学与地球科学、物理科学与工程、社会科学与人文科学 4 个大类。大类下面还有领域和子领域的层级。Science-Metrix 是一个国际公认的使用文献计量方法评估科学技术政策和活动的平台。它在构建学科分类体系时，参照了其他现有的分类标准，并结合了算法技术与专家建议。将学科分类体系共分为 5 个学科大类，分别是自然科学、工程与技术科学、医药科学、农业科学和人文与社会科学。每个学科大类下有若干个学科层级，共包括 20 个学科领域（field）和 174 个学科子领域（subfield）。每个学科领域下有若干个学科子领域，每个学科子领域只属于一个学科领域，互不交叉。

此外，有许多新技术手段被应用到现代学科分类体系的构建中，以更好地反映不同学科之间的相似性和差异性，以及不同学科的研究重点和发展趋势。微软学术图谱（Microsoft Academic Graph，MAG）数据库利用分层主题建模构建了非常细粒度的学科结构，层级结构从 0 级到 5 级（Shen et al.，2018），总共包括 19 个一级学科：艺术学、生物学、商学、化学、计算机科学、经济学、工程学、环境科学、地理学、地质学、历史学、材料科学、数学、医学、哲学、物理学、政治学、心理学和社会学。WoS 数据库也运用多元的数据分析和机器学习技术来更新和维护其学科分类体系，它利用文本挖掘和自然语言处理技术来识别新研究主题，采用网络分析评估文献引用关系以调整学科分类，并通过机器学习捕捉跨学科趋势以新增标签。此外，莱顿大学 CWTS 的学科层级也是动态更新的，每年根据最新的期刊数据和引文数据进行调整和优化。

学科的细分和分类的不断完善标志着科学知识体系的发展，展示了人们不断运用新原则和手段揭示科学内在规律的努力。现代学科分类结构是一个多层级的综合网络，学科之间紧密关联，相互影响又具有自身的特性。

2.1.4　科学的智力结构

科学系统中的人员可以被理解为一种智力结构。相较于科学的门类结构、学科结构和知识结构这些抽象的结构，科学的智力结构本身依据特定的实体（人）而划分。科学的智力结构主要涉及研究者（作为智力结构单元）与其在知识领域中所涉及的概念、理论、方法和实践之间的组织和关系。科学的智力结构研究从科学系统主体角度分析，将具有某种相似性的科研人员作为科学的智力结构单元，通过智力结构单元及其相互关系来反映科学系统的结构，体现科学的知识结构和研究活动结构。从科学社会学角度来看，科学的智力结构是科学知识抽象结构的社会对照；从科学计量角度来看，科学的智力结构是通过研究科研人员结构来揭示科学研究活动和科学知识的结构。对科学的智力结构进行研究，能够厘清科研活动中的人员结构关系，同时也有助于分析科研人员在知识创造、知识传播等知识活动中的作用，从而发现科研人员结构及科研人员行为对科学知识创造、传播、共享等科学活动的影响和其间的相互关系，从科研人员角度理解科学的运行规律。作者合作网络和网络的多维缩放（multidimensional scaling，MDS）等分析方法是分析科学的智力结构的常用手段。

作者合作网络通过分析科研论文的共同作者关系来构建网络，其中每个节点代表一个作者，连边则表示作者之间的合作关系。通过计算网络的节点度、集聚系数、网络密度等特性，可以揭示科学社区内的合作模式和结构。还可以用社区检测算法识别网络中的相互紧密联系的智力群体，从而了解科学领域内的研究群体和合作模式，进一步揭示当前科学领域的智力结构和演化关系（Qiu et al.，2014）。在构建作者合作关系的网络距离矩阵后，通过 MDS 技术将高维的距离矩阵映射到低维空间（通常是二维或三维），可视化后直观地展示对象之间的相对距离和关系。根据 MDS 的结果，研究人员可以识别科学知识领域的主要组成部分和它们之间的关系，从而揭示科学的智力结构。

di Bella 等（2021）利用作者共现网络分析技术描述了研究人员群体的关系结构及其随时间的演变。魏开洋等（2023）基于作者合作网络进行分析，发现网络中的"明星作者"对合著论文的影响力具有显著的正向影响，对创新力有显著负向影响。吕鹏辉和刘盛博（2014）研究了图情领域的论文合作网络，发现图情领域的作者合作网络是非连通的稀疏网络，具有小世界现象，即科学家之间已形成多个研究社团，不同智力团队之间的合作相互独立。

除了作者合作网络以外，还可以生成作者共引网络、共被引网络等（McCain，1986）。Qiu 等（2014）构建了五种作者共现网络，分别是作者合作网络、作者共引网络、作者共被引网络、作者共词耦合网络和作者共期刊网络，并比较了五种类型的作者共现网络在揭示信息科学和图书馆学领域的科学结构方面的能力和差异。

总体来看，有关科学的智力结构的研究主要从微观视角出发，关注学科内部的智力结构（White and Griffith，1982）。一些研究者在限定学科内部的结构时，也对知识创造实体做了范围划分。Small（2006）在定义研究领域时，认为一组文档或其他文献计量单元组成了特定范围的研究主题，同时该研究主题被特定的研究人员群体所共享。该定义方式同时揭示了研究领域的内容性和社会性，因而可以认为科学的智力结构是一种科学社会学认知视角。其他相关定义，诸如研究专业、研究主题等也有类似的情况（Chen et al.，2009）。这些定义均认为具有相似性的科研人员群体是科学抽象结构的现实反映。这些具有相似性的科研人员群体一般拥有相似的科研训练，具有类似的知识结构。可以通过一些现实依据，如参加相同的学术会议、阅读和引用相似的文献，来顺藤摸瓜地发现这些具有相似性的科研人员群体，从而揭示科学的智力结构。

2.1.5　科学的知识结构

1. 语义结构

科学的语义结构对于理解科学知识的深层逻辑至关重要。科学知识以其抽象性、确定性和精密性而产生巨大的认识力量，周昌忠（1987）认为科学知识体系以"内容-形式"的结构存在。对于科学知识体系的"内容"，苏联科学学家拉契科夫提出了科学知识体系的金字塔结构，认为理论、定律、公理和理论、假说、特殊方法、特殊范畴和事实构成了科学知识体系（图2-4）。另外，对于科学知识体系的"形式"，其最常见的表现形式就是科学文章、研究论文、综述或报告，这些文献详细描述了科学研究的理论、方法、结果和结论，以及其他学者可以审查和参考的信息。

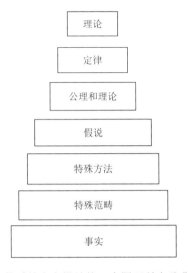

图 2-4　科学知识体系的金字塔结构（中国百科大辞典编委会，1990）

然而，要将科学知识的抽象性和复杂性转化为可理解的信息，需要适当的工具和方法。如何将文字形式的科学知识进行结构化表示是当前情报学界面临的重要学术问题。通过适当的技术方法，可以将知识的关系转化为文本的语义关系，从而更好地理解科学领域内的知识结构。关键词共现网络分析就是一种常见的科学知识结构表示方法。

2. 关键词结构

关键词共现网络是由学者 Callon 等（1983）引入的一种内容分析和科学绘图的复合结果。基于心理学的邻近联系法则、知识结构及映射原则等方法论基础（赵一鸣和吕鹏辉，2014），关键词共现网络表示知识系统的逻辑是：概念是知识的基元，在科学领域中，领域的核心知识主要由领域内概念与概念之间的相互关系来呈现，而关键词作为概念的语义呈现，词与词之间的关系能体现概念间的关系，反映知识的基元结构。所以关键词共现网络常被构建以作为知识系统的一种表现形式（叶鹰等，2012）。

关键词共现网络以关键词为节点，若两个关键词同时用在同一论文中，则两个关键词节点之间形成连接（边），两个关键词节点在同一篇文献中共同出现的次数即为连接（边）的权重。在数学处理上，将共现网络连接转化为共现矩阵，然后生成相关性矩阵、相似性矩阵或相异性矩阵，再进一步将矩阵可视化，通过MDS 技术将关键词关系投影到多维尺度空间图中，以服务网络分析。

关键词分析主要着眼于高频词，通过社会网络分析中的核心/边缘模型，可以有效地识别核心关键词。这个模型根据节点之间的连接紧密程度将网络节点分为核心节点和边缘节点两个群体。核心节点在网络中具有重要地位，通常是需要重点关注的对象，而边缘节点与其他节点之间的联系相对稀疏，在网络中处于次要地位。这种方法提供了一种有效的手段，用于识别和分析领域内的核心概念（Brandes and Erlebach，2005）。对于科学领域，则可以通过社区检查、聚类等方法找出主题社区，进一步揭示学科领域的主题结构、热点主题及其发展趋势（jan van Eck and Waltman，2010）。

关键词共现网络不仅可以反映科学文献内容的变化，还能描绘特定学科或技术领域的知识结构。它可以结合时间序列来揭示学科结构的演变历程。这种方法将关键词作为节点，建立关键词之间的共现关系，以提供深入了解知识体系的窗口。通过分析关键词共现网络，可以发现学科内部的关键概念，了解知识的组织方式，以及随着时间的推移而演进的方向（Leydesdorff and Rafols，2011）。

关键词共现网络这一语义结构有效帮助了文献计量学家识别和分析核心概念，理解科学文献内容的变化和学科的发展。这种方法为研究复杂关系和探索知识之间的联系提供了强大的工具，为科学研究和知识管理领域的发展做出了重要贡献。

3. 主题结构

知识语义可以从概念级别进一步抽象到主题级别。通过分析文献的关键词和概念，可以进一步确定文献的研究主题。主题是文献中的中心话题或焦点，它通常由一个或多个相关的概念组成。通过主题模型（topic model）等方法，将相关的概念汇聚组合成更广泛的主题。最常用的主题建模方法是潜在狄利克雷分配（latent Dirichlet allocation，LDA），LDA 的主要目标是从文本数据中识别主题，并确定每个文档包含哪些主题的概率分布，可根据文本中的词频数据发现主题。Song 等（2023）使用 LDA 主题模型来确定图情领域中的主题，将 1991 年至 2021 年的领域知识主题进行了可视化（图 2-5）。关鹏和王曰芬（2015）将 LDA 主题模型和科学文献生命周期理论相结合，通过 LDA 方法从文献全文或摘要中抽取隐含的主题结构，深度挖掘主题语义信息，量化主题的强度和关联，再结合生命周期理论分析学科领域的发展趋势。此外，社区检测方法也可以被应用于关键词网络，助力于更准确地识别、反映知识结构的主题。例如，Huang 等（2022）首先将关键词网络与词向量（word to vector，word2vec）模型相结合获取到了关键词的时序语义，其次通过社区检测来识别主题社区，最后通过测量相邻时间段的主题相似度来表示主题之间的进化关系，从而识别出图情主题的演化路径。

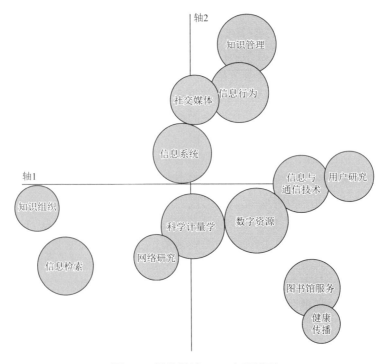

图 2-5　图情领域 LDA 主题模型

4. 领域结构

领域是更为广泛的语义概念，由大量相互紧密关联的主题构成。领域研究更注重全面理解广泛领域内的研究动态，而主题研究则更专注于深入研究特定科学主题的发展和演变。

Locatelli 等（2021）展示了一个科学领域关联网络（图 2-6）。在这个二分图中，圆形节点代表学者，方形节点代表学科领域，节点之间的连线代表学者的学科附属关系。方形学科节点的大小取决于附属于该学科的学者数量；圆形学者节点的大小取决于学者的跨学科指数。连线的宽度表示学者与学科领域的附属强度。图 2-6 中展现了三个主要科学领域，分别是社会科学、自然科学和形式科学，呈现了不同领域之间的联系和影响，揭示了科学领域的内在结构，可以用来进一步预测和解释科学发展的轨迹和模式。

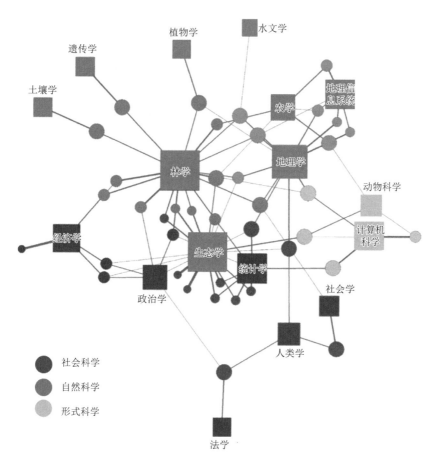

图 2-6 科学领域关联网络

2.2　科学共同体

本节首先界定和分析了科学共同体（scientific community）的定义，其次介绍了与科学共同体理论相关的三个科学哲学思想派系的发展历程。

2.2.1　科学共同体的定义

科学共同体是指学者通过频繁的交流、信息共享和相互依赖而形成的各种类型的社会组织。学术会议和科研协会就是很典型的科学共同体。因为学术研究本质上是一种社会活动，包含广泛的公共交互和私人交互，为了服务学术信息的交互，每个学术共同体都是一个共同的符号系统，学者有着共享的交流符号、观念和规范集合（Altbach and de Wit，2018）。学术共同体具有专业性和自律性，专业性是指学术共同体是由相同专业知识背景的主体结合而成的联合体；自律性是指学术共同体的内部成员一致认同团体的学术规范和学术标准（赵强和杨雅婕，2020）。学者认为各个学科在实践、态度、风格方面的共性和差异，构成了多个"学术部落"（academic tribes）；在知识结构方面的共性和差异，则形成了多个"学术领土"（academic territories）（Trowler et al.，2012）。

此外科学共同体一词在社会网络、复杂网络研究中会被译作"科研社群"。除了科学共同体、科研社群，还有一个关于科研人员群体的重要概念，即"科研团队"（research group，research team）。科学共同体、科研社群和科研团队三个概念存在着一定的关联，但又有各自的特征。

可以看出科学共同体是一个非常抽象的概念，该概念的提出伴随着科学社会学的发展。科学社会学是社会学的一个分支，研究内容是科学的社会结构及其运行规律。科学社会学的核心观点是将科学作为一种社会建制，而科学共同体即是这种社会建制本身，科学共同体可以被理解为一种科学社会组织。对科学的社会结构及其运行规律进行研究，即是对科学共同体的结构及其运行规律进行研究。

2.2.2　科学共同体三大派系的分析比较

科学共同体研究，起源于默顿（1986）发表的博士论文《十七世纪英国的科学、技术与社会》，库恩1962年出版的《科学革命的结构》，以及普赖斯1963年发表的《小科学，大科学》，分别形成科学社会学的默顿学派、爱丁堡学派和普赖斯学派（表2-1）。

表 2-1　默顿学派、爱丁堡学派和普赖斯学派对比

对比项	默顿学派	爱丁堡学派	普赖斯学派
基本观点	社会建制学说：科学是一种独立的社会建制，具有其本身的结构，科学的功能是由这种结构决定的，并不涉及科学内部的知识内容	科学革命论：科学知识的增长是伴随着科学范式转换的科学革命的	科学内部的社会结构与科学知识之间存在着一定的联系，可以通过数理方法发现这种联系
研究方法	社会学实证研究	案例研究	数理方法
相关学科	科学社会学	科学哲学、科学社会学	科学计量学

默顿学派开创了科学社会学研究，开始将科学与社会系统中的经济、政治等其他因素分离开来单独对待，以研究科学本身的社会结构和运行规律。默顿学派的主要研究思路是把科学视为一种独立的社会建制，从结构功能主义出发，认为科学这种社会建制有其本身的结构，科学的功能是由这种结构决定的，并不涉及科学内部的知识内容（周学政和曹南燕，2004），而科学本身的发展被认为是科学知识本身的合理演变。该学派的理论是一种中层社会学理论，强调社会的隔离和分层研究，视科学为一个社会子系统，研究其结构与社会的关系，并将研究重点放在科学的奖励体系、规范结构、社会影响、科学发现的优先权、单一发现和多重发现等具体问题上。从研究方法上看，默顿学派继承了社会学的研究方法，通过寻找充分的证据来对具体社会问题进行研究，强调科学的实证主义。

库恩进一步丰富了默顿学派的社会建制学说，认为不应当忽略科学知识这一重要因素，并将其逐步发展为爱丁堡学派。依据库恩的观点，科学知识的增长是伴随着科学范式转换的科学革命的。库恩将具有如下两个特征的研究领域定义为"范式"：一是它的成就足以凝聚一批科研人员，二是有大量需要解决的科学问题（Kuhn，1962）。一种范式为一个科学共同体所共有，而也正是因为他们共享一种范式才成为科学共同体。关于科学共同体的理解较为抽象，认为其是科学建制的核心，是科学的基本结构模式（Kuhn，1962）。"他们具有共同的信念和共同的探索目标，采用共同的研究方法，使用共同的术语，接受公认的评定标准，同时也包括培养自己的接班人。"（施若谷，1999）依照库恩的理解，可以从现实社会中寻找到与这一抽象概念对应的具体社会活动和现象，例如，科学共同体的行为可以包括在共有范式内提出和检验科学想法、发表科研论文、组织学术会议、分配科研经费等。库恩对于科学范式革命的重要论断是，范式的转换是非理性的，是受科学共同体的社会心理方面的影响的。爱丁堡学派的重要研究内容即是通过科学与社会的互动，分析哪些科学内外的社会因素与科学知识的产生、增长、评价或者科学知识本身有关，以及其作用如何（郁晨，1987）。对科学知识本身的研究，是爱丁堡学派区别于默顿学派的关键所在（张莉和苗春晓，2007）。对于爱丁堡学派，案例研究是重要的研究方法，

具有较重的经验主义色彩，通过科学界的实际案例来体现其中的哲学和观点，反映科学是什么样子的，而不是科学应当具有什么样的规范。

从其他研究思路出发，普赖斯及其后继者则从数理研究角度去解释科学内部的社会结构与科学知识之间的关系，剖析学科（或专业）的社会组织与知识增长。相比于默顿学派和爱丁堡学派，普赖斯学派研究的问题较为狭窄但具有深度，绝大多数研究采用数理统计、结构建模等严密的定量方法对微观问题进行分析。这一学派较少直接对科学共同体整体进行研究，更多探讨科学共同体内部更为具体的问题。爱丁堡学派以科学内部发生的范式革命来解释科学发展过程，而普赖斯学派则寻找科学内部的具体社会因素，用数据来解释这些内部社会因素对科学发展的影响。该学派对科学共同体组织进行了详细考察，将科学共同体分为正式社会组织和非正式社会组织。正式社会组织是指学科和专业及其对应的实体机构，正式社会组织有其本身的正式的学术交流途径，如通过学术期刊进行学术讨论、知识传播等。非正式社会组织是从正式社会组织中发展出来的虚拟研究网络，被称作"无形学院"（de Solla Price，1963），即由杰出科学家组成的小群体。

综上所述，科学共同体在科学学中被理解为一种科学社会组织。普赖斯学派开启了科学社会组织内部的数理研究，随着近几十年来研究的不断深入，该学派的研究方向也逐渐与其他学科的研究方向交叉融合，从而产生了一些当前研究的新兴学科或主流方向。科学计量学是由普赖斯学派发展而来的，主要研究科学学中的定量问题（侯海燕，2006），运用数理统计、计算技术等数学方法对科学活动中的投入、产出和过程进行定量分析，主要考察投入环节中的科研人员、研究经费等因素，科研产出中的论文数量、被引次数等因素，以及科学知识传播、交流网络形成等过程中的可量化因素，运用相关模型和方法，揭示科学活动的内部规律。随着社会网络方法在社会学及相关研究中应用的不断增多，该方法也被应用于分析科学社会组织的结构以及结构对科学发展的影响。复杂网络进一步抽象出社会组织的网络结构，其本身是复杂网络结构研究中的共性问题，相关结论适用于科学社会组织整体以及科学社会组织中的个体。通过分析网络拓扑结构，可以发现特定的科研人员群体，这些群体被称为科研社群。计算机技术，特别是数据挖掘技术和信息可视化技术的发展，一方面进一步丰富了科学计量学的定量分析方法，另一方面以可视化的方式直观地呈现科学规律和微观结构，使许多科学知识图谱方面的研究涌现出来。

2.3 科 研 团 队

科研团队是科学研究活动的核心组织形式。本节首先定义了团队与科研团队的概念，其次探讨了科学社会组织视角、合作视角和机构视角下的科研团队，更全面地理解了科研团队学在科研管理和科学社会学领域的重要性，以及不同视角下科研团队的独特贡献。

2.3.1　团队与科研团队

团队的概念最早源自美国。在 1972 年，美国经济学家阿门·A. 阿尔奇安（Armen Albert Alchian）和哈罗德·德姆塞茨（Harold Demsetz）首次提出了团队生产理论，也首次引入了"团队"这一概念。随后，Robbins（1994）提出了一种明确定义：团队是由相互协作的个体组成的正式群体，旨在实现共同目标。如今，学界更加强调"团队"定义中的互补性，即团队是由一群才能互补、相互依赖的个体组成的正式群体，他们有共同的目标、标准和责任（高虹和王济干，2014）。

对科研团队的定义和理解，一般是从由科研人员组成的科研组织角度入手。Morris 和 Goldstein（2007）给出了科研团队的一般定义：科研团队是相互紧密交互的、以完成研究任务为共同目标的一组研究人员。这里，研究任务是指为解决某种科学问题而形成的科研项目中的各项子任务，对应于科学问题的具体子问题。研究任务是最小单元，不能再进一步细分。由此看出，科研团队具有如下基本性质：有共同的研究任务，团队内部成员紧密交互。在科研团队识别的实践过程中，共同的研究任务可以是由政府等机构提供资金支持的科研项目，这类项目一般具有明确的科学研究题目和研究范围；也可以是由团队成员自发组织的科研项目，其目标是解决具体的科学问题。团队内部成员紧密交互是指团队成员围绕共同的研究任务，贡献自身的知识、技能和智慧，并扮演相应角色和承担相应工作内容，相互交流、沟通来共同完成解决科学问题过程中的具体工作。另外，需要注意的是，科研团队的内涵中并不一定要求团队成员在同一场所工作。随着现代通信技术的发展，电话、视频会议、电子邮件等多种技术使得在不同地理位置的科研人员可以非常方便地进行沟通、传递文件，跨地区、跨国的协作研究越来越成为科研常态。

科研团队学，作为科学研究领域的一个新兴分支，专注于研究科研团队如何发起、组织、交流和执行科研活动（王维等，2013）。具体而言，它致力于探讨科研团队的科学条件，理解和协调团队合作过程，以及评估合作的成果（Little et al.，2017）。对科研团队的理解和识别是科学社会学、科学计量学等科学学研究中较为基础的工作，也是政府及科研机构的科技管理工作中的重要一环。目前主要从科学社会学中的科学社会组织视角、科研合作网络中的合作视角以及实体组织的机构视角等三种视角对科研团队进行认识和理解。

2.3.2　科学社会组织视角下的科研团队

科学社会学中的一个重要观点是将由研究人员所组成的系统视为一种抽象的、不一定具有实体存在形式的科学社会组织。前文所述的科学共同体亦是这种科学社会组织的一种重要结构，是一种逻辑层面的社会组织。在这种科学社会组织中，处于层级结构最末级的是一个个具体的科研团队，科研团队成员按照劳动分工负责并开展具体的科学研究工作（Morris and Goldstein，2007）。科学社会组织视角下，科学社会系统是一个具有层级结构的组织系统，科研团队处于这个系统的最底层，是不可再分的组织单元，这种层级内部包含一个个独立的科研人员个体。科学社会组织视角下的科研团队，主要从理论层面进行探讨，它从理论层级上指导着合作视角和机构视角下对科研团队的理解，但并不提供发现科研团队的实践依据和操作细节。

在团队层次上，团队需要管理和领导，科研团队也一样。Hoch 和 Kozlowski（2014）认为科研团队中的主要领导模式是层级领导，层级领导是一种组织内部由上层委派命令到下层的"金字塔"结构的管理模式（Saiti and Stefou，2020）。层级作为一种结构形式为领导岗位的人员提供了认可、地位和权力，也通过成员对领导的认可来增强成员的动机和团队精神。此外，在科研合作中还存在一种扁平化管理，即共享团队领导（Hoch and Kozlowski，2014）。共享团队领导是指团队成员之间的相互影响和协作过程，其中团队成员共同参与决策和承担责任，相互引导以实现团队目标。共享团队领导被认为可以增强团队成员之间的联系，增强团队内的信任、凝聚力和承诺效力，减弱团队的不利因素造成的影响（Pearce and Conger，2003）。

在社会层次上，李鐘文等（2002）用创新生态系统来描述当前社会层次的创新生态：新兴的区域产业集群形成了创新的"栖息地"。在这个系统中，不同的支持体系和合作组织之间形成了一个相互依赖和共生演进的创新生态体系，由此科研团队只是创新生态中的一个组成部分，需要与其他研发团队、测试团队、市场团队紧密配合，相互依赖，共同推动创新项目的实施和科技成果的转化。

在更为宏观的国家层次上，国家创新生态系统是以国家行为推动科技研究的一种模式，有助于提升国家创新的前瞻性、独创性、系统性和战略性（褚建勋等，2023）。国家创新生态系统涵盖国家系统和创新两方面的内容，在哲学思想上，其是古典经济学家弗里德里希·李斯特（Friedrich List）的"国家体制"和经济学家熊彼特的创新理论的综合与提升。国家创新生态系统最重要的载体是相互作用的网络或系统，其目标是促进资源在各主体间的合理、高效分配，具有如图 2-7 所示的"三阶段"模式动态演化特征（褚建勋等，2023）。

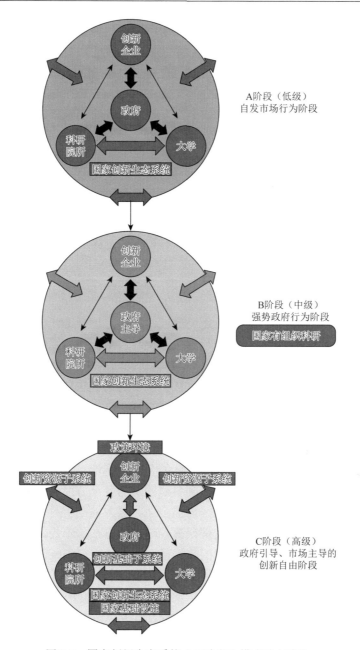

图 2-7　国家创新生态系统 "三阶段" 模式动态演化

（1）A 阶段（低级）：自发市场行为阶段。在这个阶段，由于市场机制的影响，创新企业、大学、科研院所基于各自的利益需求自发形成产学研合作机制。

（2）B 阶段（中级）：强势政府行为阶段。在这个阶段，政府主导推动国家创新生态系统的建设，集中资源和力量开展面向国家战略需求的重大科技项目和工程。在此阶段，政府处于国家创新生态系统核心位置的同时，也在发挥着较大的纽带作用，挟带着大学、科研院所、创新企业等主体形成三螺旋结构。

（3）C阶段（高级）：政府引导、市场主导的创新自由阶段。在这个阶段，国家创新生态系统更加成熟和开放，政府更多地发挥战略规划和引导作用，而科技创新主体具有更强的自主性和竞争力。

科研团队在这三个阶段中都起到了关键作用（褚建勋等，2023）。他们通过合作和交流推动科技创新活动发展，并通过组织方式适应现代科研组织需要，保持更大的科研自主性与创造力。此外，在强势政府行为阶段和政府引导、市场主导的创新自由阶段，科研团队还可以通过参与重大科技项目、工程、大科学装置及国家整体创新资源布局等活动，借助国家力量推进科技创新。

2.3.3　合作视角下的科研团队

在科研团队运作中，团队成员之间通过沟通和劳动分工开展合作，因而团队成员的紧密合作是科研团队得以运行的保障机制。从合作的视角看，科研团队可以通过团队成员的合作关系来进行定义，为科研团队的识别提供具体的判别标准。该视角的理解为许多实证研究所采用。社会学中的调查法和计量学方法，是两种识别团队成员合作关系、界定科研团队范围的可操作方法。

社会学中的调查法通过问卷调查、访谈等形式掌握团队成员之间的合作关系，能够得到较为精确的团队成员结构（Rey-Rocha et al.，2002）。调查法通过细致的信息收集工作，能够深入地了解科研团队的各个方面属性，全面掌握团队成员个体信息和成员之间的关系信息，从而得到科研团队的各个方面的较为真实的数据。通过调查法开展的科研团队研究，一般能全面、深入地剖析科研团队的性质和其中的运行规律，属于定性研究和实证研究范畴。该方法的不足之处在于调查工作较大的执行难度使得通过调查获取的数据量有限，较难得到统计性的结论。

在计量学研究中，作者合著关系被认为体现了作者之间的合作关系，相应地，科研团队也就可以通过作者合著关系来发现（Beaver，2001）。不同研究采取不同方法从作者合作网络中识别出科研团队。Seglen和Aksnes（2000）首先识别出高产作者，其次通过其他作者与高产作者之间的合著关系来确定科研团队，发现挪威微生物学科研合作网络中包含180个科研团队。Morris和Goldstein（2007）分析了科研成果中体现出的马太效应原理，在此基础上提出了一种从文献中识别出作者团队的更为复杂的模型，该模型能区分同一篇文章中的作者是否属于相同的团队。基于作者合著关系识别科研团队的不足之处在于合著关系并不完全等价于合作关系（Melin and Persson，1996）。一方面，论文署名依据较为复杂、情况较多，存在名誉署名等非贡献署名问题（Laudel，2001）；另一方面，并不一定所有的合作人员都能成为论文署名作者，如实验室中的一些软件工程师、数据分析师往往未被署名。论文署名机制中的这些固有缺陷使得依此标准识别科研团队具有一定的不完整性问题。优势在于数据量大，具有一定的统计意义，但统计结果是否能弥补其缺陷，则要视具体的研究问题而定。

2.3.4　机构视角下的科研团队

机构视角下的科研团队，简单地将现实社会组织中的科研团队与实际的组织机构对应起来，如将学院、系或者实验室等研究机构视为科研团队（Mryglod et al.，2013）。这些研究机构依托于财政（资金）输入，执行着"输入导向型研究"（Cohen，1991），这种机构组织一般来源于行政安排。

该视角下的科研团队存在于实体组织机构中，而机构在建立时即具有某种科学使命，正是这种使命凝聚着机构内部的研究人员，使得他们能共同工作。

基于这一假设，研究机构也就拥有了科研团队的两种基本性质——共同的使命和紧密的合作。机构视角下的科研团队，具有较为简单的判断标准，为一些科学计量学研究所采用（Braam and van den Besselaar，2010），使得在科研团队定义基础上的数理统计研究得以方便进行。然而，事实上，同属于某一行政单元的成员并不意味着就隶属于同一科研团队。一些计量研究发现，同一机构内往往也包含着多个科研团队（Peters and van Raan，1991），每个团队由一些知名教授领导并包含不同级别的科研人员（Mählck and Persson，2000）。从机构视角进行科研团队划分是一种较为简单的划分方法，在实际研究中可以结合其他方法进一步划分。

机构层次的研究团队需要更科学的科研管理。达到机构规模的科研团队需要大量的经费支持，因此合理的科学管理活动的支持是达到机构规模的科研团队合理运作的核心。比如，科研管理工作（Mryglod et al.，2013）需要公平衡量资助的候选研究机构或大学的产出的科学卓越性，并将其作为排名和融资的基础。为了进一步满足科学系统管理和研究绩效评估的需要，Braam 和 van den Besselaar（2010）提出了科研团队的生命周期，他们将科研团队的发展阶段划分为起步、稳定和衰退阶段，井润田等（2011）则把科研团队生命周期分为初创期、成长期、成熟期、衰退期（或蜕变期）四个阶段。他们认为在科研管理实践中结合科研团队所处的周期可以考虑阶段依赖性、提供适当的条件和避免机构发生强制性变化。他们根据产出增长、活动配置的相似性和研究领域专注度这三个指标来衡量研究团队所处的阶段，并以荷兰莱顿大学 CWTS 为案例进行了实证研究。

值得注意的是，虽然科研机构的研究团队规模相对较大，研究成果产出往往会多于小规模的科研团队，但研究表明更大的团队并不意味着更高的产出效率。

Cohen（1991）研究了科研团队中的团队规模、年龄与团队生产力之间的关系。发现没有证据表明存在一个最佳的研究团队规模能使研究团队的效率最高，并且发现人均年龄与团队的人均产出效率不相关。

综上所述，尽管对科研团队具有较为一致的认识，即科研团队拥有共同的科研目标，团队内部的科研人员各自承担责任、相互沟通并共同工作（井润田等，2011；张海燕等，2006），但在不同的研究场景中具有不同的具体理解。科学社会组织视角下的科研团队在科学社会学研究中从抽象的逻辑层面的社会组织角度来理解科研团队，合作视角下的科研团队强调科研团队内部的合作关系，而机构视角下的科研团队更为突出科研团队的实体组织结构。合作视角下的科研团队和机构视角下的科研团队，多在科学计量学等需要数理统计分析的研究中采用。

2.4 科研社群

科研社群是与科研活动和科学研究密切相关的人员群体。本节首先对社区与社群的概念进行了定义和区分，其次阐述了科研社群的定义和性质以及相关研究方法。通过深入研究科研社群，可以全面地了解科研活动和跨学科团队合作在不同领域中的关键作用。

2.4.1 社区与社群

"社区"一词起源于拉丁语，意指共同的东西和亲密的伙伴。这一术语最早由费孝通先生提出，其在 20 世纪 30 年代翻译著作《社区与社会》（*Community and Society*）时将 community 翻译为"社区"，其后该术语被继承使用下来（刘视湘，2013）。一般认为"社区"是 community 的一种经典翻译。社区是一个社会学概念，"社区是某一地域里个体和群体的集合，其成员在生活上、心理上、文化上有一定的相互关联和共同认识。"（刘视湘，2013）社区也被认为是人类社会的基本构件（巴拉巴西，2007）。由此可以看出社区是一个较为广泛的概念，其特点是社会成员的群体性、范围性、社会互动性和共同认知。社区类型多种多样，划分标准也参差不齐，同时也不断出现一些新的社区，如互联网时代的到来使各种虚拟社区产生。

社会学中的社会网络研究分支对社区和社区成员之间的互动和联系，以及社区的结构和动态进行了深入研究。一些基于社会网络社区的经典研究如下。首先是罗纳德·贝尔纳德于 1995 年提出的"贝克曼社区研究"。他通过"结构空洞"理论探索了社群和社区中信息流动和社交网络的结构。他的理论强调了网络中的"空洞"或"缺口"对个体和群体的重要性，解释了某些人如何通过填补这些空洞来获得更多的社交和工作机会。其次是 Wellman 等（2003）提出的"网络个体主义"理论，该理论探讨了个体如何在现代社会中通过网络与他人连接，强调了个体与广泛社交网络的联系，而不仅仅是与紧密社区的联系。最后是罗伯特·普特南于 2002 年提出的"社交资本"理论：普特南通过"社交资本"概念探索了社群和社区的内聚性与互动对个体和社会的影响。他强调了社交网络和社区参与对个体福祉和社会稳定的重要性。

　　"社群"事实上也翻译自 community，起初仅少数文献使用该翻译，并未得到学者的认可。随着使用次数的增多，该翻译也变得越来越普遍。在中国知网中，于 2023 年 10 月 6 日，以"社群"为主题词进行检索，共检索到 22 660 条结果，而以"社区"为主题词共检索到 1 252 686 条结果。通过对比分析发现：①一般情况下，"社区"这一概念涵盖的范围比"社群"更广泛，但是在讨论在线社交媒体上的群体时，可以使用"社群"或"社区"来指代用户或成员之间的关系，如可以说"这个社群/社区讨论了各种各样的主题"；②以地理范围为限定的时候，"社区"的使用次数比"社群"更多，如"城市社区"有 133 552 条结果，而"城市社群"仅有 2340 条结果，且并不一定作为词组出现。由此表明，在部分术语中，"社区"一词比"社群"一词更加强调成员群体的活动范围，甚至在部分术语中活动范围比成员群体更为重要，如"Wiki 社区"强调了 Wiki（维基）本身及其特性。

　　整体来讲，"社区"与"社群"的使用还没有严格的正误标准，这两个词的用法在不同的语境和情境中可能会有交义和重叠，具体含义可能会有所变化，但"社群"更多地强调成员之间的社交关系和共同兴趣，偏向于"人的群体"，而"社区"更多地强调地理位置和范围意义。在本书中，统一采用"社群"的概念，目的也是希望通过这种字面理解来更加突出"人的群体"。

2.4.2　科学系统中的科研社群

　　相较于科学共同体这一抽象概念而言，科研社群的定义更加具体，使用领域较为明确。在社会网络和复杂网络等网络科学中，community 常被译作"社群"或"社区"，故 scientific community 可被译为"科研社群"或"科研社区"。在传统社会学研究中，广义的社群概念泛指在某些边界线、地区、研究领域内相互关联的一切社会关系。社群现象是人类社会的一个普遍现象，社群指通过社会关系联系而聚集在一起的人类群体。在社会网络分析中，将紧密连接的行动者群体视为一种社群结构，关于派系、K-核、K-众、簇、凝聚子群、模块等（沃瑟曼和福斯特，2012）网络结构的定义及识别方法便是对这种社群结构的不同理解。复杂网络方法则进一步将现实世界中的实体及实体间关系抽象为网络结构，从而定义和识别网络中的社群（Clauset et al.，2004；Newman，2006；Blondel et al.，2008；Fortunato，2010）。相关讨论主要集中在团体结构定义及衡量指标，如模块度（modularity）（Girvan and Newman，2002）。因此，网络科学针对社群的研究主要集中在定义和识别社群以及研究社群的统计性质方面。具体到科学系统这一场景，由社会网络分析和复杂网络相关方法所识别出的科研人员群体即为"科研社群"。

进一步分析科研社群这一概念的内涵和外延，可以总结出科研社群具有如下几方面性质：①科研社群是由科研人员组成的，科研人员是网络模型中的节点，拥有社会角色、职务、年龄、身高、研究兴趣、知识结构与技能等各种社会属性和个体属性；②科研社群内部成员之间的连接关系紧密，不同科研社群成员之间的连接关系稀疏；③科研社群的发现是面向具体方法的，使用不同的方法可以得出不同的科研社群结构，该性质来源于科研人员网络拓扑结构的复杂性、分层性和多维性，可从多个角度解释成员间关系和发现社群结构，所得到的社群含义也不同。

相较于"科学共同体"概念，"科研社群"概念包含了具体的内容，有明确的成员构成，成员之间的关系也承载着明确的含义。从本质上讲，科研社群仅是科学共同体在特定场景下的一种表现形式而已。但由于其定义的明确性，社会网络分析、复杂网络以及其他数理方向的研究则偏好于使用"科研社群"概念。

本章参考文献

巴拉巴西 A L. 2007. 链接网络新科学. 徐彬，译. 长沙：湖南科学技术出版社.

郗晨. 1987. 科学共同体的社会组织与科学知识的增长：《无形学院》述评. 自然辩证法通讯，（5）：77-78，31.

褚建勋，王晨阳，王喆. 2023. 国家有组织科研：迎接世界三大中心转移的中国创新生态系统探讨. 中国科学院院刊，38（5）：708-718.

丁雅娴. 1994. 学科分类研究与应用. 北京：中国标准出版社.

高虹，王济干. 2014. 基于内容分析法的创新团队内涵解析. 科技管理研究，34（10）：87-94.

关鹏，王曰芬. 2015. 基于 LDA 主题模型和生命周期理论的科学文献主题挖掘. 情报学报，34（3）：286-299.

侯海燕. 2006. 基于知识图谱的科学计量学进展研究. 大连：大连理工大学.

井润田，王蕊，周家贵. 2011. 科研团队生命周期阶段特点研究：多案例比较研究. 科学学与科学技术管理，32（4）：173-179.

库恩 T S. 2012. 科学革命的结构. 4 版. 金吾伦，胡新和，译. 北京：北京大学出版社.

李学军. 1989. 科学结构与科技指标. 自然辩证法通讯，（6）：30-42.

李锺文，米勒 W，韩柯克 M，等. 2002. 硅谷优势：创新与创业精神的栖息地. 陈禹，孙彩虹，译. 北京：人民出版社.

刘大椿. 2002. 科学活动论 互补方法论. 桂林：广西师范大学出版社.

刘视湘. 2013. 社区心理学. 北京：开明出版社.

刘洋，王楠. 2018. 论罗沛霖技术科学思想与实践. 自然辩证法通讯，40（12）：115-124.

吕鹏辉, 刘盛博. 2014. 学科知识网络实证研究 (IV) 合作网络的结构与特征分析. 情报学报, 33 (4): 367-374.

默顿. 1986. 十七世纪英国的科学、技术与社会. 范岱年, 吴忠, 蒋效东, 译. 成都: 四川人民出版社.

钱学森. 1957. 论技术科学. 科学通报, (3): 97-104.

钱学森. 1982. 论系统工程. 长沙: 湖南科学技术出版社.

施若谷. 1999. "科学共同体" 在近代中西方的形成与比较. 自然科学史研究, (1): 1-6.

唐 L, 刘 H. 2012. 社会计算: 社区发现和社会媒体挖掘. 文益民, 闭应洲, 译. 北京: 机械工业出版社.

王大明. 1994. 大科学时代的小社会学: 对默顿科学社会学理论的再思考. 自然辩证法研究, 10 (8): 5.

王维, 邱晓刚, 张鹏. 2013. 科学团队理论及其对大型仿真研究的启示. 系统仿真技术, 9 (1): 45-51.

卫军朝, 蔚海燕. 2011. 科学结构及演化分析方法研究综述. 图书与情报, (4): 48-52.

魏开洋, 邱均平, 刘亚飞. 2023. 科研合作中明星作者对学术论文的影响机理研究: 基于合著网络的视角. 情报科学: 1-15.

沃瑟曼 S, 福斯特 K. 2012. 社会网络分析: 方法与应用. 陈禹, 孙彩虹, 译. 北京: 中国人民大学出版社.

熊志军. 2004. 试论小科学与大科学的关系. 科学学与科学技术管理, 25 (12): 5-8.

叶鹰, 张力, 赵星, 等. 2012. 用共关键词网络揭示领域知识结构的实验研究. 情报学报, (12): 1245-1251.

于景元. 2001. 钱学森的现代科学技术体系与综合集成方法论. 中国工程科学, (11): 10-18.

张海燕, 陈士俊, 王怡然, 等. 2006. 基于生命周期理论的高校科研团队影响因素探析. 科技管理研究, (12): 149-152.

张莉, 苗春晓. 2007. 默顿学派与爱丁堡学派思想之比较. 重庆邮电大学学报 (社会科学版), 19 (3): 86-89.

赵红洲. 1981. 论科学结构. 中州学刊, (3): 59-65, 133.

赵康. 2017. 学术组织社群网络信息交流特征及结构演变. 图书情报工作, 61 (14): 99-108.

赵强, 杨雅婕. 2020. 高校学术期刊 "联合策划": 内涵、创新和问题. 科技与出版, (1): 61-65.

赵一鸣, 吕鹏辉. 2014. 学科知识网络研究 (III) 共词网络的结构、特征与演化. 情报学报, 33 (4): 358-366.

中国百科大辞典编委会. 1990. 中国百科大辞典. 北京: 华夏出版社.

周昌忠. 1987. 试论科学知识系统的逻辑结构. 自然辩证法通讯, (1): 1-7.

周学政, 曹南燕. 2004. 默顿学派的形成及其对科学社会学的意义. 科学学与科学技术管理, (6): 5-9.

Жуков Н И, 刘则渊. 1981. 科学知识结构中的一般系统论和控制论. 世界科学, 1981 (4): 42-46.

Alchian A A, Demsetz H. 1972. Production, information costs, and economic organization. American Economic Review, 62 (5): 777-795.

Altbach P, de Wit H. 2018. Are we facing a fundamental challenge to higher education internationalization? . International Higher Education, 2 (93): 2-4.

Arabie P, Hubert L J, de Soete G. 1996. Clustering and Classification. River Edge: World Scientific.

Beaver D D. 2001. Reflections on scientific collaboration (and its study): past, present, and future. Scientometrics, 52 (3): 365-377.

Becher T, Trowler P. 2001. Academic Tribes and Territories: Intellectual Enquiry and the Culture of Disciplines. 2nd. London: Open University Press.

Blondel V D, Guillaume J L, Lambiotte R, et al. 2008. Fast unfolding of communities in large networks. Journal of Statistical Mechanics: Theory and Experiment, (10): P10008.

Braam R, van den Besselaar P. 2010. Life cycles of research groups: the case of CWTS. Research Evaluation, 19 (3): 173-184.

Brandes U, Erlebach T. 2005. Network Analysis: Methodological Foundations (Lecture Notes in Computer Science). Berlin: Springer.

Braxton J M, Hargens L L. 1996. Variation Among Academic Disciplines: Analytical Frameworks and Research. New

York：Higher Education Agathon Press Incorporated.

Burt R S. 1992. Structural Holes：The Social Structure of Competition. Cambridge：Harvard University Press.

Callon M，Courtial J P，Turner W A，et al. 1983. From translations to problematic networks：an introduction to co-word analysis. Social Science Information，22（2）：191-235.

Chen C M，Chen Y，Horowitz M，et al. 2009. Towards an explanatory and computational theory of scientific discovery. Journal of Informetrics，3（3）：191-209.

Clauset A，Newman M E J，Moore C. 2004. Finding community structure in very large networks. Physical Review E，70（6）：066111.

Cleland C E. 2001. Historical science，experimental science，and the scientific method. Geology，29（11）：987-990.

Cohen E. 2021. The University and its Boundaries：Thriving or Surviving in the 21st Century. London：Routledge.

Cohen J E. 1991. Size，age and productivity of scientific and technical research groups. Scientometrics，20（3）：395-416.

Cole S. 1983. The hierarchy of the sciences？. American Journal of Sociology，89（1）：111-139.

de Solla Price D J. 1963. Little Science，Big Science. New York：Columbia University Press.

de Solla Price D J. 1970. Citation measures of hard science，soft science，technology，and nonscience//de Solla Price D J. Communication Among Scientists and Engineers. Lexington：Heath Lexington Book：3-22.

di Bella E，Gandullia L，Preti S. 2021. Analysis of scientific collaboration network of Italian Institute of Technology. Scientometrics，126（10）：8517-8539.

Evans E D，Gomez C J，McFarland，D A. 2016. Measuring paradigmaticness of disciplines using text. Sociological Science，3：757-778.

Fanelli D. 2010. "Positive" results increase down the hierarchy of the sciences. PLOS ONE，5（4）：e10068.

Fanelli D，Glänzel W. 2013. Bibliometric evidence for a hierarchy of the sciences. PLOS ONE，8（6）：e66938.

Fortunato S. 2010. Community detection in graphs. Physics Reports，486（3/4/5）：75-174.

Galison P，Hevly B，Weinberg A M. 1992. Big science：the growth of large-scale research. Physics Today，45（11）：89-90.

Girvan M，Newman M E J. 2002. Community structure in social and biological networks. Proceedings of the National Academy of Sciences of the United States of America，99（12）：7821-7826.

Hoch J E，Kozlowski S W J. 2014. Leading virtual teams：hierarchical leadership，structural supports，and shared team leadership. Journal of Applied Psychology，99（3）：390-403.

Huang L，Chen X，Zhang Y，et al. 2022. Identification of topic evolution：network analytics with piecewise linear representation and word embedding. Scientometrics，127（9）：5353-5383.

jan van Eck N，Waltman L. 2010. Software survey：VOSviewer，a computer program for bibliometric mapping. Scientometrics，84（2）：523-538.

Kuhn T S. 1962. The Structure of Scientific Revolutions. Chicago：University of Chicago Press.

Laudel G. 2001. Collaboration，creativity and rewards：why and how scientists collaborate. International Journal of Technology Management，22（7/8）：762-781.

Lewes G H. 1853. Comte's Philosophy of the Sciences. London：Bohn.

Leydesdorff L，Rafols I. 2011. Indicators of the interdisciplinarity of journals：diversity，centrality，and citations. Journal of Informetrics，5（1）：87-100.

Little M M，St Hill C A，Ware K B，et al. 2017. Team science as interprofessional collaborative research practice：a systematic review of the science of team science literature. Journal of Investigative Medicine，65（1）：15-22.

Locatelli B，Vallet A，Tassin J，et al. 2021. Collective and individual interdisciplinarity in a sustainability research group：

a social network analysis. Sustainability Science，16：37-52.

McCain K W. 1986. Cocited author mapping as a valid representation of intellectual structure. Journal of the American Society for Information Science，37（3）：111-122.

Mählck P，Persson O. 2000. Socio-bibliometric mapping of intra-departmental networks. Scientometrics，49（1）：81-91.

Melin G，Persson O. 1996. Studying research collaboration using co-authorships. Scientometrics，36（3）：363-377.

Miao L L，Murray D，Jung W S，et al. 2022. The latent structure of global scientific development. Nature Human Behaviour，6：1206-1217.

Morris S A，Goldstein M L. 2007. Manifestation of research teams in journal literature：a growth model of papers，authors，collaboration，coauthorship，weak ties，and Lotka's law. Journal of the American Society for Information Science and Technology，58（12）：1764-1782.

Mryglod O，Kenna R，Holovatch Y，et al. 2013. Absolute and specific measures of research group excellence. Scientometrics，95（1）：115-127.

Newman M E J. 2006. Modularity and community structure in networks. Proceedings of the National Academy of Sciences of the United States of America，103（23）：8577-8582.

Peng H，Ke Q，Budak C，et al. 2021. Neural embeddings of scholarly periodicals reveal complex disciplinary organizations. Science Advances，7（17）：eabb9004.

Pearce C L，Conger J A. 2003. Shared Leadership：Reframing the Hows and Whys of Leadership. London：Sage Publications.

Peters H P F，van Raan A F J. 1991. Structuring scientific activities by co-author analysis. Scientometrics，20（1）：235-255.

Popper K. 1959. The Logic of Scientific Discovery. London：Routledge.

Putnam R D. 2000. Bowling Alone：The Collapse and Revival of American Community. New York：Simon & Schuster.

Putnam R D. 2002. Democracies in Flux：The Evolution of Social Capital in Contemporary Society. New York：Oxford University Press.

Qiu J P，Dong K，Yu H Q. 2014. Comparative study on structure and correlation among author co-occurrence networks in bibliometrics. Scientometrics，101：1345-1360.

Rey-Rocha J，Martín-Sempere M J，Garzón B. 2002. Research productivity of scientists in consolidated vs. non-consolidated teams：the case of Spanish university geologists. Scientometrics，55（1）：137-156.

Robbins S P. 1994. Essentials of Organizational Behavior. New Jersey：Prentice Hall International.

Saiti A，Stefou T. 2020. Hierarchical Organizational Structure and Leadership. New York：Oxford University Press.

Seglen P O，Aksnes D W. 2000. Scientific productivity and group size：a bibliometric analysis of norwegian microbiological research. Scientometrics，49（1）：125-143.

Shapin S. 2022. Hard science，soft science：a political history of a disciplinary array. History of Science，60（3）：287-328.

Shen Z H，Ma H，Wang K S. 2018. A web-scale system for scientific knowledge exploration. Melbourne：ACL 2018，System Demonstrations.

Simonton D K. 2004. Psychology's status as a scientific discipline：its empirical placement within an implicit hierarchy of the sciences. Review of General Psychology，8：59-67.

Simonton D K. 2015. Psychology as a science within Comte's hypothesized hierarchy：empirical investigations and conceptual implications. Review of General Psychology，19（3）：334-344.

Small H. 2006. Tracking and predicting growth areas in science. Scientometrics，68（3）：595-610.

Song N Y，Chen K J，Zhao Y H. 2023. Understanding writing styles of scientific papers in the IS-LS domain：evidence from abstracts over the past three decades. Journal of Informetrics，17（1）：101377.

Trowler P，Saunders M，Bamber V. 2012. Tribes and Territories in the 21st Century：Rethinking the Significance of Disciplines in Higher Education. New York：Routledge.

Wellman B，Quan-Haase A，Boase J，et al. 2003. The social affordances of the internet for networked individualism. Journal of Computer-mediated Communication，8（3）：JCMC834.

White H D，Griffith B C. 1982. Authors as markers of intellectual space：co-citation in studies of science，technology and society. Journal of Documentation，38（4）：255-272.

Wilson E O. 1998. Consilience：The Unity of Knowledge. New York：Vintage.

第3章 基于合作网络的科研社群识别

近年来，随着互联网、在线社交网络［如微博（马捷和郝志远，2021）、推特（Airani and Karande，2022）］等复杂网络日趋普遍，社会网络分析受到广泛关注，而其重要特征是具备社群结构，即同一社群内的成员之间互动程度较高，不同社群之间联系程度较低。社群反映复杂网络的深层属性，可进一步揭示网络内部结构及其组织原理，在检测犯罪团伙、预防潜在传染疾病等群体决策应用领域具有重要实践意义。

本书将具体到科学系统这一场景，将基于科研合作网络，运用社会网络分析和复杂网络相关方法识别出的科研人员群体称为科研社群。科研社群是学术活动的基本结构，是科学发展的重要载体，识别科研社群并深入探究科研社群的特征模式对于探索领域发展规律、制定科技发展政策、培养创新人才等均有重要学术价值与战略意义。

3.1 科研社群的内涵与特征

社群结构是复杂网络分析的重要部分，可以定义为边连接紧密的节点聚类或局部连通子图。在同一社群内的节点关系紧密，而在不同社群内的节点关系稀疏（Girvan and Newman，2002）。因此，同一社群内的节点往往具有公共属性或相同特征（Fortunato，2010；周万珍等，2021），对其进行研究有助于发现网络节点间的特征规律。

这些特征规律在不同网络上体现为不同的内容。在生物网络，如蛋白质-蛋白质相互作用网络上，社群中的蛋白质具有相似的功能（Chen and Yuan，2006）。在社交网络，如社交平台用户网络上，社群中的用户具有共同的兴趣爱好（Yang et al.，2013）。在引文网络，如跨学科引文网络上，社群可以揭示学科内的知识流动以及跨学科知识流动的现象（黄梓烁，2021）。

当前已有许多研究承认了不同类型的科研协作的益处，科研协作，尤其是国际协作和跨学科协作已显著增加（Lee and Bozeman，2005；Leahey，2016；Wagner et al.，2017；Dusdal and Powell，2021）。在科研协作成为常态的当下，逐渐形成了以科研人员为节点，以合著关系为边的庞大合作网络。Evans 等（2011）关注了协作的同质性，从科学研究中抽取了可以突破机构或地理限制的社群结构。这种社群结构就是科研社群，是学术活动的基本单元，其静态或动态特征在揭示科学的各个方面发挥着重要作用（Mao et al.，2017）。

根据 Evans 等（2011）的研究，科研社群是科研活动中的一种网络结构，根据同质性联合起来，并由共同的研究事件或主题驱动。它可以被视为合作网络中的中层结构群，其中的节点具有紧密的联系或者具有相似的特征或角色（Girvan and Newman，2002；Fortunato and Newman，2022）。科研社群通常具有以下特征。

（1）合作网络中的科研社群可以分为不同的层次和子社群，每个层次和子社群都有其特定的目标、功能、角色与责任。

（2）科研社群既是静态的，可以识别出稳定的社群结构；也是动态的，社群的节点是流动的，社群的边界是变化的，社群时刻处于演化之中。

（3）在学术联系上，同一社群中的科研人员往往具有更为紧密的学术合作与交流，他们之间通常具有共同的学术兴趣和相似的研究领域，在学术声誉上相互成就，共同提高影响力。

（4）在资源配置上，同一社群中的科研人员更易于利用彼此的社交网络，交换学术资源，如作者 A 通过同一社群的作者 B 与此前未合作过的作者 C 发展合作关系。

（5）在价值文化上，同一社群中的科研人员往往认同和遵守共同的价值观念，往往共享和传承共同的精神文化。

综上所述，科研社群有着丰富而深刻的内涵与特征，对科研社群进行识别与分析有助于更好地认识和参与科学活动，掌握科研协作的重点与动态，理解科学发展的内在规律，从而帮助促进科学事业的发展。

3.2　科研社群识别方法

在理解了科研社群的内涵与特征后，本节将介绍科研社群识别的常见方法。首先介绍科研社群识别的评价指标，其次分别介绍非重叠社群识别方法与重叠社群识别方法，最后总结科研社群识别的一般步骤。需要重点注意的是，本节介绍的是用于科研社群识别的方法，前提是基于以科研人员为节点、以合著关系为边的科研合作网络，该网络为节点类型单一、边类型单一的同质网络，即本节所介绍的识别方法适用于同质网络，但不一定适用于异质网络或混合网络。

3.2.1　科研社群识别的评价指标

网络中科研社群的识别是否合理，使用的识别方法是否有效，需要采用评价指标进行体现，常见的评价指标有模块度函数 Q、标准化互信息（normalized mutual information，NMI）度量、调整兰德指数（adjusted Rand index，ARI）、Jaccard 系数等。下面就最常用的前三种评价指标进行介绍，其中模块度函数 Q 针对真实社群划分情况未知的网络，NMI 度量和 ARI 针对真实社群划分情况已知的网络。

1. 模块度函数 Q

Girvan 和 Newman（2002）提出了"模块度"的概念，它是用以衡量网络社群划分优劣的量化指标（Newman，2006）。模块度函数 Q 的值越大，则表示社群内部节点之间的联系越紧密，社群结构的强度越大，其计算公式如下（蒋璐和陈云伟，2021）：

$$Q = \frac{1}{2m} \sum_{ij} \left(A_{ij} - \frac{k_i k_j}{2m} \right) \delta(C_i, C_j) \tag{3-1}$$

其中，i 和 j 为任意两个节点；k_i、k_j 分别为节点 i 和 j 的度；m 为网络中的总边数；当两个节点直接相连时，$A_{ij} = 1$，否则为 0；C_i 和 C_j 分别为节点 i 和 j 所属于的社群；若两节点属于同一个社群，则 $\delta = 1$，否则为 0。模块度函数 Q 的取值范围为[0, 1]。

在非连通子图中，划分的各社群对应不同的模块度，模块度越大，表明对应的社群划分越合理，否则对应的社群划分质量越差。

2. NMI 度量

NMI 最初来源于信息论，可用于度量聚类结果的相似程度。Danon 等（2005）最早将 NMI 度量用于社群发现算法评价，其计算公式如下：

$$\text{NMI} = \frac{-2 \sum_{i=1}^{C_A} \sum_{j=1}^{C_B} N_{ij} \log \left(\frac{N_{ij} N}{N_i N_j} \right)}{\sum_{i=1}^{C_A} N_i \log \left(\frac{N_i}{N} \right) + \sum_{j=1}^{C_B} N_j \log \left(\frac{N_j}{N} \right)} \tag{3-2}$$

其中，A 和 B 为网络中划分出来的结果集；N 为所有节点的数量；C_A 和 C_B 分别为 A 和 B 中社群的个数；N_{ij} 为两个社群共有节点的个数；N_i（N_j）为 N 中第 i（j）元素之和。NMI 的取值范围为[0, 1]。NMI 衡量了划分社群与真实社群的相似性，其值越大，说明社群划分越准确。

3. ARI

ARI 同样起源于聚类结果评价，它衡量了划分社群与真实社群的吻合程度。其计算公式如下（王益文，2015）：

$$\text{ARI} = a_{11} - \frac{\dfrac{(a_{11} + a_{01})(a_{11} + a_{10})}{a_{00}}}{\dfrac{(a_{11} + a_{01}) + (a_{11} + a_{10})}{2} - \dfrac{(a_{11} + a_{01})(a_{11} + a_{10})}{a_{00}}} \tag{3-3}$$

其中，a_{11} 为在真实社群划分与实验社群划分中都属于同一社群的节点对数；a_{00} 为在真实社群划分与实验社群划分中都不属于同一社群的节点对数；a_{10} 为在真实社群划分中属于同一社群而在实验社群划分中不属于同一社群的节点对数；a_{01} 为在真实社群划分中不属于同一社群而在实验社群划分中属于同一社群的节点对数。ARI 的取值范围为[-1, 1]。

ARI 的值越大，则实际划分结果与真实划分结果越吻合。与 NMI 相比，ARI 进行了更细的区分。

3.2.2　非重叠社群识别方法

非重叠社群识别方法将节点的划分视为"非此即彼"的任务，即一个节点只能属于一个社群，而不能同时属于两个或多个社群。

1. 传统算法

利用图进行社群发现的研究开始于 20 世纪 70 年代初，许多基于聚类的算法被提出（Javed et al.，2018），其方法思想为社群发现研究的发展奠定了基础，这些算法被称为传统算法。

1）划分聚类

划分聚类（partitional clustering）的思想原理是通过最大化或最小化一个基于节点间距离的损失函数，将网络中的节点划分为 k 个互不重叠的簇，即 k 个互不重叠的社群。例如，最小 k 聚类（minimum k-clustering）的损失函数是簇的直径，即簇中两个节点之间的最大距离；k 聚类和（k-clustering sum）与最小 k 聚类类似，只是在损失函数中用簇中节点对之间的平均距离代替簇的直径；k-center（k 中心点）则为每个簇定义了一个中心点，将每个节点到中心点的最大距离作为损失函数，簇和质心的选择是为了使损失函数最小化；k-median（k 中位数）与 k-center 相似，只是损失函数使用的是平均距离而不是最大距离。

划分聚类最流行的方法是 k 均值（k-means）聚类（MacQueen，1967），其损失函数可以定义为各个节点距离所属簇中心点的误差平方和，计算公式如下：

$$J(c, \mu) = \sum_{i=1}^{M} \left\| x_i - \mu_{c_i} \right\|^2 \tag{3-4}$$

其中，x_i 为第 i 个节点；c_i 为 x_i 所属的簇；μ_{c_i} 为对应簇的中心点；M 为节点总数。

k-means 聚类可按以下步骤进行。

步骤 1：给定簇的数目 k 和 k 个初始簇中心点，中心点可随机选择。

步骤 2：将网络中的每个节点分到距离其最近的簇中心点所代表的簇中。

步骤 3：将所有节点划分完毕之后，根据当前簇内的所有节点重新计算该簇的中心点（取平均值）。

步骤 4：迭代步骤 2 和步骤 3，直到损失函数趋于收敛，即簇中心点的变化很小，或达到指定的迭代次数为止。

k-means 聚类算法原理通俗易懂，时间复杂度低，收敛速度快；但其受限于需提前指定簇的数目，且易受初始值和异常点影响，达到的是局部最优而不是全局最优。

在 k-means 聚类的基础上，一种改进的技术是模糊 k-means 聚类（Dunn，1973；Bezdek，1981）。模糊 k-means 聚类引入了隶属度的概念，将每个节点对于每个簇的隶属度表示为一个在 0 到 1 之间的值，表示该节点属于该簇的概率。通过迭代计算，可以将节点重新分配到具有较高隶属度的簇中，直到算法收敛为止。该算法能够更好地区分簇内节点之间的差异性，从而对节点进行更准确的聚类，它的思想原理考虑了一个节点同时属于两个或多个簇的特征，也可以用于重叠社群识别。

2）层次聚类

层次聚类（hierarchical clustering）认为图可能包含层次结构，即每个社群可能是不同级别的节点集群的集合。其思想是通过计算节点之间的相似性来构造一棵二叉树。它最大的优点在于不需要预先指定具体的簇的数目，因为在实际中，满足划分聚类需要的、预先知道图中被划分的簇的数目的情况是少见的，大多数情况下我们并不清楚最终簇的数目，进而可能会由不合理的假设导致不能得到理想的结果。层次聚类算法在聚类完成之后，只要在任意层次横切一刀，就能得到指定数目的簇。层次聚类算法可以分为聚合算法和分裂算法两类。

聚合算法是一种自底向上的算法（Maqbool and Babri，2004），它在开始时将每个节点视为一个单独的簇，然后根据相似性评分合并相似度高的簇，通过不断迭代最终得到唯一的社群。极大团（maximal clique）算法和基于连接的 Paris 算法就是典型的聚合算法（Shen et al.，2009）。聚合算法的优点在于生成小集群，这有助于社群发现，但它的问题在于如果在早期阶段合并不正确，则缺乏对节点进行有效重新定位的手段，此外只有一个邻居的节点经常被分类为一个独立的集群，这在某些情况下是没有意义的。

分裂算法是一种自顶向下的算法（Roux，2015），它在开始时将整个网络视为一个簇，然后根据相似性评分消除相似度低的节点之间的连接，通过不断迭代最终得到独特的社群。Girvan 和 Newman（2002）在分裂算法中提出了许多社群识别算法，其中最经典的是图割（graph cut，GN）算法。

GN 算法是一种基于 GN 思想的社群发现算法。它的原理是用边介数来标记每条边对网络连通性的影响。一条边的边介数是指网络中通过这条边的最短路径的数目。因此，社群间连边的边介数必然较大，而社群内连边的边介数则会比较小。将边介数大的边移除，就可自然而然地划分出社群。GN 算法可按以下步骤进行。

步骤 1：计算网络中各条边的边介数。

步骤 2：找出边介数最大的边，并将它移除。若具有最大边介数的边不唯一，那么既可随机挑选一条边移除，也可将这些边全部移除。

步骤 3：重新计算网络中剩余各条边的边介数，因为网络结构已经发生了变化。

步骤 4：重复步骤 2 和步骤 3，直到达到预定的迭代次数或者满足其他停止条件。

GN 算法思想简单且准确性较好，但由于每次迭代时计算边介数都需要找到当前网络的所有最短路径，因此时间复杂度较高，不适合大规模网络。

许多学者在 GN 算法的基础上进行了改进。例如，Tyler 等（2003）不再计算所有边的边介数，而是使用蒙特卡罗方法进行近似估计，以在适当牺牲精度的情况下，提高计算速度，降低计算成本。Rattigan 等（2007）提出了 GN 算法的一种快速变体，通过在采样的节点对之间执行搜索来近似估计边介数，研究发现在保证边介数估计精度的情况下，算法的复杂度可以大大降低。由于计算边介数比较耗时，Radicchi 等（2004）引入了链路聚类系数，它是一条链接所经过的循环的数量。在该方法中，边缘聚类系数的低值对应社群间的边，从而可以在不断迭代中截断，分裂出社群。Fortunato 等（2004）设计了一种类似于 GN 算法的方法，其中边随着信息中心性的降低而被移除。信息中心性是边中心性的替代，它基于效率的概念，使用节点之间的最短路径来计算信息流经图的难易程度。该方法在网络中的社群关联度较高时表现较好。

3）谱聚类

谱聚类（spectral clustering）包括使用输入数据矩阵的特征向量将图划分为簇的所有算法（Auffarth，2007）。它的思想原理是将给定的一组对象转换成多维空间中的一组点，这些点的坐标是特征向量元素。这种转换揭示了初始数据集的隐式属性，使得谱聚类可以用于直接应用 k-means 聚类无法成功完成的数据聚类。在谱聚类领域，第一个贡献是 Donath 和 Hoffman（1973）做出的，他们使用邻接矩阵的特征向量和相似矩阵的特征值进行图划分。同年，Fiedler（1973）利用拉普拉斯矩阵（Laplacian matrix）的第二小特征值，即图的度数矩阵与邻接矩阵之差，得到了图的二分。

4）图划分

图划分（graph partitioning）的思想原理是将图划分为 g 个预定义大小的集群，使得集群中的链接比集群之间的链接更密集（Fortunato，2010）。其优点在于划分出的集群具有一个最小连接数，即预定义大小。然而如果没有提前给出集群的数目，且预定义大小过小，社群识别结果将趋于平凡。图划分方法的著名算法是克尼汉–林（Kernighan-Lin，KL）算法（Kernighan and Lin，1970）。KL 算法是一种启发式图划分方法，它尝试将已知网络划分为已知大小的两个社群，是一种试探性优化的二分贪婪算法。它定义了一个增益函数 P，P 表示的是社群内的边数与社群间的边数之差，通过将社群内的节点移动到其他社群中或者交换不同社群中的节点来使增益函数 P 取得最大值。KL 算法的限制在于必须事先指定两个子图的大小，不然不会得到正确的结果，因此单纯的 KL 算法在实际应用中意义不大，常需要与其他技术结合使用。

2. 模块度优化算法

自模块度提出以来，许多学者以模块度优化为目标提出了多种社群识别方法，这些方法大多使用一些启发式算法来寻找社群识别问题中模块度函数 Q 的最优值，极大地推动了社群识别研究的发展。

1）贪婪优化

贪婪优化（greedy optimization）的思想原理是找出目标函数的整体最优值或者近似最优值，它将整体最优化问题分解为局部最优化问题，找出每个局部最优值，最终将局部最优值整合成整体的近似最优值。基于这种思想，Newman（2004）提出了经典的模块度最大化算法——纽曼快速（fast Newman，FN）算法，之后又有学者提出了鲁汶（Louvain）算法（Blondel et al.，2008）和莱顿（Leiden）算法（Traag et al.，2019），在现阶段应用广泛。以下将对这三种算法进行介绍。

（1）FN 算法。在提出将模块度作为评价指标后，Newman 基于贪婪思想提出了模块度最大化的 FN 算法，他将模块度最优化问题分解为模块度局部最优化问题。FN 算法可按以下步骤进行。

步骤 1：开始时将网络的每个节点都作为一个单独社群。

步骤 2：以网络原有的结构为基础，计算社群两两结合时模块度的值，按照模块度增大幅度最大或减小幅度最小的标准选出两个社群进行合并。

步骤 3：重复步骤 2，直到所有社群合并为一个社群。

步骤 4：选取所有迭代中模块度最大的社群划分结果作为最优结果。

与另一经典算法——GN 算法相比，FN 算法能得到相似的社群划分结果，但时间复杂度却大大降低。以 m 为边的数量，以 n 为节点数量，GN 算法的时间复杂度为 $O(m^2 n)$，FN 算法的时间复杂度仅为 $O[(m + n)n]$。

（2）Louvain 算法。自模块度和 FN 算法提出以来，许多优化算法都在以模块度为优化目标进行改进。其中，Louvain 算法作为最流行的模块度优化算法，因速度快、算法性能好等优点在社群识别相关研究中得到广泛应用，也是当前社群识别相关文献中被引用次数最多的算法之一。

Louvain 算法由比利时天主教鲁汶大学的 Blondel 等于 2008 年提出，其算法通过两个基本阶段优化模块度：节点的局部移动和网络的聚合，如图 3-1 所示。

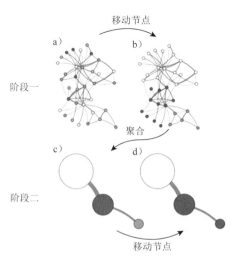

图 3-1　Louvain 算法原理示意图

阶段一：节点的局部移动。在节点的局部移动阶段，初始时将每个节点均视为独立的社群，算法计算单个节点与其相邻节点的模块增量，若模块增量大于 0 则将节点移动以形成社群，若模块增量小于等于 0 则保持节点位置不变。在该阶段，迭代若干次后模块度增量达到最大，获得初步社群结构。

阶段二：网络的聚合。在网络的聚合阶段，根据在节点的局部移动阶段形成的社群创建聚合网络，这个分区中的每个社群成为聚合网络中的一个节点。

重复进行上述两个基本阶段，使得整个网络的模块度最大化。

然而在 Louvain 算法中，若某个节点为该社群不同组成部分的连接点，当由于要使模块度增益最大化而将其移入新社群时，原有社群内各节点之间可能出现连接不良甚至非连通的现象，如图 3-2 所示。节点 0～6 属于同一社群，其中仅节点 0 有外部连接，某种程度上 Louvain 算法可能在形成图 3-2（a）所示的社群结构后达到最优。在迭代过程中当节点 0 移动到相邻社群能产生更大的模块度增益时，Louvain 算法认为将节点 0 移入相邻社群更佳，由此产生图 3-2（b）所示的情况。虽然整体上网络模块度有所提升，但在原有社群内部出现了连接断开的现象。因此，Louvain 算法虽然能划分出更高质量的社群，但在一定程度上加剧了产生非连通社群的问题。

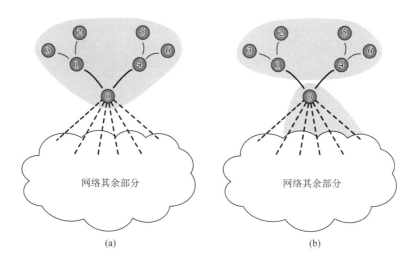

图 3-2　Louvain 算法存在问题示意图

在 Louvain 算法的基础上又衍生了许多优化算法，如 Louvain 多极细分算法，该算法可以在划分好的社群间按照增加模块度的方向移动节点，直到无法移动为止，以实现模块度的进一步优化。

（3）Leiden 算法。针对 Louvain 算法可能会识别到内部连接不良甚至断开的社群这一问题，Traag 等于 2019 年提出 Leiden 算法，在保留 Louvain 算法优越性的基础上进一步提升社群划分效果，在社群识别研究中得到广泛应用。Leiden 算法主要包括三个阶段，如图 3-3 所示。

阶段一：节点局部移动。初始时将各节点视为单独社群，将节点移入相邻社群并计算模块度增益，迭代若干次后模块度增量达到最大，获得初步社群结构，如图 3-3 中（a）至（b）阶段。与 Louvain 算法不同的是，Leiden 算法通过快速局部移动过程，只访问邻域发生变化的节点，而非网络中所有节点，以此来提高算法速度。

阶段二：分区细化。（b）至（c）阶段为分区细化阶段，Leiden 算法将对各个社群内部进行细化，如（b）中的白色节点被划分为（c）中的两个子社群，以此来保证社群内部各节点间联系充分。

阶段三：基于分区细化的网络聚合。（c）阶段的各个社群聚合成（d）阶段中独立的节点，之后该算法移动聚合网络中的独立节点［（e）阶段］。在这种情况下，细分不会改变分区［（f）阶段］。重复这些步骤，直到模块度达到最大。

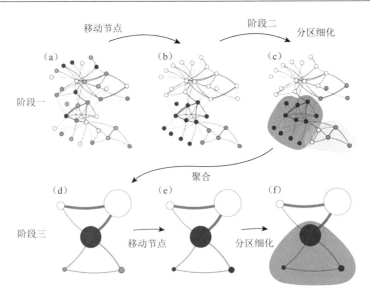

图 3-3　Leiden 算法原理

通过分析 Louvain 算法及 Leiden 算法原理可知，Louvain 算法作为当前最流行的社群识别算法，具备良好的社群划分效果，但 Louvain 算法容易识别到连接不良的社群，一定程度上会影响社群质量。Leiden 算法基于 Louvain 算法的原理进行改进，主要在算法运行速度和最终社群划分质量上实现有效提升，并在近几年内得到广泛使用（李乾瑞等，2021；阳昕等，2021）。科研社群是从科研合作网络中进行社群检测得来的，为确保能得到内部联系紧密的高质量科研社群，3.4 节的案例研究中将采用 Leiden 算法识别科研社群，并基于此进行科研社群结构分析。

2）极值优化

极值优化（extremal optimization）由 Boettcher 和 Percus（2001a，2001b）设计并提出，作为一种物理和组合优化问题的通用启发式搜索方法，它着重于局部变量的优化，用于逼近难优化问题的解。Duch 和 Arenas（2005）将其用于模块度优化，其计算过程如下。

步骤 1：将给定的网络分成两个具有相同数量节点的集群。

步骤 2：计算每个节点的适应度，适应度值根据节点的局部模块度与其度的比值获得。

步骤 3：将适应度最低的顶点移动到其他集群中。移动后集群会发生变化，重新计算节点的局部适应度。

步骤 4：迭代进行步骤 3，直到模块度函数 Q 停止改进，取得全局模块化的最佳值。

极值优化利用了遗传算法（genetic algorithms）的适应度值对模块化函数 Q 进行优化，在性能上相当于模拟退火（simulated annealing），但计算效率更高。此外还有学者提出了基于成对约束结构增强极值优化的半监督算法（pairwise constrained structure-enhanced extremal optimization-based semi-supervised algorithm）（Li et al., 2014）。该算法能够在准确识别社群的同时解决虚假连接问题，可以在先验信息有限的情况下有效工作。

3）谱优化

谱优化（spectral optimization）的思想原理是利用模块化矩阵的特征向量和特征值来进行模块度优化（Chen et al., 2014），而传统的谱聚类算法没有最小化的优化函数。例如，如果取特征值最大的两个特征向量，则可以在含有三个簇的网络中得到图的分裂。如果用模块化矩阵代替拉普拉斯矩阵，就可以通过谱二分法优化二分图上的模块度。如果将节点从一个社群移动到另一个社群，从而获得模块度值的最大增加量或最小减少量，结果可能将得到进一步的改善。谱优化技术在贪婪优化和极值优化当中也有应用。

4）模拟退火

模拟退火是一种用于给定目标函数进行全局优化的离散随机方法，它通过最大化模块度来识别复杂网络中的社群。例如，Liu J 和 Liu T（2010）使用 k-means 算法模拟退火，该方法不仅可以识别复杂网络中的社群，还可以指出每个社群的中心节点。Guimerà 和 Amaral（2005）使用模拟退火方法来调节局部搜索过程，该方法将网络分解为随机分区，基于局部移动和全局移动进行优化：局部移动根据模块度增益将节点从一个分区随机移动到另一个分区；全局移动则包括分区的分裂与合并。由于模拟退火的存在，该方法的一个优点是在寻找全局最优解方面具有良好的性能，另一个优点则在于它不需要事先了解社群的数量。

5）遗传算法

遗传算法是一种受到生物进化启发的优化技术。在社群识别的应用上，Tasgin 等（2007）首次利用遗传算法基于模块度优化来检测复杂网络中的社群结构，且不需要事先指定社群的数量。Pizzuti（2008）提出了 GA-net（genetic algorithm-net，遗传算法网络）算法，该算法采用社群得分的概念来显示社会网络划分的质量。社群得分是社群结构内部联系的最大化分数，当每个运算符都只考虑所有节点的实际相关性时，无效搜索就有效地减少了。Gong 等（2011）通过优化模块度密度，提出了模因网络（meme-net）算法。该算法将遗传算法与局部搜索爬升策略相结合，提高了传统遗传算法的性能。到目前为止，以上优化算法采用的都是单一的优化准则。Gong 等（2012）又提出了一种对两个相互矛盾的目标进行优化的进化算法，即负比例关联与比例切割。同样，还有学者提出了多目标进化算法来识别符号社会网络中的社群（Liu et al., 2014；

Zeng and Liu，2015）。此外，Li 和 Liu（2016）提出了一种用于模块度优化的多智能体遗传算法网络（multi-agent genetic algorithm-net），它在准确性和稳定性方面都优于 GA-net 和 meme-net。

3.2.3 重叠社群识别方法

重叠社群识别方法即不再将节点的划分视为"非此即彼"的任务，允许一个节点同时属于两个或多个社群，当然它也可以用于识别非重叠社群。下面将介绍一些比较流行的重叠社群识别方法。

1. 团过滤方法

团过滤方法（clique percolation method，CPM）基于团形成的概念，通过每个节点与团中的其他节点相连的子图来实现。核心思想是 Palla 等（2005）提出的：社群内部的高密度边倾向于形成团，而社群间的边不形成团。CPM 认为社群由 k-团组成，而 k-团指具有 k 个顶点的完全子图。如果两个 k-团共享 $k-1$ 个节点，则认为它们相邻，k-团社群由所有相邻的 k-团组成。这种启发式方法有助于发现节点在社群上的重叠。

在原有的基础上，Farkas 等（2007）通过对加权图、二部图和有向图的分析对 CPM 进行了扩展，他们提出了团权重的阈值概念，即所有边权重的几何平均值。阈值略大于 k-团社群出现的临界值，它有助于获得最丰富的社群类型。Kumpula 等（2008）提出了一种 CPM 的快速实现方法，称为序列团过滤（sequential clique percolation）算法。它从一个空图出发，通过依次插入所研究图的边来识别 k-团社群。该方法的时间复杂度与团的数量线性相关，但仍快于原始的 CPM。该方法的一大优点是可以按权重降序插入边，并在添加每条单边后存储每个识别到的社区，从而在单次运行中恢复图的社群结构。

有时，CPM 不能覆盖整个网络，也就是说有些节点可能不属于任何一个社群，而不管它与其他节点有没有连通性。Maity 和 Rath（2014）提出了一种新的扩展算法，以确保每个节点至少属于一个社群。该方法首先利用 CPM 进行社群识别，其次根据每个节点的归属系数对剩余节点进行社群扩展，归属系数表示的是节点对特定社群的依附程度。评估结果显示该扩展版本优于经典的 CPM。CPM 虽然概念简单，但它更像是模式匹配算法，而不是社群识别算法，因为它倾向于在网络中寻找特定的、局部的结构。

2. 边划分方法

边划分（edge partitioning）方法的思想原理是对网络中的边进行划分，而不是对网络中的节点进行划分。基于这种思想，如果节点连接的边属于多个社群，则将该节点称为重叠节点。在边划分方法的应用上，Ahn 等（2010）使用边相似度的层次聚类对边进行了划分。Kim 和 Jeong（2011）利用最小描述长度原理将 InfoMap 推广到线形图上，并对在线形图上随机游走的最小路径进行编码。Evans（2010）将线形图扩展为团形图用于重叠社群识别，并将团作为加权图的节点。然而，使用边划分技术并不能保证社群识别是高质量的，因为这些算法都依赖于社群的模糊定义。

3. 标签传播算法

标签传播算法（label propagation algorithm，LPA）（Raghavan et al.，2007）的基本思想是通过标记节点的标签信息来更新未标记节点的标签信息，此过程在整个网络中进行传播，直至收敛。LPA 会在初始阶段给每个节点一个唯一的标签，标签代表的是该节点所属的社群。在每一次迭代的过程中，节点根据与其相连的节点标签改变自己的标签，即在所有相连节点的标签中选择拥有最多标记节点的标签作为自己的社群标签。随着社群标签的不断传播，最终紧密连接的节点将有共同的标签，成为一个社群。当节点的社群标签不再改变时，迭代过程便可以停止。LPA 无须事先指定社群的个数，社群的个数将随着迭代过程的进行自行决定。相比于以模块度优化为目标的算法，LPA 的运算过程简单，速度快，能够在大规模网络上进行应用。

基于标签传播的思想，LPA 可以扩展到识别重叠的社群。Gregory（2010）提出的社群重叠传播算法（community overlap propagation algorithm）就是 LPA 的扩展。在该算法中，每个节点从其邻居处接收系数并对其进行平均，以便在每个时间步更新其所属系数。Xie 等（2011）将 LPA 扩展为说话者-侦听器标签传播算法（speaker-listener label propagation algorithm，SLPA），用于识别重叠社群和重叠节点。它是一个基于 speaker 和 listener 的信息传播过程。与 LPA（节点忘记前一次迭代的标签）不同，SLPA 为每个节点提供内存来存储前一次迭代的标签。SLPA 还可以进一步通过交互规则扩展用于加权和有向网络。Chen 等（2010）在重叠社群检测中引入了博弈论框架，将社群形成动力学看作是一种策略博弈，即社群形成博弈。在这种博弈中，节点被看作是基于效用度量的自私行为者加入或离开社群的行为。该方法以纳什均衡为结束条件。

除以上提到的 CPM、边划分方法和 LPA 之外，近年来还陆续出现了许多重叠社群识别方法，如基于局部敏感哈希（Hash）的顶部图簇（top graph clusters）算法（Macropol and Singh，2010）、基于贝叶斯概率模型的大规模重叠社区检测算法（Gopalan and Blei，2013）、基于种子集合扩张的最小一范数局部扩展（local expansion via minimum one norm）算法（Li et al.，2015）等。

3.2.4　科研社群识别的一般步骤

在介绍了以上用于科研社群识别的评价指标与具体方法后，本节将概述科研社群识别的一般步骤，主要包含合著数据收集与科研社群识别两个环节，如图 3-4 所示。

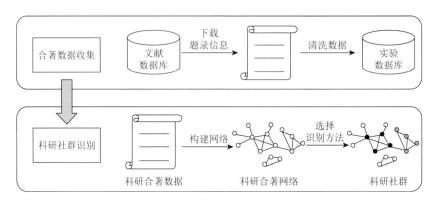

图 3-4　科研社群识别的一般步骤

1. 合著数据收集

步骤 1：设定检索条件，从文献数据库中找到所有符合条件的文献数据并下载题录信息。这一步需注意检索式的准确性与完整性，如需限定研究主题，还需注意相似概念的合并（如科研社群与科学社群）与区分（如科学社群与科研团队）。

步骤 2：对获得的题录数据进行清洗。一般包括筛选文献类型、去除重复文献、去除作者信息缺失文献、作者姓名消歧、检查文献数据是否符合研究目标等步骤，此外还可以视实际情况筛去发文量小于等于 N 的低频作者。

2. 科研社群识别

步骤 1：运用清洗好的科研合著数据以作者为节点、以合著关系为边构建科研合作网络。这一步可利用 NetworkX、igraph、Gephi 等复杂网络建模与分析工具实现，也可利用 Python 等编程语言实现。

步骤 2：在理解各识别方法的基础上，结合研究目标选择合适的方法识别科研社群。识别前需根据所选方法的不同注意参数的设置，如社群个数、结束条件；对于识别出的结果也可进行一定选择，如选择拓扑特征满足一定阈值的社群。

3.3　科研社群的特征分析

在识别出科研社群后，需要对科研社群所包含的内容进行进一步分析，以挖掘出目标科研社群的特征表现，帮助理解科研社群蕴含的规律与原理。本节将从网络结构和学术属性两方面来分析科研社群的一般性特征。其中，网络结构是科研社群的固有属性，反映了科研社群最本质的特征；对于学术属性，则需要额外收集与学术内容相关的数据，然后结合社群结构进行分析，以反映科研社群在学术方面的特征。

3.3.1　网络结构分析

1. 节点

根据本书对科研社群的定义，科研社群中的节点为科研人员，识别具有特殊特征或地位的科研作者是最主要的对网络结构中的节点进行分析的应用，通常可以使用点度中心性、接近中心性、中介中心性、特征向量中心性等指标进行衡量。点度中心性反映了一个作者与其他作者发展合作关系的能力；接近中心性反映了作者是否位于网络的核心位置，作者的接近中心性越高，其对网络中资源的掌握能力越强；中介中心性表示某个节点在多大程度上位于网络其他节点的中间，即表现作者的"中介"作用；特征向量中心性反映了节点的影响力，某个作者的特征向量中心性越高，其合著作者所受到的影响就越大。

2. 边

在 3.2.2 节的 GN 算法中提到了边介数，一条边的边介数是指网络中通过这条边的最短路径的数目。边介数除以网络的最短路径总数则为边介数中心性，它反映了该条边的重要程度。在边介数中心性较大的边中，若去掉某条边会使一个联通子图分为两个不相连的联通子图，则该边称为桥。在科研合作网络中，边介数中心性较大的边乃至于桥不仅是区分科研社群的有效标志，也代表着社群与社群间的合作路径。此外，网络中边的强关系（strong tie）与弱关系（weak tie）也能够反映科研合作的紧密程度以及科研团队的凝聚力。

3. 网络密度

网络密度是指一个网络中各节点之间联系的紧密程度，网络 G 的网络密度 $d(G)$ 可以计算如下：

$$d(G) = \frac{2M}{N(N-1)} \qquad\qquad （3-5）$$

其中，M 为网络中边的数量；N 为网络中节点的数量。网络密度的取值范围是[0，1]，当网络内部完全连通时，网络密度为 1，然而真实网络的网络密度通常远小于 1。

在科研合作网络中，社群所含网络的网络密度越大，则社群内的科研人员之间的联系越紧密。

4. 社群

当网络中识别出的社群包含的节点数量较多，社群内部的结构仍不稳定时，可以将该社群包含的网络再次进行划分，得到的结果即为该社群的子社群。子社群是对大社群的细分，可以用于识别科研合作网络中的小团队。

3.3.2　学术属性分析

除了网络结构本身反映的特征之外，许多学者在研究中加入了学术属性以分析科研社群在相关学术方面的特征，该方面的特征常常由于学术领域的不同而发生变化。

1. 年龄

年龄可以分为生理年龄与学术年龄两个方面。学术年龄指该学者进入科学界至今的年纪，通常以第一次发文的时间为起点。可以通过识别处于活跃期的作者的年龄或团队的整体年龄，判别科学研究的黄金年龄期（生理年龄和学术年龄）。也可以从年龄方面探究社群结构，通常来说，社群中被密集围绕、与多个节点联系紧密的核心作者的学术年龄更大，因为学术研究通常是一个逐渐积累的过程。

2. 生产率

在科学界中，生产力指科研人员/科研团队/科研机构产出学术成果的能力，生产力除以一定时间单位即为生产率。通常来说，在整个科研合作网络中，生产率处于头部位置的科研社群为少数；在规模较大的科研社群内部，生产率处于头部位置的科研人员为少数，且生产率较高的作者常常呈现集聚现象，即组成科研团队。

3. 影响力

一般来说，衡量学者的学术影响力可以从发表刊物的影响因子和学术成果的被引用量两个方面入手。这二者既可以独立使用，如简单地将每篇文章所在刊物的影响因子相加取均值或将每篇文章的被引用量相加取均值；也可以结合使用，如将所在刊物的影响因子作为被引用量的权重，权重可直接采用原本的数值，也可采用分级换算等方法计算得出。

在学术成果的被引用量方面，物理学家 Hirsch（2005）提出了 h 指数，其计算方法是首先将一位学者的所有文章按被引次数降序排序，其次找到最大的自然数 h，使得该学者的前 h 篇文章都被引用了 h 次及以上，该 h 值即为 h 指数。h 指数越高，表明该学者的文章被越广泛地引用，该学者享有越高的学术声誉和具有越高的学术影响力。h 指数综合考虑了文章数量与被引次数，与被引用总量相比，更能体现学者的长期影响力。虽然存在不考虑引用分布情况，可能导致对具有少量高引用文章的学者评价不准确的局限性，但 h 指数仍成为目前被广泛认可的评价科研人员学术影响力的指标。

在科研社群中，识别具有高影响力的作者及其在社群中的地位模式具有重要的研究意义，而通常情况下，具有高影响力的作者也往往在社群中占据特殊地位。

4. 研究主题

研究主题一般通过学术成果来体现，反映了科研人员的研究领域与学术兴趣，在较高的层面上也反映了整个领域的发展方向与趋势。在科研社群中，关系紧密的科研人员往往具有共同或相似的研究主题。例如，对于处于同一团队的科研人员，这有可能是作者 A 和作者 B 出于共同的研究兴趣加入了同一个团队当中；也有可能是作者 A 在作者 B 的带动下也开始涉足某一研究主题。又如在师生关系的作用下，学生往往倾向于研究老师从事的相关课题。此外，相比于一般节点，在科研社群中具有特殊地位的科研人员提出的新兴研究主题往往更易被接受和传播。

3.4　案例研究：图书情报学领域的科研社群

3.4.1　题录数据获取

图书情报学（library and information science，LIS）是图书馆业务学科和情报信息学科结合的一门新兴学科，随着大数据技术的发展和第四科研范式的逐渐形成，图书情报学领域的研究蓬勃发展，涌现出一大批优秀研究人员，为数据密集环境下的信息组织与管理提供了巨大的理论价值和实践参考意义。同时，Scopus 数据库作为全球最大的文摘和引文数据库，不仅为每篇文章赋予唯一的文章标识，还为每一位作者分配唯一的作者标识，解决作者重名问题，有利于提高科研社群识别的准确率和有效性。因此，本案例研究以图书情报学领域为例，以 Scopus 数据库为数据源，根据 2020 年发布的 CiteScore，采集图书情报学领域排名前 100 的期刊中发表于 2001～2020 年的所有文献，共计 78 483 篇，清洗掉作者信息为空的数据并保留文章、综述、会议论文、短综述和即将发表的论文等文献类型，得到文献 73 259 篇，作者 107 038 位。为更好地追踪科研社群的演化状况，本案例剔除累计发文量低于 3 篇的低频作者，图书情报学领域高频作者累计 13 667 位。

3.4.2 图书情报学领域科研合作网络构建

科研合作网络是指因研究学者共同合作并发表论文而形成的合著网络，以作者为网络节点，作者之间的合著关系形成网络的边。基于所获得的数据，本案例以图书情报学领域高频作者为网络节点构建科研合作网络，网络整体情况如图 3-5 所示。节点间连边的粗细表示作者间合作强度的大小，网络中有 13 667 个节点，29 035 条边，结合图 3-5 可以看出发文量大的作者合作关系也较多。网络密度反映着作者的合作情况，网络密度越大，作者间的合作越密切，网络密度为 0.000 42，说明作者在网络中的合作次数总体较少，但是网络平均集聚系数为 0.448 147，观察图 3-5 可知部分作者间合作关系非常密切，且形成了较为稳定的内部合作结构。

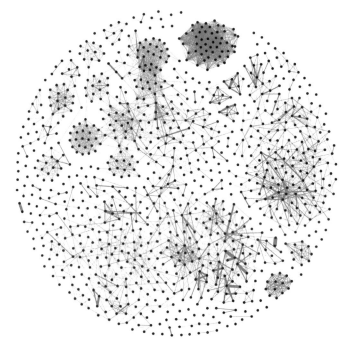

图 3-5 图书情报学领域科研合作网络

3.4.3 图书情报学领域科研社群识别

凝聚子群特性是复杂网络的重要特征，科研社群是从中观层面探究科研合著网络结构及其演化过程的关键媒介，因此科研社群识别是研究科研社群演化过程的重要环节。在现有的社群检测算法中，Leiden 算法在保留 Louvain 算法优点的基础上进行模型改进，在提升社群划分效果的同时提高算法运行速度，因此本案例采用 Leiden 算法进行科研社群识别。

本案例使用 Python 中 igraph 包封装的 Leiden 算法，将目标函数设置为"modularity"，将作者之间的合著次数作为边权重，将分辨率参数、最大迭代次数等设置为默认，分别对各个时间窗口下的科研合作网络进行科研社群识别。由于在复杂网络特别是知识网络中，三元闭包分析是最基本的分析单元，因此本案例过滤掉成员数量少于 3 人的小型社群，共获得科研社群 444 个。

3.4.4　图书情报学领域科研社群结构分析

1. 社群规模

社群节点与连边数量分布情况如图 3-6 所示，可以看出 80% 以上的社群节点和连边数量不超过 10，社群节点与连边分布呈现出典型的"二八定律"，即总体规模较大的科研社群只占到社群总数的一小部分。也就是说，科研合作网络呈现出大规模的小团体现象，而合作规模较大的科研群体只占小部分，绝大部分作者的合作对象固定在较窄范围。

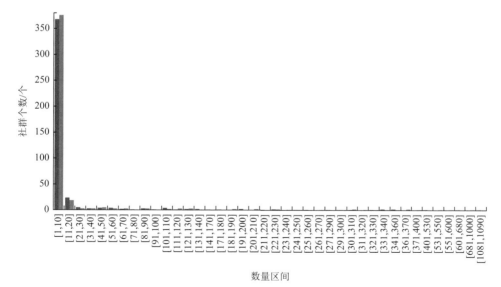

图 3-6　社群节点与连边数量分布情况

2. 核心节点特征和边特征

社群核心节点特征与边特征分布情况如表 3-1 所示，社群核心节点特征可以反映具有特殊特征或地位的科研作者。具体来看，社群点度中心性的平均值与极差差异较小，表明大部分社群与其他作者合作的能力相当，只有极少数社群表现出非常强的合作能力。社群接近中心性的极差远高于平均值，表明存在少部分社群在科研合作网络中占据比较核心的地位；社群中介中心性的平均值与最大值、最小值都较小，表明大部分社群在科研合作网络中的"中介"作用并不明显。社群特征向量中心性极差远高于平均值，且核心节点特征差异最为明显，表明极少部分社群在科研合作网络中的影响力较大，大部分社群对其他合著作者的影响都非常小。社群边介数中心性可以衡量社群整体的紧密程度和凝聚力。社群边介数中心性平均值较小，且只有极少数社群的边介数中心性在 0.004 以上，说明在科研合作网络中，只有少部分的社群内部合作紧密程度高，绝大部分社群的合作紧密程度并不高。

表 3-1　社群核心节点特征与边特征分布情况

特征类别	特征名称	平均值	最大值	最小值
核心节点特征	点度中心性	0.002 368	0.034 643	0.001 128
	接近中心性	0.018 423	0.109 113	0.000 131
	中介中心性	0.000 885	0.052 011	0.000 000
	特征向量中心性	0.003 039	0.134 789	0.000 000
边特征	边介数中心性	0.000 791	0.004 709	0.000 000

3. 网络密度

网络密度可以反映社群内部各节点之间联系的紧密程度，社群网络密度分布情况如图 3-7 所示。可以看出，网络密度在 0.6～0.7 的社群最多，表明这些社群内作者合作关系比较紧密，其余社群的网络密度多分布在 0～0.6，表明这些社群内作者存在合作关系，但是合作关系并不紧密。此外，极少数社群的网络密度达到了 1，说明这些社群完全联通，社群内作者均存在合作关系。

3.4.5　图书情报学领域科研社群学术属性分析

1. 学术年龄

社群学术年龄可以反映团队整体所处的科研阶段，社群学术年龄分布情况

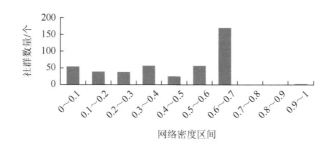

图 3-7　社群网络密度分布情况

下限不在内

如图 3-8 所示。可以看出，社群学术年龄一定程度上呈现出正态分布。具体来看，绝大部分社群的学术年龄在 4～11 岁，少部分社群的学术年龄在 11 岁以上，少部分社群的学术年龄在 0～3 岁。科学研究是一份长期的事业，学术年龄适中的社群占据大多数表明大部分科研团体还处于科学研究的活跃期，该领域的发展后劲十分充足；新兴科研团队和比较成熟的科研团队占少数，说明该领域有新的学术力量在不断注入，也有较为完整的研究力量支撑。

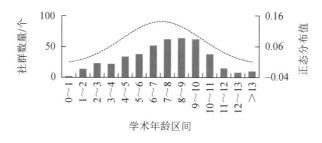

图 3-8　社群学术年龄分布情况

下限不在内

2. 生产率

社群生产率可以反映团队整体产生学术成果的能力，社群生产率分布情况如图 3-9 所示。可以看出，社群生产率基本符合线性分布，即生产率越高，社群数量越少。具体来看，大部分社群中每个作者的平均生产率小于 6，少部分社群中每个作者的平均生产率为 6～9，极少数社群中每个作者的平均生产率大于等于 9，说明只有少数科研团队的生产率处于头部位置。不难看出，这与洛特卡定律比较符合，在整个研究领域中产出较高的群体只占据总群体的少部分，且随着产出量的增加群体规模会不断减小。

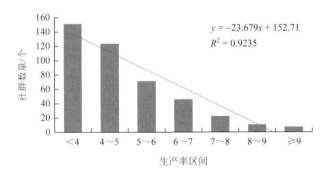

$$y = -23.679x + 152.71$$
$$R^2 = 0.9235$$

图 3-9　社群生产率分布情况

上限不在内

3. 影响力

社群影响力可以反映团队整体的学术影响力，社群影响力分布情况如图 3-10 所示。可以看出，社群影响力基本符合指数分布，社群影响力超过 40 后趋于平缓。具体来看，大部分社群的平均被引次数在 0~20，少部分社群的平均被引次数在 20~40，而影响力大于 40 的社群数量较少且稳定在少数，说明只有少数科研团队的影响力处于头部位置，大部分科研团队的研究成果并没有受到较大关注。

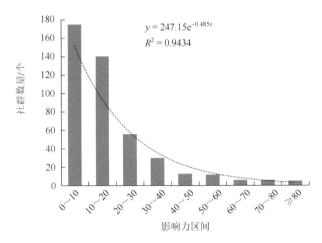

$$y = 247.15e^{-0.485x}$$
$$R^2 = 0.9434$$

图 3-10　社群影响力分布情况

上限不在内

4. 学术属性综合分析

社群学术属性主要针对某一学科领域的社群展开相关特征分析，是反映学科领域科学研究概况和未来发展趋势的重要特征。为进一步分析图书情报学领域科研社群的学术属性，本案例同时考虑社群学术年龄、生产率和影响力，以便更为深入地了解该领域社群学术属性，社群学术属性综合分布情况如图 3-11 所示，图中一个点代表一个社群，每个轴按数据分布情况进行了轴坐标划分。可以看出，多数社群集中在平均学术年龄、平均影响力和平均生产率区域。同时观察到部分社群处于学术年龄较小、影响力较大、生产率中等的区域，表明这部分社群较为年轻、优秀，已在整个图书情报学领域产生了较大的影响。部分社群分散在学术年龄较大、影响力较小、生产率中等的区域，这类社群可能已经历了其学术生涯的高峰期。

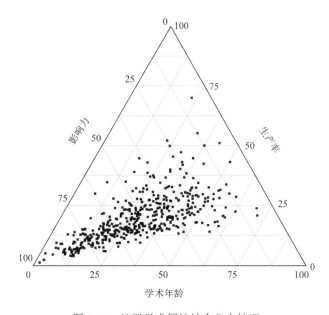

图 3-11　社群学术属性综合分布情况

本章参考文献

胡昌平，陈果. 2014. 层次视角下概念知识网络的三元关系形态研究. 图书情报工作，58（4）：11-16.

黄梓烁. 2021. 基于论文引用网的知识流网络研究. 广州：广州大学.

蒋璐，陈云伟. 2021. 多节点多关系的混合网络社团划分研究综述. 图书情报工作，65（19）：142-150.

李乾瑞，郭俊芳，黄颖，等. 2021. 基于突变-融合视角的颠覆性技术主题演化研究. 科学学研究，39（12）：2129-2139.

马捷，郝志远. 2021. 机器学习视角下融合情感元素的社交网络信息交互度量化分析. 情报学报，40（7）：687-696.

王益文. 2015. 复杂网络节点影响力模型及其应用. 杭州：浙江大学.

阳昕，张敏，廖剑岚，等. 2021. 社会网络视角下的高校图书馆电子资源利用研究：以复旦大学图书馆为例. 图书情报工作，65（15）：91-99.

周万珍，宋健，许云峰. 2021. 异质网络社区发现方法研究综述. 河北科技大学学报，42（3）：231-240.

Ahn Y Y，Bagrow J P，Lehmann S. 2010. Link communities reveal multiscale complexity in networks. Nature，466：761-764.

Airani R，Karande K. 2022. How social media effects shape sentiments along the twitter journey? A Bayesian network approach. Journal of Business Research，142：988-997.

Auffarth B. 2007. Spectral Graph Clustering. Barcelona：Universitat de Barcelona.

Bezdek J C. 1981. Pattern Recognition with Fuzzy Objective Function Algorithms. Berlin：Springer Science & Business Media.

Blondel V D，Guillaume J L，Lambiotte R，et al. 2008. Fast unfolding of communities in large networks. Journal of Statistical Mechanics：Theory and Experiment，（10）：P10008.

Boettcher S，Percus A G. 2001a. Extremal optimization for graph partitioning. Physical Review E，64（2）：026114.

Boettcher S，Percus A G. 2001b. Optimization with extremal dynamics. Physical Review Letters，86（23）：5211-5214.

Chen J C，Yuan B. 2006. Detecting functional modules in the yeast protein-protein interaction network. Bioinformatics，22（18）：2283-2290.

Chen M M，Kuzmin K，Szymanski B K. 2014. Community detection via maximization of modularity and its variants. IEEE Transactions on Computational Social Systems，1（1）：46-65.

Chen W，Liu Z M，Sun X R，et al. 2010. A game-theoretic framework to identify overlapping communities in social networks. Data Mining and Knowledge Discovery，21（2）：224-240.

Danon L，Díaz-Guilera A，Duch J，et al. 2005. Comparing community structure identification. Journal of Statistical Mechanics：Theory and Experiment，（9）：1-10.

Donath W E，Hoffman A J. 1973. Lower bounds for the partitioning of graphs. IBM Journal of Research and Development，17（5）：420-425.

Duch J，Arenas A. 2005. Community detection in complex networks using extremal optimization. Physical Review E，72（2）：027104.

Dunn J C. 1973. A fuzzy relative of the ISODATA process and its use in detecting compact well-separated clusters. Journal of Cybernetics，3（3）：32-57.

Dusdal J，Powell J J W. 2021. Benefits，motivations，and challenges of international collaborative research：a sociology of science case study. Science and Public Policy，48（2）：235-245.

Evans T S. 2010. Clique graphs and overlapping communities. Journal of Statistical Mechanics：Theory and Experiment，（12）：P12037.

Evans T S，Lambiotte R，Panzarasa P. 2011. Community structure and patterns of scientific collaboration in Business and Management. Scientometrics，89（1）：381-396.

Farkas I J，Ábel D，Palla G，et al. 2007. Weighted network modules. New Journal of Physics，9（6）：180.

Fiedler M. 1973. Algebraic connectivity of graphs. Czechoslovak Mathematical Journal，23（2）：298-305.

Fortunato S. 2010. Community detection in graphs. Physics Reports，486（3/4/5）：75-174.

Fortunato S，Newman M E J. 2022. 20 years of network community detection. Nature Physics，18：848-850.

Fortunato S，Latora V，Marchiori M. 2004. Method to find community structures based on information centrality. Physical Review E，70（5）：056104.

Girvan M，Newman M E J. 2002. Community structure in social and biological networks. Proceedings of the National Academy of Sciences of the United States of America，99（12）：7821-7826.

Gong M G，Fu B，Jiao L C，et al. 2011. Memetic algorithm for community detection in networks. Physical Review E，

84（5）：056101.

Gong M G，Ma L J，Zhang Q F，et al. 2012. Community detection in networks by using multiobjective evolutionary algorithm with decomposition. Physica A：Statistical Mechanics and its Applications，391（15）：4050-4060.

Gopalan P K，Blei D M. 2013. Efficient discovery of overlapping communities in massive networks. Proceedings of the National Academy of Sciences of the United States of America，110（36）：14534-14539.

Gregory S. 2010. Finding overlapping communities in networks by label propagation. New Journal of Physics，12（10）：103018.

Guimerà R，Amaral L A N. 2005. Functional cartography of complex metabolic networks. Nature，433：895-900.

Hirsch J E. 2005. An index to quantify an individual's scientific research output. Proceedings of the National Academy of Sciences of the United States of America，102（46）：16569-16572.

Javed M A，Younis M S，Latif S，et al. 2018. Community detection in networks：a multidisciplinary review. Journal of Network and Computer Applications，108：87-111.

Kernighan B W，Lin S. 1970. An efficient heuristic procedure for partitioning graphs. The Bell System Technical Journal，49（2）：291-307.

Kim Y，Jeong H. 2011. Map equation for link communities. Physical Review E，84：026110.

Kumpula J M，Kivelä M，Kaski K，et al. 2008. Sequential algorithm for fast clique percolation. Physical Review E，78（2）：026109.

Leahey E. 2016. From sole investigator to team scientist：trends in the practice and study of research collaboration. Annual Review of Sociology，42：81-100.

Lee S，Bozeman B. 2005. The impact of research collaboration on scientific productivity. Social Studies of Science，35（5）：673-702.

Li L，Du M，Liu G F，et al. 2014. Extremal optimization-based semi-supervised algorithm with conflict pairwise constraints for community detection. Beijing：2014 IEEE/ACM International Conference on Advances in Social Networks Analysis and Mining.

Li Y X，He K，Bindel D，et al. 2015. Uncovering the small community structure in large networks：a local spectral approach. Florence：The 24th International Conference on World Wide Web.

Li Z T，Liu J. 2016. A multi-agent genetic algorithm for community detection in complex networks. Physica A：Statistical Mechanics and its Applications，449：336-347.

Liu C L，Liu J，Jiang Z Z. 2014. A multiobjective evolutionary algorithm based on similarity for community detection from signed social networks. IEEE Transactions on Cybernetics，44（12）：2274-2287.

Liu J，Liu T. 2010. Detecting community structure in complex networks using simulated annealing with-means algorithms. Physica A：Statistical Mechanics and its Applications，389（11）：2300-2309.

MacQueen J. 1967. Some methods for classification and analysis of multivariate observations. Berkeley：The Fifth Berkeley Symposium on Mathematical Statistics and Probability.

Macropol K，Singh A. 2010. Scalable discovery of best clusters on large graphs. Proceedings of the VLDB Endowment，3（1/2）：693-702.

Maity S，Rath S K. 2014. Extended Clique percolation method to detect overlapping community structure. Delhi：2014 International Conference on Advances in Computing，Communications and Informatics.

Mao J，Cao Y J，Lu K，et al. 2017. Topic scientific community in science：a combined perspective of scientific collaboration and topics. Scientometrics，112（2）：851-875.

Maqbool O，Babri H A. 2004. The weighted combined algorithm：a linkage algorithm for software clustering. Tampere：

Eighth European Conference on Software Maintenance and Reengineering.

Newman M E J. 2004. Fast algorithm for detecting community structure in networks. Physical Review E, 69（6）: 066133.

Newman M E J. 2006. Modularity and community structure in networks. Proceedings of the National Academy of Sciences of the United States of America, 103（23）: 8577-8582.

Palla G, Derényi I, Farkas I, et al. 2005. Uncovering the overlapping community structure of complex networks in nature and society. Nature, 435: 814-818.

Pizzuti C. 2008. GA-net: a genetic algorithm for community detection in social networks//Rudolph G, Jansen T, Beume N, et al. International Conference on Parallel Problem Solving from Nature. Berlin: Springer: 1081-1090.

Radicchi F, Castellano C, Cecconi F, et al. 2004. Defining and identifying communities in networks. Proceedings of the National Academy of Sciences of the United States of America, 101（9）: 2658-2663.

Raghavan U N, Albert R, Kumara S. 2007. Near linear time algorithm to detect community structures in large-scale networks. Physical Review E, 76（3）: 036106.

Rattigan M J, Maier M, Jensen D. 2007. Graph clustering with network structure indices. Corvalis: The 24th International Conference on Machine Learning.

Roux M. 2015. A comparative study of divisive hierarchical clustering algorithms. http://arxiv.org/pdf/1506.08977. pdf[2015-06-30].

Shen H, Cheng X, Cai K, et al. 2009. Detect overlapping and hierarchical community structure in networks. Physica A: Statistical Mechanics and its Applications, 388（8）: 1706-1712.

Tasgin M, Herdagdelen A, Bingol H. 2007. Community detection in complex networks using genetic algorithms. http://arxiv.org/pdf/0711.0491.pdf[2007-11-04].

Traag V A, Waltman L, van Eck N J. 2019. From Louvain to Leiden: guaranteeing well-connected communities. Scientific Reports, 9（1）: 5233.

Tyler J R, Wilkinson D M, Huberman B A. 2003. Email as spectroscopy: automated discovery of community structure within organizations//Huysman M, Wenger E, Wulf V. Communities and Technologies. Berlin: Springer Netherlands: 81-96.

Wagner C S, Whetsell T A, Leydesdorff L. 2017. Growth of international collaboration in science: revisiting six specialties. Scientometrics, 110（3）: 1633-1652.

Xie J R, Szymanski B K, Liu X M. 2011. SLPA: uncovering overlapping communities in social networks via a speaker-listener interaction dynamic process. Vancouver: 2011 IEEE 11th International Conference on Data Mining Workshops.

Yang J, McAuley J, Leskovec J. 2013. Community detection in networks with node attributes. Dallas: 2013 IEEE 13th International Conference on Data Mining.

Zeng Y, Liu J. 2015. Community detection from signed social networks using a multi-objective evolutionary algorithm//Handa H, Ishibuchi H, Ong Y S, et al. Proceedings of the 18th Asia Pacific Symposium on Intelligent and Evolutionary Systems, Volume 1. Berlin: Springer: 259-270.

第4章 科研社群的演化分析

网络中的社群不是静态不变的，现实中网络通常是动态的，网络中的节点以及节点之间的关系会随着时间的推移发生改变，网络结构也会相应改变，从而导致网络社群演化。探究社群动态变化及其演变过程，有助于认识和发现节点之间的关系和发展规律，对于把握网络结构的发展规律及预测演化事件有重要意义。

4.1 动态网络中的社群演化

由于网络是动态变化的，随着时间的推移，网络中的节点和节点间的连边会发生一系列的改变，导致社群划分也随着时间的推移而发生变化，从而产生社群演化事件。比如，在舆情传播中，在不同的阶段网络中的个体可能随着舆情的发展而改变自己的观点，在这个过程中节点就会建立新的连边或删除一些连边，对应的个体所属的社区就会发生变化。当多个节点所属的社区发生变化时，这些变化随着时间累计，就会产生社群演化事件，如衰减（shrink）、新生（form）等。通过分析社群演化过程可以掌握社群演化的特征和规律，帮助及时干预网络的动态发展或者预测社群演化方向，因此动态网络上的社群演化问题受到研究者的广泛关注。

4.1.1 动态网络

动态网络是指网络中的节点和边随着时间的推移而发生变化的一种网络结构，网络的动态性质导致了社群的演化。动态网络的表示方法有两种，一种是快照（snapshot）网络，用静态网络的时序来表示，将网络的演变转变成一系列静态网络快照；另一种是时序网络，通过收集网络中的实时变化信息，来反映网络社群在一段时间内的变化情况。

定义 4.1 快照网络

动态网络由一系列离散的快照网络组成，即 $G = \{G_0, G_1, \cdots, G_T\}$，其中 T 表示快照网络的数量。快照网络 $G_t = (V_t, E_t)$（$0 \leq t \leq T$）表示网络中节点的集合（即节点集 V）和网络中边的集合（即边集 E）在当前时间 t 出现的快照图。

定义 4.2 时序网络

将时序网络表示为 $G=(V,E,T)$，其中 V 表示节点集，V 中每个元素包含三个基本属性 (v,t_s,t_e)，其中 v 表示网络中的一个节点，$t_s,t_e \in T$ 分别代表网络中节点出生和消亡的时间点 $(t_s \leqslant t_e)$；E 表示边集，E 中每个元素包含四个基本属性 (u,v,t_s,t_e)，其中 u,v 为连边两端节点，$t_s,t_e \in T$ 分别代表网络中该边出生和消亡的时间点 $(t_s \leqslant t_e)$。

4.1.2 社群演化问题建模

网络中社群结构随时间的演化行为主要包括社群数量的增减及社群内节点的迁移（Gupta et al.，2012）。本书主要通过定义社群演化中的社会网络、社群隶属矩阵、成员社群隶属度和迁移矩阵来进行社群演化问题建模（胡云等，2013）。

定义 4.3 社群演化中的社会网络

社群演化中的社会网络可以抽象为由节点及节点间的连边组成的图序列 $G_t=(V_t,E_t)$，$t=0,1,\cdots,T$，其中 V_t 为时刻 t 时由网络成员组成的节点集合；E_t 为时刻 t 时全体成员节点之间关系的集合。

定义 4.4 社群隶属矩阵

给定由 N 个成员组成的图序列 $G_t=(V_t,E_t)$，$t=0,1,\cdots,T$，则在时刻 t 全体成员相对于 K_t 个社群的隶属矩阵 $\boldsymbol{P}(t) \in [0,1]^{N \times N}$ 可以定义为

$$\boldsymbol{P(t)}=\begin{bmatrix} p_{11}(t) & \cdots & p_{1K_t}(t) \\ \vdots & & \vdots \\ p_{N1}(t) & \cdots & p_{NK_t}(t) \end{bmatrix}, \quad t=0,1,\cdots,T \tag{4-1}$$

其中，K_t 为时刻 t 时的社群总数；$\boldsymbol{P}(t)$ 的第 i 个行向量表示社群成员 V_i 在时刻 t 关于 K_t 个社群的隶属度分布：$\boldsymbol{P}_i(t)=\left(P_{i1}(t),\cdots,P_{iK_t}(t)\right)^{\mathrm{T}}$，$\sum_{j=1}^{K_t} P_{ij}=1$，$i=1,\cdots,N$，且 $X_{ij} \geqslant 0$。

定义 4.5 成员社群隶属度

成员 V_i 在时刻 t 隶属于社群 j，如果 $P_{ij}=\max\{P_{i1}(t),P_{i2}(t),\cdots,P_{ik_t}(t)\}$，则说明一个社群成员相对于本社群的隶属度不小于其对其他社群的隶属度。针对问题的不同，度量网络成员的隶属度可以采用不同的方法。最简单的方法是依据网络个体的连接关系进行度量。当然，研究者可以综合考虑各方面的因素，还可以采用手工标注或机器学习的方法来定义。

定义 4.6 迁移矩阵

设 $P(t)$、$P(t+1)$ 为两个相邻时刻 t 和 $t+1$ 时网络成员的社群隶属矩阵，称 $k_t \times k_{t+1}$ 阶矩阵 $S(t) = \left[s_{ij}(t) \in R^{k_t \times k_{t+1}} \right]$ 为 $P(t)$ 到 $P(t+1)$ 的迁移矩阵，如果：

$$\Phi(S) = \sum_{i=1}^{N} \sum_{j=1}^{k_t} \left(P_{ij}(t+1) - \sum_{l=1}^{k_{t+1}} P_{il}(t) s_{lj} \right)^2 = \text{Min}!　　　　（4-2）$$

其中，k_t 和 k_{t+1} 分别为时刻 t 和 $t+1$ 时的社群数。

求解两个矩阵的最小二乘优化问题等价于求解矩阵方程：

$$\begin{bmatrix} \langle p_{-,1}(t+1), p_{-,1}(t) \rangle & \cdots & \langle p_{-,k_{t+1}}(t+1), p_{-,1}(t) \rangle \\ \vdots & & \vdots \\ \langle p_{-,1}(t+1), p_{-,k_t}(t) \rangle & \cdots & \langle p_{-,k_{t+1}}(t+1), p_{-,k_t}(t) \rangle \end{bmatrix}$$

$$= \begin{bmatrix} \langle p_{-,1}(t), p_{-,1}(t) \rangle & \cdots & \langle p_{-,k_t}(t), p_{-,1}(t) \rangle \\ \vdots & & \vdots \\ \langle p_{-,1}(t), p_{-,k_t}(t) \rangle & \cdots & \langle p_{-,k_t}(t), p_{-,k_t}(t) \rangle \end{bmatrix} \cdot \begin{bmatrix} s_{11} & \cdots & s_{1k+1} \\ \vdots & & \vdots \\ s_{k1} & \cdots & s_{k,k+1} \end{bmatrix}　　（4-3）$$

4.1.3　社群演化事件

社群在动态复杂网络中的演化通常通过识别关键演化事件来进行，用以表征社群随时间演化的过程。Palla 等（2007）认为探测关键演化事件可以具象地观察社群的演化过程，后续研究将引入科研社群演化场景，通过识别关键演化事件来分析科研社群演变动态。演化事件类型来源于社群生命周期模型，是指社群从形成到消亡的演化过程中可能出现的社群状态（Wang et al.，2008）。Asur 等（2009）最先将演化事件分为延续（continue）、合并（merge）、分裂（divide）、新生和消亡（dissolve）等 5 类，Takaffoli 等（2011）认为社群演化过程中还存在增长（grow）和衰减两种演化事件。7 种经典科研社群演化事件如图 4-1 所示，T_0、T_1 代表相邻时间窗口。新生演化事件指某社群在 T_1 时段出现且在 T_0 时段不存在；增长演化事件指在 T_0 时段已有社群的基础上增加新的成员；延续演化事件指在 T_0 和 T_1 时段社群成员不发生改变；衰减演化事件指在 T_1 时段，已有社群中存在成员退出现象；合并演化事件指 T_0 时段的两个或多个社群在 T_1 时段合并成同一个社群；分裂演化事件则是指 T_0 时段的某个社群在 T_1 时段分成两个或多个社群；消亡演化事件指 T_0 时段的某个社群在 T_1 时段消失。

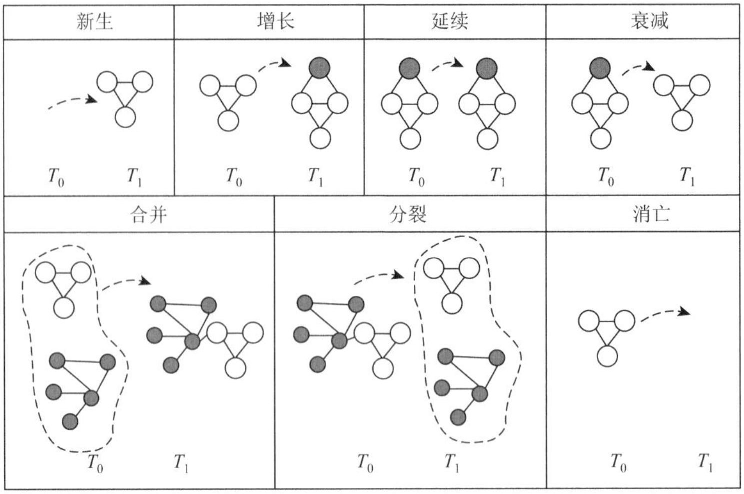

新生	增长	延续	衰减

合并	分裂	消亡

图 4-1　7 种经典科研社群演化事件

　　前人大多基于上述 7 种演化事件对社群演化过程进行深入探讨,但现实网络中经常存在某个社群是由上一时间窗口中一个或多个社群的部分组合而来的现象。因此,Mohammadmosaferi 和 Naderi(2020)根据社群实际演化情况定义了 12 种演化事件,在保留 7 种经典演化事件的同时考虑部分演化现象,如图 4-2 所示。

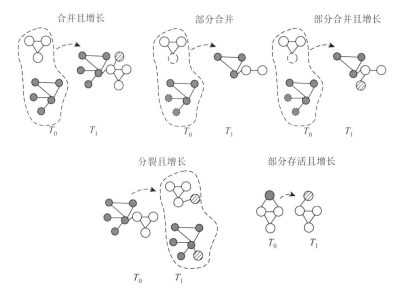

图 4-2　新增的 5 种演化事件

合并且增长（merge and grow）是指社群在发生合并的同时有新成员加入；部分合并（partial merge）指 T_1 时段的社群由 T_0 时段多个社群的部分成员合并而来；部分合并且增长（partial merge and grow）指社群发生部分合并的同时有新成员加入；分裂且增长（divide and grow）指 T_1 时段的多个社群是由 T_0 时段的某社群分裂而来的，但社群内部有新成员加入；部分存活且增长（partial survive and grow）指社群内既有成员退出又有新成员加入。整体而言，Mohammadmosaferi 和 Naderi 定义的 12 种演化事件更贴近社群的实际演化情况，以此追踪社群演化过程能深入探究社群演化规律。

4.1.1 节中定义了动态网络的两种表示方法，根据这两种不同表示方法社群演化也有两种表示方法：一种是快照网络，事件在连续的时间快照中一个接一个地变化，即社群演化是从一个已经识别社群的快照到另一个快照；另一种是时序网络，定义一个初始静态社区网络及之后对于该网络的一系列修改，即社群演化是节点的合并和分离。

基于社群演化不同的定义方式，社群演化算法也被分为两大类。一是基于快照网络的演化算法：对动态网络依据时间进行切片，再对一系列网络切片进行分析，进行社区发现、演化路径追踪、演化模式分析。二是基于时序网络的演化算法：将时序网络作为数据源，即分析带有时间戳的网络。在社群演化分析中不需要反复对网络进行社区发现，而只需要对初始静态网络进行社区发现，并跟踪后续网络中节点的变化。根据 Dakiche 等（2019）的研究，社群演化算法又细分为独立社区发现算法、增量社区发现算法、同步社区发现算法、基于时序网络的发现算法，其中前三种算法应用于快照网络，最后一种算法应用于时序网络。Alotaibi 和 Rhouma（2022）将社群演化算法细分为独立社区发现算法、增量社区发现算法、重叠社区发现算法、非重叠社区发现算法，前两种算法应用于快照网络，后两种算法应用于时序网络。

4.1.4　基于快照网络的演化算法

基于快照网络的演化算法首先将网络分成一系列快照，其中每个快照都被视为静态网络；其次分别对每个快照进行社区识别。因此，社区检测可以是独立的，也可以是依赖的。独立的社区检测方法分别检测每个快照中的社区，再将它们匹配在一起；依赖的社区检测方法则依赖于先前发现的社区来检测给定快照中的新社区；还有的方法同时考虑所有快照以检测社区。

1. 独立社区发现算法

该方法首先把动态网络划分为一系列快照（图 4-3），其次利用静态网络的社区发现算法对每个快照进行社区发现（可以根据数据和网络结构的不同选择相应的算法），最后将当前快照中的社区与之前快照中的社区按照一定的相似性规则进行匹配。

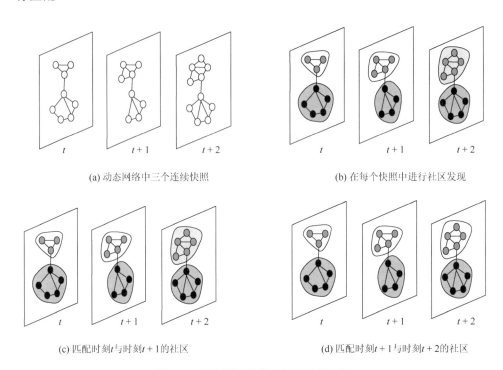

图 4-3　动态网络的独立社区发现算法

独立社区发现算法主要先通过不同的聚类算法发现快照中的社区，再利用相似性规则进行社区匹配，从而分析社区演化过程。Hopcroft 等（2004）是最早将静态网络快照应用于动态网络社群演化分析中的学者，他们使用层次聚类的方式来发现社区，将每篇论文视作一个单独的集群，然后在每次迭代中将最近的两个簇合并，直到所有论文都属于一个簇，但这种方式的缺点是从层次树中提取重要社区比较困难。Asur 等（2009）提出了一个基于事件的社群演化分析方法，将动态网络划分为静态快照后运用马尔可夫聚类算法（Markov clustering algorithm）来检测每个快照中的社区，并比较连续的两个快照之间的每对社区规模的变化以识别这些社群的演化特点。Greene 等（2010）提出了一种跟踪动态网络的社区增长模型，他们将动态网络表示为一系列的时间图，使用静态算法（McDaid and Hurley，2010）检测每个快照中的社区，他们使用了一种加权二分匹配的方式来表示社区地图，并采用雅卡尔（Jaccard）系数来比较每个步骤中的社区的相似性。Sun 等（2015）利用该方法研究了在线网络，利用 Louvain 算法对每个快照中的社区进行检测，并通过相关矩阵来计算不同快照中社区的相似性。Bródka 等（2013）提出群体进化发现（group evolution discovery）观点，他们认为社区成员并不是等价的，需要考虑节点在社区的位置和重要性，他们采用新的度量包容性指数，在进行社区匹配的同时考虑了群体的数量和质量。

独立社区发现算法的基本思想是在每个时间步骤独立地检测社区，然后将它们与上一步骤中的社区依据相似性规则进行匹配，主要是通过识别关键社区及其生命周期内可能出现的关键事件来跟踪社群演化。这种方法既可以处理重叠社区也可以进行非重叠社区的发现。但该类方法存在一些弊端：一是具有复杂性，二是具有不稳定性，不同的算法可能导致相同的动态网络检测出的社群不一致。

2. 增量社区发现算法

增量社区发现算法也将动态网络划分为网络快照，但是不同于独立社区发现算法，增量社区发现算法依赖之前发现的或者上一快照中的社区来检测当前快照中的社区。具体来说，在特定时刻 t 的社区取决于 $t-1$ 时刻检测到的社区，从而避免了对社区进行匹配。增量社区发现算法可以使用两种基本思想：一种是基于基本算法，如 Louvain 算法，将上一时间步骤的社区结构作为输入，重新运行基本算法；另一种是使用成本函数，目的是最小化连续步骤中的社区变化（图 4-4）。

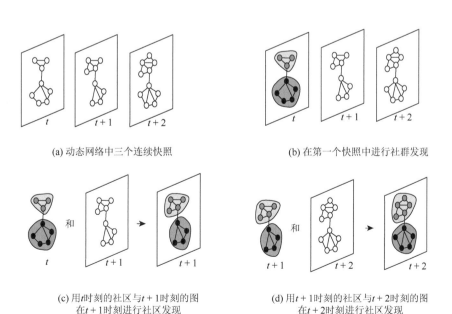

(a) 动态网络中三个连续快照

(b) 在第一个快照中进行社群发现

(c) 用 t 时刻的社区与 $t+1$ 时刻的图
在 $t+1$ 时刻进行社区发现

(d) 用 $t+1$ 时刻的社区与 $t+2$ 时刻的图
在 $t+2$ 时刻进行社区发现

图 4-4　动态网络的增量社区发现算法

增量社区发现算法依赖之前快照中发现的社区来识别当前快照的社区，目前主要的方法有演化社区结构发现（evolutionary community structure discovery，ECSD）算法、多目标遗传算法、基于领导节点的演化社区发现算法（evolutionary community discovery algorithm based on leader nodes，EvoLeaders）等。He 和 Chen（2015）提出了一种快速检验方法，将网络划分为一系列连续时间步骤后，利用 Louvain 算法在第一个时间步骤初始化网络发现社区结构，之后对于每一个时刻 t，利用 t–1 时刻检测到的社区来识别当前时刻的社区。这种方法在提高效率的同时保证了社区的质量，由于是对前一时间步骤的划分进行重新计算，所以可以节省大量的时间，但是对于社区结构变化巨大的情况可能面临一些挑战。Guo 等（2014）提出了 ECSD 算法用于对动态加权网络进行研究，该算法有三个步骤：首先，通过计算输入矩阵和所有节点的强度来发现初始社区；其次，通过加入可以提高社区质量的节点来扩大社区；最后，合并之前发现的所有社区，以提高整体质量。他们计算每个时间步骤中的历史质量、总体质量和快照质量来评估算法的效率，结果表明，该算法能够有效地发现演化社区结构。Folino 和 Pizzuti（2014）提出了多目标遗传算法，该算法旨在实现快照质量最大化（计算社区得分）和时间成本最小化（利用归一化互信息衡量），但是该算法需要较长的时间。Rozenshtein 等（2014）认为所有节点的交互时间都是可识别且无定向的，他们主要研究在交互网络中确定发现动态社群的最佳时间间隔。Gao 等（2016）提出了 EvoLeaders，他们认为每个社群由领导者节点及其周围的追随者节点构成，领导者节点被视为社区中最中心的节点，首先使用结合时间信息的更新策略来获得初始领导者节点，其次查找初始社区，最后通过分裂社区再进行合并以期提高社区质量。

增量社区发现算法在考虑社区数量的同时也考虑提高社区的质量，但也存在一些弊端，如增加了计算时间、增大了复杂性、不能直接使用传统的社区发现算法。

3. 同步社区发现算法

同步社区发现算法将所有网络社群演化阶段同时考虑进去，依旧考虑快照方式，但不同点在于，它同时利用所有时间快照以期发现连贯的社区。它的基本思想是通过耦合图检测社区结构，通过连接不同快照中的相同节点的耦合边，将该动态网络的时间快照连接成一个新的独立的图，在耦合图上进行社区发现，如图 4-5 所示。ben Jdidia 等（2007）首先提出将不同时间步骤中的相似节点连接起来使不同快照连接成一个网络，并使用经典社区检测算法 Walktrap 检测社群。Mitra 等（2012）用一张图表示引文网络或博客网络的所有时间快照，证明了直接将静态社区检测算法应用于该方法是可行的，并运用 Louvain 算法进行实证。Sarantopoulos 等（2018）将网络建模为三维张量，其中前两维指节点，第三维指将时间窗口作为关系，并在时间窗口之间引入边缘，将节点与其在其他时间窗口中的图像连接起来，从而使动态模式更容易显示。

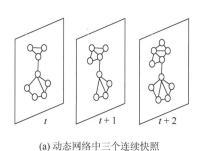
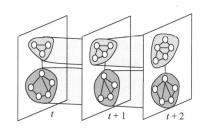

(a) 动态网络中三个连续快照　　　　　　　　(b) 利用所有快照同时进行社区发现

图 4-5　动态网络的同步社区发现算法

4.1.5　基于时序网络的演化算法

基于时序网络的演化算法也称为在线方法，是指直接在时序网络上工作的方法。在该方法中，网络不再被视为一系列快照，而是被视为网络中的一系列变化。具体来说，是在添加和删除节点和边之后以在线方式构建和维护社区，是一种迭代处理的方法，首先寻找网络初始状态的社区，其次在有节点和边的增删情况时更新社区结构（图 4-6）。

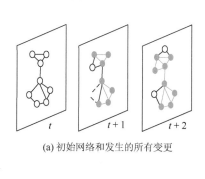
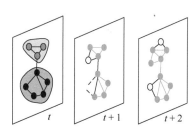

(a) 初始网络和发生的所有变更　　　　　　　(b) 在第一个时间快照上进行社区发现

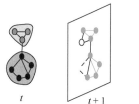

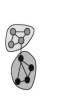
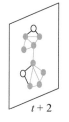

(c) 根据 $t+1$ 时刻的变更来更新 t 时刻的社区　　　　(d) 根据 $t+2$ 时刻的变更来更新 $t+1$ 时刻的社区

图 4-6　基于时序网络的演化算法

1. 非重叠社区发现算法

目前有多种技术可以用来检测非重叠社区，即每个节点都属于一个单独的社区，如标签传播算法（Raghavan et al.，2007）、LabelRank（Xie and Szymanski，2013）等。Shang 等（2014）提出了一种基于 Louvain 算法的增量模块化算法来跟踪网络的社区结构，缩短了计算时间。Qi 等（2013）引入了无限社区动态随机场的新方法，用于确定社会感知背景下的动态社区结构。Nguyen 等（2014）提出了一种快速适应社区的新框架，检测和跟踪动态社交网络中的社区演化，从初始社区结构开始利用 Louvain 算法。它考虑结构历史，并专门针对影响其社区结构的网络修改进行操作，其中网络变化被视为事件的集合。Yu 等（2019）提出了一种基于贝叶斯概率模型的新模型，即演化贝叶斯非负矩阵分解（evolutionary Bayesian non-negative matrix factorization，EvoBNMF）。为了解释群落结构的进化特征，EvoBNMF 提出了通过演化行为来量化相邻快照之间群落的过渡关系。EvoBNMF 通过简化每个快照网络相应的演化行为，来自主捕获数量最合适的社区。

2. 重叠社区发现算法

在真实网络中，节点往往不是仅存在于一个社区中，而是同时属于两个或两个以上的社区，对于重叠社区也存在多种检测方式。Cazabet 等（2010）提出了一种用于检测重叠社区的算法，它是最早开发的用于检测时间网络中的动态社区的算法之一，通过插入并整合相同的边来检测重叠社区。Mahfoudh 等（2018）提出了一种增量多智能体方法来检测动态重叠社区，多智能体系统（multi-agent system）是由多个独立智能体交互形成的系统，适合对不同实体之间复杂的交互现象进行建模。Rossetti 等（2017）提出了一种能够跟踪社区动态演化的算法，以流的传输方式运行，每当网络中出现新连接时，该算法就会更新社区，然后将更改传播到节点周边以调整邻居社区成员节点之间的关系。Djerbi 等（2020）提出了一种基于"大家庭"概念的新模型。在该模型中，整个群体被分为彼此不通信的分离子群体，他就好像在寻找每个种群家族的父母一样，寻找每个亚种群的每两个个体之间的关系。

4.2　科研社群演化事件识别

4.2.1　科研社群演化研究现状

随着科学的快速发展，科学活动本身也成为一种研究对象，科研过程通常通过合作来完成，开展科研合作可以更好地促进科技进步、学科融合以及新技术的应用与普及。但科研团队并不是一成不变的，随着时间的推移，科学家的研究兴趣、研究主题等会发生变化，科研合作团队也会随之改变。科研社群被定义为科研人员的网络，作为学术活动的基本结构，其演化行为也揭示了科学的发展规律。目前对科研社群演化的研究，主要集中在对科研社群演化事件的研究，通过对科研社群演化事件的分析，来探究领域内研究主题的变化、科研协作的模式、科研人员的兴趣等。

科研社群的网络结构反映了某一科研领域的合作情况，通过分析科研合作网络的基本信息可以了解该科研领域的研究、合作、产出等情况。节点数量越多说明该领域的科研学者数量越多，边数越多说明该领域的科研合作越多，而平均集聚系数反映了科研社群之间联系的紧密程度。Akbaritabar 等（2020）使用时间和多层次的定量分析研究了意大利社会学家的合著网络，通过应用指数随机图模型发现协作关系主要由这些群体的研究兴趣驱动。他们的研究证明了多层次和时间网络分析在揭示科学协作模式的复杂性方面的优势。Costa 等（2016）为了研究基因学中合著者关系，分析了美国国家生物技术信息中心（National Center for Biotechnology Information，NCBI）大数据存储库 GenBank 中的合著者模式。他们将科学数据存储库中的两种类型的共同作者——数据集的共同作者和出版物的共同作者构建成一个独立的网络或二者联合的网络。他们证明，科学数据集中的追踪数据可以补充出版物中的追踪数据，以帮助更好地分析科学协作网络的结构和演变过程。李纲等（2021）以图书馆学情报学领域为例，从演化事件探测的角度出发，采用 Leiden 算法对科研社群进行划分，构建科研社群演化路径与演化树，并在此基础上识别科研社群演化事件。

科研社群中科研工作者的概况、所属科研机构、性别比例也会随着时间变化，研究了解科研社群性质如何随时间变化可能会为促进科研社群进一步稳定发展提供宝贵的意见。Barbosa 等（2017）研究了巴西人机交互领域的科研社群演化，通过动态社群演化分析理论探究了该领域的合著者关系及其随时间的变化、合著者网络社区的演化，以及著名研究机构、研究主题的变化等，并揭示了该地区生产力更高的机构。

科研学者在进行科研活动的过程中，其研究主题、科研兴趣、研究领域等也会随着时间的推移而发生变化，因此，合著者的研究主题变化也会影响科研社群主题变化，从而引起科研社群的演变，这是由主题驱动带来的科研社群演化。Mao 等（2017）提出了一种通过应用机器学习技术和网络理论来检测具有拓扑和主题特征的主题科学社区（topic science community，TSC）的方法，通过分析 TSC 的静态或动态网络结构来揭示主题级别的协作模式，他们认为通过 TSC 可以调查多个级别的跨主题合作研究，还可以根据生产力来有效组织研究人员。Ye 等（2019）针对合作网络中碎片化的主题演化和网络结构本身演化的缺陷，介绍了复杂网络研究的思路和技术。他们首先探究整个时间网络，引入平衡标签传播算法，提取移动的作者节点和对应的社区主题，其次基于社区发现提取移动作者节点主题，设计垂直主题分布与水平主题演化相结合的研究方法，分析主题演化与社区演化之间的交互演化机制或规律。他们通过实验发现，同一时间段内不同社区之间存在主题差异，合作者流动性趋于分散，移动作者节点引导主题变化，社区演化驱动的主题演化符合整体主题演化趋势。

4.2.2 科研社群演化事件识别方法

社群在时序中伴随动态变化现象，其特征属性如成员数量、成员间联系、社群间联系均处于不断变化中。社群演化事件是指社群在随时间变化的过程中自身出现的一些较为明显的变化。对社群演化事件进行识别并探究其特征对于分析科研社群在演化过程中的关键演化行为具有重要作用，对于揭示学科发展脉络、分析学科人才流动影响因素及特征具有重要实践意义。

Mohammadmosaferi 和 Naderi 定义的 12 种演化事件相对于前人而言更加全面且贴近社群演化真实场景，能更深刻地揭示社群演化过程中的结构变化规律，本书据此对图书情报学领域的演化事件进行定义，如表 4-1 所示。鉴于数据集截取的时间段，本书将 2001～2002 年（即第 1 时期）的所有科研社群均视为新生社群。

表 4-1 12 种科研社群演化事件定义

演化事件	定义
新生	t 时刻出现的社群与 $t-1$ 时刻出现的社群无共同成员（$t=0$ 时刻所有社群均为新生社群）
增长	t 时刻出现的社群只与 $t-1$ 时刻的一个社群有共同成员，且该社群有新成员加入
合并	t 时刻出现的社群成员均来源于 $t-1$ 时刻两个及两个以上的社群
合并且增长	t 时刻出现的社群成员均来源于 $t-1$ 时刻两个及两个以上的社群，并有新成员加入
部分合并	t 时刻出现的社群成员均来源于 $t-1$ 时刻两个及两个以上的社群的子集
部分合并且增长	t 时刻出现的社群成员均来源于 $t-1$ 时刻两个及两个以上的社群的子集，且该社群有新成员加入
分裂	$t-1$ 时刻的社群与 t 时刻两个及两个以上的社群有共同成员
分裂且增长	t 时刻两个及两个以上的社群与 $t-1$ 时刻的社群有共同成员，且有新成员加入
部分存活且增长	t 时刻出现的社群只与 $t-1$ 时刻的一个社群有共同成员，且该社群既有成员退出，又有新成员加入

续表

演化事件	定义
延续	t 时刻的社群成员全部来自 $t-1$ 时刻的某一个社群
衰减	t 时刻出现的社群只与 $t-1$ 时刻的一个社群有共同成员，且该社群有成员退出
消亡	$t-1$ 时刻的社群与 t 时刻的社群无共同成员

4.3　科研社群演化路径抽取与分析

4.3.1　科研社群演化路径建模

演化事件可以从中观层面分析科研社群在某一时间节点前后的特征属性及社群结构的变化情况，演化路径则可以从宏观层面分析科研社群的时序演变特征，对于分析学科整体演进态势、合理制定学科发展政策具有重要意义。在一个社群内各成员的地位并非完全相同，处于中心地位的核心成员对科研社群的演化方向相较于处于边缘地位的非核心成员而言具有更深刻的影响，甚至具有决定性作用。因此，本书在识别各科研社群的核心作者基础上，根据上一时间段科研社群的核心作者流入下一时间段科研社群构建社群间关联关系，一系列关联社群可形成社群演化序列，最终在全局形成社群演化路径。

4.3.2　科研社群演化路径抽取方法

1. 基于 Z-Score 指标的社群核心作者识别

各个节点在社群中的影响力不同，具有较大影响力的节点即核心节点对于整个社群的作用不可忽视，因此识别社群或网络中的核心节点成为研究学者的关注热点。当前关于节点排序的指标有中心性、节点重要性（node importance）、PageRank、LeaderRank 等。然而这些指标更倾向于从网络全局的角度考虑，而非从区域的角度对节点的重要性进行排序，不符合本书识别社群中核心节点的要求。Guimeraè 等认为 Z-Score 指标从模块度的角度出发，能针对社区进行节点排序，因此本书采用 Z-Score 指标对科研社群的核心作者进行识别。

$$Z\_Score_i = \frac{X_C^i - Y / C'}{\sqrt{Z / C' - (Y / C')^2}} \tag{4-4}$$

$$Y = \sum_{j \in C} X_C^j \tag{4-5}$$

$$Z = \sum_{j \in C} \left(X_C^j \right)^2 \qquad (4\text{-}6)$$

其中，Z_Score_i 为科研社群 C 中第 i 个作者的 Z-Score 分值；X_C^i 为科研社群 C 中的第 i 个作者与社群 C 中剩余作者连边的权重总和；C' 为科研社群 C 中所有作者数量之和；Y 为科研社群 C 中所有作者和其他作者（包括科研社群 C 以外的作者）连边的权重之和的总和；Z 为先将科研社群 C 中所有作者和其他作者（包括科研社群 C 以外的作者）连边的权重之和求平方，再加总求和。

依据式（4-4）～式（4-6），本书对所有科研社群内的作者进行 Z-Score 指标计算。一般而言，作者的 Z-Score 分值越高，越能说明该作者在该科研社群内占据核心位置，是整个社群内最具代表性的存在。因此本书在各科研社群内选择 Z-Score 分值最高的节点作为该科研社群的核心作者。

2. 基于核心作者流动的演化路径识别

核心作者是科研社群中最能代表其特征属性的节点，在社群发展变化中起到关键作用。由于核心作者对于整个社群的存在与否具有重大影响，因此，在相邻时间段观察核心作者的流动情况可以形成关联社群，进而形成社群演化路径。

图 4-7 展示了一种科研社群演化路径场景。$C_{(t, i)}$ 代表 t 时间段编号为 i 的科研社群，社群之间的连边表示上一时间段社群的核心作者流入本时间段的社群中，两者存在关联关系。由于在一个科研社群中核心作者可能有多位（最高 Z-Score 分值相同），因此某个社群在下一时间段可能与多个社群形成关联社群，如 $C_{(2, 2)}$。

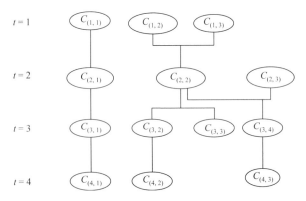

图 4-7　科研社群演化路径场景示意图

本书认为前一时间段某科研社群的核心作者是否存在于后一时间段另一科研社群中，是能否形成关联社群的关键指标，如式（4-7）所示。

$$\text{RelatedCom}_{(C_{(t,i)}, C_{(t+1,j)})} = \begin{cases} 1, & \text{core\_au} \in C_{(t+1, j)} \\ 0, & \text{core\_au} \notin C_{(t+1, j)} \end{cases} \qquad (4\text{-}7)$$

其中，$C_{(t,i)}$ 为 t 时间段编号为 i 的科研社群；$C_{(t+1,j)}$ 为 $t+1$ 时间段编号为 j 的科研社群；RelatedCom$_{(C_{(t,i)},C_{(t+1,j)})}$ 为相邻时间段内两科研社群的关联度；core_au 为科研社群 $C_{(t,i)}$ 的核心作者。若科研社群 $C_{(t,i)}$ 的核心作者在 $t+1$ 时间段属于科研社群 $C_{(t+1,j)}$，则 RelatedCom$_{(C_{(t,i)},C_{(t+1,j)})}=1$，否则为 0。

在科研社群中，科研社群演化序列是由一系列关联社群形成的，可以展示科研社群从新生开始，在不同时间段中的演化历程。图 4-7 中集合 $\{C_{(1,1)}, C_{(2,1)}, C_{(3,1)}, C_{(4,1)}\}$、$\{C_{(1,2)}, C_{(2,2)}, C_{(3,2)}, C_{(4,2)}\}$ 等都是社群演化序列。本书将科研社群演化序列定义为由许多关联社群对形成的 L 序列：

$$L_x = \{(C_{(n-1,a)}, C_{(n,b)}), (C_{(n,b)}, C_{(n+1,d)}), \cdots, (C_{(t-1,i)}, C_{(t,j)})\}, \quad 1 < n < t-1 < t$$

（4-8）

其中，$C_{(n,b)}$ 为 n 时间段的第 b 个社群；$(C_{(n-1,a)}, C_{(n,b)})$ 为关联社群对，表示相邻时间段的两社群 $C_{(n-1,a)}$ 和 $C_{(n,b)}$ 存在关联关系，$C_{(n-1,a)}$ 的核心作者流入社群 $C_{(n,b)}$。可以看出科研社群演化序列 L_x 的重要特征是：①首个关联社群对的起点社群为新生社群；②前一个关联社群对的终点社群是下一个关联社群对的起点社群。

科研社群演化序列对于反映科研社群整体随时序演化的状况仍然存在一定的局限性，如对于图 4-7 中的社群 $C_{(2,2)}$ 而言，其存在于多条社群演化序列中，单从社群演化序列角度分析无法反映其真实演化面貌。因此本书在识别科研社群演化序列的基础上定义并识别科研社群演化路径 P_x：

$$P_x = \{L_1, L_2, \cdots, L_i\}$$（4-9）

科研社群演化路径 P_x 由若干条科研社群演化序列组成，其中任意一条科研社群演化序列包含的科研社群与剩余的至少一条科研社群演化序列包含的科研社群存在交集。从图论的角度来说，若将科研社群视为节点，将关联关系视为连边，演化路径则为网络中的各个连通子图。如图 4-7 所示，集合 $\{C_{(1,2)}, C_{(2,2)}, C_{(3,2)}, C_{(4,2)}, C_{(1,3)}, C_{(2,3)}, C_{(3,3)}, C_{(3,4)}, C_{(4,3)}\}$ 为演化路径。

4.3.3　科研社群演化路径分析方法

演化路径可以揭示科研社群在不同时期的演化情况，通过对演化路径上科研社群在相邻时间窗口发生的演化事件进行分析，可以更深入地发掘科研社群的动态演化规律。对于科研社群演化的探究，一方面可以对科研社群演化序列进行分析，探讨科研社群演化的规律和方向；另一方面可以对科研社群演化路径进行可视化，并分析大型科研社群演化路径和小型科研社群演化路径的特征。本书分以下五个步骤对科研社群的演化进行分析。

（1）构建科研社群合著网络。发文量、网络中的节点数量、边数、平均集聚系数等反映科研合作网络的基本信息，发文量越高说明领域内科研产出越多，网络中的节点数量反映科研学者数量，而边数越多说明科研合作频率越高，平均集聚系数反映合作网络结构的紧密程度。科研社群的发文量、节点总数与边总数反映某一科研领域内科研社群的基本情况，其数量反映科研学者有多大意愿依靠合作与交流提高科研产出能力。

（2）识别科研社群演化事件。利用 Python 识别科研社群演化过程中出现的演化事件，从演化事件出现频次、社群规模、发文量三个方面分析科研社群演化事件的演化特征，探究科研社群的演化规律。演化事件在不同窗口的出现频次反映科研领域整体的演化趋势。比如，出现大量合并且增长、分裂且增长等类型的演化事件，表明不断有新研究成员加入科研社群，反映学科领域整体发展壮大的态势。社群规模、发文量也与社群演化息息相关，其中社群规模是指各类型演化事件中所有社群的成员总数，发文量是指各类型演化事件中所有社群的发文量总和，如社群规模不断壮大往往与社群增长类演化事件相关。

（3）基于相邻时间段内核心作者的流向形成科研社群演化序列。首先，在完成科研社群识别的基础上依据 Z-Score 指标对所有科研社群的所有成员进行排序，选取各个社群中 Z-Score 分值最高的成员作为其核心作者。其次，再基于相邻时间段内核心作者的流向形成科研社群演化序列。

（4）对科研社群演化路径进行可视化，并分析演化特征。利用社会网络可视化软件对科研合作网络和科研社群进行可视化，并分析其网络演化过程，通过可视化可以更直观地反映科研社群整体演化过程。演化序列长度是指科研社群在演化序列上的时期跨度，演化序列较长说明该演化事件为大型演化事件，小型科研演化序列的长度一般为 2~3。在科研社群演化可视化图中，节点表示科研社群，边表示科研社群之间存在关联关系，节点大小则反映了科研社群的成员数量。

（5）识别科研社群演化模式。通过分析某一科学领域的科研社群演化路径，可以归纳总结出该领域的主要科研社群演化模式。不同模式下的科研社群数量、成员规模、平均发文量存在差异，根据科研社群演化的不同模式，可以进一步分析该领域的演化情况和演化特征，探究其演化规律。

4.4 案例研究：图书情报学领域科研社群演化分析

4.4.1 科研社群整体演化分析

在科研社群整体演化分析方面，本书一方面利用 Cytoscape 软件对科研合作网络和科研社群进行可视化，分析其网络拓扑演化过程，另一方面从社会网络分析角度统计科研合作网络和科研社群的整体演化特征，从网络和科研社群结构、科研成果产出等方面进行深入分析。

1. 科研合作网络及科研社群可视化分析

科研合作网络反映学科领域的发展规模与态势，研究科研合作网络演化过程有助于增加研究领域科研产出和提升科研影响力，为制定学科规划和培养研究人才提供决策支撑。本书根据作者合著数据构建 10 个阶段的科研合作网络，并将网络数据和经 Leiden 算法检测后输出的科研社群信息输入可视化软件 Cytoscape，如图 4-8～图 4-10 所示。图 4-8～图 4-10 分别展示了 2001～2002 年、2009～2010 年、2019～2020 年的科研合作网络（部分），能较好地代表 2001～2020 年图书情报学领域的科研合作网络演变过程。图 4-8～图 4-10 中的节点代表作者，边代表作者之间存在合著现象。从网络规模来看，科研合作网络的节点不断增加，边的数量不断攀升，表明图书情报学领域的研究学者数量呈增加态势，学者之间的科研合作不断增加，科研联系日益密切，学科整体呈蓬勃发展趋势。从网络结构来看，科研合作网络属于非连通网络，拥有巨型组件的同时，还存在大量独立的小型

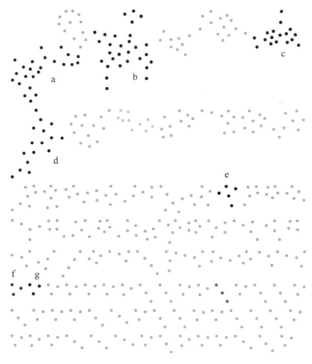

图 4-8　2001～2002 年的科研合作网络（部分）

图中字母表示出了科研社群

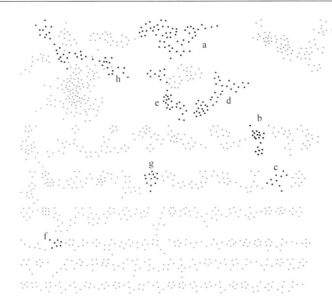

图 4-9　2009～2010 年的科研合作网络（部分）

图 4-10　2019～2020 年的科研合作网络（部分）

社群，表明科研社群规模不一，却共同推动着学科发展。同时，在时序上，科研合作网络的巨型组件规模日益壮大，表明科研社群之间的合作交流日益密切，图书情报学领域的研究在 2001～2020 年处于不断发展的演变状态。

2. 科研合作网络及科研社群基本信息分析

为进一步量化图书情报学领域的社群演化过程,本书利用 Python 的 NetworkX 包计算各时间窗口下科研合作网络及科研社群的基本信息,如表 4-2 所示。

表 4-2　科研合作网络及科研社群的基本信息

时间窗口	科研合作网络的基本信息				科研社群的基本信息			
	发文量/篇	节点总数/个	边总数/条	平均集聚系数	发文量/篇	社群数量/个	节点总数/个	边总数/条
1	970	1873	833	0.1465	588	101	505	608
2	1213	2234	1209	0.2054	780	158	792	960
3	1631	3099	2051	0.2534	1033	249	1201	1672
4	2413	4152	3170	0.3006	1743	366	1986	2750
5	2601	4678	3734	0.3243	1847	394	2218	3240
6	3175	5318	5317	0.3384	2292	450	2734	4747
7	3455	5837	5534	0.3611	2578	473	3100	4952
8	4162	6382	6702	0.3832	3224	523	3576	6112
9	4457	6437	8118	0.3916	3604	486	3742	7598
10	4643	5917	5995	0.3845	3683	437	3244	5460

科研合作网络中,发文量、节点总数、边总数均呈增加趋势,说明图书情报学领域中科研学者不断增加,学者之间的合作与交流与日俱增,促使科研成果产出不断增加,科研影响力进一步攀升。与此同时,科研合作网络的平均集聚系数由 0.1465 增至 0.3845,表明网络结构进一步紧密,网络内部凝聚子群现象凸显。

从科研社群的基本信息中可以看出,发文量、节点总数与边总数总体呈上升趋势,反映出图书情报学领域内科研学者逐渐倾向于依靠合作与交流提高科研产出能力。同时,科研社群发文量占科研合作网络整体发文量的比重从 60.6%增至 79.3%、节点总数占比从 27.0%增至 54.8%、边总数占比从 73.0%增至 91.1%,进一步证明科研社群规模不断壮大,且逐渐成为图书情报学领域科研产出的主力军。在社群数量方面,图书情报学领域的社群数量由初始的 101 个增加至第 8 时间窗口的 523 个,随后社群数量减少并趋于平稳,说明在科研社群演化过程中,科研社群历经持续增长的发展期并达至顶峰后,更注重社群之间的合作与交流,社群融合现象日益流行,也间接使科研社群规模不断扩大。

4.4.2 科研社群演化事件特征

演化事件作为衡量科研社群演化过程的重要特征，揭示着科研社群在相邻时间窗口中的结构变化过程与规律。本书通过自编 Python 程序识别出图书情报学领域所有科研社群的演化事件，从演化事件频次、发文量、社群规模三个方面分析科研社群演化事件的特征，深入分析科研社群的演化规律。

1. 科研社群演化事件频次分析

图 4-11 展示了科研社群演化事件在各时间窗口的频次分布情况，纵轴是 12 类演化事件，横轴则代表各时间窗口，由于本书认定第 1 时间窗口的社群均为新生社群，因此仅分析第 2 至 10 时间窗口的社群信息。由图 4-11 可知，新生和消亡演化事件的频次遥遥领先，说明图书情报学领域在不断有新生社群形成的同时，也存在大量社群解体消亡的现象。同时可以发现，将演化事件类型进一步细化后，严格意义上的增长、合并、分裂、衰减等类型的演化事件频次较低，而部分合并且增长、分裂且增长、部分存活且增长等演化事件频次较高且随时序呈增长趋势，进一步说明图书情报学领域社群演化的复杂性。此外，增长类演化事件（包括增长、合并且增长、部分合并且增长、分裂且增长、部分存活且增长等演化事件）

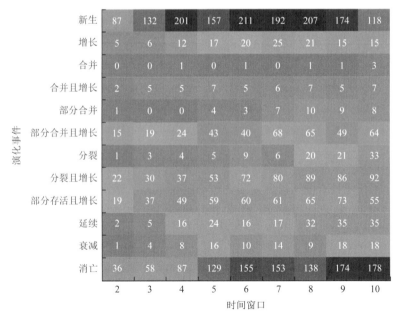

图 4-11　科研社群演化事件频次分布

为了区分明显，以便于观察，图中颜色深度与数字大小并不完全对应

频次远高于其他类型的演化事件（除新生、消亡），表明社群演化过程中不断有新研究成员加入，学科领域整体呈不断发展壮大的态势。

2. 科研社群演化事件的发文量和社群规模分析

科研社群的演化事件与社群规模、发文量也息息相关。为进一步分析科研社群演化事件在社群规模、发文量上呈现的演化特征，本书统计各演化事件下的社群规模与发文量，如图 4-12 所示。其中社群规模是指各类型演化事件中所有社群的成员总数，发文量是指各类型演化事件中所有社群的发文量总和。可以看出，部分合并且增长、新生、分裂且增长、消亡等演化事件的社群规模、发文量数值较大，说明大部分科研社群涉及以上演化事件，社群之间分裂与合并现象交织，社群之间联系较密切，且在一定程度上促进了科研产出的增加。

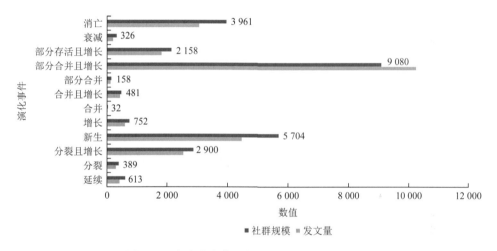

图 4-12 各演化事件下的社群规模与发文量统计

为进一步分析演化事件随时序演化的特征，本书将演化事件中的平均社群规模、发文量在各时间窗口的分布情况以热力图展现，如图 4-13、图 4-14 所示，横轴代表时间窗口，纵轴代表演化事件。图 4-13 中平均社群规模是指各演化事件在某一时间窗口的平均社群成员数量。不难看出，增长类演化事件下的平均社群规模在任意时间窗口均处于较高水平，特别是部分合并且增长演化事件下的平均社群规模，且其随时序呈扩大趋势，并在第 9 时间窗口达到 37.1，说明大型科研社群更易发生增长类演化事件，这也与新的研究成员加入促使社群规模扩大有关。新生演化事件涉及的平均社群规模较小，说明在图书情报学领域中新生社群往往以小规模形式存在。分裂、衰减、消亡等演化事件涉及的平均社群规模为 4 左右，表明科研社群在发生诸类演化事件时，由于有研究成员退出，极易形成小型科研社群。

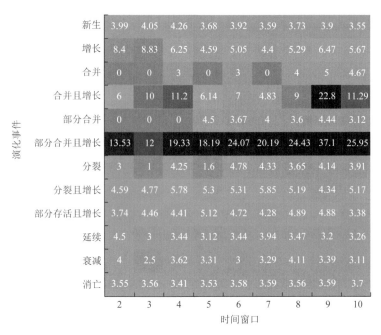

图 4-13　科研社群演化事件中的平均社群规模时序演化图

为了区分明显，以便于观察，图中颜色深度与数字大小并不完全对应

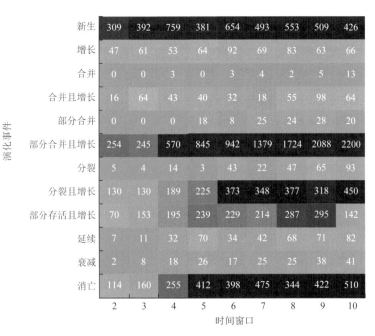

图 4-14　科研社群演化事件中的发文量时序演化图

为了区分明显，以便于观察，图中颜色深度与数字大小并不完全对应

图 4-14 展示了科研社群演化事件中的发文量时序演化情况。部分合并且增长演化事件涉及的发文量在大部分时间窗口均遥居榜首，说明该演化事件主导的科研社群在大部分时期均是科研成果产出的主力军。除此之外，分裂且增长、部分存活且增长等增长类演化事件的发文量也维持在较高水平，表明新成员的加入对科研社群的发文量具有正向促进作用。新生、消亡演化事件涉及的发文量比较高，这也与二者涉及的科研社群数量较多息息相关。延续、衰减、分裂等演化事件涉及的发文量虽然处于较低水平，但在时序上仍然保持稳健增长趋势，说明该类科研社群的科研水平逐渐提升。

4.4.3　科研社群演化路径分析

对科研社群演化路径进行挖掘分析有助于快速梳理学科发展历程，从宏观上了解科研社群的演进全貌，对于预测未来领域的发展方向具有重要作用。本书在完成科研社群识别的基础上依据 Z-Score 指标对所有科研社群的所有成员进行排序，选取各个社群中 Z-Score 分值最高的成员作为其核心作者。同时，本书基于相邻时间段内核心作者的流向形成科研社群演化序列 652 条，涉及科研社群 1704 个。在此基础上，本书一方面对科研社群演化序列进行分析，探讨科研社群演化的延续性，另一方面对科研社群演化路径进行可视化，并分析大型科研社群演化路径和小型科研社群演化路径的特征。

1. 科研社群演化序列分析

科研社群演化序列长度是指科研社群在演化序列上的时期跨度，科研社群演化序列数量与长度统计如图 4-15 所示。横轴表示科研社群演化序列长度，纵轴表示科研社群演化序列数量。科研社群演化序列长度越长，说明社群延续性越好。可以看出科研社群演化序列长度介于 2～10，大多科研社群演化序列的长度为 2 和 3，占据科研社群演化序列总数的 69.94%，说明在图书情报学领域中，在科研社群演化序列保持良好的延续性的同时，还分布着大量小型科研社群演化序列。

为进一步探究科研社群演化序列的跨时期分布情况，本书结合科研社群演化序列的长度及其起始点进行协同分析，如图 4-16 所示。横轴代表科研社群演化序列的起始点，纵轴为科研社群演化序列的长度。可以看出，长度为 2 的科研社群演化序列数量在任意起始点均是最多的，长度为 3 的科研社群演化序列数量总体而言保持增加趋势，说明小型科研社群演化序列广泛分布在图书情报学领域的整个周期中，且其数量随着学科的不断发展而不断攀升。

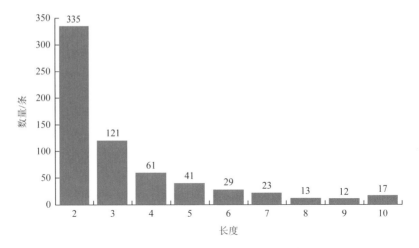

图 4-15　科研社群演化序列数量与长度统计图

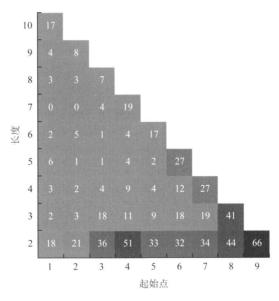

图 4-16　科研社群演化序列的长度及其起始点分布图

2. 科研社群演化路径统计分析

为进一步探究图书情报学领域中科研社群演化的整体面貌，本书基于科研社群演化序列抽取科研社群演化路径，并在 Cytoscape 中实现可视化，如图 4-17 所示。

图 4-17 中节点表示科研社群，边表示社群之间存在关联关系，节点大小则反映科研社群的成员数量多少。根据 4.3.2 节中的定义，每一个连通子图即为一条科研社群演化路径，本书通过数据分析共得到科研社群演化路径 504 条。为进一步

图 4-17　图书情报学领域科研社群演化路径

分析科研社群在演化过程中呈现的规律与模式，本书将科研社群数量大于 6 个的演化路径定义为大型演化路径，反之则定义为小型演化路径，共得到大型演化路径 28 条，小型演化路径 476 条。图 4-18 和图 4-19 分别是图书情报学领域的某条大型科研社群演化路径和小型科研社群演化路径，其中节点是以"时期-社群编号"为命名方式的科研社群，横轴代表不同的时间窗口，节点的大小代表科研社群规模，节点的不同样式表示不同的演化事件。

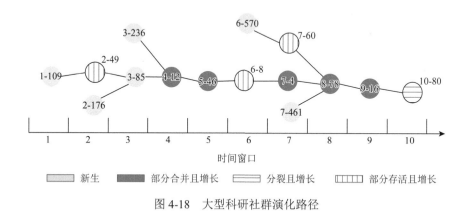

图 4-18　大型科研社群演化路径

图 4-18 所展示的大型科研社群演化路径中，演化序列 {1-109, 2-49, 3-85, 4-12, 5-46, 6-8, 7-4, 8-78, 9-16, 10-80} 是最长的科研社群演化序列，将其与路径内剩余演化序列结合分析可得整个演化路径上科研社群的演化过程。不难看出，在该条演化路径中，演化事件以新生和部分合并且增长演化事件为主，社群 3-85、4-12、8-78 成为演化路径上的关键节点。

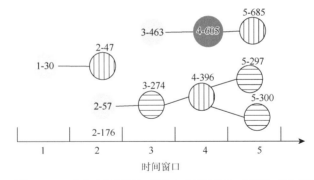

图 4-19　小型科研社群演化路径

图 4-19 展示了三条小型科研社群演化路径，其中最下方的演化路径由 {2-57, 3-274, 4-396, 5-297} 及 {2-57, 3-274, 4-396, 5-300} 两条演化序列构成。小型科研社群演化路径相较于大型科研社群演化路径而言，演化序列长度较短，科研社群数量较少，社群之间的联系简单。

为进一步分析大型科研社群演化路径及小型科研社群演化路径上的社群属性特征，本书分别统计二者的平均社群规模、平均发文量，以及演化事件频次占比情况，如图 4-20，以及图 4-21、图 4-22 所示。图 4-20 中的平均社群规模指所有科研社群成员数量总和与社群总数的比值，平均发文量指所有科研社群发文量总和与社群总数的比值。图 4-21 和图 4-22 分别为大型科研社群演化路径、小型科研社群演化路径中演化事件频次占比图。

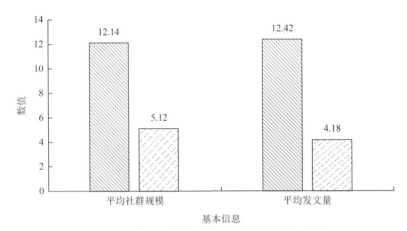

图 4-20　科研社群演化路径基本信息

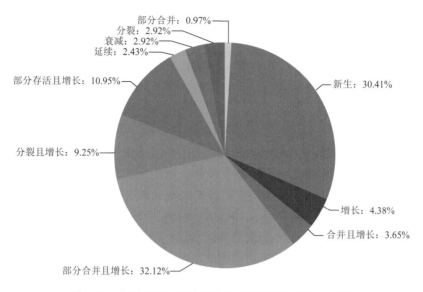

图 4-21　大型科研社群演化路径中演化事件频次占比图

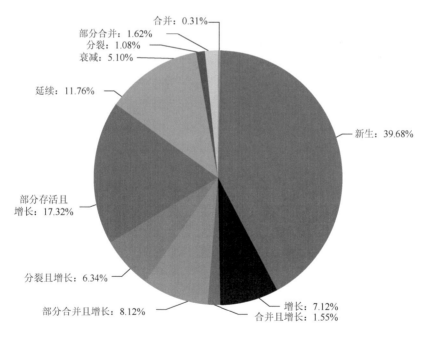

图 4-22　小型科研社群演化路径中演化事件频次占比图

不难看出，大型科研社群演化路径虽然只占整体的 5.56%，但其平均社群规模和平均发文量均超过 12，远高于小型科研社群演化路径，说明大型科研社群演化路径上以大型科研社群为主。从演化事件频次占比来看，大型科研社群演化路径中，增长类演化事件发生频次较高，其中部分存活且增长和部分合并且增长演化事件频次占比较大，高达 43.07%，说明大型科研社群演化路径上的社群在演化过程中不断有新的成员加入，演化路径上的成员规模处于扩张态势。新生演化事件频次占比较高则与科研社群演化序列必须以新生社群为起始点相关。

在小型科研社群演化路径中，平均社群规模和平均发文量均不及大型科研社群演化路径，说明小型科研社群演化路径以小型科研社群为主，社群规模和发文量虽然不大，但也是图书情报学领域演化的重要组成部分。从演化事件频次占比来看，由于小型科研社群演化路径数量较多，新生演化事件高居榜首。增长类演化事件频次占比虽然不及大型科研社群演化路径（频次占比为 60.35%），却也高达 40.45%，表明小型科研社群演化路径上的科研社群在演化过程也处于不断增长的状态，进一步证明了图书情报学领域整体处于蓬勃发展的态势。此外，部分存活且增长、延续、衰减演化事件的频次占比较高，表明小型科研社群演化路径中科研社群之间联系的密切程度相较于大型科研社群演化路径低，科研社群中的成员在演化过程中相较而言更为固定。

4.4.4　科研社群演化模式分析

图书情报学领域科研社群演化主要分为四种模式：主线型、聚合型、多终点型及星型演化模式，如图 4-23 所示。

主线型演化模式是指演化路径上有一条明显的主演化路径，路径终点仅有一个，鲜有其他"分支"并入演化路径，路径整体演化表现为"延续"趋势。聚合型演化模式中的路径通常由多条演化序列交叠而成，其中序列重叠的社群节点的演化时期靠后，路径终点仅有一个，路径整体演化表现为"合并"趋势。多终点型演化模式是指在演化路径上，某演化序列上的社群中的核心作者在某时期流入不同科研社群，并形成多个演化路径终点的演化模式，路径整体演化表现为"分裂"趋势。星型演化模式相较于前三种模式更为复杂，是指有三条及以上科研社群演化序列在演化后期重叠且路径终点仅有一个的演化模式，路径整体演化表现为"汇聚"趋势。

(a) 主线型演化模式　　　　　　　　　　　　(b) 聚合型演化模式

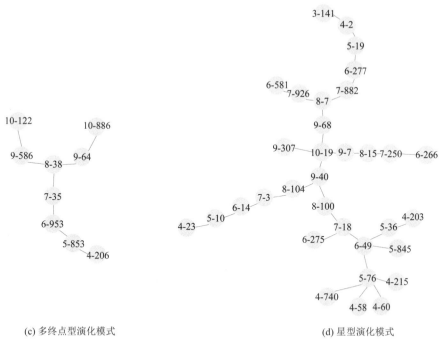

(c) 多终点型演化模式　　　　　　　　　(d) 星型演化模式

图 4-23　科研社群四种演化模式

　　将四种科研社群演化模式下的演化路径信息统计后，得到表 4-3。由表 4-3 可知，图书情报学领域中演化路径大多为主线型演化模式，占比高达 93.45%，该模式下的平均社群数量为 2.86，说明图书情报学领域中主线型演化模式主要分布于小型科研社群演化路径上。聚合型演化模式下的平均社群数量为 7.88，在大型、小型科研群演化路径上频次分布比例约为 1∶3，虽然该种演化模式下演化路径规模不大，但其平均社群规模及平均发文量明显高于主线型演化模式，说明该演化模式下的科研社群规模较大，科研产出较多。多终点型和星型演化模式的频次较低，但从平均社群数量来看，二者主要存在于大型科研社群演化路径上，演化序列交叠情况相较于聚合型和主线型演化模式而言更复杂。星型演化模式下的平均社群规模和平均发文量均大于多终点型，说明"汇聚"演化趋势下科研社群规模更大且科研成果更丰富。

表 4-3　四种科研社群演化模式信息

演化模式	频次	平均社群数量	平均社群规模	平均发文量
多终点型	5	15.40	10.31	10.49
聚合型	24	7.88	10.87	11.09
星型	4	23.00	15.28	19.12
主线型	471	2.86	5.11	4.13

本章参考文献

胡云，王崇骏，谢俊元，等. 2013. 社群演化的稳健迁移估计及演化离群点检测. 软件学报，24（11）：2710-2720.

李纲，唐晶，毛进，等. 2021. 基于演化事件探测的学科领域科研社群演化特征研究：以图书馆学情报学为例. 图书情报工作，65（17）：79-90.

吴清寿，罗远华，芦佳雄. 2020. 基于 LeaderRank 的社区及核心节点发现算法研究. 长春师范大学学报，39（4）：42-47.

徐兵，赵亚伟，徐杨远翔. 2019. 基于关联群演化相似度的社团追踪算法. 复杂系统与复杂性科学，16（1）：14-25.

Akbaritabar A，Traag V A，Caimo A，et al. 2020. Italian sociologists: a community of disconnected groups. Scientometrics，124（3）：2361-2382.

Alotaibi N，Rhouma D. 2022. A review on community structures detection in time evolving social networks. Journal of King Saud University-Computer and Information Sciences，34（8）：5646-5662.

Asur S，Parthasarathy S，Ucar D. 2009. An event-based framework for characterizing the evolutionary behavior of interaction graphs. ACM Transactions on Knowledge Discovery from Data，3（4）：1-36.

Barbosa S D J，Silveira M S，Gasparini I. 2017. What publications metadata tell us about the evolution of a scientific community: the case of the Brazilian human-computer interaction conference series. Scientometrics，110（1）：275-300.

ben Jdidia M，Robardet C，Fleury E. 2007. Communities detection and analysis of their dynamics in collaborative networks. Lyon: 2007 2nd International Conference on Digital Information Management.

Bianchini M，Gori M，Scarselli F. 2005. Inside PageRank. ACM Transactions on Internet Technology，5（1）：92-128.

Bródka P，Saganowski S，Kazienko P. 2013. GED: the method for group evolution discovery in social networks. Social Network Analysis and Mining，3（1）：1-14.

Cazabet R，Amblard F，Hanachi C. 2010. Detection of overlapping communities in dynamical social networks. Minneapolis: 2010 IEEE Second International Conference on Social Computing.

Costa M R，Qin J，Bratt S. 2016. Emergence of collaboration networks around large scale data repositories: a study of the genomics community using GenBank. Scientometrics，108（1）：21-40.

Dakiche N，Tayeb F B S，Slimani Y，et al. 2019. Tracking community evolution in social networks: a survey. Information Processing & Management，56（3）：1084-1102.

Djerbi R，Amad M，Imache R. 2020. A new model for communities' detection in dynamic social networks inspired from human families. International Journal of Internet Technology and Secured Transactions，10（1/2）：24-60.

Folino F，Pizzuti C. 2014. An evolutionary multiobjective approach for community discovery in dynamic networks. IEEE Transactions on Knowledge and Data Engineering，26（8）：1838-1852.

Gao W H，Luo W J，Bu C Y. 2016. Evolutionary community discovery in dynamic networks based on leader nodes. Hong Kong: 2016 International Conference on Big Data and Smart Computing.

Greene D，Doyle D，Cunningham P. 2010. Tracking the evolution of communities in dynamic social networks. Odense: 2010 International Conference on Advances in Social Networks Analysis and Mining.

Guimerà R，Nunes Amaral L A. 2005. Functional cartography of complex metabolic networks. Nature，433（7028）：895-900.

Guo C H，Wang J J，Zhang Z. 2014. Evolutionary community structure discovery in dynamic weighted networks. Physica A: Statistical Mechanics and its Applications，413：565-576.

Gupta M，Gao J，Sun Y Z，et al. 2012. Integrating community matching and outlier detection for mining evolutionary community outliers. Beijing：The 18th ACM SIGKDD International Conference on Knowledge Discovery and Data Mining.

He J L，Chen D B. 2015. A fast algorithm for community detection in temporal network. Physica A：Statistical Mechanics and its Applications，429：87-94.

Hopcroft J，Khan O，Kulis B，et al. 2004. Tracking evolving communities in large linked networks. Proceedings of the National Academy of Sciences of the United States of America，101（suppl. 1）：5249-5253.

Mahfoudh A，Zardi H，Haddar M A. 2018. Detection of dynamic and overlapping communities in social networks. International Journal of Applied Engineering Research，13（11）：9109-9122.

Mao J，Cao Y J，Lu K，et al. 2017. Topic scientific community in science：a combined perspective of scientific collaboration and topics. Scientometrics，112（2）：851-875.

McDaid A，Hurley N. 2010. Detecting highly overlapping communities with model-based overlapping seed expansion. Odense：The 2010 International Conference on Advances in Social Networks Analysis and Mining.

Mitra B，Tabourier L，Roth C. 2012. Intrinsically dynamic network communities. Computer Networks，56（3）：1041-1053.

Mohammadmosaferi K K，Naderi H. 2020. Evolution of communities in dynamic social networks：an efficient map-based approach. Expert Systems with Applications，147：113221.

Mucha P J，Richardson T，Macon K，et al. 2010. Community structure in time-dependent，multiscale，and multiplex networks. Science，328（5980）：876-878.

Nguyen N P，Dinh T N，Shen Y L，et al. 2014. Dynamic social community detection and its applications. PLOS ONE，9（4）：e91431.

Palla G，Barabási A L，Vicsek T. 2007. Quantifying social group evolution. Nature，446：664-667.

Qi G J，Aggarwal C C，Huang T S. 2013. Online community detection in social sensing. Rome：The Sixth ACM International Conference on Web Search and Data Mining.

Raghavan U N，Albert R，Kumara S. 2007. Near linear time algorithm to detect community structures in large-scale networks. Physical Review E，76（3）：036106.

Rhouma D，Romdhane L B. 2014. An efficient algorithm for community mining with overlap in social networks. Expert Systems with Applications，41（9）：4309-4321.

Rossetti G，Pappalardo L，Pedreschi D，et al. 2017. Tiles：an online algorithm for community discovery in dynamic social networks. Machine Learning，106（8）：1213-1241.

Rozenshtein P，Tatti N，Gionis A. 2014. Discovering dynamic communities in interaction networks. Nancy：Joint European Conference on Machine Learning and Knowledge Discovery in Databases.

Sarantopoulos I，Papatheodorou D，Vogiatzis D，et al. 2018. TimeRank：a random walk approach for community discovery in dynamic networks//Aiello L M，Cherifi C，Cherifi H，et al. Complex Networks and Their Applications Ⅶ. Berlin：Springer：338-350.

Shang J，Liu L，Xie F，et al. 2014. A real-time detecting algorithm for tracking community structure of dynamic networks. https://arxiv.org/abs/1407.2683[2024-04-10].

Shannon P，Markiel A，Ozier O，et al. 2003. Cytoscape：a software environment for integrated models of biomolecular interaction networks. Genome Research，13（11）：2498-2504.

Sun Y，Tang J H，Pan L，et al. 2015. Matrix based community evolution events detection in online social networks. Chengdu：2015 IEEE International Conference on Smart City/SocialCom/SustainCom（SmartCity）.

Takaffoli M，Fagnan J，Sangi F，et al. 2011. Tracking changes in dynamic information networks. Chengdu：2011

International Conference on Computational Aspects of Social Networks.

Wang X G，Cheng Q K，Lu W. 2014. Analyzing evolution of research topics with NEViewer: a new method based on dynamic co-word networks. Scientometrics，101（2）：1253-1271.

Wang Y，Wu B，Du N. 2008. Community evolution of social network: feature，algorithm and model. http://arxiv.org/abs/0804.4356.pdf[2015-12-11].

Xie J R，Szymanski B K. 2013. LabelRank: a stabilized label propagation algorithm for community detection in networks. West Point：2013 IEEE 2nd Network Science Workshop.

Ye J Y，Yan G H，Li Z R，et al. 2019. Research on interaction tracking between community discovery and theme evolution based on DBLP scientific research cooperation network. Suzhou：2019 IEEE 4th International Conference on Big Data Analytics.

Yu W，Wang W J，Chen X，et al. 2019. Boosting temporal community detection via modeling community evolution characteristics. Xiamen：2019 IEEE International Conference on Parallel & Distributed Processing with Applications，Big Data & Cloud Computing，Sustainable Computing & Communications，Social Computing & Networking.

第5章　主题科研社群识别

主题科研社群与科学活动的研究主题密切相关。本章将对科学活动的研究主题进行阐释，剖析研究主题概念并整理形成研究主题的表示框架，同时归纳当前学术界中几种主要的研究主题识别方法。在此基础上，引出主题科研社群内涵，并与相关概念进行辨析，进而介绍主题科研社群的网络模型表示方法，分析主题科研社群与研究主题的关系。从科学结构的角度来看，研究主题是科学知识和科学活动的语义结构，而主题科研社群是相对应的一种智力结构。从科学社会学角度来理解，主题科研社群是科学社会中的一种社会组织形式。

5.1　研究主题的表示与识别

5.1.1　研究主题的表示框架

目前，对于科研领域的研究主题，还不存在较为统一的定义。一般来讲，研究主题是指以主题为限定范围的科学研究活动，并运用科研成果等学术信息集合进行表征。研究主题具有潜在性，即它是科研活动中涌现出来的语义结构，而不是先验预设的。从认知结构来看，研究主题常被理解为不可再分的认知类别，其所包含的是一个个具体的认知单元。

在科学计量、学术信息挖掘等相关研究中，与研究主题相关的学术术语还包括研究方向、研究专业。另外，研究趋势、研究前沿、新兴技术等也与研究主题相关，但它们从动态角度来观察学科或者更泛意义上的研究领域中的主题变化态势。现有文献并没有针对研究领域和研究主题做出较为明确的概念界定和范围区分。一部分研究将两者等同对待，都用于表示研究活动的某种范围，而另一部分研究认为相对于研究主题而言，研究领域的范围更加宽泛，研究主题是包含在研究领域之中的。本书认为研究领域所揭示的科研活动的语义范围大于研究主题的范围。

在科学计量学中，识别研究主题以及研究领域一直以来都是一个重要话题（Small，2006）。作为揭示语义范围的研究主题，其特征也反映在其内所含物质的物理属性上，如一般认为学术期刊能聚集某一学科的研究成果，使得该学科的研究人员通过该期刊进行学术交流。与之类似，现有的研究主题识别和分析研究多以论文、专利等科学研究成果为研究对象。尽管这些科研成果现在多被数字化，但仍然可以认为这些科研成果是反映研究主题的"物质"，是研究主题的物质体现。

学术信息一般包含题录信息、内容及文献结构、参考文献等信息，其中包含着各种表示实体、代表不同类型的知识单元。划分标准不同，所得到的实体类型不同。Ding 等（2013）认为学术出版物中包含着评价实体和知识实体。评价实体（评价对象）主要用于评价学术影响，包括论文、作者、期刊、机构、国家等。知识实体反映学术成果的知识单元，包含关键词、主题、分类、数据集、方法、原理，以及领域知识单元（如医学领域的疾病、药物、基因等）。Scharnhorst 等（2012）将学术论文中的实体分为社会概念（研究者、团队、机构等）、知识概念（论文、期刊等）和描述概念（词项、关键词、标题、全文等）。无论哪种划分标准，均认为对学术出版物的结构进行科学计量分析和挖掘，能够揭示科学活动的规律，探索其本质。在此基础上，本书认为学术出版物中的结构信息为研究主题分析提供依据，并提出如图 5-1 所示的研究主题表示框架。

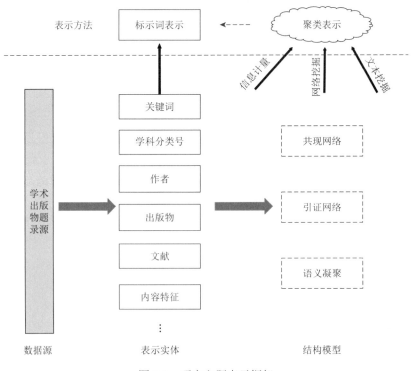

图 5-1　研究主题表示框架

该研究主题表示框架共包含四个逻辑层次，分别是数据源、表示实体、结构模型和表示方法。

（1）数据源。数据源是指学术出版物题录源，包含标题、作者、关键词、引文等信息，一般用数据描述模型对数据源进行结构化处理。对不同类型的出版物采用不同的数据模型进行描述，如论文和专利文献具有不同的结构信息，因此需要不同的数据模型。

（2）表示实体。表示实体是指用于研究主题挖掘和研究主题表示的实体，包含关键词、学科分类号、作者、出版物、文献、内容特征（词项、概念项）等。表示实体可以理解为研究主题的特征维度，从语义角度揭示学术出版物的内容。不同研究主题的特征维度，可能相同，也可能不同。

（3）结构模型。结构模型是对数据源中表示实体所具有的逻辑结构进行建模的数理模型，它是蕴藏在学术规范和语言表达底层的抽象模型，主要有共现网络、引证网络和语义凝聚等。共现网络是根据实体在同一文献或出版物上的共现关系而建立起来的网络，如共词网络、作者合作网络等。引证网络是根据学术出版物中的参考文献规范建立起来的文献之间的引用关系网络，可以发生在多种类型的实体上，如论文引文网络、作者引文网络。共现网络和引证网络是两种基础网络模型，经过网络数学变换可转化为多种其他网络模型，如作者引文网络经过变换得到作者共引网络和作者耦合网络。在网络模型基础上，研究主题挖掘即深入挖掘每种网络模型具有的内在含义，表征研究主题的结构，揭示其规律。语义凝聚是指研究主题的表示实体在语义空间中存在着固有的凝聚性。例如，信息存储、信息查询、搜索引擎、倒排索引等词汇之间存在较强的语义相似性，由它们组成的集合反映了"信息检索"这一研究主题。同一研究主题的表示实体语义相似性高于不同研究主题之间的表示实体语义相似性。

（4）表示方法。在表示方法层，研究主题主要有两种表示方法，一种是标示词表示，另一种是聚类表示。标示词表示是指由人工或计算机选择词项来表达研究主题，以便于人类理解。作为标示词的词项来自文献中的关键词、规范词典或词表中的受控词。聚类表示采用表示实体集合来表达研究主题的语义内容。该方法是一种自底向上的方法，从语义底层结构出发，将研究主题抽象成更高层次的语义，并用实体集合加以表示。由于这种方法有时候会造成人类理解障碍，因此一般会采取某种方法将聚类转化为标示词进行表达。

图 5-1 所示的研究主题表示框架阐述了利用学术出版物信息来识别和表征研究主题的概念模型。在该概念模型中，学术出版物数据源中的底层结构模型是研究主题识别方法的基础，通过挖掘结构模型中蕴含的内在意义，能够发现研究主题以及因研究主题而聚集的表示实体集合，实现从数据源中抽出和表示研究主题之目的。

5.1.2　研究主题识别方法

在研究主题表示框架基础之上，可从多个角度来挖掘学术文献中潜在的研究主题。下面将这些方法归纳为信息组织方法、计量实体聚类方法、文本挖掘方法和组合识别方法等四种方法分别阐述。对应图 5-1 的研究主题表示框架来看，信息组织方法通过标示词（类别）进行揭示，计量实体聚类方法主要通过信息计量（informetrics）以及在共现网络、引证网络基础上的网络挖掘来实现，而文本挖掘方法则以文献内容中的语义凝聚为基础。

1. 信息组织方法

在传统信息组织中，主题法和分类法是两种基础的信息组织方法，它们都具有揭示描述对象类簇结构的功能。主题法信息组织选择主题词来对信息进行标引，用以揭示标引对象的语义内容。若学术文献采用主题法进行信息组织，那么学术文献的研究主题具有标引所用的主题词所承载的语义空间，即主题词被视为学术文献的研究主题。在实践中，学术文献的主题词大多来源于专业标引人员给定的标引主题词。所采用的主题词一般来自专业的词典，如医学领域中采用医学主题词表来对医学文献进行主题标引。另外，作者所给定的关键词也可以理解为主题词，这些关键词从作者的角度揭示文献的主题内容。

在科学计量学领域中，研究者在分析学术文献的研究主题时，一般会定义某种主题体系，然后利用主题体系中的主题词对学术文献进行人工或自动标引。例如，邱均平（1991）在研究情报学的主题趋势时，将论文的研究主题标引为 58 个主题，并赋以主题词进行标引。这种主题体系可以是平面结构，也可以是层级结构。例如，郭国庆和夏际平（1993）利用统计方法确定一级主题"内燃机"下的二级主题，形成具有两个层级结构的主题体系。人工主题标引的不足之处在于工作量较大，同时还可能受主观因素影响，导致出现标引误差。一些成熟的学术数据库，如 EI（Engineering Index，工程索引）数据库、PubMed 数据库，设计了较为完备的受控词表或辞典，并制定了详细的更新规则，在人工标引的同时，借助计算机自动计算，扩大这种方法的适用范围并提高可行性（安璐等，2014）。

从作者角度出发，作者对学术文献赋予的关键词，承载着作者对该文献的认知，一般能反映文献的核心内容，揭示文献的主要研究对象、采用的方法和模型等，因此关键词能够体现研究文献的主题内容。这一假设成为词频分析法、共词分析法等研究主题相关科学计量方法的重要基础。在词频分析法中，某一时期反复出现的关键词被认为能够体现该时期的热点研究主题（王知津等，2010；曹树金和陈忆金，2011）。在共词分析法中，关键词也被认为能够反映学科和文献的研究主题（张勤和马费成，2007；Callon et al.，1983）。但是，以作者关键词来表示研究主题，受到作者运用术语的专业化程度和关键词数量限制。一般期刊的出版规范中有关键词数量限制，利用关键词揭示文献的主题内容，存在主题覆盖面不足的问题。针对这一问题，部分研究将作者关键词拓展至学术文献的篇名词（杨祖国和李秋实，2000），甚至是文献中其他有意义的核心词。这种拓展使得用于揭示单篇文献主题的词汇量变大，从而扩大了文献的主题揭示覆盖面。其不足之处在于，这种拓展会导致选词难度进一步增大，人工干预过多，让分析工作更为繁杂，易受主观因素影响。

与主题法类似，分类法也是信息组织的一种重要基础方法。为了便于学术信息组织，需要人工设计信息分类体系，这种分类体系一般是按学科或者主题进行划分的。学术文献则由这些分类体系进行分类标引加以组织，如大量中文期刊文献采用中图分类法进行分类组织。分类法组织方式，具有描述文献集合总体内容特征和揭示研究内容内在联系的功能，还有助于分析科研的发展趋势等（李文兰和杨祖国，2005）。学术文献所标引的分类号在某种程度上表征了学术文献的主题，利用分类号可以分析学术文献的研究主题（党亚茹，1999；乔文明和索大武，2002）。

利用分类法揭示研究主题时，研究主题的范围受到分类法本身的层级限制，其主题粒度可能较泛。以中图分类法为例，其末级的分类号仍然具有较为宽泛的领域范围。因而，在进行主题分析时，由于主题范围较大，分类法适用于粗粒度的计量分析（田鹏等，2012），而不适用于精细的内容层面的分析，较难得到有价值的分析结果。

2. 计量实体聚类方法

在科学计量学领域中，研究主题被表达为计量实体的集合，这些实体包括关键词、作者、文献、期刊等。由于研究主题的内在关联，研究主题范围内的计量实体内部存在着某种关系，对于这种关系，可以通过引用关系、共现关系等内在结构模型进行建模后，分析其内在的聚集现象，从而得到计量实体的聚类，用以表征研究主题。

首先，关键词在科学计量的多种分析方法中被当作是一种重要的计量实体进行分析，一般认为一个关键词表示某种话题或者主题。词频分析法，根据关键词在学术文献中出现的频次来揭示关键词的热度和关注度，其中关键词被视为彼此独立分布；然而关键词之间可能存在着某种内在联系，如果能够打破这种独立性假设，则可能可以更加精确地揭示科学研究的结构，从而有助于研究主题分析。在此背景下，共词分析法则将关键词在文献中共同出现视为某种关系。若两个关键词共同在多篇文献中出现，则认为关键词间的这种关系被多篇文献作者所认可。因而共词分析法对于研究科学领域的结构具有重要的意义（冯璐和冷伏海，2006）。在共词网络的基础之上，利用聚类方法将关键词聚集成簇，以关键词类簇来表示研究主题（朱庆华等，2012；田鹏等，2012）。还可以利用社区发现方法识别共词网络中的关键词社区，并对社区进行筛选，从关键词共现网络的社群聚集现象中识别出能表征研究主题的多个紧密相连的关键词集合（程齐凯和王晓光，2013；

朱梦娴等，2012）。共词聚类方法和共词社区发现方法，存在一个共同的假设，即研究主题内部存在多个关键词，且同一研究主题的关键词间的联系强于不同研究主题的关键词间的联系。

其次，作为研究成果单元，文献本身即是一种重要的计量实体。目前较多研究认为文献之间的引用关系能够揭示文献之间的主题联系。引文分析法、共被引分析法和文献耦合分析法都在这种假设下，将文献作为计量实体来揭示研究主题。引文分析法，认为施引文献和被引文献之间存在着某种主题关联，而那些经常被共同引用的论文则表现出较大的主题关联关系，可用于揭示科学结构。具有强共被引关系的论文被认为属于同一研究主题，研究人员进而通过共被引聚类来识别研究的主题结构（Griffith et al.，1974；Small，1973）。随着时间的推移，新共被引关系的引入可能造成聚类的改变，Small 根据这一推论，观察不同时段的聚类结构，从而预测科学增长领域以及新术语，即观察研究主题的演化（Kessler，1963b）。还有学者将研究主题定义为一个科学交流的网络，通过文献之间的引用关系进行构建（van den Besselaar and Heimeriks，2006；Garfield，2004），根据文献的历史引用信息，开发 HistCite 工具追踪引文路径，分析研究领域。共被引分析法适用于文献被引用后的模式发现，具有一定的时滞性。文献耦合分析法认为两篇文献所引用的文献覆盖度越高，属于同一研究主题的可能性越大（Kessler，1963a，1963b，1965），因而根据文献耦合关系也能聚类主题文献。Glänzel 和 Thijs（2012）及 Glänzel（2012）在共被引关系和文献耦合关系基础上定义了一种核心文档集，通过核心文档集与不同时段文档聚类之间的交叉引用关系来探测异常聚类或变化主题的聚类。直接引文关系、共被引关系和文献耦合关系都在某种程度上反映文献间的主题联系。它们的基础假设存在一定的差别，功能则有所不同。例如，在探测前沿研究主题时文献耦合分析法往往优于共被引分析法，而引文分析法表现最差（Boyack and Klavans，2010）。

再次，作为科学研究的主体，作者被认为是科研活动的智力单元，被当作一种计量实体，用以剖析研究主题的智力结构。作者共被引与文献共被引类似，作者所著学术文献被共同引用，那么两个作者可能具有相似的研究主题，因而用作者的共被引关系聚类来表示研究主题（White and Griffith，1981；White and McCain，1998）。

最后，从更大粒度的实体来看，期刊与研究主题具有重要关联。同一研究领域的研究者拥有共同的研究基础（或称作知识基础），表现在引文结构上即拥有共同的参考文献。因此，可以将那些拥有共同参考文献及相似研究问题和研究方法的期刊集合视为一个研究领域。通过期刊所刊发的文献之间的引用关系，可以构建期刊引文网络，进而在网络中寻找聚集的期刊群落来表示研究领域（Leydesdorff，2004；Leydesdorff et al.，2013）。由于期刊粒度较大，存在较大的模糊性，从期刊的角度来识别研究主题容易造成识别误差（Hu et al.，2011）。

以上方法对学术文献的底层实体单元和关系结构进行深入分析，挖掘其中潜在的含义，进而通过实体聚集来表示研究主题或者研究领域。这些方法是在较大粒度的语义层次或根据学术交流结构来识别研究主题的，而文献的全文信息中包含着更多细粒度的语义信息，因此通过文献全文直接发现潜在性的主题结构将是一种更为直接的方法。

3. 文本挖掘方法

学术文献的全文信息包含着比元数据更为丰富的信息，通过挖掘全文信息可以得到学术文献中潜藏的研究主题。文本聚类是一种应用较多的文本挖掘方法，用于识别文本中潜在的类簇结构。利用文本聚类方法识别研究论文的主题，即从全文信息中识别出聚集在一起的论文类簇，以此代表研究主题。例如，Boyack 等（2011）比较了九种文本相似性算法在大规模文档集中的聚类效果，发现运用BM25 方法针对标题和摘要进行聚类能够取得较好的效果。

这种方法的一个重要假设是每个文本属于单一研究主题，这种假设不太合乎实际情况，较多研究文献涉及多个研究主题。在机器学习领域，主题模型是一种概率生成模型（Blei et al.，2003），该模型认为一个文档由多个潜在主题（latent topic）的概率分布组成，文档中的词通过从这些主题的词概率分布中选择得到。整个文档集中包含着多个主题。由于论文包含着文本信息，主题模型方法适用于这些数据集的主题分析，可用于识别科学研究的主题（Griffiths and Steyvers，2004），或利用主题模型分析研究主题的强度、影响力及研究主题间的关联关系等（贺亮和李芳，2012）。主题模型方法是一种识别科研环境潜在主题的方法，具有操作可行性和结果可解释性。

部分学者开始将主题模型方法引入科研环境分析中，用以挖掘各种潜在主题模式。Griffiths 和 Steyvers（2004）运用主题模型分析 *Proceedings of the National Academy of Sciences of the United States of America* 中 1991～2001 年发表论文的摘要，发现主题模型能够较好地识别出论文数据集中的具有意义的潜在科研主题，这些主题与人工给定的分类具有较大的关联关系。马秀敏（2011）利用主题模型发现中国典型管理学期刊的主题并分析其演化特征。王朝飞和王凯（2010）将主题模型应用于数字图书馆中以提供一种新的服务模式。Puthiya Parambath（2012）通过主题模型来识别与某一文献具有类似讨论主题的相关文献，进而借助聚类算法将最相似的文献捆绑在一起。

相较于信息组织方法中的主题法和分类法，主题模型方法是一种自底向上的从文本中发现潜在研究主题的方法。其优势在于无须太多的人工干预来判断研究主题就能发现一些不为人所明确认识和表达的潜在性的研究主题。根据学术文献本身的结构信息可扩展得到作者主题模型（author topic model）（Rosen-Zvi et al.，

2004），以进一步完善主题模型的功能，增强其揭示科研环境中的各种现象和规律的能力。主题模型方法的不足之处在于：①模型过于复杂，学习和使用成本较高，为了得到较优的结果，需要调节的参数较多，预处理过程相对复杂；②主题模型所得结果的精确度还有待提升，缺少完善的评价体系；③尽管主题模型所得结果较为合乎人类认知，但结果表示方法的可读性较差，不能直观地体现研究主题。

4. 组合识别方法

以上方法都是从某一角度揭示学术文献中的研究主题。使用单一的实体类型，或者仅使用语义关系或实体间的关系来发现和表征研究主题，往往较为片面，可能产生误差。利用组合识别方法，将多种实体类型进行组合，同时利用多种实体间的关系，则可能更加精确地揭示学术文献中的研究主题。van den Besselaar 和 Heimeriks（2006）认为新知识与被引用的知识之间存在相似性，将文献的引文信息作为文献标题的上下文信息，形成"词-引文"对，在此基础上将研究主题定义为拥有相似的"词-引文"组合的文献集合，并根据两篇文献共享的"词-引文"组合数来定义相似性指标。葛菲和谭宗颖（2013）首先通过引文网络发现科技文献的关键词所处的生命周期阶段，其次利用聚类分析以关键词类簇发现学科新兴趋势。Erosheva 等（2004）提出一种整合作者和主题的混合成员关系模型，用于对文档集进行建模。Braam 等（1991a，1991b）提出将共被引分析和共词分析结合起来，他们认为被引信息所反映的是研究基础，而当前文献反映的是研究前沿，因而将标题用词与引文信息结合起来比单独使用标题用词方法更适合于识别研究主题。Chikhi 等（2008）将文献计量方法和基于内容的方法结合起来识别研究主题，其方法是使用链接信息来丰富文档的文本内容表示。Jo 等（2007）使用主题中词的概率分布和包含这些词的学术文献的引文网络链接分布以及两者之间的相关关系来识别主题：首先在引用关系基础上构建词之间的引证网络，其次计算词隶属于主题的概率值，最后通过判断在"词引证网络"中相互连接的两个词是否属于同一主题来发现由多个相连的词构成的词引证网络子图，利用词引证网络子图表示研究主题。

综上所述，研究主题是科研活动的一种固有、潜在的语义结构，是从科研活动中所涌现出来的。研究主题常常借助学术文献以及与之相关的多种类型实体来进行范围界定和语义表征。研究主题实体的底层结构包含多维度语义内容和实体间的复杂关系。对语义内容和实体关系进行深入理解，有助于揭示研究主题。以上介绍的不同方法均有其自身的合理性和不足。未来研究将更加深入地对研究主题学术文献中的实体、语义内容、实体关系等进行探索，揭示内在含义，使用更多的方法来揭示学术信息中的研究主题，并对不同方法的精确度、联系与区别进行对比分析。

5.2 主题科研社群内涵

在科学研究活动中存在如下现象：一批科研工作者围绕着特定的科学研究问题开展科学研究活动，科研工作者通过科研合作等方式来共同解决科学难题。以科学计量学的引文分析研究为例，有一大批卓越的科研工作者为引文分析研究付出了自己的辛勤劳动。随着科研合作现象越来越普遍，这些科研工作者因合作而集聚在一起，组成一个个科研人员群体。本书将这种科研人员群体称为"主题科研社群"，其详细定义为：科学研究进程中，围绕特定主题范围内的科学问题开展研究的科研人员群体，成员通过科研合作进行学术交流和工作交互。从本质上看，主题科研社群概念兼具语义属性和社交属性，故它拥有以下两方面的概念内涵：①社群内部成员在语义层面上隶属于同一语义空间，即均围绕同一研究主题开展研究；②社群内部成员通过科研合作进行交互，成员之间存在着某种社会关系。

因此，主题科研社群既是科学活动与语义结构相关联的智力结构，又是科学社会中的一种社会组织形式。下面将研究主题 citation analysis（引文分析）作为一个简单示例对主题科研社群概念进行解释。

图 5-2 展示了该研究主题中的科研合作网络，表示科研人员在该研究主题中的合作结构。该图是采用 CiteSpace（Chen，2006）对以引文分析为主题在 WoS 中的检索题录结果进行分析而绘制出的。这里遵从科学计量学研究的操作方法，简单地将 WoS 中的检索题录结果视为 citation analysis 研究主题的研究论文。在该图中，节点表示科研人员（论文作者），节点之间的连线表示科研人员之间的合作。通过观察发现，一些科研人员之间通过连线构成一个彼此连通的子网，形成科研人员群体，本书将这种群体理解为主题科研社群。该图中连线相接的科研人员群体为 citation analysis 研究主题这一语义空间内的主题科研社群。例如，该图中科研人员 Leot Leydesdorff 教授通过与其他科研人员开展合作，并通过科研合作传递形成了一个规模较大、科研人员数量较多的彼此相连的科研人员群体，这一群体为一个主题科研社群，Leot Leydesdorff 教授为其中的一位成员。研究主题内的主题科研社群成员数量有多有少，表示主题科研社群规模有大有小。一般而言，规模较大的主题科研社群数量较少，而大量的主题科研社群规模较小。同时，还可以看到，少数科研人员在这一研究主题中并未与其他科研人员开展合作，因此未能形成主题科研社群。

本例中研究主题的认定采取科学计量学研究中的一种简化方法，该方法常用于从 WoS 数据库中提取数据，并做了较为简单的假设，适合对更为宽泛的主题概念如研究领域、学科等进行分析，而不太适合本书对研究主题的定义。

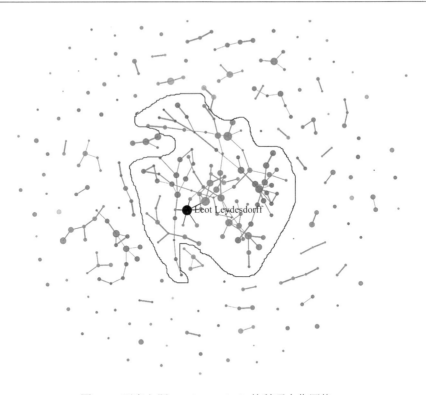

图 5-2　研究主题 citation analysis 的科研合作网络

因本例仅作为示意，故采取了这样一种简化处理方法，在本书后续章节中将提出一种从学术信息集合中自动识别研究主题的方法，适用于更为普遍的学术信息场景，而不仅仅是 WoS 数据库这样一种特定数据源，所得到的研究主题更符合本书定义。

　　主题科研社群是从群体视角来进行定义的，它与科学共同体、科研社群及科研团队等其他科研人员群体概念存在一定的联系，同时又有一定的区别。

　　首先，主题科研社群与科学共同体类似，都突出成员围绕着某种研究主题或具有共同的科学范式，两者都是因语义而集聚。所不同的是，科学共同体内成员通过更加广义的交互而联系在一起，而主题科研社群的成员之间的交互较为明确，以科研合作关系为纽带，同时主题科研社群相较于科学共同体这种抽象概念而言，拥有具体内容和识别依据。

　　其次，与科研社群相比，主题科研社群强调成员间共享相同的科学研究主题，而不仅仅如科研社群那般只因为社会关系而形成群体。应当说主题科研社群概念是科研社群概念的子概念，它在科研社群定义基础上，附加了语义内涵。这种限定的价值在于更加细致地观察科学研究活动中科研人员表现出的群体现象，发现在语义和社会交互关系下的科研人员群体结构，并且通过这种群体结构能够逆向反映科学研究主题与社会之间的相互关系。

最后，与科研团队相比，科研团队强调团队内部成员围绕共同的研究任务而开展工作，类似于主题科研社群围绕共同的科学问题而工作，团队内部成员通过科研合作而紧密交互。但由于科研团队的概念一方面较为突出任务和人员的组织，另一方面其本身具有较为模糊的边界，在实际研究中，不同学者的理解存在较大差异，如前文所述的科学社会组织视角、合作视角以及机构视角等三种不同视角对科研团队的理解都不同，这些理解会影响到具体的研究问题。本书未采用这种不确定的概念来研究语义和合作共同作用下的科研人员群体。

5.3　主题科研社群的网络模型

如前文所述，主题科研社群是从研究主题范围内的科研合作关系中涌现出来的一种社群结构。当前社会网络和复杂网络等网络科学认为，网络模型是一种对复杂性系统进行建模的方法，不仅具有可操作的分析方法，同时还能够保留系统的复杂性特征，为本书后续研究打下方法基础（汪小帆等，2006）。鉴于网络科学的这种优势，本书采用主题科研合作网络来为主题科研合作关系建立网络模型，进而在主题科研合作网络基础上描述主题科研社群的网络模型。

定义 5.1　与研究主题 z 相关的主题科研合作网络模型 $G_z = \{A_z, E_z\}$，其中 $A_z = \{a_{z1}, a_{z2}, \cdots, a_{zn}\}$ 为科研人员集合，$E_z = \{\cdots, \langle a_{zi}, a_{zj}, w_{ij} \rangle, \cdots\}$ 为科研人员之间的合作关系集合，w_{ij} 为合作权重。主题科研社群涌现于主题科研合作网络，它是指那些由彼此高度连接、关系较为紧密的节点形成的集合，借鉴传统社群的定义中的特征，其总体特征是社群内部的联系与群组外部的联系更加频繁。然而主题科研社群是一种介于个体层次和一般社群层次之间的中观社群结构，社群之间几乎不存在联系，因此需要强化社群之间不存在联系这一特征。根据以上性质，在网络的连接边基础上，进行形式化定义。

定义 5.2　主题科研社群 C 是主题科研合作网络中的一个彼此连通的子网 V，若 $k^{in}(V)$ 表示该子网中所有内部节点之间的边数，$k^{out}(V)$ 表示该子网中的节点与其他子网中的节点之间的边数，则主题科研社群具有如下性质，即 $k^{in}(V) > k^{out}(V)$，且 $k^{out}(V) = 0$（Radicchi et al., 2004）。本章后续的主题科研社群识别方法认可这一性质。在图 5-3 所示的主题科研社群结构示意图中，共存在 3 个主题科研社群，即 C_1、C_2、C_3。主题科研社群 C_1 拥有 4 个节点，代表 4 位科研人员，4 条边代表 4 位科研人员之间共存在 4 种科研合作关系；主题科研社群 C_2 拥有 5 个节点、6 条边；主题科研社群 C_3 拥有 6 个节点、8 条边。

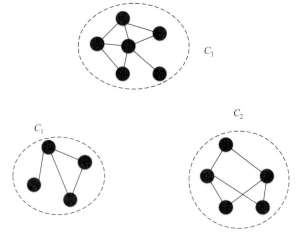

图 5-3　主题科研社群结构示意图

5.4　主题科研社群与研究主题关系

在复杂的科学系统中，科研人员和科学知识是两种相互作用、相互影响的系统要素。其中，科研人员是系统中创造科学知识的主体，科学知识中存在着具有一定逻辑关系的语义结构。对科研人员与科学研究领域、研究主题等之间的相互关系和相互作用机制等进行研究，是研究科学发展规律的一种重要途径。关于科研人员群体与研究主题之间的关系，一种观点认为两者之间存在相互交织关系，单个科研人员群体可以参与多个研究主题，同一研究主题又由多个科研人员群体共同贡献（Ding，2011；Yan et al.，2012）。该观点所理解的研究主题与科研人员群体之间的关系仍然较为模糊，较难依据该观点进一步研究两者之间的作用机制。主题科研社群在该观点的基础上，对科学研究的语义空间进行切分，寻找到以研究主题为限的科研人员群体。相较于上述观点，主题科研社群的观察视角更加细致，研究主题与科研人员群体的关系更为明确，因而将更有利于分析两者之间的关系。

图 5-4 列出了主题科研社群与研究主题的关系结构。尽管在整个科研环境中研究的语义维度存在着层次性和模糊性，但仍可按照某种语义粒度和划分标准将科研环境的语义空间分解为不同层面的多个研究主题，如图 5-4 中所示的研究主题 Z_1 和 Z_2。不同研究主题内部，存在着多个主题科研社群，如研究主题 Z_1 中有主题科研社群 C_1 和 C_2，研究主题 Z_2 中有主题科研社群 C_3 和 C_4。单个主题科研社群隶属于明确的单个研究主题，同一科研人员在同一研究主题内也隶属于明确的单个主题科研社群，而同一科研人员在不同的研究主题内可以属于不同的主题科研社群。图 5-4 中研究主题 Z_2 中的黑色圆圈代表在研究主题 Z_1 中也同时出现的科

研人员。例如，主题科研社群 C_1 和 C_3 共享三个科研人员，主题科研社群 C_2 和 C_4 共享两个科研人员。另外，研究主题空间内可能存在着一些独立的研究人员，他们未与其他研究人员进行科研合作。本书认为这些科研人员不属于任何主题科研社群。

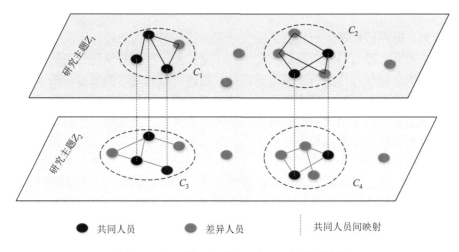

图 5-4　主题科研社群与研究主题的关系结构

科学研究活动中存在着由一定逻辑关系组织起来的语义结构，研究主题即是一种在科学计量学、学术信息挖掘等相关研究中常用的语义结构，这种结构是潜在存在的。本章详细阐述了研究主题的表示框架及研究主题识别方法，将科研成果等学术出版物作为数据源，发现其中可用于表征研究主题的相关实体单元，并将学术信息中的组织结构和语义联系作为聚集依据，形成实体单元的类簇以表示研究主题。科研人员（在文献中一般也称作者）作为围绕研究主题开展科学活动的参与主体和执行者，是进行研究主题计量分析时需要考虑的一种十分重要的实体。正是因为科研人员的存在，才不断推进着研究主题的萌芽、发展、更替，促进着科学发展。本章引出主题科研社群的概念，认为主题科研社群是由围绕特定主题范围内的科学问题开展研究的科研人员组成的、以科研合作为联系的群体，并借助网络模型加以表示。主题科研社群是与研究主题这种语义结构相对应的科学活动和科学知识中的一种智力结构，也是一种科学社会组织形式。

5.5　主题科研社群识别方法

主题科研社群识别是理解和研究主题科研社群规律的基础。本书以科研成果等学术出版物为数据源识别主题科研社群。本章采用一种整合文本语义和科研合作网络结构的主题科研社群识别方法，在计量学数据集中发现计量学科中的主题科研社群结构，并对该方法进行实验分析，同时针对主题科研社群的基本性质进行分析。

5.5.1　主题科研社群识别问题求解

针对主题科研社群的研究尝试结合研究主题和科研人员群体，以研究科学发展过程中研究主题与科研人员群体之间的相互关系，剖析科学进程中的主题语义与人员结构之间相互作用所表现出的规律。当前对研究主题的表示与揭示，主要以学术出版物为数据源，从中揭示潜在的研究主题，并利用其所关联的具体研究成果集合来表示潜在研究主题的范围。研究主题揭示方法包括信息组织方法、计量实体聚类方法、文本挖掘方法及组合识别方法。信息组织方法依托于人工信息组织，建立在信息的人工理解基础上，具有较强的主观性，同时由于人工信息组织粒度较大，多在主题粒度或类别粒度上进行组织，因而该方法对主题的揭示一般也具有模糊性，如同一篇论文给定多个主题词进行标引。计量实体聚类方法以文献、作者、期刊、关键词等学术信息中的关键实体为计量单元，以共现关系和引文关系为计量单元之间的关系基础，通过计量单元的聚类来揭示研究主题。由于计量实体的语义粒度往往较大，将单一计量实体划分为单个类簇的方法，忽略了同一计量实体可能归属于不同研究主题的现象。采用模糊聚类或重叠聚类，则是一种更为合理的研究主题揭示方法。文本挖掘方法将揭示粒度从主题、分类和其他计量实体层次降低到语义词汇层次，尝试在更细的粒度上，更加精确地表示研究主题。

基于以上研究，利用学术信息来精确揭示研究主题需要满足以下两方面的要求：①用较细粒度揭示研究主题的特征；②研究主题表示框架中的可计量实体归属于模糊的研究主题，即同一计量实体归属于多个研究主题。满足以上要求的研究主题揭示方法将是未来研究的一个方向。

主题模型是一种概率模型，能够较好地表示研究主题与词项之间的概率关系。一些国内外相关文献（Ding，2011；王萍，2011；Li et al.，2012；Yan et al.，2012；叶春蕾和冷伏海，2013）将主题模型引入学术信息研究中，将主题模型识别结果理解为学术信息中的潜在研究主题。本书亦采用主题模型在词项粒度上揭示文档集中的潜在主题结构，以潜在主题表示研究主题。

专家专长识别，亦是情报学和管理学研究中的一个重要问题，其由于在科研合作者寻找、科技评审与管理、政府管理等领域的应用价值而受到关注。一个高效且可行的专家专长识别途径是将学术信息中的作者理解为专家，从学术信息中识别出作者的研究特长或者研究兴趣，以此代表专家的专长。在学术信息结构中，多数情况下作者内嵌在文档结构之中，通过揭示文档的研究主题亦能寻找到作者的研究主题。与研究主题的模糊性相似，作者一般归属于多个研究主题，由于作者对多个研究兴趣的爱好程度或者擅长程度不一样，作者与研究主题之间的关联程度大小应当有区分度。利用概率的思想来表示，可理解为作者的研究主题概率不一样。例如，一位研究者在知识管理、科学计量学两方面都有所建树，但统观其研究发现该研究者在知识管理方面所发表的研究成果较多，可认为该研究者在知识管理领域的专长程度大于在科学计量学领域的专长程度。作者主题模型较好地满足了以上要求，本书应用作者主题模型（Rosen-Zvi et al.，2010，2012）这样一种主题模型的扩展模型。

主题科研社群建立在研究主题识别和作者与研究主题的关联识别基础上。在研究主题范围内，科研人员共同合作开展科学研究，合作撰写研究成果并发表。作者之间的合著现象在研究主题范围内较为普遍，通过作者合著关系能够找到研究主题中的科研人员群体，即本书所定义的主题科研社群。在主题科研社群内部，作者之间的合著关系比社群间的作者合著关系更为密切。

基于以上问题分析，将主题科研社群的识别定义为如下问题描述。在学术信息库（在本书中亦称作语料库、数据集、文档集）中，共存在 D 篇文档 $D = \{d_1, d_2, \cdots\}$，每篇文档的作者集合为 a_d，每篇文档由词向量 $\boldsymbol{w}_d$ 组成，包含 N_d 个词项，每一个词项 w 均来自语料库词典 $W = \{w_1, w_2, \cdots, w_{|v|}\}$，从语料库中发现主题科研社群集合 C 及其成员。对主题科研社群的求解，可分解为对如下三个子问题的求解。一是识别语料库中的潜在主题集合 Z。以词项为特征，采用概率模型来表示潜在主题 $z \sim P(w|z)$。二是识别作者的主题分布 $P(z|a)$。确定作者 a 与潜在主题 z 之间的关联程度大小，以概率表示。三是给定潜在主题 z，识别该主题内的主题科研社群集合 C_z。在主题科研合作网络模型 G_z 基础上，根据作者合著关系发现主题科研社群成员，该过程确定每位作者所隶属的主题科研社群。

5.5.2　主题模型

本书采用一种结合主题模型与网络拓扑结构的组合方法来识别主题科研社群。借助作者主题模型识别语料库中的潜在主题以及作者的主题分布，进而在主题范围内利用作者合著关系构建主题科研合作网络，将主题科研合作网络中独立的子网视为主题科研社群。下面首先对主题模型和作者主题模型进行阐述，其次描述整合作者主题模型和作者合著关系的主题科研社群识别方法的详细步骤。

1. 主题模型概述

主题模型已成为一个专有名词，广泛应用于自然语言处理、信息检索、文本挖掘等领域。在主题模型中，主题被表达为词项的概率分布，而文档则被视为主题的概率分布。主题模型假设文档集中存在 K 个潜在主题，从而将文档集或者文档利用主题空间进行表示，实现语义降维。主题模型起源于潜在语义索引（latent semantic indexing，LSI）（Deerwester et al.，1990）。潜在语义索引将文档表达为概念的组合，将概念表达为词项的组合，并采用奇异值分解（singular value decomposition，SVD）进行求解。潜在语义索引为主题模型奠定了基础，但其实它并不是一种概率模型。Hofmann（1999）进一步在潜在语义索引基础上，引入概率思想，提出概率潜在语义索引（probabilistic latent semantic indexing，PLSI），从而衡量文档、主题和词项之间的关联程度大小，以概率值进行表示。直至 LDA 提出后，主题模型发展到较为成熟的阶段（Blei et al.，2003）。当前文献中所提到的主题模型，一般即指 LDA 及其衍生模型。

2. 主题模型的表示方法

主题模型的功能是从文档集中发现潜在的主题或者概念，实质是通过分析文本中词项的共现关系来识别出主题结构。主题模型方法是一种无监督学习方法，不需要事先输入背景信息或范例，它能自动地发现文档集中的潜在主题结构。主题模型输入的是文档-词项矩阵，得到的输出结果是主题的词项概率分布和文档的主题概率分布。一般地，主题模型可以用概率图模型进行表示，详见图5-5。

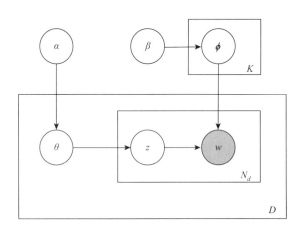

图 5-5　LDA 主题模型的概率图模型（Blei et al.，2003）

在图 5-5 所示的 LDA 主题模型的概率图模型中，节点表示变量，灰色节点表示可观察变量，矩形内部的非灰色节点表示不可观察的潜在变量，矩形外部的节点为超变量。矩形表示其中内容可重复，矩形右下角的变量表示可重复次数。箭头表示变量之间的依赖关系，用条件概率表示，如 $p(z\,|\,\theta)$ 和 $p(w\,|\,z,\beta)$。在该图所示的 LDA 主

题模型的概率图模型中，D 为文档集中的 D 篇文档；w 为词项变量；N_d 为文档中的词项数量；z 为主题变量，标示词 w 所属的主题；θ 为某文档的主题概率分布；α 为 θ 的超参数，$p(w \mid z, \beta)$ 为主题词项概率分布，亦即 ϕ，它可以表示为一个 $K \times V$ 维的矩阵，其中 K 为预设的主题个数，V 为词项空间中词的个数；β 为主题词项概率分布的超参数。从 LDA 的概率图模型中观察到，LDA 的一个明显优势是能在 LDA 基础模型中，非常方便地引入新的变量来扩展主题模型，得到新的场景下的主题模型。

基础 LDA 模型中存在着几个先验分布假设。首先，文档的主题概率分布 θ 服从 K 维狄利克雷分布（Dirichlet distribution），K 在模型中假设为预知项，α 是该分布的超参数。其次，由文档的主题概率分布 θ 生成词项 w 的过程服从多项式分布（multinomial distribution）。另外，主题词项概率分布服从 Dirichlet 分布，其中 β 是该分布的超参数。以上先验分布假设影响着概率图模型中相应的条件概率。

主题模型还可以采用语言模型的生成过程来进行描述。假设文档的主题概率分布的超参数 α 和主题词项概率分布的超参数 β 已知，那么可以采用如下过程来生成一篇文档。

（1）针对一篇文档，根据其主题概率分布的超参数 α 来生成其主题概率分布，$\theta \sim p(\theta \mid \alpha) \sim \mathrm{Dir}(\alpha)$。

（2）根据文档中的主题来生成文档中的词需要重复 N 次以下过程：根据该文档的主题概率分布，选择一个主题 $z \sim p(z \mid \theta) \sim \mathrm{multinomial}(\theta)$；根据主题词项概率分布的超参数 β，结合选定的主题 z，生成一个单词 $w \sim p(w \mid z, \beta)$。

将以上过程重复执行 D 次，得到 D 篇文档，生成最终的整个语料。

3. 主题模型的求解方法

主题模型的求解方法采用概率图模型的推算过程，一般采用逼近推算方法，主要包括变分推断（variational inference）方法（Blei et al., 2003）、期望传播（expectation propagation）方法（Minka, 2001）和吉布斯抽样（Gibbs sampling）方法（Griffiths, 2002）等。其中 Gibbs 抽样方法相对较为简单，使用得较多。

Gibbs 抽样方法是一种马尔可夫链蒙特卡罗方法，其主要思想是将概率图模型的参数推算过程，转化为马尔可夫过程（Markov process），每一次计算时假设其他变量固定，来估算当前变量。在主题模型中，该过程转化为每一次仅对某篇文档中的某一词项的主题进行估算，并借助于 Dirichlet 分布的性质，经过严密地推理求解。若当前的词项为 w_i，则经过推理求解后的词项主题抽样公式为

$$P\left(z_i = j \mid \mathbf{z}_{-i}, \mathbf{w}_{-i}\right) \propto \frac{n_{-i,j}^{(w_i)} + \beta}{n_{-i,j}^{()} + V\beta} \times \frac{n_{-i}^{(d_i)} + \alpha}{n_{-i,}^{(d_i)} + K\alpha} \tag{5-1}$$

其中，$\mathbf{z}_{-i}$ 为不向括当前词项的主题向量；$\mathbf{w}_{-i}$ 为不包括当前词项的所有词项向量；

$n_{-i,j}^{(w_i)}$ 为不包含当前词项的主题 j 的所有 w_i 词项数量；$n_{-i,j}^{(\cdot)}$ 为不包含当前词项的主题 j 的所有词项数量；$n_{-i,j}^{(d_i)}$ 为当前文档除了当前词以外的所有属于主题 j 的词项数量；$n_{-i}^{(d_i)}$ 为当前文档除了当前词以外的所有词项数量；V 为文档集中唯一词项数量，即词典的大小；K 为文档集中的主题数量。从式（5-1）中可以看出，当前词从属于某一主题的概率受到当前词典词项在整个文档集中从属于这一主题的概率和当前词典词项在该篇文档中从属于该主题的概率的影响。

4. 主题模型的扩展模型

LDA 模型是一种较容易进行扩展的模型，可根据具体应用场景进一步抽象和分析，得到具体的变量及其含义、变量之间的依赖关系，对原有模型进行适当扩展。针对学术信息，部分研究者根据学术文献的结构信息，加入更多因素到主题模型中，对主题模型进行扩展，主要扩展模型有以下几种。第一，学术文献中一般含有作者属性，将作者也融入主题模型中，则衍生出作者主题模型（Rosen-Zvi et al.，2004；Steyvers et al.，2004）。王萍（2011）在 LDA 模型的基础上提出一种主题作者（topic author）模型，对作者信息和文献文本信息进行联合建模，发现主题的研究者分布。第二，同时将作者和发文场所整合到主题模型中，则得到作者会议主题模型（author-conference-topic model）（Tang et al.，2008）。第三，在作者会议主题模型基础上，唐杰等（2011）引入引文关系，从而对论文、会议、作者和引用等学术网络统一建模，描述这些元素之间的依赖关系，以主题凝聚这些实体。第四，考虑学术文献的时间因素，分析研究领域内科研主题的演化过程。王金龙等（2009）利用概率图模型在主题识别的基础之上，识别科研文献中主题之间的关联性，分析主题之间的相互影响和科研主题演化规律。Bolelli 等（2009a）提出将时间因素融入主题模型中，并用扩散后的模型分析了 1990～2004 年 CiteSeer 数据集文献主题的变化情况。Bolelli 等（2009b）提出分隔作者主题模型，能够识别文献主题中有影响力的作者，同时也能够分析主题的变化情况。第五，在科学计量分析过程中，引文信息是分析主题的重要线索，He 等（2009）探索性地将主题模型引入引文网络中，在 LDA 基础上构建起迭代主题演化学习框架，该框架模型能用于研究主题的变化趋势。叶春蕾和冷伏海（2013）在主题模型中加入引文因素得到一种引文-主题概率模型，对文献中的关键词和引文信息进行建模，得到主题中的关键词分布和引文分布。

5.5.3　作者主题模型

1. 作者主题模型表示

在由科研人员所发表的研究论文组成的学术信息中，作者所发表的研究论文一般围绕着特定的研究主题。利用主题模型思路来分析这种现象，即有：学术信息场景中存在着作者这样一种变量，作者是文档的一种结构信息，该变量影响着文档的主题概率分布。因此，针对学术信息挖掘，可利用作者变量来扩展主题模型，得到作者主题模型（Rosen-Zvi et al.，2004），其实质是利用主题来同时表达作者的研究兴趣和文档。具体而言，作者写作一篇研究论文的过程表达为：一组作者 a_d 决定共同写作一篇研究论文，随机从这组作者中选择一个特定作者 x，从与作者的研究兴趣相关的主题概率分布 θ 中选择一个主题 z，该主题亦是这篇论文的主题，然后根据该主题的词项概率分布生成一个论文中的词项 w，重复以上过程，完成一篇论文的写作。该写作过程形成作者主题模型，对应的概率图模型如图 5-6 所示。

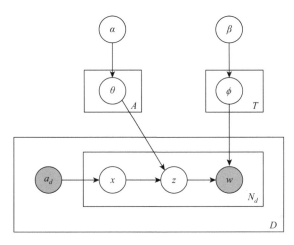

图 5-6　作者主题模型的概率图模型

通过对比作者主题模型与基础的主题模型 LDA 主题模型可以看出两者的主要差别在于文档中主题的生成方式不同。作者主题模型认为文档主题是由文档作者 x 以及作者的主题概率分布 θ 决定的，而 LDA 主题模型认为文档主题由文档本身的主题分布决定。另外，作者主题模型中可观察变量除了词项 w 以外，还包括论文的作者 a_d。作者主题分布以及主题词项概率分布均服从 Dirichlet 分布。下面采用语料的生成过程来描述作者主题模型。

（1）针对每个作者选择其作者主题分布，$\theta_a \sim \mathrm{Dir}(\alpha)$，$\alpha$ 为该分布的超参数，a 的取值范围为 $[1, A]$，A 为作者集合；针对每个主题选择主题词项概率分布，$\phi_t \sim \mathrm{Dir}(\beta)$，$\beta$ 为该分布的超参数，t 的取值范围为 $[1, K]$。

（2）针对每一篇文档 d，d 的取值范围为 $[1, D]$。

在文档既定作者集合 a_d 基础上，依据多项式分布，逐次生成词项：选择作者

x，$x \sim \text{Uniform}(a_d)$；选择主题 z，$z \sim p(z \mid x, \theta)$；生成词项 w，$w \sim p(w \mid z, \phi)$。

2. 基于 Gibbs 抽样的模型求解

求解作者主题模型时，需要同时对词项的主题和作者进行求解，即对潜在变量 z 和 x 进行求解。本书亦借助 Gibbs 抽样方法为语料库中的所有文档中的所有词项逐一分配主题和作者。若现有状态已知，现有状态为除当前词外其他所有词项的主题分布 z_{-i}、作者分布 x_{-i}，词项分布 w_{-i} 和该词所在文档的作者集合 a_d，则需要求解当前词项 w_i 的潜在主题 z 和作者 x。求解的条件概率为

$$P(z_i = j, x_i = k \mid z_{-i}, x_{-i}, w_{-i}, a_d) = \frac{n_{-i,j}^{(w_i)} + \beta}{n_{-i,j}^{()} + V\beta} \times \frac{n_{-k,j} + \alpha}{n_{-k,\cdot} + T\alpha} \qquad (5\text{-}2)$$

其中，$n_{-k,j}$ 为不包括当前词的作者 k 从属于主题 j 的次数（以词项计算）；$n_{-k,\cdot}$ 为不包括当前词的作者 k 从属于所有主题的次数（以词项计算）。从式（5-2）中可以看出，当前词项的主题分配和作者分配受到当前词项在整个语料库中的主题分布和作者的主题概率分布的影响。经过 Gibbs 抽样过程，当抽样收敛后，或者达到指定次数 N 后，求解结果包括主题词项次数矩阵中的元素 $n_{i,j}$ 和作者主题次数矩阵中的元素 $n_{k,j}$，利用这两个矩阵即可以得到主题的词项概率分布 ϕ 和与作者的研究兴趣相关的主题概率分布 θ，计算公式分别如下：

$$\phi_{i,j} = \frac{n_{i,j} + \beta}{\sum_i n_{i,j} + V\beta} \qquad (5\text{-}3)$$

$$\theta_{k,j} = \frac{n_{k,j} + \alpha}{\sum_j n_{k,j} + T\alpha} \qquad (5\text{-}4)$$

由于作者主题模型中每篇文档的作者为可观察变量，每一篇文档的作者 a_d 确定，且作者分布为简单随机分布。因此，在作者的主题概率分布 θ 基础上，可以计算得到文档的主题概率分布 $P(z \mid d)$，具体公式如下：

$$P(z \mid d) = \sum_x P(z \mid x) P(x \mid a_d) = \frac{1}{|a_d|} \sum_x P(z \mid x) \qquad (5\text{-}5)$$

5.5.4 主题科研社群识别过程

通过运用作者主题模型对学术信息进行分析，能够识别学术信息中的潜在主题。现有研究表明，通过这种无监督方式发现的潜在主题具有较明确的主题意义，合乎人类认知。通过简单的人工阅读和标注，对识别出的潜在主题赋予明确的主题标签。鉴于作者主题模型的无监督发现功能和可理解性，首先采用

作者主题模型来发现学术信息中的潜在研究主题，其次识别出主题结构内相应的人群结构——主题科研社群。

整个主题科研社群识别算法共分两步执行，具体过程描述如下。

1. 第一步：主题识别

利用作者主题模型，从学术文档集合中识别出 K 个在主题及其主题词项概率分布和作者的主题概率分布，并计算得到文档的主题概率分布。

在该步骤的输出中，每一个概率值表示两种元素间的关联性大小。主题的词项概率分布表示词项与主题的关联性大小，作者的主题概率分布表明作者隶属于某一主题的概率大小，文档的主题概率分布则表示文档在多大程度上与某主题相关。

2. 第二步：社群结构重构

在该步骤中，依次针对每一个主题，识别其中的社群结构。主要执行过程如下。

（1）作者归属和文档归属确定。受研究人员的精力、知识结构等的限制，研究人员往往拥有较少的、有限的研究兴趣，因而其研究成果也集中在少数几个研究主题范围内。基于这一假设，限定作者隶属的主题数为 δ，且同时限定作者隶属于主题的概率阈值，根据作者主题分布中的概率值大小进行排序，将排序在前 δ 个的主题认为是该作者所隶属的主题。与此类似，假设单篇文章最多揭示 ε 个研究主题，对文档的主题概率分布进行排序，筛选出前 ε 个主题作为文档所归属的主题。依据此方法识别出研究主题的作者集合和文档集合。

（2）社群结构还原。根据某一主题的相关文档集合中的作者合著关系，识别出隶属于该主题的作者之间的合著关系，将其还原成主题科研合作网络，进而利用网络连通片识别算法，将彼此连接在一起的、节点之间具有可达路径的主题科研合作网络的子网视为一个社群，即主题科研社群。

5.5.5　主题科研社群识别评价

主题科研社群涌现于学术文献中的潜在主题结构，对主题科研社群识别优劣进行评价首先需要对潜在主题结构识别效果进行评价。这里，采用文档困惑度（perplexity）和主题结构稳定性两种指标来评价潜在主题结构识别效果。主题科研社群识别的优劣主要通过是否连通图来评价。

1. 文档困惑度

困惑度是一种评价概率模型的标准指标。利用困惑度衡量 LDA 主题模型的泛化能力，即模型对于新文本的主题预测能力（Rosen-Zvi et al.，2004）。为评价主题模型，将数据集分为训练集和测试集，利用训练集来计算模型参数，然后将测试集中的文本作为新文本计算主题模型的困惑度值。LDA 主题模型对于单篇文章的困惑度值的计算公式为

$$\text{perplexity}(d_i) = \exp\left|-\frac{\sum_{i=1}^{M}\log(P(d_i))}{\sum_{i=1}^{M}N_i}\right| \qquad (5\text{-}6)$$

其中，N_i 为文档 i 中的词项数量；$P(d_i)$ 为由训练所得的主题模型生成文档 d_i 的概率，可以按照（5-7）进行计算：

$$P(d_i) = \prod_{w}\left(\sum_{z}P(w\mid z)P(z\mid d_i)\right) \qquad (5\text{-}7)$$

作者主题模型认为作者拥有多个研究主题，说明作者具有主题分布。在衡量作者主题模型的困惑度值时，需要在测试集中能观察到作者的情况下进行测度，通过作者的主题概率分布和主题的词项概率分布推导出文档的词项概率分布。于是，作者主题模型中文档 d_i 的词项概率分布计算公式为

$$P(d_i) = \prod_{w}\left(\sum_{z}P(w\mid z)\left(\frac{1}{|a_d|}\sum_{x\in d_i}P(z\mid x)\right)\right) \qquad (5\text{-}8)$$

针对作者主题模型，在包含 M 个文档的测试集 D_{test} 中计算平均困惑度值，得到作者主题模型的困惑度值指标：

$$\text{perplexity}(D_{\text{test}}) = \frac{\sum_{d_i\in D_{\text{test}}}\text{perplexity}(d_i)}{|D_{\text{test}}|} \qquad (5\text{-}9)$$

作者主题模型的困惑度值越小，表示模型性能越好，预测词项的主题归属能力越强。

2. 主题结构稳定性

LDA 主题模型和作者主题模型，均假设主题之间彼此不关联，也不具有层级结构，认为主题之间是相互独立的。这一基础假设对于理解学术信息的语义结构具有重要意义。尽管学术信息的语义系统非常复杂，语义结构存在层级性和交义性，但是从单一维度去划分学术信息的语义空间，将复杂的问题分解，能够剖析出明确且具体的主题结构，如将研究成果归属于一个个明确的研究方向，由此来理解整个学术信息语义空间。以这种假设为基础，主题模型这一非监督学习方法所发现的潜在主题，亦应该是彼此相对独立的语义空间，故这一假设本身理应成为主题模型的效果评价标准。

采用余弦相似性来计算主题的语义空间距离，通过距离来表示两个主题的独立性。两个主题的余弦相似性的值越小，表明两者的语义空间距离越大，独立性越强。两个主题 z_i 和 z_j 的余弦相似性为

$$\cos(z_i, z_j) = \frac{\sum\limits_{v \in V} w_{iv} w_{jv}}{\sqrt{\sum\limits_{v \in V} w_{iv}^2} \sqrt{\sum\limits_{v \in V} w_{jv}^2}} \tag{5-10}$$

其中，V 为文档集中的词典；w_{iv} 为主题 z_i 中的词项 w_v；w_{jv} 为主题 z_j 中的词项 w_v。在主题的语义空间距离基础上，主题结构稳定性是指主题模型所发现的潜在主题对之间的平均距离，按式（5-11）计算（Cao et al.，2009）：

$$\text{avg\_dis} = \frac{\sum\limits_{i=0}^{K-1} \sum\limits_{j=i+1}^{K} \cos(z_i, z_j)}{K(K+1)/2} \tag{5-11}$$

其中，K 为文档集中的潜在主题数量。

主题模型所发现的主题结构稳定性值越小，说明主题间平均距离值越大，所表示的语义空间独立性越强。

文档困惑度和主题结构稳定性常用于寻找最优的潜在主题数量，即参数 K。针对同一语料，设置不同的潜在主题数量参数值，所计算得到的文档困惑度值和主题结构稳定性值都不一样。一般而言，两者的值越小，所得到的主题模型越好。困惑度值较小说明模型能够对词项所归属的主题做出较好的估计，而平均距离值较小则表示主题间的交叉性较小，主题结构更为稳定。但是，并不意味着困惑度值越小，平均距离值越小，所得到的最优潜在主题数量就越有意义，就越能解释所发现的潜在主题。事实上由于模型求解过程中仅仅根据所观察到的样本去推理潜在变量，所得数值并不精确，因此这些值仅能提供最优潜在主题数量的参考。在实际中，需要结合定性分析和定量指标来确定潜在主题数量，以合理解释这种无监督方法所得到的结果。

5.6　案例研究：计量学领域主题科研社群识别

5.6.1　数据集获取

为检验本案例研究方法的有效性并考虑后续研究中对于动态演化分析的要求，通过人工构建数据集的方式获取实验数据。结合研究目标，实验数据集至少需要满足如下特征：①包含作者属性和内容属性；②包含多个存在一定关联的研究主题，针对此要求，将数据集限定在某一学科；③规模适中，数据量过少不利

于识别出有意义的研究主题，数据量过多会造成计算量过大，使得出实验结果的等待时间过长，甚至得不到结果；④跨越较长时间，以便于后续的动态分析。针对以上要求，选择从 WoS 数据库中检索并下载的计量学相关的研究文献作为实验所用数据集。具体检索规则为（Lu and Wolfram，2010）：主题为文献计量（bibliometrics）、信息计量、科学计量、网络计量（webometrics、cybermetrics）、引文分析、链接分析（link analysis）或引文索引（citation index），或者出版物为 *Scientometrics* 或 *Journal of Informetrics*（信息计量学杂志）；学科分类为与图书情报学相关的学科；文献类型为研究论文、会议论文、综述和社论；来源数据库为 SCI（Science Citation Index，科学引文索引）、SSCI、A&HCI（Arts & Humanities Citation Index，艺术与人文引文索引）、CPCI-S（Conference Proceedings Citation Index-Science，科学会议论文集引文索引）、CPCI-SSH（Conference Proceedings Citation Index-Social Science & Humanities，社会科学与人文会议论文集引文索引）。检索执行日期为 2014 年 12 月 12 日。通过以上检索过程，共得到 6959 篇文献，下载后形成初始计量学数据集。利用 Java 语言编写程序对初始数据集中的文献进行处理，抽取每篇文献的题录信息，并结构化存入 MySQL 数据库中。所得计量学数据集题录主要包含标题、摘要、期刊名（论文集名）、期、出版年、出版类型和文献类型等字段，其中 WoS 中出版类型有期刊（J）、书籍（B）、系列（S）和专利（P），数据集中仅包含期刊和书籍两种出版类型，文献类型为研究论文、会议论文、综述和社论四种。

图 5-7 列出了计量学数据集年度论文发文量统计。从该图中可以观察到计量学大致经历了三个时期。1978 年以前为萌芽期，以 Garfield 在 *Science* 杂志上发表的题为 "Science citation index—a new dimension in indexing"（《科学引文索引——索引编制的新维度》）的文章为起点，每年有少量的引文分析方面的学术成果出现。1977 年以后，学术研究成果逐渐增多，计量学进入发展期，论文数量呈稳步增加趋势。至 1998 年左右，计量学进入蓬勃发展时期，论文数量开始急剧增多。2014 年的论文数量并不是全年最终数量，检索截止时间不是 2014 年末，同时部分数据还未收录到 WoS 数据库中。

1. 作者名消歧

作者名消歧是学术数据库信息处理过程中的一项非常重要的任务，它直接影响到后续信息分析工作的准确度。目前，多数学术数据库仅提供较为简单的作者属性信息，如作者名、机构名、地址等，而这些属性本身一般以字符串形式的自然语言文本形式出现。不同期刊可能会有不同的作者命名规范，或者作者本身署名时出现了前后不一致等情况，导致同一作者在学术数据库中对应不同的署名字符串。相同的署名字符串可能代表着不同的作者，不同机构也可能有署名字符串相同的不同作者，甚至是同一机构也可能出现署名字符串相同的不同作者。由此观

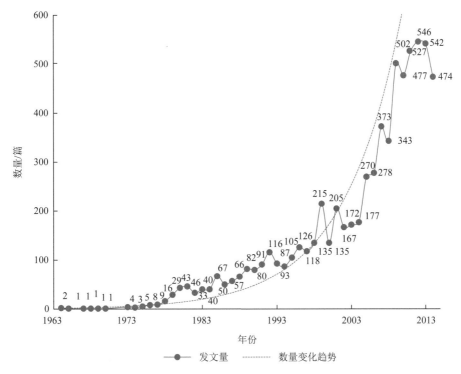

图 5-7　计量学数据集年度论文发文量统计

之，学术信息中的作者名往往存在较为严重的歧义问题，需要经过规范化、标准化等消歧处理过程，以保证后续分析。

　　针对 WoS 数据库中下载的数据，经过仔细观察，发现其具有如下一些特征。第一，2007 年以前的数据库中对作者名一般采用"姓 + 名的首字母大写"方式进行存储，如"Strotmann，Andreas"存储为"Strotmann，A"；同时存储时采用了多种不规范形式，如"Leong，T. Y."（多了符号"."）。2007 年及以后 WoS 数据库额外增加了对作者全名的存储，即"姓 + 名"。第二，同一篇文章中同一作者可能署有多个机构。

　　基于以上两方面重要观察，本案例研究进行作者名消歧的处理流程为：首先，将作者名标准化处理，将作者名统一表示为"姓 + 名的首字母大写"，如将"Leong，T. Y.""Leong，T Y.""Leong，TY."等标准化为"Leong，TY"，该过程为大多数现有研究所采用（Liu et al.，2014；Smalheiser and Torvik，2009）；其次，从所有地址中抽取出作者的最大一级机构，如将"Indiana Univ，Sch Lib & Informat Sci"转换为"Indiana Univ"；再次，使用标准化后的作者名以及机构名表示候选作者，该过程将部分具有相同署名字符串而属于不同机构的不同作者区分开来；最后，根据同一作者在同一篇文章中对应的不同机构的信息，识别出同一作者所对应的机构名，从而将多个候选作者转换为单一作者。最后一步能在较大程度上识别出同一作者从属于不同机构的情况。

针对部分示例，经过仔细观察发现，该方法具有较高的有效性和精准度。尽管目前研究中还有利用作者引文信息、主题特征、自引信息、社交网络等多种信息来更加精准地对作者名消歧（Liu et al.，2014），但这些方法的计算代价都高于本案例研究使用的方法。同时，也注意到针对不同的数据集，需要采用特定的方法来提升处理速度和精确度（D'Angelo et al.，2011）。综合计算代价和精确度，这种作者名消歧方法能够支撑本书研究需要。

针对计量学数据集，作者名消歧前共有唯一作者名 7453 个，经过以上作者名消歧过程最终得到 9060 个作者。由此看出，该过程具有一定的有效性，尤其是将多个"作者＋机构"对予以合并时识别出了同一个研究者在多个机构的情况。

2. 索引及词项选择

作者主题模型从文档集中识别出主题信息，结合计量学数据集的题录结构特征，实验中仅使用标题和摘要字段作为文本内容，这两个字段能反映文档的主要内容。实验过程中，将每一篇论文的这两个字段转换为类似于 XML 格式的文档，如表 5-1 所示。

表 5-1　计量学数据集的 XML 格式文档示例

<TITLE>finding knowledge paths among scientific disciplines</TITLE>
<ABSTRACT>This paper uncovers patterns of knowledge dissemination among scientific disciplines. Although the transfer of knowledge is largely unobservable，citations from one discipline to another have been proven to be an effective proxy to study disciplinary knowledge flow. This study constructs a knowledge-flow network in which a node represents a Journal Citation Reports subject category and a link denotes the citations from one subject category to another. Using the concept of shortest path，several quantitative measurements are proposed and applied to a knowledge-flow network. Based on an examination of subject categories in Journal Citation Reports，this study indicates that social science domains tend to be more self-contained，so it is more difficult for knowledge from other domains to flow into them；at the same time，knowledge from science domains，such as biomedicine-，chemistry-，and physics-related domains，can access and be accessed by other domains more easily. This study also shows that social science domains are more disunified than science domains，because three fifths of the knowledge paths from one social science domain to another require at least one science domain to serve as an intermediate. This work contributes to discussions on disciplinarity and interdisciplinarity by providing empirical analysis.</ABSTRACT>

在文本预处理过程中，借助 Lemur 语言模型工具（http://www.lemurproject.org/）建立索引。在建立索引过程中，利用 Porter 算法进行词干提取，使用 Lemur 自带的 418 个停用词表去除停用词，得到 13 386 个词项。为进一步减轻低频词对作者主题模型计算过程的影响，去除词频在 4 次以下的词项，同时去除纯数字词项，最后保留了 5196 个词项。

3. 参数调节

根据作者主题模型和主题科研社群识别算法流程，算法中涉及的所有参数如表 5-2 所示。α 是作者主题概率分布 θ 的 Dirichlet 分布超参数，该参数一般取值为 $50/K$。β 是主题词项概率分布的 Dirichlet 分布超参数。NN 是 Gibbs 抽样过程迭代次数，一般较少判断 Gibbs 抽样过程的收敛性，而是到达指定迭代次数后，停止抽样过程，实验过程中，该参数默认值设置为 1000。K 代表潜在主题数量，对于该参数的取值，在最终运行中将结合定性分析，以及文档困惑度和主题结构稳定性指标加以确定。在考虑作者的主题数量时，存在一种直觉认识：作者的主题数量与其研究经历和发文数量有关，作者所发表的文献数量越多，则认为其拥有的主题数量也越多。基于以上直观认识，将作者所拥有的主题数量 δ 表达为其发文数量的一种函数 $\delta(D_a)$，其中 D_a 是作者的发文数量。ε 是指文档所拥有的主题数量，其默认值设置为 4。参数 δ 和 ε 会影响到主题中的作者数量和文档数量，但对主题内的核心群体影响较小，因此对主题科研社群发现的影响也较小。

表 5-2　算法参数

参数名	参数意义	默认值
α	作者主题概率分布 θ 的 Dirichlet 分布超参数	$50/K$
β	主题词项概率分布的 Dirichlet 分布超参数	0.01
NN	Gibbs 抽样过程迭代次数	1000
K	潜在主题数量	
δ	作者所拥有的主题数量	
ε	文档所拥有的主题数量	4

在参数训练过程中，计算作者主题模型的文档困惑度值时需要将整个数据集分为训练集和测试集。首先运用训练集对作者主题模型参数进行调节，其次再用训练集中所得到的作者主题模型针对测试集计算文档困惑度值。由于作者主题模型需要得到作者的主题分布，因此训练集中覆盖所有的作者，保证每一位作者至少有一篇文档在训练集中。同时，测试集中每一篇文档保证仅有一位作者，以便于文档困惑度值计算。基于以上原则，共抽样得到训练集文档 6340 篇，测试集文档 619 篇。训练过程中，将 K 值从 5 调整至 300，每次增加 5，Gibbs 抽样过程迭代次数为 1000，计算每一个 K 值下的文档困惑度值和主题结构稳定性值。

5.6.2 研究主题识别

1. 主题数量确定

传统的信息组织方法和计量实体聚类方法在确定研究主题数量时，通过人工干预获得。主题模型方法是一种无监督学习方法，数据集的潜在主题数量是一个参数值，由模型外部输入决定。通过对主题模型的文档困惑度值和主题结构稳定性值进行分析，结合数据集本身的特点，得到主题数量参数的取值范围。针对计量学数据集，先采用 LDA 主题模型在不考虑作者因素的情况下，观察数据集的主题数量情况，然后结合作者主题模型的文档困惑度值和主题结构稳定性值，确定最终的主题数量参数。

2. 基于 LDA 主题模型的主题数量分析

LDA 主题模型未考虑作者因素，仅从文档与潜在主题的关系、潜在主题与词项的关系角度来发现文档集中存在的潜在主题。在此，先利用 LDA 主题模型对计量学数据集进行分析，以期找到其中存在的潜在主题，为作者主题模型的参数调节过程做出指引。图 5-8 展示出随着潜在主题数量 K 的增加测试集中文档困惑度值的变化趋势。从该图中可以发现，随着潜在主题数量从 5 逐步增长到 300，文档困惑度值逐渐变小，其中从 5 增长到 80 时，文档困惑度值减小得最快，潜在主题数量超过 80 后减小速度变慢，性能趋于稳定。由此表明，利用 LDA 主题模型对数据集进行分析时，主题粒度越小，所得到的主题模型对新文档的主题预测能力越强，越能估计新文档所从属的主题。需要注意的是，当潜在主题数量超过

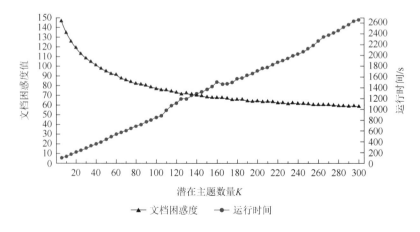

图 5-8　LDA 主题模型的文档困惑度值变化曲线

150 以后，尽管所得到的主题模型预测能力变强，但变化并不大，而所需要的计算代价是逐步增大的。

图 5-9 展示了随着潜在主题数量 K 的增加 LDA 主题模型的主题结构稳定性值变化曲线。从该图中可以发现，随着 K 值的增大，LDA 主题模型的主题结构稳定性值逐渐减小，预示着所发现的潜在主题结构越来越稳定。从该曲线的变化幅度来看，当 K 值由 5 增大到 40 时，主题结构稳定性值降低最快，表明当潜在主题数量在这一范围内时，主题结构较为不稳定，所发现的潜在主题存在较多的语义交叉，主题较为模糊。当 K 值超过 40 后，主题结构稳定性值变化减慢，逐渐趋于稳定，该现象表明所发现的潜在主题语义空间逐渐稳定下来，存在较少语义交叉，所得到的主题较为清晰。基于以上分析，针对计量学数据集，LDA 主题模型发现的潜在主题数量大于 40 时，能得到较为合理的主题结构，即 K 值大于 40 时，较为合理。

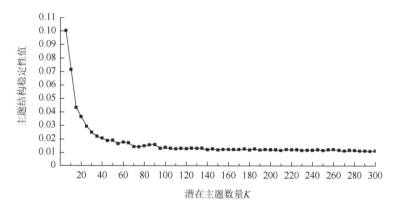

图 5-9　LDA 主题模型的主题结构稳定性值变化曲线

结合 LDA 主题模型的文档困惑度值和主题结构稳定性值分析来看，当 K 值大于 40 且小于 80 时，能够得到较为明确的主题结构，主题之间的语义交叉较少，而这时主题模型的文档主题预测能力也较为适中。尽管当 K 值超过 150 后，无论是文档困惑度，还是主题结构稳定性都能取得较优结果，但一方面计算时间代价增长明显，另一方面就计量学数据集而言，划分为适量的主题，也合乎人们的认知。

综上所述，当不考虑作者变量时，LDA 主题模型所发现的潜在主题数量大于 40 且小于 80 时，能够取得兼顾主题模型文档困惑度和主题结构稳定性的折中值。

3. 作者主题模型的主题数量确定

作者主题模型引入作者因素来发现文档集中的潜在主题。图 5-10 展示出作者主题模型在每一个 K 值下的文档困惑度值。整体来看，在该数据集上，随着潜在主题数量 K 的增加，作者主题模型的文档困惑度值也增大，即通过作者的主题分布来预测文档主题分布的能力降低。作者主题模型在使用较少的潜在主题数量时具有较大的文档主题分布预测能力。与图 5-8 中 LDA 主题模型的文档困惑度值进行对比发现，作者主题模型的文档困惑度值高于 LDA 主题模型的文档困惑度值，作者主题模型的文档预测能力低于 LDA 主题模型，这一点说明 LDA 主题模型在有较多的观察数据情况下对于潜在主题的发现能力要优于作者主题模型（Erosheva et al.，2004）。另外，随着潜在主题数量的增加 LDA 主题模型的预测能力会变强，而作者主题模型预测文档主题分布的能力会变差。

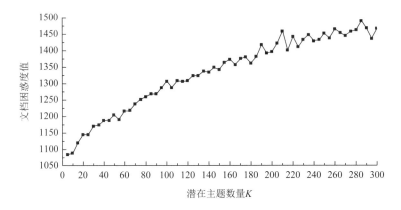

图 5-10　作者主题模型的文档困惑度值变化曲线

图 5-11 展示了作者主题模型的主题结构稳定性值变化曲线，该图表明随着潜在主题数量的增加，作者主题模型所发现的主题结构逐渐趋于稳定。当潜在主题数量由 5 增加至 30 左右时，主题结构稳定性值下降迅速，说明当潜在主题数量在这一

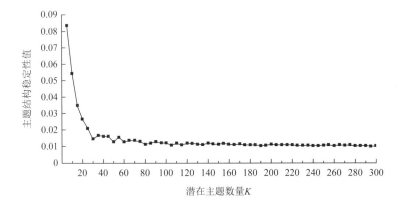

图 5-11　作者主题模型的主题结构稳定性值变化曲线

区间时，所得到的主题结构并不稳定，主题之间存在较大的语义关联。当潜在主题数量由 30 增长至 80 时，主题结构稳定性逐步提高，潜在主题数量超过 80 后，主题结构几乎稳定下来。

基于以上观察，作者主题模型的潜在主题数量在 30 至 80 区间内时，能够发现折中文档困惑度和主题结构稳定性的潜在主题。进而结合无作者因素时，LDA 主题模型所确定的潜在主题数量范围，最终的作者主题模型适宜的潜在主题数量为 [40, 80] 这一区间。因此，将最终的作者主题模型的潜在主题数量 K 的默认值确定为 50。后续结果和分析均在 50 个潜在主题情况下进行讨论。

4. 主题识别结果分析

1）主题列表及其标签

作者主题模型输出的是作者的主题概率分布和主题的词项概率分布。为了方便理解，一般需要由人工给主题赋予一个主题标签。常用的方法是以主题的词项概率分布中概率值排在前几位的词项为基础，结合人工理解，以少量词为概念基础进行概念组合，给出主题标签。进一步结合主题中的文档标题来给定最终的主题标签。同时，还将根据作者归属于该主题的概率大小进行排序，列出主题的主要作者。

图 5-12 列出了计量学数据集的 3 个主题标签示例，分别为主题 2 "国家等地理"、主题 10 "专利技术创新" 和主题 14 "趋势研究"。图 5-12 还列出了主题的概率值排名前 10 的词，从中可以看出这些排序在前面的词项基本上能反映主题标签所表达的主题内容。同时，主题中的一些作者以及主题在这些作者的主题分布中的概率值也能够在该过程中得出。例如，作者 "Musavi, SM" 的主题 2 的概率为 0.3800，表示这一作者与主题 2 的关联强度为 0.3800。需要注意的是，这一概率值并不能用于判断主题的主要作者，不能用来衡量作者对主题的贡献度。

主题2：国家等地理		
24	国家的（contri）	0.1951
71	输出（output）	0.0597
83	国家（nation）	0.0491
1665	欧洲（european）	0.0404
5149	世界（world）	0.0404
4955	美国（usa）	0.0274
2334	印度（india）	0.0232
4406	美国；州（state）	0.0231
4852	英国（uk）	0.0193
4912	美国（unit）	0.0186

主题10：专利技术创新		
35	技术（technolog）	0.1866
36	专利（patent）	0.1833
2392	创新（innov）	0.0611
2350	产业（indudtri）	0.0523
4135	部门（sector）	0.0238
935	公司（compani）	0.0212
1827	公司（firm）	0.0177
2940	市场（market）	0.0176
93	活动（acktiv）	0.0153
941	竞争（competit）	0.0145

主题14：趋势研究		
51	新的（new）	0.1088
780	变化（chang）	0.0532
33	发展（develop）	0.0512
1553	出现（emerg）	0.0431
65	生成（gener）	0.0261
2168	历史（histori）	0.0216
60	检验（examin）	0.0190
1853	关注（focu）	0.0181
1377	讨论（discuss）	0.0175
4008	角色（role）	0.0164

图 5-12　研究主题标签及主要词项

同时，在人工给予主题标签时，针对部分主题仍然较难给出明确的主题标签。图 5-13 中主题 13 中主要的词项有 term、set、theori 等，从人工理解的角度来看，这几个词项都不是核心词项，较难以某一个或者两个词项为基础组合成一个主题标签，因此简单地将主要词项罗列下来作为主题标签，标示为"词项、集合、原理等"。与之类似的，还有主题 18"模式、类型、特征研究"。

主题13：词项、集合、原理等			主题18：模式、类型、特征研究		
69	词（term）	0.1084	6	研究（studi）	0.1482
87	集合（set）	0.0865	90	实验（examin）	0.0670
4668	理论（theori）	0.0491	77	模式（pattern）	0.0631
92	案例（case）	0.0444	98	三者（three）	0.0590
52	相关（relat）	0.0390	101	类型（type）	0.0431
18	数据（data）	0.0336	786	特征（characterist）	0.0321
3289	顺序（order）	0.0298	2851	材料（materi）	0.0301
2011	已有（given）	0.0288	2485	研究（investig）	0.0254
1245	确定（defin）	0.0286	1249	度（degre）	0.0212
65	生成（gener）	0.0252	4464	学生（student）	0.0187

图 5-13　较为模糊的主题标签

根据以上过程和标准，分别对作者主题模型所发现的 50 个主题赋予主题标签。表 5-3 列出了计量学数据集的 50 个潜在研究主题及其主题标签。进一步分析发现，作者主题模型所识别出的主题中大部分都明确揭示计量学领域的研究对象，如主题 11"信息分布规律"、主题 28"引证研究"等。同时，还有一部分主题是指计量学研究过程中所使用的方法，如主题 21"定性评价"、主题 36"定量评价"等。另外，还包含少量拥有较泛概念内涵的主题，如主题 38"研究"，该主题泛指与科学研究相关的内容，包括领域、产出、项目等，相较于其他研究主题而言，内涵并不十分明确。

表 5-3　计量学数据集的 50 个潜在研究主题及其主题标签

主题序号	主题标签	主题序号	主题标签	主题序号	主题标签
0	共现与图谱分析	4	同行评审	8	系统开发与分析
1	群组及关系	5	数据库文献	9	政策与经济的影响分析
2	国家等地理	6	科学领域、活动	10	专利技术创新
3	图书馆信息	7	基于文本和图的算法	11	信息分布规律

续表

主题序号	主题标签	主题序号	主题标签	主题序号	主题标签
12	评价指数	25	学科研究	38	研究（领域、产出、项目）
13	词项、集合、原理等	26	知识管理	39	互联网链接
14	趋势研究	27	学术、学科分析	40	计数与相关性
15	中国相关	28	引证研究	41	学术交流
16	文献信息及内容	29	排名	42	科学家生产力
17	出版物	30	基于论文的发现	43	方法
18	模式、类型、特征研究	31	网络结构	44	模型
19	不同领域对比	32	文献	45	跨地区合作
20	指标与绩效	33	论文时间与周期	46	分析方法
21	定性评价	34	学术数据	47	出版与资助的变化
22	期刊研究	35	影响因子	48	级别与效果
23	作者相关	36	定量评价	49	科学计量研究（狭义）
24	机构的科学研究	37	文献计量分析		

　　尽管主题标签能够在较大程度上揭示该主题的内容，但主题标签本身的内涵与该主题的内涵存在着一定的差别，主题标签仅起到部分描述作用，表明该主题与主题标签相关，而不是主题标签本身。通过定性分析计量学数据集，作者主题模型所发现的 50 个潜在研究主题能够较为准确地揭示计量学领域的主题结构。

　　2）主题的论文数统计

　　论文的主题分布是根据该论文所有作者的主题分布计算得到的。以论文 108 为例，其标题为"Patent activity analysis of vibration-reduction control technology in high-speed railway vehicle systems in China"（《中国高速铁路车辆系统减振控制技术专利活动分析》），该论文由两位作者撰写，分别是作者 538 "Zhang，F"和作者 539 "Zhang，X"。将两位作者的主题概率分布均等混合后得到论文的主题分布。需要注意的是，混合分布不筛选作者的主题概率分布，而是在使用所有主题计算混合分布后再截取论文的主题分布。最终，论文 108 的 4 个主题及其概率分别为：主题 10 "专利技术创新"（概率值为 0.1138）、主题 20 "指标与绩效"（概率值为 0.0393）、主题 26 "知识管理"（概率值为 0.0349）和主题 43 "方法"（概率值为 0.0401）。依据此方法，确定所有论文的主题归属。

　　在对论文的主题归属进行划分后，统计得到每个研究主题的论文数量。图 5-14 展示了 50 个研究主题的论文数量，由该图可知，不同主题的论文数量存在较大差别，主题的论文数量从某种角度体现了主题的热度。例如，主题 22 "期刊研究"总共有

817 篇论文涉及该方面的研究内容，占计量学数据集总论文数量（6659 篇）的比重超过 10%，表明"期刊研究"这一主题是计量学研究中的一项较为重要的、研究较多的领域。主题 19 "不同领域对比"所涉及的论文数量为 405 篇，该研究主题不如"期刊研究"那么热门，成果相对较少。由于论文的主题划分来源于概率方法，同一论文事实上是被模糊划分到研究主题中的，主题的论文数之和不等于数据集论文总数。

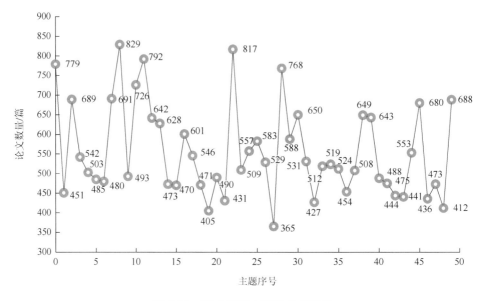

图 5-14　50 个研究主题的论文数量

3）主题的作者数量分布

在分析作者的主题数量时，存在一个直观认识：作者研究经历越丰富，发表的研究成果越多，该作者感兴趣的主题越多。在该假设的基础上，划分作者归属的研究主题时，高产作者所对应的主题应当多于低产作者。为验证这一假设的合理性，下面分别选择一部分高产作者和低产作者进行定性分析。

针对高产作者，选择序号为 222 的作者"Rousseau，R"进行分析。该作者共发文 108 篇，表 5-4 列出了他的概率值排序在前 10 的主题及代表性论文。从该表中可以看出这 10 个主题几乎都是这位杰出学者的研究范围，如"基于论文的发现""计数与相关性""评价指数"等均与他在计量评价指数方面的研究造诣相关。从主题的概率值来看，不同主题之间的概率值差别并不大。与此类似，经过分析，了解到其他高产作者也拥有较多数量的研究主题。例如，序号为 1364 的作者"Glanzel，W"共发文 124 篇，其研究主题涉及主题 44 "模型"、主题 45 "跨地区合作"、主题 41 "学术交流"等，不同主题之间的概率值差异也较小。

表 5-4　作者 222 "Rousseau，R" 的 Top10 主题及代表性论文

主题序号	主题标签	概率值	代表性论文
30	基于论文的发现	0.0616	The influence of missing publications on the Hirsch index
40	计数与相关性	0.0477	Basic properties of both percentile rank scores and the I3 indicator
12	评价指数	0.0367	The influence of missing publications on the Hirsch index
17	出版物	0.0334	Updating the journal impact factor or total overhaul？
7	基于文本和图的算法	0.0315	A rhythm indicator for science and the rhythm of *Science*
2	国家等地理	0.0299	Scientific research in the Indian subcontinent：selected trends and indicators 1973-2007 comparing Bangladesh，Pakistan and Sri Lanka with India，the local giant
11	信息分布规律	0.0296	Zipf data on the frequency of Chinese words revisited
32	文献	0.0294	Percolation as a model for informetric distributions：Fragment size distribution characterised by Bradford curves
0	共现与图谱分析	0.0284	A visual representation of relative first-citation times
39	互联网链接	0.0282	Lattices in citation networks：an investigation into the structure of citation graphs

　　针对低产作者，选取序号为 1609 的作者 "Ferligoj，A" 进行分析，如表 5-5 所示。该学者在数据集中共有两篇论文，从主题标签和摘要来看，主要研究内容与作者合作网络相关。作者主题模型发现的主题标签主要包括主题 19 "不同领域对比"、主题 47 "出版与资助的变化"、主题 33 "论文时间与周期"、主题 1 "群组及关系" 等。从内容的相关度来看，这几方面都与该作者的论文存在关系。例如，该作者的两篇论文都与合作关系研究内容相关，涉及主题 1 "群组及关系" 方面的内容。主题 15 "中国相关" 在这两篇论文中体现较少。可以认为作者的概率值排序在前几的主题能较好地揭示作者的研究主题，而概率值排序较靠后的主题与作者的研究主题的相关性较小。因此，对于低产作者而言，选择较少的主题数量更为合理。

表 5-5　作者 1609 "Ferligoj，A" 的主题及论文

主题序号	主题标签	概率值	论文
19	不同领域对比	0.0968	1. Collaboration structures in Slovenian scientific communities
47	出版与资助的变化	0.0806	2. Blockmodeling of co-authorship networks in library and information science in Argentina：a case study
33	论文时间与周期	0.0484	
1	群组及关系	0.0484	
15	中国相关	0.0403	

基于以上分析，在确定作者的主题归属时，采用如下函数来确定作者的主题数：

$$\delta(D_a) = \log_2(D_a + 1) + 4 \tag{5-12}$$

其中，D_a 为作者 a 的论文数量。

在作者主题归属划分的基础上，得到每个主题的作者列表，从而统计主题的作者数量。图 5-15 展示了研究主题的作者数量分布。从该图中可以看出，部分主题的作者数量较多，是热门研究主题。例如，主题 8 "系统开发与分析"有 1175 个作者，主题 22 "期刊研究"有 1149 个作者，这些都属于研究较多的热门主题。

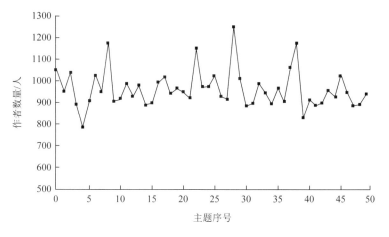

图 5-15　研究主题的作者数量分布

针对计量学数据集，首先运用作者主题模型识别出研究主题及其作者和论文，为每一个研究主题构建主题科研合作网络，其次运用主题科研社群识别算法识别主题科研社群。

5.6.3　主题科研合作网络构建

利用作者主题模型对文档和作者进行主题分配之后，通过作者的合著关系构建主题科研合作网络。

1. 主题科研合作网络整体结构

50 个主题科研合作网络的节点数、边数等存在差别，表 5-6 列出了 50 个主题科研合作网络主要结构指标的描述性统计,通过该表对 50 个主题科研合作网络规模进行大致了解。50 个主题科研合作网络中最少节点数为 787 个,最多节点数为 1250 个,平均节点数为 962.68 个,标准差为 87.57,可以看出主题科研合作网络的节点数差异并不大。从边来看,最少边数为 119 条,最多边数为 385 条,平均值为 220.70,标准差为 73.24,标准差几乎为平均值的 1/3,即不同研究主题中科研合作发生的频次差异相对较大。主题科研合作网络的边权重代表两个作者在该主题范围内合作的论文数,该指标最小值为 1,最大值为 36,表明合作者最多共合著 36 篇论文,而平均值为 1.23,表明整体而言作者之间的合作次数较少。从密度来看,主题科研合作网络密度都非常小,平均密度仅为 4.73×10^{-4}。因此,从整体来看,在研究主题内部,不同作者之间的科研合作非常稀疏。

表 5-6　50 个主题科研合作网络主要结构指标的描述性统计

指标	最小值	最大值	平均值	标准差
节点	787	1250	962.68	87.57
边	119	385	220.70	73.24
边权重	1	36	1.23	1.03
密度	1.74×10^{-4}	8.89×10^{-4}	4.73×10^{-4}	1.57×10^{-4}

2. 主题科研合作网络连通图分布

下面选取主题 12"评价指数"的主题科研合作网络进行示例分析。该主题共包含 931 个作者,642 篇论文,其中主题作者共合著 460 次,绘制的主题科研合作网络参见图 5-16。在该图中,存在大量彼此连通的子网络(连通图),这些连通图被认为是主题科研社群。同时还观察到只有少数连通图节点数量较多,大量连通图仅包含 2~3 个节点,另外还存在许多独立的节点(位于图的下面部分)。较多主题科研社群密度比较大,如图 5-16 中所标示的 C12_112 和 C12_27 两个主题科研社群,而 C12_0 这一主题科研社群节点数量较多、密度相对较小。关于主题科研社群的统计特征将在后文进一步阐述。

通过观察 50 个主题的主题科研合作网络发现,以下现象具有普遍性:主题科研合作网络内部存在多个连通图,仅少数连通图的规模(即节点数量)较大,多数连通图仅包含 2~3 个节点,同时存在大量独立节点,与主题内部其他作者无合著关系。重点关注由多个节点组成的连通图,认为这些连通图即是主题科研社群。这种主题科研社群结构是超越单个节点结构而涌现出的更高层次的中观网络结构。单个节点具有较大的随机性,而上述涌现出的结构则更为稳定。

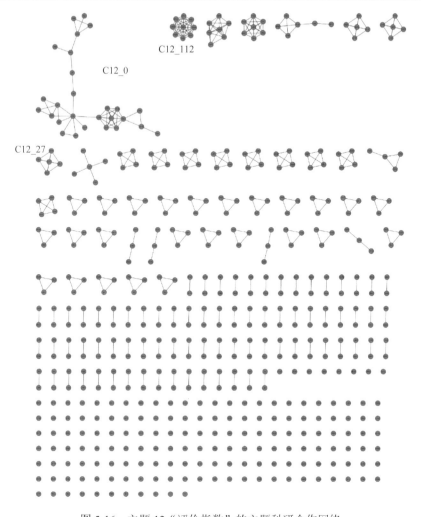

图 5-16　主题 12 "评价指数" 的主题科研合作网络

3. 主题科研合作网络的度分布

在学科层次或者整个科学系统层次的科研合作网络具有服从幂律分布现象，表现出科研合作的 "优先连接" 机制，即科研人员倾向于与那些拥有较多合作者的科研人员开展科研合作（Barabási et al.，2002；Abbasi et al.，2012）。那么在研究主题范围内，拥有较多合作者的科研人员是否也能吸引到更多的科研人员共同合作呢？针对这一问题，考察计量学中 50 个研究主题的主题科研合作网络中的度分布是否具有幂律分布规律。本案例采用 Clauset 等（2009）提出的 KS（Kolmogorov-Smirnov，科尔莫戈罗夫–斯米尔诺夫检验）统计量和极大似然估计方法对 50 个主题科研合作网络的度分布进行幂律分布函数拟合，该方法是一种较为严格的拟合方法，比常用的最小二乘法更加准确。该方法拟合结果中，三个重要的参数分别为：xMin，表示数据满足服从幂律分布条件的最小值，即只有那些度大于该值的节点才被认为服从幂律分布；α，为幂律的指数参数；p 值，为拟合分布与幂律分布的差异值的显著性，用于衡量拟合效果，一般认为该值小于 0.05 时，才能接受网络节点度服从幂律分布的假设。

经过 50 个主题科研合作网络的幂律分布拟合发现，仅 13 个主题科研合作网络的节点度服从幂律分布，参见表 5-7。其中 xMin 值为 2，表明大于 2 的节点度服从幂律分布。节点度服从幂律分布的主题科研合作网络仅占所有主题科研合作网络的 26%，比例较低。因此，可以认为节点度的幂律分布规律并不是研究主题层次的主题科研合作网络的基本规律。

表 5-7　节点度服从幂律分布的主题科研社群

主题科研社群	xMin	α	p 值
0	2	3.00	0.0310
1	2	3.50	0.0440
5	2	3.50	0.0246
13	2	3.50	0.0216
26	2	3.50	0.0485
28	2	3.50	0.0396
29	2	3.17	0.0476
34	2	3.07	0.0464
37	2	3.50	0.0317
38	2	3.50	0.0338
40	2	3.19	0.0365
41	2	3.50	0.0492
44	2	3.09	0.0439

整体来看，在部分主题中科研人员之间的科研合作分布呈幂律分布，科研人员具有一定的与那些拥有较多合作者的研究人员开展合作的倾向。然而，除此以外，多数主题科研合作网络未表现出幂律分布规律，网络中存在大量度为 1 或 2 的节点，但较难出现度数较大的节点。在研究主题层次，科研人员合作打破了优先连接机制，可能有更多其他因素影响科研合作。从图 5-16 来看，网络中存在大量的连通图，这些连通图即主题科研社群，一种可能的解释是：这种连通图结构使得网络高度分散，而仅有一个个中观群体相互独立地存在着。研究主题内的科研合作更有可能发生在群体内部，这种有限的选择性使得优先连接机制在研究主题层次较少出现。

5.6.4　主题科研社群识别

运用本章提出的主题科研社群识别算法，共在 50 个研究主题中发现了 5110 个主题科研社群。50 个研究主题的主题科研社群数见表 5-8。由该表可以看出，每个研究主题的主题科研社群数均较大，范围在 66～157。

表 5-8　50 个研究主题的主题科研社群数

主题序号	主题科研社群数/个	主题序号	主题科研社群数/个	主题序号	主题科研社群数/个	主题序号	主题科研社群数/个	主题序号	主题科研社群数/个
0	147	10	157	20	101	30	71	40	90
1	90	11	127	21	85	31	108	41	75
2	155	12	126	22	148	32	103	42	98
3	108	13	83	23	124	33	86	43	94
4	89	14	66	24	125	34	109	44	74
5	95	15	122	25	110	35	117	45	149
6	96	16	101	26	100	36	80	46	69
7	115	17	104	27	74	37	80	47	74
8	84	18	87	28	157	38	115	48	87
9	72	19	74	29	111	39	123	49	75

下面以主题 12 "评价指数" 中的主题科研社群 C12_41 为例进行分析。该主题科研社群共有 7 位成员，其网络模型参见图 5-17。节点包含了作者名与地区的信息。主题科研社群中的 7 位成员之间共同撰写论文 2 篇，形成 19 频次的科研合作关系。其原因在于这 2 篇论文的作者数量较多，且多数被识别为主题 12 的成员，故作者之间由于合著关系而形成主题科研社群。

5.6.5　主题科研社群特征分析

1. 与全局科研社群结构对比

主题科研合作网络中的主题科研社群与学科范围全局科研合作网络的科研社群结构存在差别。表 5-9 列出了计量学数据集中主题科研合作网络与斯洛文尼亚的作者合作网络、合成化学学科作者合作网络以及实验物理化学作者合作网络的主题科研社群结构对比。不同作者合作网络所采用的科研社群网络划分方法不同，后三者所采用的方法比本书使用的方法更为严格，不仅限定在同一子

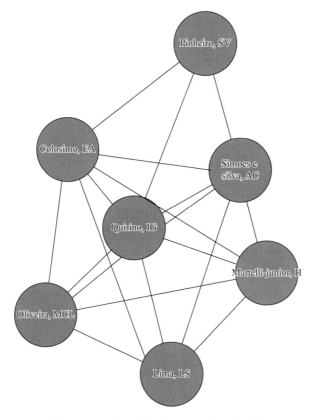

图 5-17　主题科研社群 C12_41 的网络模型

网内，还对子网间的联系进行区分，即同一子网可能还会被划分成多个科研社群。从该表中可以观察到，综合考虑科研合作网络的节点数与主题科研社群数，尽管科研社群发现算法不同，主题科研合作网络中的主题科研社群数量整体多于全局科研合作网络中的主题科研社群数量。由此推之，研究主题的科研合作网络是全局科研合作网络的一种语义分面结构，在其内部拥有更多数量的主题科研社群，在多个主题科研社群之上涌现出全局科研合作网络的科研社群结构。

表 5-9　主题科研合作网络与全局科研合作网络的科研社群结构对比

网络指标	主题科研合作网络（平均）	斯洛文尼亚的作者合作网络（Lužar et al.，2014）	合成化学学科作者合作网络（Velden and Lagoze，2013）	实验物理化学作者合作网络（Velden and Lagoze，2013）
节点数	264	12 609	6 645	33 203
社群数	102	689	532	2 086
平均成员数	2.59	18.30	12.49	15.92

注：Velden 和 Lagoze（2013）使用的是最大连通图数据

为探索全局层次的科研社群是否是主题科研社群所涌现出的结构，下面将主题科研社群与计量学数据集的全局科研社群进行对比分析。首先，建立全局科研合作网络，共包括 8106 个与其他节点相连的科研人员（节点），10 408 条边，表明 9060 个科研人员中有 954 个科研人员未与其他科研人员建立科研合作关系。其次，采用 Louvain 算法（Blondel et al.，2008）对全局科研合作网络进行社群识别，共得到成员数大于等于 2 的科研社群 1674 个，954 个科研人员孤立在科研社群之外。该数据集中 50 个研究主题的主题科研社群总数为 5110 个，表明全局科研合作网络中的科研社群数量少于主题科研社群数量。

图 5-18 展示了全局科研社群 1771 及其相对应的主题科研社群。从该图中可以看到，全局科研社群 1771 共有 10 位科研人员，与之相关联的主题科研社群有 4 个：主题 22 中的主题科研社群 C22_129、主题 0 中的主题科研社群 C0_124、主题 37 中的主题科研社群 C37_39 和主题 13 中的主题科研社群 C13_42。主题 22 中的主题科研社群 C22_129 和主题 0 中的主题科研社群 C0_124 均由科研人员 6924 和 6925 组成。主题 37 中的主题科研社群 C37_39 和主题 13 中的主题科研社群 C13_42 均由科研人员 3591 和 3592 组成。全局科研社群 1771 中的 4 位成员在 4 个研究主题中形成了主题科研社群，全局科研社群 1771 中的其他 6 位成员并未能成为主题科研社群成员。全局科研社群 1771 是在以上 4 个主题科研社群基础之上涌现出来的，在涌现过程中引入了其他科研人员。在全局科研社群中可以找到更多其他类似的例子。因此，传统的科研社群结构相较于主题

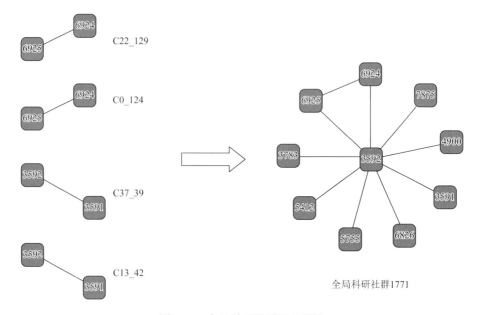

图 5-18　全局科研社群涌现示例

科研社群更加宏观，是在主题科研社群基础之上涌现出的群体结构，而主题科研社群是具有特定语义的更为精细的结构。

2. 主题科研社群的结构特性

表 5-10 针对 5110 个主题科研社群进行了描述性统计。从节点数量来看，主题科研社群最少有 2 个节点，最多有 27 个节点，平均节点数为 2.58 个，标准差为 1.41，表明整体来看主题科研社群的节点数量均较少，即在主题范围内彼此开展合作的科研社群规模都较小。与全局科研合作网络中的科研社群规模相比，主题科研社群的规模显得要小很多（表 5-9）。主题科研社群由彼此相互连通的成员节点组成，最大连通图中仅含有 27 个节点，而一般科研合作网络中的最大连通图往往拥有整个网络中较大比例的节点（Newman，2001），由此看出，主题科研社群对原有科研合作网络进行了主题分面，从而将整体的网络打散了。从边和密度来看，主题科研社群的平均网络规模较小，但密度较大，平均密度达到了 0.95，最大密度达到了 1.00，表明主题科研社群中存在大量的完全图，所有节点之间彼此连接。与主题科研合作网络的统计数据相比（表 5-9），主题科研社群内部密度远大于主题科研合作网络密度，也大于一般科研合作网络密度（Newman and Girvan，2004）。由此可知，主题科研社群是一种从科研合作网络内部涌现出的中观群体结构，在主题科研社群内，社群成员之间的合作非常紧密。

表 5-10　主题科研社群的描述性统计

指标	最小值	最大值	平均数	标准差
节点	2	27	2.58	1.41
边	1	48	2.12	2.71
边权重	1	36	1.23	1.03
密度	0.11	1.00	0.95	0.13

3. 主题科研社群贡献分析

与研究主题中的孤立科研人员不同，主题科研社群内多个科研人员共同合作，充分利用智力资源和科研资源，主题科研社群成为研究主题的重要贡献力量。主题科研社群成员占研究主题总成员的比重（成员占比）可以反映主题科研社群的智力优势；主题科研社群论文数占研究主题总论文数的比重（成果占比），可以反映主题科研社群的成果优势。图 5-19 列出了 50 个研究主题中主题科研社群的成员占比及成果占比。从该图中可以观察到，主题科研社群成员数量一般占到该研究主题中科研人员数量的 10%～30%，而主题科研社群的成果占比达到了 30%～

65%。通过对比两者发现，由少数科研人员组成的主题科研社群拥有较强的生产力，创造了研究主题中相当比重的研究成果。

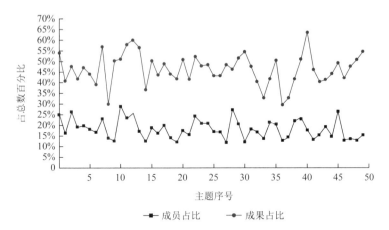

图 5-19　50 个研究主题中主题科研社群的成员占比及成果占比

图5-20进一步对研究主题中科研人员的平均生产率和主题科研社群中科研人员的平均生产率进行对比。科研人员生产率是指科研人员平均发表论文数量。在该图中正方形点线代表研究主题中科研人员的平均生产率，圆点线代表主题科研社群中科研人员的平均生产率，而菱形虚线代表主题科研社群中科研人员的平均生产率相较于研究主题中科研人员的平均生产率的提升幅度，即提升百分比。从该

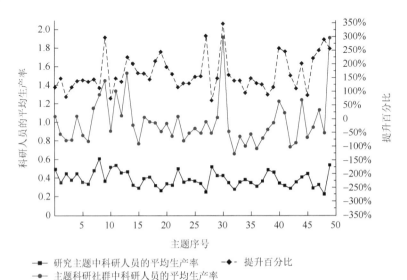

图 5-20　研究主题中科研人员的平均生产率与主题科研社群中科研人员的平均生产率对比

图中看出，主题科研社群中科研人员的平均生产率普遍高于研究主题中科研人员的平均生产率，且主题科研社群中科研人员的生产率相较于研究主题整体层次的科研人员的生产率普遍有非常大幅度的提升，50 个研究主题中有 44 个研究主题提升幅度大于100%。以上分析表明，作为一种科研组织模式，主题科研社群能够有效聚集和利用科研资源，提升科研人员的生产率，使其创造出更多的科学成果，主题科研社群已成为科学研究的重要力量。

4. 主题科研社群成员跨主题分析

作者参与的研究主题数量与作者撰写的论文数量相关，本案例在确定作者的主题归属度时采取一种启发式的方法。在这种假设下，作者可能与其他科研人员共同合作，成为多个研究主题中的主题科研社群成员，也有可能在研究主题内部孤立存在而不成为主题科研社群成员。以作者 723 "Schubert，A" 为例，该作者共参与 11 个研究主题，在每一个研究主题中该作者均成为主题科研社群中的成员。

图 5-21 为作者主题数与作者参与的主题科研社群数散点图，展示作者参与的主题数量与作者所属的主题科研社群数量之间的关系。横轴表示作者主题数，纵轴表示作者参与的主题科研社群数，即作者在多少个研究主题中成为主题科研社群的成员，散点大小表示对应该主题科研社群数的作者占横轴所示主题数的总作者的比例。在该图中，作者主题数大于或者等于 5，这一现象来源于实验中对参数 δ 的设置。该图仅在右下半角中存在离散点，表示作者参与的主题科研社群数量小于作者参与的研究主题数量；位于对角线下方的离散点，表明部分作者并不是在所有参与的研究主题中均参与了主题科研社群。当作者主题数为 5 或者 6 时，没

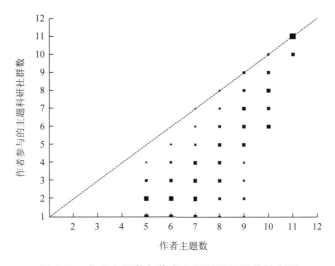

图 5-21　作者主题数与作者主题科研社群数散点图

有离散点位于对角线上，作者主题数较少时，较难在所有的主题中均参与主题科研社群。同时观察到，当作者主题数为 10 或者 11 时，离散点存在于对角线附近，作者参与的主题科研社群数均较多，未出现作者参与研究主题较多而仅成为少量主题科研社群成员的情况。同时，从作者数占比来看，低产作者参与的主题科研社群数值偏低，更倾向于参与少数主题科研社群，而高产作者参与的主题科研社群数值更高，倾向于参与多个主题科研社群。这一现象表明，活跃于多个研究主题的高产作者往往也较容易与其他科研人员进行科研合作，从而形成主题科研社群结构。

本章参考文献

安璐，余传明，董丽，等. 2014. 科研机构对新兴主题的贡献度可视化研究：以中美图情科研机构为例. 图书情报工作，58（13）：68-74.

曹树金，陈忆金. 2011. 美国图书馆学博士学位论文的研究主题及研究方法分析. 图书情报知识，（5）：28-33.

程齐凯，王晓光. 2013. 一种基于共词网络社区的科研主题演化分析框架. 图书情报工作，57（8）：91-96.

党亚茹. 1999. 基于主题分布的中国图书馆学文献计量分析. 图书与情报，（4）：45-47.

冯璐，冷伏海. 2006. 共词分析方法理论进展. 中国图书馆学报，（2）：88-92.

葛菲，谭宗颖. 2013. 学科领域主题新兴趋势探测方法研究：基于关键词生命周期和引文分析. 情报理论与实践，36（9）：78-82.

郭国庆，夏际平. 1993. 内燃机专业文献的分析研究. 情报学刊，（1）：24-28.

贺亮，李芳. 2012. 基于话题模型的科技文献话题发现和趋势分析. 中文信息学报，26（2）：109-115.

李文兰，杨祖国. 2005. 情报学研究主题分布的文献计量学分析. 情报科学，（3）：396-400.

马秀敏. 2011. 中国典型管理期刊文献主题发现与演化分析. 大连：大连理工大学.

乔文明，索大武. 2002. 基于主题分布的我国情报学文献计量分析. 情报理论与实践，25（2）：108-111.

邱均平. 1991. 中美图书情报研究主题趋势的比较分析. 图书情报工作，（5）：25-31，47.

唐杰，宫继兵，刘柳，等. 2011. 基于话题模型的学术社会网络建模及应用. 中国科技论文在线，6（1）：25-31.

田鹏，王伟军，甘春梅. 2012. 国内外 Web2.0 环境下知识共享研究主题分析：基于共词分析法的研究. 情报科学，30（1）：125-131.

汪小帆，李翔，陈关荣. 2006. 复杂网络理论及其应用. 北京：清华大学出版社.

王朝飞，王凯. 2010. 主题模型在数字图书馆 Web 服务中的应用. 情报理论与实践，33（2）：118-120，123.

王金龙，徐从富，耿雪玉. 2009. 基于概率图模型的科研文献主题演化研究. 情报学报，28（3）：347-355.

王萍. 2011. 基于概率主题模型的文献知识挖掘. 情报学报，30（6）：583-590.

王知津，李赞梅，谢丽娜. 2010. 国外图书馆学研究生学位论文关键词分析. 中国图书馆学报，36（6）：116-123.

杨祖国，李秋实. 2000. 中国情报学期刊论文篇名词统计与分析. 情报科学，（9）：820-821，840.

叶春蕾，冷伏海. 2013. 基于引文-主题概率模型的科技文献主题识别方法研究. 情报理论与实践，36（9）：100-103.

张勤，马费成. 2007. 国外知识管理研究范式：以共词分析为方法. 管理科学学报，（6）：65-75.

朱梦婳，程齐凯，陆伟. 2012. 基于社会网络的学科主题聚类研究. 情报杂志，31（11）：40-44，39.

朱庆华，彭希羡，刘璇. 2012. 基于共词分析的社会计算领域的研究主题. 情报理论与实践，35（12）：7-11，6.

Abbasi A，Hossain L，Leydesdorff L. 2012. Betweenness centrality as a driver of preferential attachment in the evolution of research collaboration networks. Journal of Informetrics，6（3）：403-412.

Barabási A L，Jeong H，Néda Z，et al. 2002. Evolution of the social network of scientific collaborations. Physica A：Statistical Mechanics and its Applications，311（3/4）：590-614.

Blei D M，Ng A Y，Jordan M I. 2003. Latent Dirichlet allocation. The Journal of Machine Learning Research，3：993-1022.

Bolelli L，Ertekin S，Zhou D，et al. 2009a. Finding topic trends in digital libraries. Austin：The 9th ACM/IEEE-CS Joint Conference on Digital Libraries.

Bolelli L，Ertekin Ş，Giles C L. 2009b. Topic and trend detection in text collections using latent Dirichlet allocation. Toulouse：European Conference on Information Retrieval.

Blondel V D，Guillaume J L，Lambiotte R，et al. 2008. Fast unfolding of communities in large networks. Journal of Statistical Mechanics：Theory and Experiment，2008（10）：P10008.

Boyack K W，Klavans R. 2010. Co-citation analysis，bibliographic coupling，and direct citation：which citation approach represents the research front most accurately？．Journal of the American Society for Information Science and Technology，61（12）：2389-2404.

Boyack K W，Newman D，Duhon R J，et al. 2011. Clustering more than two million biomedical publications：comparing the accuracies of nine text-based similarity approaches. PLOS ONE，6（3）：e18029.

Braam R R，Moed H F，van Raan A F J. 1991a. Mapping of science by combined co-citation and word analysis. I：structural aspects. Journal of the American Society for Information Science，42（4）：233-251.

Braam R R，Moed H F，van Raan A F J. 1991b. Mapping of science by combined co-citation and word analysis. II：dynamical aspects. Journal of the American Society for Information Science，42（4）：252-266.

Callon M，Courtial J P，Turner W A，et al. 1983. From translations to problematic networks：an introduction to co-word analysis. Social Science Information，22（2）：191-235.

Cao J，Xia T，Li J T，et al. 2009. A density-based method for adaptive LDA model selection. Neurocomputing，72（7/8/9）：1775-1781.

Chen C M. 2006. CiteSpace II：detecting and visualizing emerging trends and transient patterns in scientific literature. Journal of the American Society for Information Science and Technology，57（3）：359-377.

Chikhi N F，Rothenburger B，Aussenac-Gilles N. 2008. Combining link and content information for scientific topics discovery. Dayton：2008 20th IEEE International Conference on Tools with Artificial Intelligence.

Clauset A，Shalizi C R，Newman M E J. 2009. Power-law distributions in empirical data. SIAM Review，51（4）：661-703.

D'Angelo C A，Giuffrida C，Abramo G. 2011. A heuristic approach to author name disambiguation in bibliometrics databases for large-scale research assessments. Journal of the American Society for Information Science and Technology，62（2）：257-269.

Deerwester S，Dumais S T，Furnas G W，et al. 1990. Indexing by latent semantic analysis. Journal of the American Society for Information Science，41（6）：391-407.

Ding Y. 2011. Community detection：topological vs. topical. Journal of Informetrics，5（4）：498-514.

Ding Y，Song M，Han J，et al. 2013. Entitymetrics：measuring the impact of entities. PLOS ONE，8（8）：e71416.

Erosheva E，Fienberg S，Lafferty J. 2004. Mixed-membership models of scientific publications. Proceedings of the National Academy of Sciences of the United States of America，101（suppl. 1）：5220-5227.

Glänzel W. 2012. Bibliometric methods for detecting and analysing emerging research topics. El Profesional de la Información，21（2）：194-201.

Garfield E. 2004. Historiographic mapping of knowledge domains literature. Journal of Information Science，30（2）：119-145.

Glänzel W，Thijs B. 2012. Using 'core documents' for detecting and labelling new emerging topics. Scientometrics，91（2）：399-416.

Griffith B C，Small H G，Stonehill J A，et al. 1974. The structure of scientific literatures Ⅱ: toward a macro- and microstructure for science. Social Studies of Science, 4(4): 339-365.

Griffiths T. 2002. Gibbs sampling in the generative model of latent Dirichlet allocation. http://people.cs.umass.edu/~wallach/courses/s11/cmpsci791ss/readings/griffiths02gibbs.pdf[2013-12-02].

Griffiths T L，Steyvers M. 2004. Finding scientific topics. Proceedings of the National Academy of Sciences of the United States of America，101（suppl. 1）：5228-5235.

He Q，Chen B，Pei J，et al. 2009. Detecting topic evolution in scientific literature: how can citations help？. Hong Kong: The 18th ACM Conference on Information and Knowledge Management.

Hofmann T. 1999. Probablistic latent semantic indexing. Berkeley：The 22nd Annual International ACM SIGIR Conference on Research and Development in Information Retrieval.

Hu C P，Hu J M，Gao Y，et al. 2011. A journal co-citation analysis of library and information science in China. Scientometrics，86（3）：657-670.

Jo Y，Lagoze C，Giles C L. 2007. Detecting research topics via the correlation between graphs and texts. San Jose：The 13th ACM SIGKDD International Conference on Knowledge Discovery and Data Mining.

Kessler M M. 1963a. An experimental study of bibliographic coupling between technical papers（Corresp.）. IEEE Transactions on Information Theory，9（1）：49-51.

Kessler M M. 1963b. Bibliographic coupling between scientific papers. American Documentation，14（1）：10-25.

Kessler M M. 1965. Comparison of the results of bibliographic coupling and analytic subject indexing. American Documentation，16（3）：223-233.

Leydesdorff L. 2004. Clusters and maps of science journals based on bi-connected graphs in the journal citation reports. Journal of Documentation，60（4）：371-427.

Leydesdorff L，Carley S，Rafols I. 2013. Global maps of science based on the new Web-of-Science categories. Scientometrics，94（2）：589-593.

Li D F，Ding Y，Shuai X，et al. 2012. Adding community and dynamic to topic models. Journal of Informetrics，6（2）：237-253.

Liu W L，Islamaj Doğan R，Kim S，et al. 2014. Author name disambiguation for PubMed. Journal of the Association for Information Science and Technology，65（4）：765-781.

Lu K，Wolfram D. 2010. Geographic characteristics of the growth of informetrics literature 1987-2008. Journal of Informetrics，4（4）：591-601.

Lužar B，Levnajić Z，Povh J，et al. 2014. Community structure and the evolution of interdisciplinarity in Slovenia's scientific collaboration network. PLOS ONE，9（4）：94429.

Minka T P. 2001. Expectation propagation for approximate Bayesian inference//Breese J，Koller D. The Seventeenth Conference on Uncertainty in Artificial Intelligence. Seattle：Morgan Kaufmann Publishers Inc：362-369.

Newman M E J. 2001. The structure of scientific collaboration networks. Proceedings of the National Academy of Sciences of the United States of America，98（2）：404-409.

Newman M E J，Girvan M. 2004. Finding and evaluating community structure in networks. Physical Review E，69（2）：026113.

Puthiya Parambath S A. 2012. Topic extraction and bundling of related scientific articles. https://arxiv.org/pdf/1212.5423.pdf[2018-11-16].

Radicchi F，Castellano C，Cecconi F，et al. 2004. Defining and identifying communities in networks. Proceedings of the National Academy of Sciences of the United States of America，101（9）：2658-2663.

Rosen-Zvi M，Chemudugunta C，Griffiths T，et al. 2010. Learning author-topic models from text corpora. ACM Transactions on Information Systems，28（1）：1-38.

Rosen-Zvi M，Griffiths T，Steyvers M，et al. 2004. The author-topic model for authors and documents. Banff：The 20th Conference on Uncertainty in Artificial Intelligence.

Rosen-Zvi M，Griffiths T，Steyvers M，et al. 2012. The author-topic model for authors and documents. https://arxiv.org/abs/1207.4169[2024-04-10].

Scharnhorst A，Börner K，van den Besselaar P. 2012. Models of Science Dynamics：Encounters Between Complexity Theory and Information Sciences. Berlin：Springer.

Small H. 1973. Co-citation in the scientific literature：a new measure of the relationship between two documents. Journal of the Association for Information Science and Technology，24（4）：265-269.

Small H. 2006. Tracking and predicting growth areas in science. Scientometrics，68（3）：595-610.

Smalheiser N R，Torvik V I. 2009. Author name disambiguation. Annual Review of Information Science and Technology，43：1-43.

Steyvers M，Smyth P，Rosen-Zvi M，et al. 2004. Probabilistic author-topic models for information discovery. Seattle：The Tenth ACM SIGKDD International Conference on Knowledge Discovery and Data Mining.

Tang J，Zhang J，Yao L M，et al. 2008. ArnetMiner：extraction and mining of academic social networks. Las Vegas：The 14th ACM SIGKDD International Conference on Knowledge Discovery and Data Mining.

van den Besselaar P，Heimeriks G. 2006. Mapping research topics using word-reference co-occurrences：a method and an exploratory case study. Scientometrics，68（3）：377-393.

Velden T，Lagoze C. 2013. The extraction of community structures from publication networks to support ethnographic observations of field differences in scientific communication. Journal of the American Society for Information Science and Technology，64（12）：2405-2427.

White H D，Griffith B C. 1981. Author cocitation：a literature measure of intellectual structure. Journal of the American Society for Information Science，32（3）：163-171.

White H D，McCain K W. 1998. Visualizing a discipline: an author co-citation analysis of information science，1972-1995. Journal of the American Society for Information Science，49（4）：327-355.

Yan E J，Ding Y，Jacob E K. 2012. Overlaying communities and topics：an analysis on publication networks. Scientometrics，90（2）：499-513.

第6章 主题科研社群演化

6.1 科 学 演 化

6.1.1 科学增长的数值规律

近代以来，人们越来越清楚地感受到科学在不断发展，并尝试通过各种方法来发现科学发展的底层规律。除了对科学发展进行定性认识外，最近几十年研究人员开始尝试使用定量方法进行统计分析，揭示科学发展过程中的数学规律。利用定量方法对科学的增长进行研究，首先需要选择可统计的对象，在科学计量学中这种统计对象被称为科学指标。常用的科学指标主要包括科学活动的投入和产出两方面。在科学活动的投入方面包括科学家人数、科研资助经费等，在科学活动的产出方面包括学科创建数、科研成果数、成果使用数、科技奖励数、科学知识等。特别是在学术期刊的数字化和大量学术数据库的"努力"下，诸如论文、著作等信息更容易获取和统计，出现了大规模统计和分析科学增长规律的研究，自18世纪至今，科学增长速度不断加快（Bornmann and Mutz, 2015; Evans, 2013）。那么科学增长过程中科学指标是否随着时间的变化而表现出一定的规律？答案是肯定的。通过统计分析发现的数值规律主要包括普赖斯指数增长规律、逻辑增长规律和其他科学增长数值模型。

1. 普赖斯指数增长规律

最早对科学增长进行研究的是美国科学家普赖斯，他在分析科学增长中的数学规律后提出科学增长具有指数增长规律。普赖斯的这一发现来源于他在文献整理过程中的一次偶然观察。1949年普赖斯在新加坡任教时，其中有一项小任务是保管一整套1662～1930年的《伦敦皇家学会哲学论坛》文献。他将这套书每十年一叠地放在书架上，按年代排序后观察发现，书的高度表现出了较好的指数曲线规律。此后，普赖斯尝试在更多领域寻找指数增长的证据。他在自己的经典著作《小科学，大科学》一书中，对科学革命以后的三百余年科学发展进程进行分析，选择科学家人数、科学成果等作为统计指标，从数量上分析计算，发现科学总量是以每15年增加一倍的速度发展的，科学在增长过程中表现出指数增长规律（de Solla Price, 1963）。通过对学术期刊数、论文数、科学家人数、引证数等多种指标及多个领域的定量分析，普赖斯进一步印证了这种指数增长规律。普赖斯的这种方法是对传统科学社会学研究方法的重大突破，他变革性地采取全新的数理统计方法来研究科研自身的发展规律。

普赖斯指数增长规律可以表达为

$$\frac{\mathrm{d}F(t)}{\mathrm{d}t} = bF(t) \tag{6-1}$$

其中，$F(t)$ 为 t 时的科学指标的累积量；b 为科学指标的持续增长率。一般而言，针对时间 t 采用时段统计，如按 1 年或 10 年等。式（6-1）说明，后一时段的累积量与前面所有时段的累积量有关。从哲学意义上讲，科学的发展是建立在以往科学研究的基础上的，因此科学增长的这种逻辑型规律在哲理和数理上均是合理的（冯之浚，1983）。

对式（6-1）求积分，可以得到典型的指数增长函数：

$$F(t) = ae^{bt} \tag{6-2}$$

其中，$a = F(0)$ 为初始统计时的科学指标量。相应的指数增长曲线如图 6-1 所示。在指数增长规律中，常考察科学指标量增长一倍所用的时间，即增长周期。

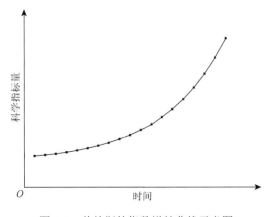

图 6-1　普赖斯的指数增长曲线示意图

根据式（6-2），可求得增长周期为

$$\ln\frac{2}{b} \tag{6-3}$$

2. 逻辑增长规律

普赖斯的指数增长函数认为科学发展过程遵从单一的规律，而针对具体研究领域、研究方向，科学增长在不同时间会表现出不同的发展速度。另一种广为接受的增长规律符合逻辑增长曲线（弗勒杜茨-纳里莫夫逻辑曲线）（匡华，1988b），它被认为揭示了科学发展的基础结构（Braun et al.，1987）。在该曲线中，科学增长并不是一直以相同的指数增长函数保持增长的，在不同的科学发展阶段增长速度存在差异。逻辑增长函数可以表达为

$$F(t) = \frac{K}{1+a\mathrm{e}^{-bt}}$$　　　　　　　　　　（6-4）

其中，K 为达到饱和时的科学指标值。

　　图 6-2 是逻辑增长曲线的一个示例，该曲线呈"S"形。相较于指数增长函数而言，逻辑增长函数中包含多个增长阶段，同时科学指标增长还会达到饱和值上限。在该图中，第一阶段为初始增长阶段，该阶段中科学发展速度较慢，处于初探期，研究成果增长较慢；第二阶段为爆发阶段，科学取得突破性进展，研究成果层出不穷，表现为指数型增长；第三阶段科学发展逐步成熟，研究成果增长放缓；第四阶段科学领域基本达到饱和，在这阶段可能已爆发科学革命，从而将科学研究转向一个新的阶段。

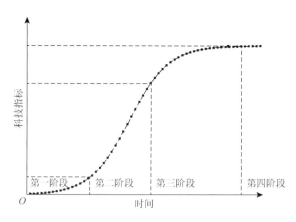

图 6-2　逻辑增长曲线示例

3. 其他科学增长数值模型

　　无论是普赖斯的指数增长曲线，还是逻辑增长曲线，都是从现实数据中观察归纳总结得到的经验规律曲线。其他学者通过对相关研究领域的数据进行观察，对这些经验规律做出了适当的修正，或者提出了新的增长函数模型。例如，赵红州等（1984）认为指数增长具有阶梯性，在不同的发展阶段科学表现出不同水平的指数增长规律。其他修正的规律还有雷歇分级滑动指数模型、吉利亚列夫斯基-施莱德尔超越函数模型、直线增长模型、舍斯托帕尔-布尔曼综合增长模型等（匡

华，1988a，1998b）。与指数增长曲线和逻辑增长曲线不同，雷歇分级滑动指数模型从文献本身的内在因素出发，认为不同质量的文献具有不同的增长速度，将文献按其质量分为四个级别，分别对应不同的指数增长函数。与之类似，吉利亚列夫斯基-施莱德尔超越函数模型利用布拉德福定律识别文献的不同等级来对普赖斯的指数增长曲线进行修正。线性增长模型则发现有些研究领域在特定的时间内是呈现线性增长趋势的，并不是指数型增长。

可以说，每一种增长函数都有其自身的适用范围和局限性。从增长函数本身来看，不同的增长函数本身的增长速度存在着差别，即增长速度本身也是一个变量。在认识到这一点后，苏联情报学家舍斯托帕尔和布尔曼进一步对科学增长函数进行抽象，提出一种科学增长的"总模型"，可以表达为

$$\frac{\mathrm{d}F(t)}{\mathrm{d}t} = q(t)F(t) \tag{6-5}$$

其中，$q(t)$ 为增长速率，它本身也是关于时间 t 的函数，表示科学增长在特定场景下具有特定的增长速率。根据不同的 $q(t)$ 可以得到不同的科学增长规律。例如，若 $q(t) = b$，那么该模型实质上就是普赖斯指数增长函数。舍斯托帕尔-布尔曼综合增长模型是对科学增长的高度概括，但较难根据该模型对具体的科学领域的增长进行实证性分析。

关于科学增长的这些规律函数，有几点值得注意：①一般而言，科学增长规律（如指数增长规律）是经验规律，是从以往数据中观察总结得到的，一般不能用于预测科学的未来增长趋势；②不同的学科和研究领域的科学增长函数以及函数参数可能不同，相互间进行比较意义不大；③在统计周期内，还可以进一步对时间进行细分，科学在相应时间段内可能表现出相似的增长规律，也可能具有不同的增长规律；④注意区分累积型与增量型的科学增长规律，不同类型的科学增长规律具有不同的含义（梁立明，1991）；⑤科学发展遵循指数曲线增长规律，是在一定历史条件下的数量变化，同时也可能揭示出质的变化，但是不能将数量的变化简单地认定为质的变化（杨沛霆和徐纪敏，1982；马来平和宋洁人，1987）。

6.1.2　科学系统中的生命周期规律

科学增长规律探索的是科学指标随着时间的推移而表现出的数值变化规律，而从科学系统内部构成的微观因素考虑，科学个体随着时间的推移也表现出客观发展规律，其中生命周期模型即是一种揭示其中规律的模型。

生命周期概念借鉴于生物学，并在多个学科中均有所应用。纵观各个学科对生命周期概念的使用可以发现，生命周期主要有两种含义，相互之间存在一些差别。第一种生命周期的含义是从独立个体角度进行观察从而确定的。生物学观点

认为，任何具有生命特征的生物个体都会经历生命的诞生、成长、衰老直至死亡的过程（朱晓峰，2004）。生物的生命周期规律是自然界的一种普遍现象。其他学科借鉴生命个体的这种发展过程，应用生命周期模型解释研究对象从无到有、到发展、再到消亡的过程。从自然哲学角度来讲，个体从产生、成长、衰减到灭亡是一种自然界的普遍规律，不仅在生物学中存在，在其他学科所观察的对象中也广泛存在。第二种生命周期的含义借鉴于生物进化理论中生物种群的演化过程。根据生物进化论观点，生物种群经历从少到多的发展期和由多变少的衰退期，同时生物种群演化中的一个重要特征是变异。种群的这种产生、发展、衰退到灭亡的规律，被其他学科借鉴过来，用于观察群体的变化特征，同时种群的变异也被用于解释群体变化。生物学的这种个体生命规律和种群进化规律，被抽象成自然界的普遍哲学规律，适用于多种学科的观察对象。

生命周期方法的研究对象必须具有生命特征（朱晓峰，2004）。从本质上来讲，生命周期是指随着时间的推移，研究对象与世界的关系发生变化，在宇宙中由存到灭的发展过程。具体到科学而言，科学可以被理解为一种具有复杂系统特征的科学社会系统。在该复杂社会系统中，作为系统主体的科研人员及其创造的科学知识是两种重要的系统要素。由科研人员组成的科研团队等组织，是科学社会系统中的特殊"种群"。借助于生物进化论观点，这种群体具有生命周期阶段。科学知识是科学社会系统中的一种重要系统要素，从个体和群体视角均能分析其生命周期。

1. 科研团队的生命周期

科研团队已是现代科学组织中的一种重要形式，是科学系统中推动科学发展的重要动力。当前对科研团队的理解达成了较为一致的共识：科研团队拥有共同的科研目标，团队内部的科研人员各自承担责任、相互沟通并共同工作（井润田等，2011；张海燕等，2006）。作为一种人类组织，科研团队会随着时间的推移或产生、或发展、或终止，即表现出生命周期现象（朱晓峰，2004）。现有的生命周期模型基本都依照科研团队的"建立-发展-成熟-衰退"成长轨迹，对其生命周期的不同阶段进行描绘和解释。学者对不同的生命周期模型往往拥有各自的理解和判断标准，从而使得对生命周期具有不同的描述和定义。Tuckman 和 Jensen（1997）提出的"团队发展五阶段模型"最早揭示了科研团队的生命周期，将其划分为形成期、变革期、规范期、绩效表现期和衰退期等五个团队成长阶段。井润田等（2011）认为科研团队进入成熟期后，存在两种发展方向，一种是团队逐渐失去活力而进入衰退期，另一种则是团队经过变革、再造，而进入蜕变期，即将团队的生命周期划分为初创期、成长期、成熟期、衰退期或蜕变期四个阶段。金辉和钱焱（2006）从团队成员之间的关系角度出发，认为团队建立后会存在内部矛盾频繁出现的情况，解决后才进入规范发展阶段，相应的生命周期模型包括组建期、振荡期、规范期、执行期和解散（dissolve）期。在生命周期的不同阶段，科研团队在领导人职责、管理制度、组织文化、与外部的学术交流等方面均有不同的表现。并不是所有的科研团队都会经历完整的生命周期阶段，团队可能同时经历好多个阶段或者经历发展后回到前面的阶段，甚至跨过中间阶段直接解散（罗宾斯，1997）。

信息技术的迅猛发展，使科研团队的沟通和协作方式产生了巨大改变，通过互联网、远程电视电话等方式组织起来的虚拟科研团队出现，科研团队成员间通过信息技术协作而共同完成科研任务（Zigurs，2003）。这种虚拟科研团队从组织到解散的过程，仍然可以利用生命周期模型进行描述。易明等（2010）从社会网络分析和团队知识分布的角度将虚拟团队的生命周期划分为形成期、震荡期、执行期和解体期四个阶段，并对每个阶段的成员沟通、文化、关系、结构和知识分布特征进行了分析。

以上科研团队的生命周期模型均从单一生命视角分析其成长过程所经历的不同阶段，同时科研团队的一些发展现象也可以从生物进化视角进行解释。在生物进化过程中，会出现新的物种，从而产生种群分支现象。相应地在科研团队发展过程中，亦可能出现科研团队的分化现象，从原有大团队中派生出新的科研团队。科研团队与生物的生命周期模型存在着一些不同，其本身也具有一些独有特征。与生物物种进化所不同的是，新的科研团队成员并不是突变的新成员，而仍然是原有团队中的成员。另外，科研团队还会出现合并现象，即多个团队重组成一个新的团队，这与生物进化也不同。由合作网络识别出的科研社群在演化过程中出现了大量的这种分裂与合并现象（Palla et al.，2007）。

2. 科学知识的生命周期

科学知识是科研人员的科学创新活动结果。科学知识不是具有生命特征的生物体，因此严格来讲，科学知识不具有生命周期，它自从被发现、被认识即一直客观存在于科学系统之中。当前对于科学知识生命周期的理解，亦是将科学知识视为一种复杂自组织系统（Allee，1997），系统内部的组成要素，表现出一些类似于生物体的生命周期特征（孟彬等，2006）。

从本质上来讲，现有关于知识生命周期的讨论，实质上是从知识利用的角度进行阐释，主要论述对象是具有实践应用价值的知识或技术。知识的生命周期是指经过创新活动产生的新知识，知识会经历从加工、存储到应用的过程，并在生产实践中不断接受考察和验证，从而发挥其价值，然而随着新知识的不断涌现，在生产实践中逐渐减少和停止对原有知识的利用，这体现了知识随着时间的推移由产生到消亡的过程（Kim，2003）。在该过程中，知识的生命周期一般会经历产生、加工、存储、应用和老化等几个阶段（孟彬等，2006）。

Anderson 和 Tushman（1990）将这种生命周期理论应用在技术上，针对特定的技术应用领域和生产场景，他们认为新技术产生于技术非连续状态，该阶段往往存在多种技术间的激烈竞争，之后会产生该场景下的主导技术范式，随着技术与生产的矛盾的加大，技术生命周期会逐渐进入变革阶段，直到一个新的非连续技术状态出现。这种观点实际上是从特定生产领域角度来观察技术的更替现象。吴伟伟等（2012）认为就单个技术而言，其自身具有内在发展规律，表现出生命周期的演化趋势，包含技术性能特征的导入期、生长期、成熟期、衰退期。这种技术生命周期理论亦分析一项技术进入和退出市场的整个过程。从技术应用的角度来讲，技术生命周期表现出由萌芽、成长、成熟到衰退的客观发展规律（侯元元，2013）。

3. 生命周期规律与科学增长的数值规律之间的关系

生命周期规律与科学增长的数值规律之间存在着一定的关系。一般而言，在生命周期模型的不同阶段中，科学指标的数值不同，可以根据科学指标的数值变化来定性、定量地界定生命周期阶段。在生命周期的发生期，科学指标数值较小；在成长期，科学指标的数值增长速度变快；在成熟期，科学指标数值达到一定的量，增长速度变慢；直到衰退期，科学指标数值增长趋近于 0。以上过程能够较好地拟合科学增长规律中的逻辑增长曲线，如技术生命周期中的技术"S"形曲线即体现了这样一种技术增长规律（Foster，1986；钟华和邓辉，2012）。基于以上讨论，生命周期规律和科学增长的数值规律均是对科学发展规律进行揭示，所采取的描述方法和揭示角度不同。生命周期规律从科学发展所表现出的客观阶段性和周期性角度进行描述，而科学增长的数值规律强调科学发展现象中的科学指标变化的数学规律。

6.1.3　科学演化过程模型

科学系统中的要素及要素间的相互作用关系非常复杂。对这种复杂系统进行研究的一种行之有效的策略是从科学运行所留下的轨迹、数据中寻找线索来揭示科学本身的规律。近几十年发展起来的科学计量学即是在该策略的指引下通过收集科学指标的数据，包括科研人力物力投入、科研成果产出等，运用数理统计分析方法，发现科学本身表现出来的各种现象，揭示其规律。相较于定性分析方法而言，数理统计分析方法更加客观，运用该方法能够得出关于科学的客观规律。其中，数学规律和物理模型是更为本质、更加抽象的科学规律揭示形式。

对科学环境的数据进一步抽象而得到的关于科学本身的模型，主要分为两种类型：一种是描述模型，用于刻画科学环境中的某种普遍现象，揭示其中的规律；另一种是过程模型，用于揭示科学世界的运行机制和动态变化过程（Börner et al.，

2004）。描述模型是从科学环境数据中总结归纳而成的，并采用数学规律或者物理模型进行表达，是经验规律。前文中提及的科学增长数值模型和生命周期模型，以及揭示作者生产率的洛特卡定律（Lotka，1926）、描述文献的分散与集中现象的布拉德福定律（Drott and Griffith，1978）、作者合作网络中的度分布现象（Newman，2001）等，均是对科学数据的描述性总结，属于描述模型。过程模型则不同，尽管过程模型也从客观科学数据中观察得到，但是过程模型关注科学世界的内在运行机制，根据这些运行机制来约束科学系统要素的行为，进而通过科学系统要素的行为来表示科学系统运行过程。这种过程模型，描述了科学系统的运行过程，其本质亦是刻画科学的演化过程，故可以称作科学演化的过程模型。

　　过程模型针对科学环境的复杂性特征，尝试从科学系统的某一方面入手来还原科学系统的变化过程。尽管这种还原论方法较难全面揭示科学系统的运行规律和客观本质，但它有利于对科学环境进行分解，抽取出科学系统的子系统进行研究，从而反映科学运行的部分规律，由简入繁地逐步认识科学环境，符合科学探索的一般规律。从方法上看，过程模型首先从科学产生的数据中，观察到科学运行过程中的某种现象，总结形成科学运行中的内在机制；其次分析这些现象的主要要素及形成这些要素的行为规范，依此描绘这些要素的运行过程，从而又生成科学的模拟数据。过程模型实质上是一种仿真模型，通过对科学运行过程的模拟来反映科学的运行机制。在科学系统中主要观察的要素为科研人员和科研成果，所观察的科学数据一般是反映科学社会的社会观察数据和学术出版信息中承载的科学成果数据，科学成果包括著作、论文、专利等形式。随着近年来信息技术和数字化技术在学术出版和图书馆馆藏中的应用，数字化的科学成果越来越多，数据量已非常庞大，相对较易获取，已成为科学观察的重要数据来源。一些过程模型正是被学者通过观察这些科学数据而提出的。下面主要对普赖斯模型、基于团队的 Yule 模型、TARL（topics，aging，and recursive linking，主题、衰老和递归链接）模型、BA 模型等几个典型模型进行描述。

1. 普赖斯模型

　　普赖斯模型由 de Solla Price（1965）提出，通过构建引文网络模型来描述论文之间的引证关系。他发现引文网络是一个有向的非循环网络，论文被引量和被引时间存在一定的规律。该模型描绘了科学增长过程中的引文现象，即新的论文在增加过程中会引用以前发表的论文，从而不断在引文网络中增加新的节点和有向边。同时，该模型还描述了引文的时间分布，距离当前时间越近的论文越容易被引用。普赖斯模型开启了利用网络模型来描绘科学成果的先河，后续研究根据科学环境中的各种要素和机制来扩展网络模型中的节点和边，从而形成各种新的学术网络（scholarly network）模型（Yan，2012）。

2. 基于团队的 Yule 模型

基于团队的 Yule 模型由 Morris 和 Goldstein（2007）提出，该模型关注的是科研团队，而不是单个作者。基于团队的 Yule 模型描述科学研究及成果发布过程中的如下现象：科研人员之间通过共同合作，撰写并发布研究论文，从而形成作者合作网络和作者论文网络两种学术网络（Yan，2012）。基于团队的 Yule 模型深入这种现象的背后，认为其中蕴含着两种本质运行机制：科研合作机制和作者生产率规律。在科学研究过程中，科研人员通过相互协作共同完成科学任务，形成科研团队，并发表科学研究成果。针对单个科研人员而言，其作者生产率遵从洛特卡定律，即作者的论文数服从 1 位移（1-shifted）泊松分布。作者生产率服从的这种泊松分布的社会原理来自马太效应，描述了"成功带来更多成功"的富者聚集现象。在科学环境中，高产作者是科学环境中的成功者，他们往往拥有较多的研究经历和较深的研究资历，同时也更容易获取到科研资源，相应地产出更多的科研成果，呈现出"富者愈富"的现象。基于团队的 Yule 模型融合科研合作机制和服从 1 位移泊松分布的作者生产率规律，描述论文发表过程，得到作者合作网络和作者论文网络，以这两种网络来仿真模拟科学运行的结果。

基于团队的 Yule 模型的详细过程见图 6-3。具体而言，该模型所考虑的运行过程因素包括（Morris and Goldstein，2007）：①科学的线性增长；②科研合作的团队效应；③团队的马太效应；④作者的马太效应；⑤团队间随机弱连接。通过该模型的仿真过程发现，该模型能得到与实际数据拟合度较高的模拟数据，包括作者论文数分布、论文作者数分布，以及网络集聚系数、作者的合作次数、最短路径等科研合作网络特征，同时还具有弱连接的小世界特性（Goldstein et al.，2005）。

3. TARL 模型

TARL 模型由 Börner 等（2004）提出，描述了科学知识产生和传播过程中作者和论文这两种主要科学系统要素所承担的角色和起到的作用。在该模型中，作者和论文组织成为主题，并呈现出层级结构，而科学知识的传播则是通过作者使用（阅读和引用）现有论文进行的。具体来讲，作者通过无向的合著关系而相互连接，论文之间通过有向的引用关系进行连接，同时作者发表论文则形成作者与论文之间的有向生产过程，作者引用论文则形成由论文到作者的有向知识流动过程。TARL 模型对上述科学过程进行描述和仿真，通过网络模型描述科学环境中的科学合作与论文引用机制，认为科研人员网络和论文网络是相互支撑的，科研人员通过论文引用将论文连接起来，而论文通过合著关系将科研人员连接起来。TARL 模型所考虑的内在运行机制包括"富者愈富"的马太效应、科学增长和老化等，

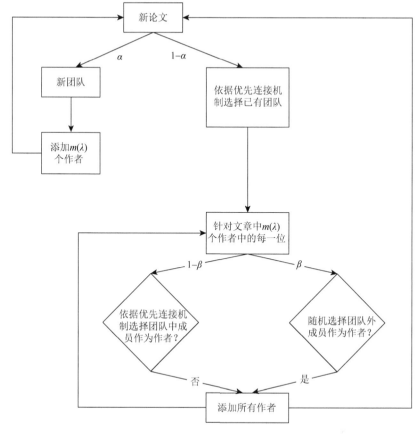

图 6-3　基于团队的 Yule 模型

$m(\lambda)$代表 1 位移泊松分布

将这些运行机制应用在作者合作网络和引文网络的共同演化过程中，从而使其能够用于在大量期刊论文数据基础上预测论文、作者和引文信息的演化。

4. BA 模型

BA 模型（也称作无标度模型）是物理学家 Barabási 和 Albert（1999）提出来的一种复杂网络增长模型，该模型从各种现实网络中抽象得到网络增长的共性特征，即优先连接机制。该模型认为，新增节点与一个已经存在的节点 i 连接的概率与节点 i 本身的度成正比。具体到引文网络中，一篇新文章引用已有文章 i 的概率与文章 i 本身被多少篇文章引用成正比；同理，在作者合作网络中，一位新作者与已知作者 i 合作的概率与作者 i 本身与多少其他作者合作有关。可以看出，这种优先连接机制亦描绘了科学环境中的"富者愈富"现象，刻画了这种现象背后的物理机制。通过 BA 模型的数值仿真过程观察学术网络的增长过程，BA 模型生成的节点度服从幂律分布。

6.2　主题科研社群的演化分析框架

演化亦称作进化，这一概念来源于生物学，是指事物的长时间、渐进变化过程。一般地，对系统演化进行研究，即是对系统的演化机制或演化过程进行研究。一个系统的演化机制是指该系统在时间演进过程中，其组成部分之间相互作用的过程、方式（王旻霞和赵丙军，2014）。主题科研社群本质上是在科学研究活动中的研究主题范围内因合作而联系在一起的科研人员群体。主题科研社群的演化是科学系统内各种要素相互作用的结果，同时促进科学系统本身的演化。

科学的发展离不开科研人员的参与，而由科研人员构成的主题科研社群是推动研究主题不断前进的重要动力。因而本书从学科研究领域、研究主题和主题科研社群三个层次来理解由主题科研社群演化所引起的学科领域演化，如图 6-4 所示。学科研究领域的发展是通过构成它的研究主题的演化来体现的。在研究主题的发展过程中，伴随着主题科研社群的不断变化，这种变化主要体现在两个方面：①个体主题科研社群的增长；②研究主题范围内主题科研社群数量的变化。以上两方面既是主题科研社群演化的主要方面，也是本书主题科研社群演化研究的两个关注点。个体主题科研社群表现出的累积增长机制是个体层次演化的主要方面，本章中个体主题科研社群增长是指个体层次的主题科研社群演化。在个体层次，以社会网络为基础的科研合作是个体主题科研社群增长的主要动力。

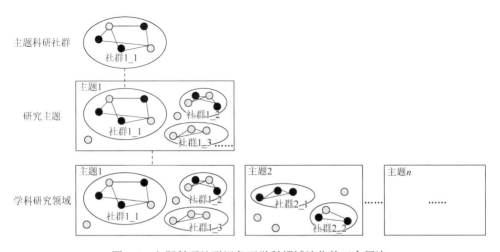

图 6-4　主题科研社群视角下学科领域演化的三个层次

据此，构建了主题科研社群演化分析框架，如图 6-5 所示。在社群层次，首先以社会网络为理论基础研究主题科研社群的增长动力机制；其次从动态视角观察主题科研社群，识别个体主题科研社群演化过程中的关键事件，构建生命周期模型。在主题层次，以社群演化为基础，探索在各个主题内的个体主题科研社群的增长数值规律及其反映的主题动态生命周期。在学科领域层次，结合社群内和主题内的观察，进一步探讨研究主题、学科领域层次涌现出的主题科研社群演化数值规律。

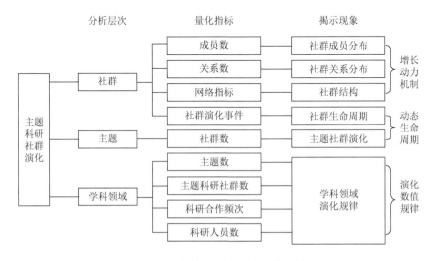

图 6-5　主题科研社群演化分析框架

6.3　主题科研社群增长动力及演化规律

6.3.1　基于社会网络的主题科研社群增长动力机制

科学系统中的科研合作行为、研究活动推进等演化过程并不是由单一因素影响的，而是受到多种系统因素的交织、综合作用（Wagner and Leydesdorff, 2005）。网络科学利用网络模型来描述系统，同时保留系统本身的复杂性环境描述。网络视角下的动态演化包含网络拓扑结构的演化和系统中的社会行为的演化，两者相互影响体现出协同演化关系（吴江，2012）。这里将主题科研社群置于其嵌入的社会网络之中，在社会网络分析基础上探索主题科研社群中节点的增加、减少以及节点之间连边的生成、维持与移除等主题科研社群演化过程背后的动力机制。

1. 概述

动力作为推动事物运动和发展的作用力，是引导事物主动变化的原因，能够使事物产生目的性的变化（王福涛和钟书华，2009）。系统的演化过程是在动力推动下而不断发展的运动过程。在网络科学中，系统以复杂网络、社会网络等网络形式进行描述，其演化研究主要包括复杂网络的演化研究和社会网络动态分析两种研究思路，两者存在一些差别。复杂网络的演化研究的终极目标是理解网络中的各种动力学过程是如何被网络本身的拓扑结构所影响的，其核心观点是复杂网络的形成和演化机制决定了网络的最终结构（王文旭，2007）。复杂网络的演化研究主要针对演化机制进行研究，将复杂网络结构要素在相互作用过程和方式中表现出的结构变化规律视为复杂网络的演化动力。复杂网络的演化研究方法主要有两种：第一种，从大规模真实网络中抽象出真实网络结构，利用统计分析、物理建模等方法观察网络历时数据，得到复杂网络结构变化的统计特性，发现复杂网络演化动力机制；第二种，结合已有动力机制相关理论，针对具体的复杂网络模型，提出动力机制假设，进而建立仿真模型来分析网络结构特点，运用模型分析、仿真结果与真实数据对比等方法验证所提出的动力机制的合理性。复杂网络偏好于从抽象的网络结构中寻找演化机制，而较少考虑系统底层的运行机制和背后的自然或社会原理。

相较于复杂网络探究网络整体的统计特性，社会网络动态分析更为强调网络节点的属性和认知，社会网络动态分析需要结合社会网络理论和具体的社会问题来开展定性和定量分析（吴江，2012）。社会网络动态分析与复杂网络研究相似，主要有统计挖掘和仿真建模两种研究思路。不同的是，从真实数据中统计挖掘得到网络动态演化的规律时，社会网络动态分析采用实证研究范式挖掘规律背后的社会行为模式，并结合社会理论进行解释，而仿真建模过程的基础理论亦包括社会系统运行的基础社会理论。简单来看，社会网络动态分析萌芽于社会学研究，具有结合社会实际问题的本性。将社会网络动态分析方法应用于分析其他系统时，应当借鉴这种以实际系统的本质机制和规律为基础的研究思路。基于此，针对主题科研社群的演化研究，采用社会网络动态分析的思路，结合科学系统中的本质机制和规律来剖析主题科研社群的动态变化。运用社会网络动态分析方法，得到主题科研社群演化的动力学因素，剖析影响主题科研社群变化的科学系统中的要素。

主题科研社群是科研合作网络中的一种涌现结构，科研合作网络是依托于科研人员的社会网络而发展起来的。本书在科研人员的社会网络基础上研究主题科研社群的演化动力（驱动因素）。以科研人员的社会网络为基础的科研合作是个体主题科研社群演化的内在运行机制，单个主题科研社群成员的变化、成员间合作关系的变化在很大程度上受到科研合作的影响，而主题科研社群数量的变化受科研合作的影响相对较小，故本节仅分析单个主题科研社群的演化。网络科学的一个重要观点是网络的结构反映了它的功能，并对网络的演化设定了限制（Newman et al., 2006)。科研合作网络结构对科研绩效具有一定的影响(Abbasi et al., 2012a)，鉴于主题科研社群是科研工作的重要执行者，这种影响可能会作用在主题科研社群上。社会网络本身结构中表现出的驱动因素称为内生动力，同时社会网络的外部因素同样也会影响演化过程，在此将社会网络节点的属性或者其他影响系统发展的因素称作外生动力。相应地，主题科研社群演化的内生动力来源于科研合作网络结构所表现出的持续发展力量，外生动力则指那些科研系统中能够影响主题范围内科研人员开展合作的社会网络外部环境因素。主题科研社群的演化，正是在内生动力和外生动力共同作用下进行的。

2. 主题科研社群增长的内生动力机制

主题科研社群演化的内生动力来自主题科研社群所嵌入的社会网络。"嵌入性"这个概念最早由美国经济史学家 Polanyi(1944)提出，Granovetter(1985)在其发表的《经济行动和社会结构：嵌入性问题》一文中引入了"嵌入性"概念，其核心观点是经济行为嵌入社会结构中，社会结构的核心是人与人组成的社会网络，而嵌入的网络机制是信任。这种社会网络嵌入性理论给一般管理理论带来了重大变革，它突破了传统组织管理理论关注组织个体属性，采用网络嵌入结构来解释组织与个体行为，认为社会网络实质上是组织与个体的沟通纽带。个体作为行动者需要借助于社会网络来获取和调用稀缺资源，而社会网络的传导、扩散、聚集等能力属性影响着组织的运作能力(李久鑫和郑绍濂，2002)。进一步，Granovetter 将社会网络嵌入性划分为关系性嵌入和结构性嵌入，关系性嵌入是指行动者嵌入个人之间的关系之中，结构性嵌入是指行动者嵌入整个社会网络的更高层次的结构之中，这种结构受到社会结构的文化、环境等因素的影响。

具体到科学系统中，科研人员个体嵌入科学社会组织的社会网络之中，而作为一种科学社会组织的主题科研社群，涌现于科研人员所组成的社会网络。主题科研社群的成员倾向于从自身的社会关系网络中寻找到那些和自己具有社会临近、物理临近关系的能够共同合作解决科研问题的合作者，从而开展科研合作(Katz and Martin, 1997)，主题科研社群的成员天然地依附于科研人员本身所在的社会网络。社会网络通过共享知识、引入研究技能、提供稀缺资源等方式促进科研人员之间开展合作。主题科研社群的形成和发展离不开科研人员组成的社会网络，科研人员是嵌入社会网络之中的。从网络结构的变化来看，主题科研社群网络的节点增加和连边形成附着于科研人员社会网络，并得以蔓延。

下面依照图 6-6 所示的分析框架分别从关系性嵌入和结构性嵌入两个角度分析主题科研社群演化的内生动力。关系性嵌入强调从二元结构的关系类型和关系强度入手分析，结构性嵌入强调从局部结构、宏观结构的角度入手分析。

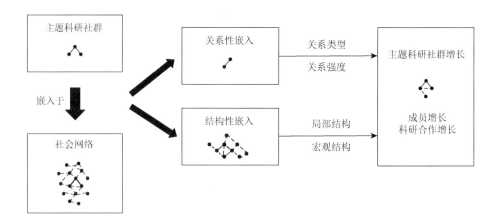

图6-6　基于社会网络的主题科研社群演化内生动力分析框架

3. 基于关系性嵌入的内生动力

主题科研社群的关系性嵌入是指主题科研社群内部的科研人员受到其与其他科研人员之间关系的影响。科研人员社会网络中的关系能够为科研人员带来资源支持、情感支持和社会凝聚力（Pan and Saramäki，2012），网络关系为主题科研社群成员寻找科研合作者提供主要途径。社会网络分析的关系性嵌入分析主要对节点间二元关系（即由节点组成的边）进行定量和定性分析。科研人员之间的关系分析包括联系类型、联系频率和联系持久度，其中联系频率是指科研人员之间的科学交流是频繁、互动的，还是偶发、松散的，联系持久度可用于衡量科研人员之间的科学交流的稳定性（李玲等，2008）。根据联系频率和联系持久度将关系性嵌入划分为适度关系嵌入、过度关系嵌入和关系嵌入不足等不同程度的关系性嵌入（王学东等，2009）。不同程度、不同种类的关系性嵌入对主题科研社群的成员关系的影响程度不同。

按社会网络关系的内容性质来划分，社会网络关系包括工具性关系（instrumental ties）和情感性关系（expressive ties）（Zhou et al.，2010）。工具性关系来源于工作场所中的正式工作关系，双方为解决任务而在组织内分享信息、资金和物质资源，工具性关系是一种临时的、不稳定的关系；情感性关系双方更依赖于彼此的信息、社会支持和归属感。Zhong 等（2012）通过研究发现工具性关系和情感性关系均与团队工作的效率有正相关关系，主要反映在团队专业互助、成员信任和团队协同等三方面。

根据成员之间二元关系的联系频率和联系持久度，可将社会网络关系划分为强关系和弱关系。早在 20 世纪 70 年代 Granovetter（1973）就发现，强关系由于维护成本较高，能够维系紧密的邻近网络而形成群组结构，而弱关系在不同紧密邻近网络间充当连接桥，在网络连接性上具有优势，更有机会带来新信息和资源，从而对信息传播具有重要帮助，进而产生其他深远影响。但作为一种专业技术网络，主题科研社群成员之间需要紧密的强连接关系，这种强关系代表成员在专业技能结构上的合作与互补以及有效地获取新信息、弥补自身不足等个体需求（Pan and Saramäki，2012）。实际的科研合作网络数据表明，本地化紧密邻近网络中存在大量的弱关系，强关系在整个网络的连接性上具有重要意义（Freeman，1978）。由此表明，科研人员之间的强关系结构更有利于科研合作中的信息分享和团队协作，促进主题科研社群的扩张。科研合作者由于已建立起交流渠道，双方合作默契、顺畅，在合作过程中彼此沟通成本更低，在解决科学问题时能发挥彼此的优势，因而科研合作者可能会产生合作依赖，在未来倾向于彼此合作，故两者的合作变得越来越频繁，进一步增强强关系，出现"社会惰性"（social inertia）现象（Ramasco and Morris，2006）。

另外，若成员与多个不同的科研群组均有联系，则认为这个成员具有多样性关系，这类科研人员往往具有多种研究兴趣，能够调用更多的科研资源，更具有竞争优势，同时研究发现具有多样性关系的科研人员更愿意彼此之间展开合作（Shi et al.，2011）。

综合以上分析，主题科研社群内部成员的演化过程并不是随机发生的，受到成员社会关系类型、强度、多样性等因素影响。新成员引入和新合作关系生成均受社会网络关系性嵌入影响。

4. 基于结构性嵌入的内生动力

主题科研社群的结构性嵌入是较关系性嵌入更宏观的嵌入性。主题科研社群成员嵌入整体社会网络所体现的社会结构之中，这种社会结构会受到主题科研社群所在的学科、语言、地理、文化等社会环境因素的影响。换言之，主题科研社群所在的社会网络结构，体现其所在的社会结构，并影响着主题科研社群的形成和发展。社会网络分析的结构性嵌入分析主要从局部结构和宏观结构两方面进行定量和定性分析。

1）局部结构动力

局部结构的指标主要有节点中心性、结构洞（structure hole）、三元闭包（triadic closure）、结构对等性（structural equivalence）、同配（assortative mixing，assortativity）指数等。在节点中心性方面，其中一种中心性指标是点度中心性，衡量科研人员所联系的其他科研人员数量，能够识别出科研社会网络中的"明星"节点（Freeman，1978）。点度中心性较高的人员，往往具有更高的知名度，他们更容易获得合作机会、互补性技能和访问资源，获得更高的回报。这些优势共同构筑成社会网络的优先连接机制，促进科研合作的自组织发展（Wagner and Leydesdorff，

2005）。优先连接机制使得主题科研社群在发展过程中会围绕具有较高威望的核心科研人员形成社群结构。另一种中心性指标是中介中心性（betweenness centrality），衡量节点位于网络中其他节点的最短路径上的比例，表明该节点在整个网络的节点之间的中介作用和控制力。科研合作过程中，中介中心性高的科研人员跨越不同的研究小组或者拥有多个研究方向，能吸引到博士生、博士后等新科研人员，使这些新科研人员优先选择与中介中心性高的科研人员合作（Abbasi et al.，2012b）。整个网络的演化过程从点度中心性对局部网络造成影响，转向中介中心性对全局网络造成影响。另外，中介中心性指标是发现社会网络中结构洞的一种指标，中介中心性对网络演化的影响机制可以用社会网络结构洞理论进行解释。在社会网络中，处于结构洞中的节点对资源和信息流具有较强的控制力，从而能够接触到更多的资源和机会（Burt，1992）。在单个群组内部的连接关系较难带来新的资源，存在一定的冗余，而连接不同群组的结构洞则充当资源的协调者和调配人员，为科研合作带来新的机会，促进主题科研社群发展。

在三元关系方面，三元闭包结构是紧密社会群组结构形成和演化的一种重要机制（Kossinets and Watts，2006；Pajevic and Plenz，2012）。它表示为一种三元关系结构：若 A 与 B 认识、A 与 C 认识，则 B 与 C 通过 A 可能互相认识。这种三元关系结构实际上代表的是社会网络中的认知平衡，即两者对同一对象具有相似看法的认知趋同，正是这种认知趋同使得三元关系中 B 与 C 之间具有连接倾向，使得三元关系呈闭环状态（Granovetter，1973）。主题科研社群是一个具有高度认知共性的群体，他们在同一研究主题下相互合作完成共同的研究任务，其内部的发展必然会受到这种三元闭包结构的认知趋同的影响。在三元以上的社会关系结构中，社会网络中节点的结构对等性，通过衡量两个邻近节点的匹配来表示两个节点是否处于对等的结构位置（Friedkin and Johnsen，1997）。处于结构对等位置的科研人员，均是其他科研人员的合适的合作者，这为科研人员的合作者选择提供了更多的机会。科研人员之间的同配或者异配（disassortative mixing）关系（Newman，2003），则通过衡量两个科研人员的合作者结构来测度两者的合作倾向。在社会网络中，个体节点比较容易与和自身属性类似的节点建立连接关系，这种相似性可能体现在年龄、地域、知识层次、种族、语言等社会属性上，也可能体现在两者的社会网络结构上，如度（degree）指标。因为具有相似的连接度而合作的情况，是多种类型的社会网络中的普遍现象。与之相反的异配关系是指两者若不具有相似的连接度结构，则更容易发生合作关系。同配或者异配关系，影响到科研人员对于合作者的选择。

2）宏观结构动力

结构性嵌入分析的宏观指标主要有网络密度、规模、集聚系数等指标。网络密度是指网络中实际的连边数量与网络中可能的连边数量的比率，网络密度描述网络中节点间的可达程度。网络密度较大时，网络为稠密网络。在稠密网络中，节点之间接触较多，表明节点之间更容易建立起信任关系。若主题科研社群处于稠密社会网络之中，社群成员更易开展科研合作，成员的加边行为相对较快，成员数量较多。在相对的稀疏网络中，成员接触较少，不利于科研合作。网络规模体现整个网络中合作者的多少，其对主题科研社群的演化影响较小。网络集聚系数是三元闭包关系在网络层面的体现，反映整个社会网络中的群体集聚现象。网络集聚系数越高，表明科研合作网络聚集成群的可能性越大，主题科研社群的生成和发展机会更多。宏观层面的指标更是社会结构的体现，其结构指标体现出社会的内在运行机制。

6.3.2　主题科研社群增长的外生动力机制

耗散结构理论认为，系统需要不断地与外部交换能量、信息，才能保持系统的可持续发展，这种特性称为系统的开放性（李平，2011）。主题科研社群所依赖的科研人员社会网络并不是一个封闭、静态的系统，它根植于整个科学系统和社会系统之中，需要与这些系统交互。社会网络内在结构动力对主题科研社群演化的影响固然重要，但科学系统和社会系统中的外部环境对科研人员所形成的主题科研社群的影响不容忽视。外部环境因素决定社会网络的结构，相应的外部环境的变化也会引起社会网络结构的变化，从而影响到主题科研社群中科研人员的科研合作过程，对主题科研社群的形成和持续性演化产生影响。简单来讲，外部环境对主题科研社群的作用是通过相应的科研人员社会网络来传导的。图 6-7 描述了基于社会网络的主题科研社群演化外生动力分析框架。科学系统中的科研人员、科研人员的合作方式等不断变化，反映在科研人员社会网络中，就是网络中的节点和边结构发生变化，进而促进主题科研社群的涌现和发展。

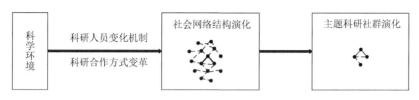

图 6-7　基于社会网络的主题科研社群演化外生动力分析框架

1. 科学系统中科研人员动态变化

科学系统中的科研人员并不是一成不变的，引起其动态变化的情况主要有以下几种（de Solla Price and Gursey，1975）：①科研人员研究生涯终结，可能是因为科研人员退休、不再从事科研工作（包括研究生毕业后不从事科研工作）等；

②出现科研工作领域的新进入者，包括刚从事科研的研究生、博士后研究人员、高校年轻教师等；③出现从其他研究领域刚进入本研究领域的研究者（Jeong et al.，2001）。以上情况引起科研合作网络的变化。第①种情况会导致科研合作网络中成员的流失，尤其是杰出学者离开科学系统，会使与之有合作关系的科研人员丢失合作联系，有可能引起科研合作网络结构的崩塌，局部科研合作网络分裂成多个彼此不相连通的子网络，导致科研合作网络结构出现重大变革。第②种情况下科学系统中引入新的成员，这些成员会与相对有经验的科研人员开展科研合作，在科研合作网络中加入新的节点，可能会形成新的主题科研社群；同时，新节点的引入，可能使得原有科研人员之间的合作关系发生变化，对科研合作网络结构产生影响。第③种情况，亦可视为科学系统中引入新成员，他们往往会带来一些新的研究资源，展开新的科研合作，对科研合作网络结构的影响相对于第②种情况而言更大。

以上科研人员变化情况，受到科学系统运行的影响，是科研合作网络的外部因素。新节点的引入或者节点的衰退（或消失），会对科研合作网络的局部结构产生影响，这种影响本身亦是科研合作网络的演化驱动因素，引起主题科研社群的生成和变化。另外，科研人员的不断变化，可能使科研合作网络革新式地改变，导致科研合作网络发生重构，在这种重构式的科研合作网络演化过程中，主题科研社群也将会有质的改变。

2. 科研合作方式变革

科研合作方式变革的主要诱因来自科学技术的进步和科学文化的改变。科技进步改变了人与人之间的交流沟通方式，电报电话等通信技术以及电子邮件、网络通信等互联网技术使得人与人的沟通更少受到地域限制。尽管通信技术并不一定能直接使科研合作发生（Hoffman et al.，2014），但便利的沟通方式增加了科学家之间相互交流的机会，为跨地域科研合作提供了技术上的保障。事实上，跨地区、跨国界、跨语言的科研合作越来越多（Lu and Wolfram，2010）。这种跨地区、跨国界、跨语言的科研合作势必会给科研人员社会网络带来改变，促进主题科研社群成员结构的变化，尤其是跨区域发展使得主题科研社群的规模变得更大。

科学文化论认为需要从文化的角度来解释科学建构问题，把科学作为一种文化来看待，并系统地研究科学中的各个要素之间的关系（陈文勇，2011）。在科学系统中，科学文化影响或支配着科学社会的实际运行，科学的文化背景决定着科研人员的种种决策（赵红州，1995）。就科研合作而言，不同文化氛围中的科研人员对待科研合作的态度存在较大差别。究其缘由，可能是科研考核制度、科研竞争方式、人际沟通文化等因素不同，形成的科研合作亚文化不同。这种国别的文化差别，在学科之间也有所体现。不同国家、不同学科的科研合作模式存在差别，从而形成具有各自特征的科研合作网络。这种科研文化并不是一成不变的，随着社会和科学的发展，科研文化也会发生演变，引发科研合作网络的重构式发展。这种变化，对于主题科研社群演化的影响是至关重要的。

6.4　动态主题科研社群演化事件及生命周期

当前对于社会网络演化的实证分析主要有两种方法：一种是将社会网络的历时数据人工或者自动划分为多个时间段，对比分析不同时间段内的网络结构变化（Hopcroft et al.，2004；Palla et al.，2007；Gliwa et al.，2013）；另一种是通过对社会网络的每一次结构变化行为进行分析，挖掘出社会网络演化规律（Barabási and Albert，1999）。事实上，第一种方法尝试观察到第二种方法的量变过程积累到一定程度后发生的结构质变，其难点在于较难推测质变发生的时刻。第二种方法存在一个基础性假设：社会网络结构的每一次演化都发生在当前社会网络结构基础上，社会网络演化过程是一个马尔可夫过程，其优势在于能够细致地观察网络结构的每一次变化。结合以上两种方法，本节将单个主题科研社群的演化阶段动态划分为多个时间段，并细致观察主题科研社群的每一次演化行为（包括节点增长和边增长），通过主题科研社群的生命周期过程来观察主题科研社群的演化过程。

6.4.1　动态主题科研社群识别

现有社群演化识别方法，将观察时间按照某种方法划分为多个时间段进行观察，对所有社群均按照统一标准进行划分。这种方法忽略了个体科研社群在发展过程中的个性特征，每一个社群都有其自身的发展过程，不同社群的演化事件时间点存在差异。基于这些认识，主题科研社群的发展时间段应当是动态形成的，不同主题科研社群有其自身的演化过程，划分的时间段也应不同。

1. 动态主题科研社群定义

主题科研社群 C^p 在动态时间段序列 $t_1, t_2, \cdots, t_k$ 的每一个时间段的累积主题科研社群为 $C_1^p, C_2^p, \cdots, C_k^p$，称这一累积主题科研社群序列为主题科研社群的动态发展过程。其中，累积主题科研社群由主题科研社群 C^p 从起始时间段 t_1 至当前时间段 t_i 的累积节点和累积边构成，当前时间段 t_i 内的新增节点和新增边称为主题科研社群在当前时间段 t_i 的增量。某一时刻的累积主题科研社群，也是主题科研社群在该时刻的快照。

2. 动态主题科研社群探测算法

动态主题科研社群探测的数据基础是研究主题内的历时科研合作信息。第 5 章运用主题科研社群识别算法发现了学术信息的研究主题结构、作者结构以及主题科研社群结构，再结合学术信息的时间属性得到研究主题内的历时科研合作信息。基于此，提出动态主题科研社群探测算法，算法过程参见图6-8，具体步骤描述如下。

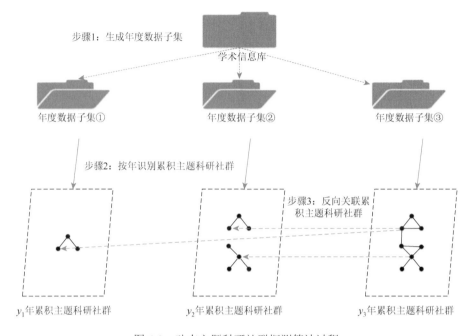

图 6-8　动态主题科研社群探测算法过程

（1）生成年度数据子集。由于学术期刊发表的周期性，学术信息场景中的主题科研社群演化相较于在线社交网络中的社群演化的过程要慢一些。为便于分析，统一按年划分时间段，得到历年年度数据子集。

（2）按年识别累积主题科研社群。针对某一年份 y，将该年份及之前年份的数据子集汇总形成 y 年累积数据子集，运用第 5 章提出的主题科研社群识别方法，识别出 y 年累积主题科研社群 C_y^q。

（3）反向关联累积主题科研社群。将最新年度的累积主题科研社群视为最终的主题科研社群，以主题科研社群 C^p 为例，依次对以往年份中同一研究主题中的社群进行遍历，若当前社群为 y 年累积主题科研社群 C_y^q，其中的任意一成员是主题科研社群 C^p 的成员，那么 y 年累积主题科研社群 C_y^q 为主题科研社群 C^p 在年度 y 时刻的快照，为主题科研社群 C^p 的子社群。此时，将主题科研社群 C_y^q 标记为 C_y^p。该步骤应用了主题科研社群是一个成员间彼此连通的子网这一性质。依据此方法，将主题科研社群不同年度的快照按时间先后进行彼此关联，实现前后年度的主题科研社群追踪。

经过以上算法步骤，识别出主题科研社群 C^p 的动态累积主题科研社群序列 $C_1^p, C_2^p, \cdots, C_k^p$，其中 $C^p = C_k^p$。

6.4.2　生命周期中的关键演化事件识别

主题科研社群演化的表现形式是节点和边的变化，在累积主题科研社群中表现为节点数量的增长和边的增长。对社群演化过程中的核心关键事件进行定义和分析有助于理解社群的演化模式（Palla et al.，2007；van Nguyen et al.，2012），在分析时往往需结合社群及网络所在的学科背景、应用场景等特征进行观察和解释。

结合学术信息场景，在根据时间段划分的动态累积主题科研社群序列基础上，观察节点和边的变化，将后一时段累积主题科研社群与前一时段累积主题科研社群进行关联，以追踪主题科研社群的演化过程，进而将主题科研社群演化关键事件定义为：产生、发展、合并、停滞和消失。对主题科研社群关键演化事件进行识别，可以追踪主题科研社群的演化过程，结合主题科研社群的规模等特征分析主题科研社群的演化模式，探寻主题科研社群演化事件发生的规律和趋势。

主题科研社群演化关键事件发生在每一个时间段，下面给出主题科研社群演化关键事件的详细定义。

产生：一个主题科研社群在 t_1 时段产生，则有

$$|C_1^p| > 0$$

其中，$|C_1^p|$ 为主题科研社群 C^p 在 t_1 时段的规模，包括节点规模和边规模。此时，主题科研社群的节点规模和边规模都大于零，社群内初始的科研人员之间开展少量的科研合作，逐渐形成主题科研社群的原型。

发展：主题科研社群在 t_i 时段是发展的，此时的特征有

$$|C_i^p| > |C_{i-1}^p|$$

其中，$|C_i^p|$ 为主题科研社群 C^p 在 t_i 时段的节点规模、边规模。处于发展阶段的主题科研社群一般会吸引越来越多的科研人员加入，相互之间的科研合作也越来越广泛，表现为社群的节点规模和边规模的扩大。

合并：主题科研社群在发展过程中，不同的主题科研社群之间可能会逐渐开展一些科研合作。由于主题科研社群是一种中观结构，不同的主题科研社群合作后形成一个较大规模的主题科研社群。在 t_i 时段主题科研社群 C^p 和 C^q 发生合并后其整体的规模大于两个主题科研社群的规模之和：

$$|C_i^p| + |C_i^q| < |C_i^{p+q}| \tag{6-6}$$

其原因在于主题科研社群之间的合作使得主题科研社群的规模更大。

停滞：主题科研社群停滞发生在两次主题科研社群增长之间，其特征为

$$\left| \Delta C_i^p \right| = 0 \tag{6-7}$$

即主题科研社群的累积增量为 0，但主题科研社群在未来还会发生增长演化事件。

消失：处于消失阶段的主题科研社群，其科研人员数量的增长和科研合作的增长几乎停止，其特征为

$$\left| \Delta C_i^p \right| \cong 0 \tag{6-8}$$

主题科研社群演化的以上五类关键事件组成主题科研社群发展的整个生命周期。其中产生阶段是固有存在的，而其他阶段可能在主题科研社群的整个生命周期中并不存在，也可能出现多次。主题科研社群的发展和停滞有可能会在主题科研社群生命周期中反复出现；主题科研社群的合并可能并不会发生，也可能发生多次，而发生主题科研社群合并时，主题科研社群的消失阶段就不会出现。

图 6-9 给出一个主题科研社群演化从产生到消失的过程示例。该主题科研社群 C^p 共经历 5 个时间段：在 t_1 时间段时主题科研社群 C_1^p 产生，此时社群内共有 3 位科研人员、2 种合作关系；在 t_2 时间段时，主题科研社群 C_2^p 相对于 t_1 时间段处于发展阶段，科研人员数量增长至 6 位，数量翻倍，及 6 种合作关系；在 t_3 时间段，主题科研社群 C_3^p 相对于 t_2 时间段保持不变，但其未来还会增长，因此该阶段为社群增长的停滞阶段；到 t_4 时间段，主题科研社群 C_4^p 相对于主题科研社群 C_3^p，科研人员增加 1 位，科研合作关系增加了 2 种，此时主题科研社群又处于发展阶段；至 t_5 时间段，主题科研社群 C_5^p 相对于主题科研社群 C_4^p 而言，科研人员数量和合作关系均没有增加，主题科研社群实质上已处于消失阶段。

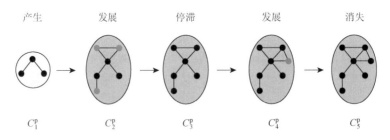

产生　　　　发展　　　　停滞　　　　发展　　　　消失

C_1^p　　　　C_2^p　　　　C_3^p　　　　C_4^p　　　　C_5^p

图 6-9　主题科研社群演化——从产生到消失

在图 6-10 所示的主题科研社群的合并演化示例中，当前时间段为 t，在上一时间段 $t-1$ 时存在两个彼此之间不存在合作关系的主题科研社群 C_{t-1}^p 和 C_{t-1}^q。当发展到 t 时间段时，两个主题科研社群已合并成一个主题科研社群 C_t^{p+q}。此时，两个主题科研社群之间开展的科研合作使两者建立起联系，还新增了一位科研人员，其同时与两个主题科研社群存在合作关系。另外，原有的主题科研社群 C_{t-1}^p 中的

成员还与另一位科研人员进行合作。以上过程中主题科研社群不仅发生了合并演化，而且还存在增长现象。

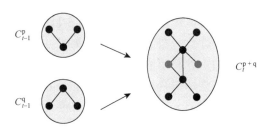

图 6-10　主题科研社群的合并演化

6.5　案例研究：计量学主题科研社群演化

6.5.1　数据集获取

为覆盖较长时段的适量且关联的研究主题，满足主题科研社群动态演化分析需求，选取图书情报学学科中计量学研究领域作为研究案例。在 WoS 数据库中选择图书情报学学科，进行计量学主题检索，检索时间范围为 1963～2014 年。共采集 6959 篇文献，形成初始计量学数据集。经数据清洗、作者名消歧、词干提取等预处理获得作者 9060 个，词项 13 386 个（其中用于后续分析的词频大于等于 4 的词项 5196 个）。

6.5.2　主题科研社群识别

结合 LDA 主题模型和作者主题模型，识别出 50 个潜在研究主题，如表 5-3 所示。针对计量学领域累积数据，利用作者主题模型对文档和作者进行主题分配之后，通过作者合著关系构建主题科研合作网络，分别在 50 个潜在研究主题下构建作者合作网络，并从每个网络的连通图中识别主题科研社群，识别出 50 个潜在研究主题下的主题科研社群。

6.5.3　主题科研社群增长规律

在计量学数据集中运用主题科研社群识别算法和动态主题科研社群探测算法，计算得到 50 个潜在研究主题的历年累积主题科研社群结构，以此统计主题科研社群的动态特征，发现主题科研社群增长规律。

1. 社群成员和合作关系的分布规律

1）社群成员的幂律分布特征

为观察主题科研社群的成员数量增长规律，图6-11展示了计量学学科层次的主题科研社群成员数量的社群数分布情况，其中横轴是主题科研社群的成员数量，纵轴代表拥有该数量成员的主题科研社群数，横轴和纵轴均经过取对数操作。通过幂律分布函数采用最小二乘法拟合发现主题科研社群的成员数量具有幂律分布特征，幂律分布函数为 $y = 20\,119x^{-3.263}$，其中 x 为主题科研社群的成员数量，y 为主题科研社群数，拟合决定系数 $R^2 = 0.9475$，该值超过 0.9 表明取得了较好的拟合效果。尽管拟合所用的数据量并不足够大，但从曲线形状来看，该曲线整体具有幂律分布特征，即在双对数坐标图中拟合函数表现为一条直线，且带有"胖尾"（汪小帆等，2006）。此现象说明，大多数主题科研社群的成员数量都非常少，仅极少数主题科研社群经过持续发展能达到较大规模，成员数量相对较多。

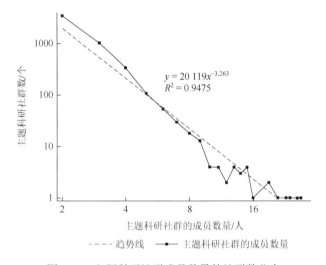

图 6-11　主题科研社群成员数量的社群数分布

2）社群合作关系的幂律分布特征

与社群成员的分布类似，图 6-12 显示了计量学数据集中计量学学科层次的主题科研社群合作关系数量的社群数分布情况。经过幂律分布函数的最小二乘法拟合发现，主题科研社群合作关系数量呈现幂律分布特征，拟合函数为 $y = 2426.1x^{-2.113}$，其中 x 为加权合作关系数量，计算时考虑了合作频次，y 为主题科研社群数，拟合决定系数为 0.9304，表明拟合效果较好。同样，从拟合线的末端可以看到，该曲线存在"胖尾"现象。

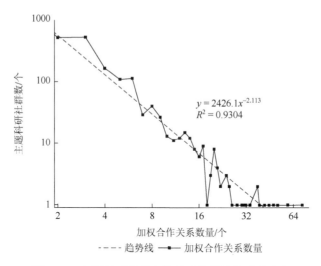

图 6-12　主题科研社群合作关系数量的社群数分布

采用最小二乘法拟合存在一定的缺陷，该方法是一种弱规律拟合方法，进一步采用 KS 统计量和极大似然估计方法（Clauset et al.，2009）来严格验证幂律分布特征。针对社群成员分布，得到 xMin = 2，$\alpha = 3.5$，$p = 0.0229 < 0.05$；针对社群合作关系分布，得到 xMin = 3，$\alpha = 2.67$，$p = 0.0360 < 0.05$。由此可见，计量学学科层次的主题科研社群成员数量和合作关系数量都严格服从幂律分布，大多数主题科研社群的成员数量和合作关系数量均较少，仅存在非常少量的大规模主题科研社群，它们的成员数量和合作关系数量均较多。

该规律说明，主题科研社群在运行过程中，科研资源相对稀缺，资源竞争激烈，仅少数主题科研社群具有持续竞争优势，能够吸引更多的成员加入，科研合作也越来越多，逐渐得以发展壮大。图 6-11 和图 6-12 中的"胖尾"现象表明社群成员数量较多的社群数量超过幂律分布拟合值，即规模较大的社群数量超过预期。"胖尾"现象背后的一个可能原因是社群发展过程存在马太效应，使得少数规模较大的社群，更容易获取到科研资源而持续发展，表现出极强的"富者愈富"的规模优势。

2. 社群成员和合作关系的增长规律

上一部分主要探索主题科研社群成员和合作关系在学科层次上的分布规律。本部分将在单个主题科研社群层次进行分析，观察单个社群的增长现象，发现增长规律。复杂网络视角下，社群的增长伴随着节点和边的增长（Tang et al.，2008）。从网络结构来看，主题科研社群的增长表现为节点数量的增长以及边数量和边权重的增长。节点数量的增长代表社群成员的增加，边数量和边权重的增长是社群成员之间的科研合作增多的表现，已有合作者之间的科研合作增多会引起边权重的增加，新合作者之间的科研合作会使新的连边产生。

为探索主题科研社群成员数量增长和科研合作关系数量增长规律，计算每年主题科研社群成员增量和科研合作关系增量，进而统计每一种增量下的主题科研社群数。图 6-13 显示出主题科研社群成员和合作关系年度增长数的社群分布。横轴表示年度增长数，纵轴表示发生该年度增长数量的社群频次，若同一社群多次发生某一数量的年度增长数，将会重复计数。对纵轴数据取对数处理，以降低数值在图中的形状高度差，增长数为 0 的社群频次未统计。从成员年度增长数的社群分布来看，大多数主题科研社群每年仅增长 1～3 位成员，仅少数科研社群出现过年度增长数大于等于 5 个的情况。类似地，大多数主题科研社群的合作关系年度增长数在 6 个及以下，仅少数达到 10 个以上。这些数据还显示了主题科研社群从无到有的增长过程。以上数据表明，就单个主题科研社群而言，多数主题科研社群的成员增长和合作关系增长较为缓慢。

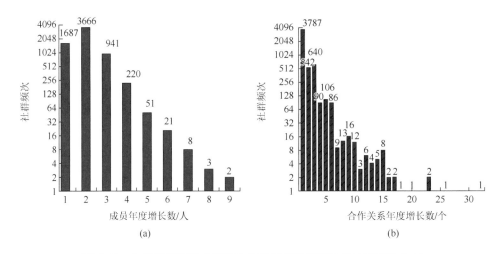

图 6-13　主题科研社群成员和合作关系年度增长数的社群频次分布

那么，单个主题科研社群的增长具有什么样的数值规律呢？根据个体主题科研社群成员和合作关系年度增长数的社群频次分布，结合少数主题科研社群的实例数据，做出如下假设：主题科研社群的成员增长和合作关系增长具有线性增长规律。为验证这一假设，随机选择成员年度增长数在 4 人及以上的 113 个主题科研社群，运用线性回归拟合，自变量设置为增长发生年份，因变量设置为累积社群成员量，得到 113 个主题科研社群成员线性增长函数及其拟合决定系数（R^2），绘制图 6-14（a），即主题科研社群成员线性增长拟合决定系数散点图。在拟合函数中，拟合决定系数越接近于 1，拟合结果的合理性越大，一般认为拟合决定系数大于 0.9 时拟合结果较为理想。同样地，随机选择合作关系年度增长数在 4 人及以上的 132 个主题科研社群，运用线性函数拟合，自变量设置为增长年份次序，因变量设置为累积社群合作关系数，得到 132 个主题科研社群合作关系线性增长函数及其拟合决定系数，绘制图 6-14（b），即主题科研社群合作关系线性增长拟合决定系数散点图。

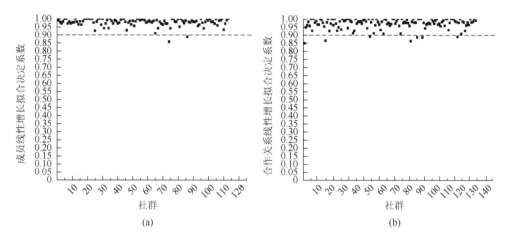

图 6-14　主题科研社群成员和合作关系线性增长拟合决定系数散点图

　　在图 6-14（a）中，除两个社群之外其他社群的成员线性增长拟合决定系数值均高于 0.9，且相当大一部分社群的该拟合决定系数值在 0.95 以上，这表明 113 个社群中的绝大多数社群的成员数量呈现出了线性增长规律。两个拟合决定系数值低于 0.9 的社群为主题 34 中的社群 C34_8（0.86）和主题 39 中的社群 C39_10（0.89），拟合决定系数亦较高，这两个社群在早期有较多成员加入，而后每年仅吸引 1 位科研人员加入。进一步对成员年度增长数在 8 及以上的 23 个社群的拟合决定系数进行观察发现，所有社群的拟合决定系数均高于 0.94，平均值达到 0.98，印证了社群成员线性增长规律。

　　从图 6-14（b）中观察到，除 7 个社群之外其他社群的合作关系线性增长拟合决定系数值均高于 0.9，亦有大部分社群的该拟合决定系数值在 0.95 以上，说明这 132 个社群中的绝大部分社群的合作关系数量呈现出线性增长规律。上述 7 个拟合决定系数值低于 0.9 的社群的拟合决定系数值都在 0.85 附近，数值亦较高。进一步对合作关系年度增长数在 8 及以上的 24 个社群的拟合决定系数进行观察发现，拟合决定系数平均值达到 0.97，印证了社群合作关系的线性增长规律。

　　综上所述，对大量主题科研社群的成员线性增长函数和合作关系线性增长函数进行拟合，并对拟合决定系数进行统计，得出结论：一般而言，主题科研社群的成员数量和合作关系数量表现出线性增长规律。从主题科研社群的成员增长和合作关系增长的相互关系来看，成员增长使主题科研社群的累积量增多，即社群内成员变多，但是合作关系并没有以社群内的总成员为基础，合作关系只是线性增长，说明单个社群内活跃的科研人员数量并没有明显地增多。

3. 社群寿命规律

1）社群寿命分布规律

图 5-16 展示了主题 12 的科研合作网络，从该图中观察到，大多数主题科研社群规模较小。计量学数据集中的主题科研社群数量总共为 5110 个，平均社群成员数为 2.59 个。根据这些信息推测，大多数主题科研社群的寿命偏短。以往研究发现，大型社群寿命长于小规模社群（Palla et al.，2007），在基因编程研究领域数据集上社群寿命分布呈现指数分布规律（van Nguyen et al.，2012）。

为探索主题科研社群寿命的分布规律，依次计算所有主题科研社群成员加入社群的最早时间和成员存在的最晚时间，进而计算主题科研社群的寿命。由于2014 年新产生的主题科研社群的寿命不可知，因此去除这一部分主题科研社群，并假定其他主题科研社群已停止增长。在统计所有主题科研社群的寿命后，对每一寿命年限的主题科研社群计数，并绘制如图 6-15 所示的主题科研社群寿命的社群数量分布图，其中横坐标为主题科研社群寿命，纵坐标为主题科研社群数量，两个坐标均经过对数处理。在该图中，寿命为 1 的主题科研社群数量为 3664 个，占总数的 71.7%，仅 1 个主题科研社群寿命为 48，为最长寿命。

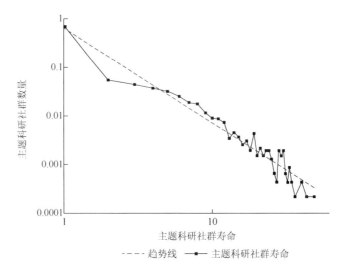

图 6-15　主题科研社群寿命的社群数量分布

进一步采用 KS 统计量和极大似然估计方法来严格验证幂律规律，发现 $xMin = 7$，$\alpha = 2.67$，$p = 0.0609 > 0.05$，表明这种幂律分布特征不太严格，因此主题科研社群寿命分布呈现出弱幂律分布特征。

2）主题科研社群寿命与成员数量和研究成果数量的相关性

主题科研社群的形成建立在科研人员共同合作发表研究成果的基础上，主题科研社群寿命与成员数量和研究成果数量之间存在着一定的联系。通过关联性分析，可以判断这种联系的大小。斯皮尔曼（Spearman）相关性系数是一种检验两组变量是否具有单调函数依赖关系的非参数检验方法，它不直接考察数量关系，而是将其转化为秩，考察秩相关性，类似的相关性系数还有肯德尔（Kendall）相关性系数。皮尔逊（Pearson）相关系数则与这两种方法均不同，它通过积差相关来衡量两组变量之间的线性相关程度。表 6-1 列出了主题科研社群寿命与成员数量和研究成果数量的三种相关性系数指标值。从数值上看，主题科研社群寿命与成员数量的三种相关性系数均低于 0.5，表明主题科研社群寿命与成员数量的相关性较弱。主题科研社群寿命与研究成果数量的 Spearman 相关性系数指标值（0.940）和 Kendall 相关性系数指标值（0.880）较大，Pearson 相关系数指标值（0.617）也超过 0.5，说明主题科研社群寿命与研究成果数量具有重要相关性关系。

表 6-1　主题科研社群寿命与成员数量和研究成果数量之间的相关性

相关性系数	成员数量	研究成果数量
Spearman 相关性系数	0.278	0.940
Kendall 相关性系数	0.253	0.880
Pearson 相关系数	0.486	0.617

主题科研社群寿命与成员数量和研究成果数量之间的相关性现象反映了主题科研社群的运行规律。主题科研社群寿命与主题科研社群是否具有持续发文能力有关。当主题科研社群形成后，其成员不断进行科研合作，发表科研成果，表现为研究成果数量的增长，同时主题科研社群寿命也得以延续，因而主题科研社群寿命与研究成果数量具有更高的相关性，即主题科研社群在研究主题中参与科学活动越多，生产率越高，其寿命也将越长。成员数量的增多，并不直接增强主题科研社群持续发文能力，故与主题科研社群寿命的相关性相对较弱。

6.5.4　主题科研社群关键演化事件分析

通过 Java 语言编程实现动态主题科研社群探测算法，分别针对 5110 个主题科研社群找到历时累积主题科研社群，从而识别出每一时刻的主题科研社群的变化。下面对主题科研社群增长和关键演化事件进行实证分析。

1. 主题科研社群增长实例

主题科研社群增长机制是主题科研社群演化的客观规律，随着时间的推移，主题科研社群表现出增长现象。下面分别以主题 28 "引证研究"中的主题科研社群 C28_15 和主题 45 "跨地区合作"中的主题科研社群 C45_1 为例进行分析。图 6-16 展示出了主题科研社群 C28_15 在四个时间点的社群快照。主题科研社群 C28_15 是主题 28 "引证研究"中最大的主题科研社群，它由标号为 290 的学者 "Leydesdorff，L" 于 1986 年独立发起。当时间点为 2008 年时，学者 "Leydesdorff，L" 与科研人员 673 合作，主题科研社群初步形成，节点数为 2，合作频次为 1。至时间点 2010 年，与主题科研社群 C28_15 存在密切关系的另一子社群出现，该子社群共包括科研人员 866、2665 和 2776 三位成员，此时整体主题科研社群节点数为 5，合作频次为 4。到 2013 年时间点时，经过 27 年的增长，该主题科研社群成员数量达到 12 个，成员之间总合作频次为 25。

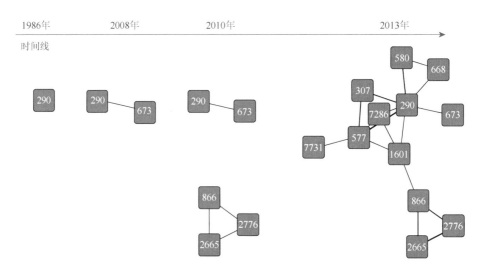

图 6-16　主题科研社群 C28_15 的演化历史

图 6-16 展示了主题科研社群的增长过程，包括成员（节点）数量的增长和合作频次（边）的增长。主题科研社群中边的增长，来源于两个方面，一方面是新的科研人员加入引起的边的增长，如科研人员 673 加入后与科研人员 290 产生合作；另一方面是已有科研人员之间进一步开展科研合作引起的边权重的增长。例如在 2010 年时间节点时，科研人员 2665 与 2776 已进行过一次科研合作，到

2013 年这段时间内两者合作的紧密度增强，又产生过 3 次科研合作，累计进行了
4 次科研合作，两者构成的边权重增长到 4。在图 6-16 中，边权重的增长表现为
节点之间的连线变粗。通过观察该主题科研社群的演化历史发现，该主题科研社
群发生了合并行为，2010 年时间点的两个子主题科研社群（科研人员 290 和 673
构成的主题科研社群以及科研人员 866、2665 和 2776 构成的主题科研社群）增长
至 2013 年时均与科研人员 1601 进行了科研合作，因而合并为一个主题科研社群。
由此，主题科研社群 C28_15 的演化历史中包括了节点的增长、边的数量和权重
的增长以及社群的合并。从演化关键事件来看，产生事件发生于 1986 年和
2010 年；发展事件在多个年度内发生；停滞事件往往发生在两次增长之间，如
2009 年该主题科研社群未发生任何增长行为，而该主题科研社群在 2014 年仍然
存在，并将继续发展着，可认为未表现出消失行为。在主题科研社群 C28_15 的
生命周期中，共发生产生、发展、合并和停滞等关键演化事件。

　　以上主题科研社群增长过程同样可以在主题科研社群 C45_1 中观察到，该主
题科研社群是主题 45"跨地区合作"中规模最大的主题科研社群。图 6-17 展示了
该主题科研社群在 1994 年、2000 年、2010 年和 2013 年四个时间点的社群快照。
在 1994 年，科研人员 1364 和 1534 首次就该主题开展合作。在 2000 年，另一子
社群出现，由科研人员 111 和 4501 构成。同时，原有子社群中引入了新科研人员
7843，主题科研社群节点数和边数增长。在 2010 年，两个子社群中均有新成员加
入，同时科研人员 111 和 4501 以及科研人员 7843 和 1364 均在原有科研合作基础
上开展了新的科研合作。当时间推移到 2013 年时，科研人员 111 与 1364 开展了
合作，两个子社群合并。此时，整个主题科研社群中包含 13 位科研人员，共开展

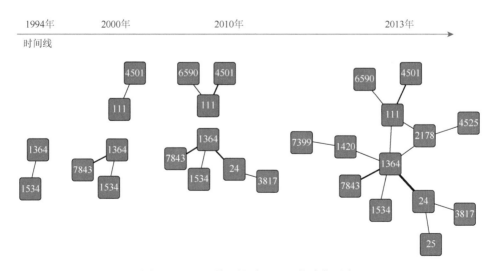

图 6-17　主题科研社群 C45_1 的演化历史

了 18 次科研合作。从生命周期关键演化事件来看，该主题科研社群共经历了产生、发展、合并和停滞等四类关键演化事件。通过以上观察，得出如下结论：成员增长、边的数量和权重增长是主题科研社群增长中的普遍现象；在较大规模的主题科研社群演化过程中，伴随着主题科研社群的合并现象。

2. 关键演化事件历时趋势分析

针对计量学数据集，首先运用动态主题科研社群探测算法，识别出历年累积主题科研社群及其成员，其次结合主题科研社群关键演化事件定义，探测出主题科研社群关键演化事件发生的时间以及涉及的年度累积主题科研社群和最终主题科研社群。表 6-2 列出了计量学 50 个研究主题中主题科研社群关键演化事件发生频次和主题科研社群数。从该表中可以看到，共发生社群产生事件 5201 次，即产生5201 个初始累积社群，共有 64 个累积社群发生 88 次合并事件，其中 2 次为 3 个前一年度累积社群合并为 1 个新的年度累积社群，最终得到 5110 个社群。总计 501 个主题科研社群发生过 801 次发展事件，部分社群发生过 2 次及以上发展事件。所有5110 个社群中发生过停滞事件的社群共有 4617 个，共发生了 5462 次，其中 4083 个社群停滞后消失，在最终年份（2014 年）仍然活跃的主题科研社群数为 1027 个。从发展社群数占总社群数的比例来看，大部分社群产生后即停滞和消失，这部分主题科研社群被称为"异常"社群（van Nguyen et al.，2012），是研究主题中的偶然进入者。关于主题科研社群的生存时间规律将在 6.5.5 节继续探讨。

表 6-2　主题科研社群关键演化事件发生频次和主题科研社群数统计

发生频次及主题科研社群数	产生	发展	合并	停滞	消失
发生频次/次	5201	801	88	5462	4083
主题科研社群数/个	5110	501	64	4617	4083

主题科研社群关键演化事件伴随其生命周期整个过程。针对计量学数据集，社群关键演化事件随着计量学研究的发展表现出特定的时间趋势规律。将社群关键演化事件发生时间和主题科研社群数量进行拟合，发现关键演化事件发生的社群分布具有指数增长趋势。图 6-18 展示了计量学数据集中的产生事件、发展事件、停滞事件和消失事件随着时间推移的发生趋势，其中，连续的曲线代表了发生趋势。图 6-18中分别对四类事件的发生趋势进行指数增长曲线拟合，拟合决定系数均达到 0.9 以上。由此表明，产生事件、发展事件、停滞事件和消失事件具有指数增长规律。

这四类关键演化事件的发生与主题科研社群数量具有重要关联，产生事件直接决定主题科研社群的数量，发展事件和停滞事件的多少与当时主题科研社群数量有关，而若主题科研社群的消失比率一定，那么消失事件发生频次与主题科研社群数量有关。那么，关键演化事件的指数增长规律，是不是也反映出主题科研社群的某种规律呢？研究主题层次和学科层次的主题科研社群数量规律将在后续章节中继续研究。另外，观察合并事件的增长规律发现，合并事件并未表现出明显的数值变化规律，引起这一现象的原因可能是主题科研社群合并是由已有科研人员群体之间开展科研合作引发的，受更加复杂的系统因素的影响，合并事件发生的偶然性相较于其他四类事件更大。

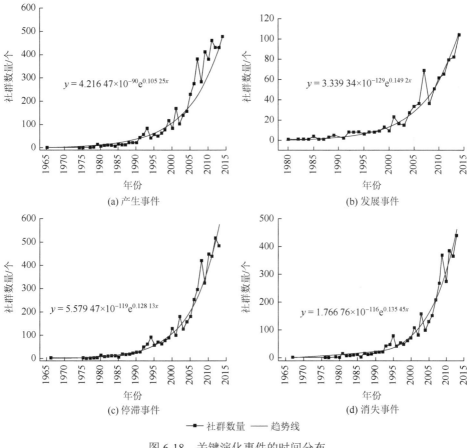

图 6-18　关键演化事件的时间分布

由于检索时间为 1963～2014 年，2014 年以后的社群发展状况无法预测，此时被识别为消失的主题科研社群可能仍然会增长。主题科研社群的消失事件应当需要更长时间的观察才能更为精确地得出。本书认为，在 2014 年仍然未观察到社群增长，即认为主题科研社群消失了。尽管这一假设的合理性较弱，但事件发生的数量及增长规律的定性判断仍然符合逻辑。在 2014 年时，是无法判断社群是停止还是消失的，因此，发生停滞事件和消失事件的社群的产生时间最晚仅到 2013 年。

6.5.5　研究主题的社群演化规律

动态主题科研社群关键演化事件中的产生事件的发生,意味着主题科研社群的诞生,在研究主题范畴内,出现累积主题科研社群不断增多的现象。对计量学数据集中的 50 个研究主题的社群数量变化情况进行观察,发现研究主题中的主题科研社群数呈阶段线性增长规律。本书将增长阶段划分为静默期和爆发期两个阶段,在静默期阶段主题科研社群数量增长缓慢,在爆发期阶段,主题科研社群数量增长迅速。

首先,统计每个年份主题科研社群的增长数量,方法为:在 1 个主题科研社群最早出现的年份,研究主题的社群数量增加 1 个。为寻找静默期和爆发期两个社群数量线性增长阶段的转换时间点(即拐点),依次逐年将增长年份划分在两个时间段内,同时保证每一阶段增长时长最短为 4。为保证拟合的精确性,执行如下两组拟合过程:在第一组中,两个增长阶段中的线性增长拟合决定系数均需要达到 0.9 以上,若无法同时达到,则要满足至少一个达到 0.9 以上,寻找平均拟合决定系数最大的年份作为转换时间点;在第二组中,若两个增长阶段的线性增长拟合决定系数均大于 0.9,则将该年份作为转换时间点,若无法均大于 0.9,则将满足至少一个达到 0.9 以上的平均拟合决定系数最大的年份作为转换时间点。第一组拟合过程寻找到两阶段协调下的全局最优的转换时间点,第二组拟合过程寻找到两阶段协调下的最早取得线性拟合效果的转换时间点。

图 6-19 展现了两组拟合情况下静默期线性增长函数和爆发期线性增长函数的拟合决定系数。从该图中可以看出,两组拟合方法中所有研究主题的爆发期拟合

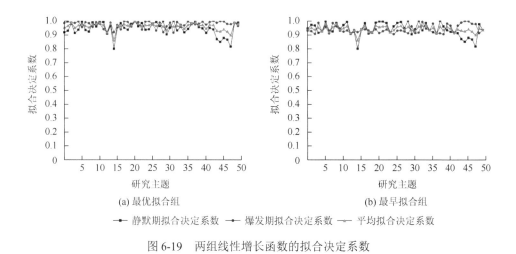

图 6-19　两组线性增长函数的拟合决定系数

决定系数都在 0.9 以上，认可第二阶段的社群线性增长规律；大部分研究主题的静默期拟合决定系数在 0.9 以上，仅 6 个研究主题的静默期拟合决定系数在 0.8~0.9，表明这部分研究主题在早期发展过程中还不够成熟，受多种因素影响，增长的速率起伏性较大。整体来看，两组拟合均印证了研究主题中的主题科研社群数量呈现两阶段线性增长的规律。

　　在线性增长规律中，线性函数 $y = ax + b$ 的斜率值 a 的大小反映出线性增长速率的高低。研究主题中的主题科研社群数量两阶段线性增长应当具有不同的增长速率。为验证这一假设，图 6-20 对比展示出两组线性拟合下的静默期和爆发期增长斜率。从图 6-20 中看出，49 个研究主题的爆发期增长斜率高于静默期增长斜率，数值差距一般较大（主题 8 除外）。图 6-21 展示了主题 20 的两阶段线性增长过程，

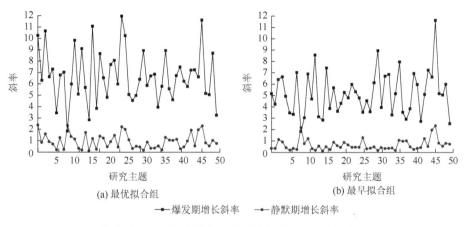

(a) 最优拟合组　　　　　　　　　　　　(b) 最早拟合组

——■—— 爆发期增长斜率　　　　——●—— 静默期增长斜率

图 6-20　两组线性拟合下的静默期和爆发期增长斜率

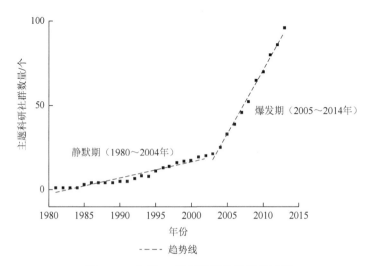

- - - - 趋势线

图 6-21　主题 20 的两阶段线性增长过程

静默期增长速率明显低于爆发期增长速率。爆发期增长速率高于静默期增长速率的现象，表明研究主题在静默期还处于探索阶段，吸引了少量科研人员个体和群体加入，在爆发期，不仅越来越多的科研人员个体加入该主题的科学研究中，而且形成了越来越多的科研人员群体，主题科研社群数量呈现爆发式增长。这种增长速率的变化，是科研活动发展的一般现象，合乎客观规律。

从图 6-22 中看出主题 8 的各个时间区间的主题科研社群数量增长速率较为接近。采用线性函数拟合该研究主题的增长数据发现，该研究主题未表现出明显的两阶段特征，可采用单一线性函数来刻画社群数量增长规律，拟合直线见图 6-22。

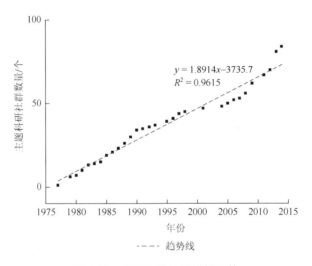

图 6-22　主题 8 的社群增长函数

研究主题的主题科研社群在静默期和爆发期两个阶段呈现出不同的增长速率，表明两个阶段的研究主题处于不同的状态。两个阶段的转折点较为重要，表示研究主题从探索到成熟的转变，因此识别两阶段增长的转换点对于理解研究主题发展状态具有重要的意义。全局最优拟合方法从全部时间点中寻找转换时间，而最早拟合方法则将能够观察到两阶段性的最早时间视为转换时间，两者所找到的时间点不一样。图 6-23 列出了两组线性拟合下转换点时的社群数量及占总社群数的比例。经过观察，可以发现，最早拟合方法识别出的转换点时主题科研社群数量较少，占最终数量的比例大多在 15% 以下（43 个）；全局最优拟合方法识别出的转换点时主题科研社群数量相对较多，占最终数量的比例大多在 35% 以下（35 个）。从平均拟合决定系数来看，最早拟合方法为 0.94，而全局最优拟合方法为 0.97，全局最优拟合方法更优。从研究主题的发展过程来看，当研究主题达到一定规模后，参与人员数量更多，传播学术思想的可能性更大，发展速度将更快。基于这种理解，可以认为转换时间不应过早，因此全局最优拟合方法所识别出的主题科研社群数量线性增长转换点更加合理。

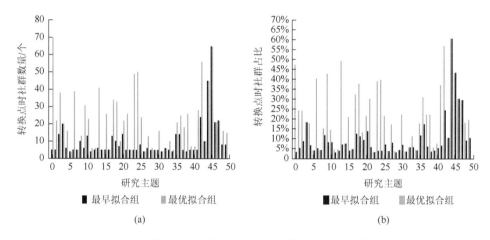

图 6-23　两组线性拟合下转换点时的社群数量及占总社群数的比例

6.5.6　学科的社群演化规律

主题科研社群的演化推动了研究主题的发展，同时也对更高层次学科的发展起到了推动作用。在学科层面，主题科研社群的增长表现为研究主题、主题科研社群、科研人员（作者）和科研合作频次的增长。对计量学数据集中 50 个研究主题的主题科研社群结构进行统计后，绘制出图 6-24，横坐标均为年份，范围为1965 年至 2014 年，纵坐标分别为累积主题数、累积主题科研社群数、累积作者数以及累积合作频次。

图 6-24（a）为历年累积主题数增长曲线图，展现每年的研究主题数量变化。有数据的初始年份为 1965 年，该年主题数量为 2，直至 1973 年累积主题数一直保持为 2 个。1974～1993 年这 20 年间累积主题数迅速增至 50 个，其后累积主题数保持不变。研究主题的识别是从文本集中自动识别语义空间，具有一定的模糊性，由人工设定主题数量上限。观察历年累积主题数的变化发现，在计量学研究中，初始研究主题在学科发展的早期阶段已初步完善，这一现象与学科发展过程相符：一般而言，在学科发展初始阶段，科研人员会提出学科研究需要解决的基础、核心的科学问题，为后续研究指明研究方向。本案例事先预设主题数量，并不意味着没有新的研究主题提出，可能的解释是新的研究主题为已有研究主题的子空间。

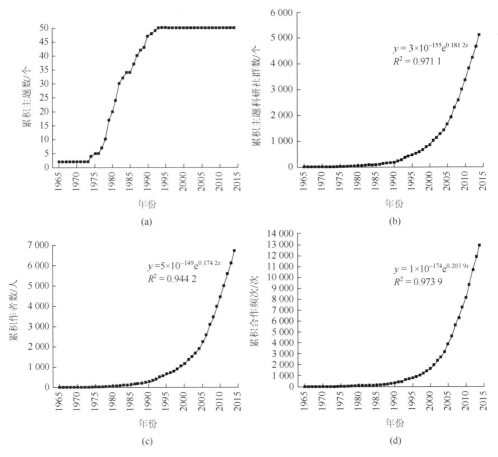

图6-24 累积主题数、累积主题科研社群数、累积作者数以及累积合作频次增长曲线

图6-24（b）描绘了历年的累积主题科研社群数增长曲线，从1965年的2个主题科研社群增长到2014年的累积5110个主题科研社群。从曲线变化来看，在1990年以前，主题科研社群数增长缓慢，1990年以后主题科研社群数迅猛增长。经过指数增长曲线拟合发现，学科层面的主题科研社群数表现出指数增长规律，拟合曲线为 $y = 3 \times 10^{-155} e^{0.1812x}$，其中 x 为年份，y 为累积主题科研社群数，拟合决定系数为0.9711，表明取得了较好的拟合效果。在学科层面上，主题科研社群数表现出指数增长规律。

图6-24（c）描绘了历年累积作者（科研人员）数增长曲线，统计的是加入主题科研社群的科研人员数量，从1965年的2位增长到2014年的累积6738位。该曲线增长趋势与累积主题科研社群数增长曲线类似，表现出了指数增长规律，经过拟合后的指数曲线为 $y = 5 \times 10^{-149} e^{0.1742x}$，其中 x 为年份，y 为累积作者数量，拟合决定系数为0.9442，取得了较好的拟合效果。在学科层面上，科研人员数亦

表现出了指数增长规律。由于主题科研社群是由科研人员组成的，因此二者之间存在一定的联系。

图 6-24（d）为历年累积合作频次图，统计了所有研究主题中的科研合作频次，从 1965 年的 2 次增长到 2014 年的累积 13 305 次。同一篇论文的合作信息在不同的研究主题中被视为不同的合作频次。直观上看，合作频次表现出指数增长规律，所得拟合曲线为 $y = 1 \times 10^{-174} e^{0.2039x}$，拟合决定系数为 0.9739，拟合效果较好。

个体主题科研社群的增长是主题科研社群演化的一个重要方面。本章首先认为以社会网络为基础的科研合作是个体主题科研社群增长的主要动力，其次以社会网络理论为基础剖析主题科研社群增长的动力机制，最后从实际数据中发现主题科研社群增长现象，提出动态主题科研社群的概念及探测方法，发现主题科研社群增长过程中的关键演化事件，构建主题科研社群的生命周期模型。主题科研社群中的成员数量增长、边的规模和权重增长是主题科研社群增长中的普遍现象；在较大规模的主题科研社群演化过程中，伴随着主题科研社群的合并现象。

在计量学数据集中，发现了一些主题科研社群的增长规律，具体如下。

（1）主题科研社群的成员数量和合作关系数量服从幂律分布。主题科研社群在运行过程中，其科研资源相对稀缺，资源竞争激烈，仅少数主题科研社群具有持续竞争优势，能够吸引更多的成员加入，科研合作也越来越多，逐渐得以发展壮大。

（2）主题科研社群的成员数量和合作关系数量呈现线性增长规律。作为一种中观团体结构，成员间需要紧密沟通，在科学研究过程中扮演各自相应的角色，较高的团队维护成本使得主题科研社群的成员增长和合作关系增长仅具有线性结构，而较难表现出指数增长等规模性增长趋势。

（3）从学科角度来看，主题科研社群的寿命表现出服从弱幂律分布的现象，即只有少数主题科研社群能够实现动态演化而不断增长，大多数主题科研社群的生命周期都较短，主题科研社群寿命与其生产率具有重要关联关系。

（4）在研究主题层次，主题科研社群数量往往会经历两个增长阶段，静默期和爆发期，两阶段中的主题科研社群数量均呈现线性增长规律，静默期社群数量增长缓慢，而爆发期社群数量增长迅速，但仍然为线性增长。

（5）从学科层次来看，主题科研社群的增长导致累积主题科研社群、累积作者以及累积合作频次呈现爆发式增长趋势，其中主题科研社群、作者以及合作频次均表现出了指数增长规律。学科层次的规律是由研究主题层次和个体主题科研社群层次的规律叠加而涌现出来的，即研究主题层次的主题科研社群数的线性增长和个体主题科研社群数的线性增长，引起学科层次指标的指数型增长。这一发现为科学指标的指数型增长提供了一种中观视角解释。

以上规律仅在计量学数据集中得以体现，是否在其他学科中也有类似的规律，还有待继续研究。

本章参考文献

陈文勇. 2011. 科学文化论及其意义. 科学学研究, 29（2）：161-166.

冯之浚. 1983. 论科学发展的逻辑型规律（S 规律）. 世界科学，（5）：52-56.

侯元元. 2013. 三维专利技术生命周期模型构建与实证研究. 情报杂志, 32（3）：51-54, 6.

金辉, 钱焱. 2006. 团队生命周期的模型修正. 科学学与科学技术管理,（3）：119-122.

井润田, 王蕊, 周家贵. 2011. 科研团队生命周期阶段特点研究：多案例比较研究. 科学学与科学技术管理, 32（4）：173-179.

匡华. 1988a. 描述科技文献增长规律的六种数学模型. 情报学刊,（1）：21-24.

匡华. 1988b. 描述科技文献增长规律的六种数学模型（续）. 情报学刊,（2）：26-29, 86.

李久鑫, 郑绍濂. 2002. 管理的社会网络嵌入性视角. 外国经济与管理,（6）：2-6.

李玲, 党兴华, 贾卫峰. 2008. 网络嵌入性对知识有效获取的影响研究. 科学学与科学技术管理, 29（12）：97-100, 140.

李平. 2011. 创新集群的演化动力与影响因素研究. 特区经济,（12）：280-283.

梁立明. 1991. 指数型发展分类：科学计量研究中不应忽视的问题. 科学学与科学技术管理,（3）：8-11.

罗宾斯 S P. 1997. 组织行为学. 7 版. 孙健敏, 李原, 等译. 北京：中国人民大学出版社.

马来平, 宋洁元. 1987. 论科学发展的指数规律. 烟台师院学报（哲学社会科学版）,（2）：57-63, 71.

孟彬, 马捷, 张龙革. 2006. 论知识的生命周期. 图书情报知识,（3）：92-95.

汪小帆, 李翔, 陈关荣. 2006. 复杂网络理论及其应用. 北京：清华大学出版社.

王福涛, 钟书华. 2009. 创新集群的演化动力及其生成机制研究. 科学学与科学技术管理, 30（8）：72-77.

王旻霞, 赵丙军. 2014. 科学知识网络的结构特征及演化动力. 情报杂志, 33（5）：88-95.

王文旭. 2007. 复杂网络的演化动力学及网络上的动力学过程研究. 合肥：中国科学技术大学.

王学东, 易明, 占旺国. 2009. 虚拟团队中知识共享的社会网络嵌入性视角. 情报科学, 27（12）：1761-1764, 1796.

吴江. 2012. 社会网络的动态分析与仿真实验：理论与应用. 武汉：武汉大学出版社.

吴伟伟, 于渤, 吴冲. 2012. 基于技术生命周期的企业技术管理能力评价研究. 科学学与科学技术管理, 33（5）：115-121.

杨沛霆, 徐纪敏. 1982. 关于普赖斯科学技术发展指数增长规律的探讨. 科学学与科学技术管理,（5）：2-5.

易明, 占旺国, 王学东. 2010. 社会网络视角下基于生命周期的虚拟团队知识分布研究. 情报科学, 28（4）：593-597.

张海燕, 陈士俊, 王怡然, 等. 2006. 基于生命周期理论的高校科研团队影响因素探析. 科技管理研究,（12）：149-152.

赵红州. 1995. 论科学文化及其决策功能. 中国软科学,（12）：11-16.

赵红州, 蒋国华, 刘易成, 等. 1984. 论阶梯指数规律及其微观效应. 科学学与科学技术管理,（6）：5-11.

钟华, 邓辉. 2012. 基于技术生命周期的专利组合判别研究. 图书情报工作, 56（18）：87-92.

朱晓峰. 2004. 生命周期方法论. 科学学研究,（6）：566-571.

Abbasi A, Chung K S K, Hossain L. 2012a. Egocentric analysis of co-authorship network structure, position and performance. Information Processing & Management, 48（4）：671-679.

Abbasi A, Hossain L, Leydesdorff L. 2012b. Betweenness centrality as a driver of preferential attachment in the evolution of research collaboration networks. Journal of Informetrics, 6（3）：403-412.

Allee V. 1997. The Knowledge Evolution：Expanding Organizational Intelligence. London：Routledge.

Anderson P, Tushman M L. 1990. Technological discontinuities and dominant designs：acyclical model of technological change. Administrative Science Quarterly, 35（4）：604-633.

Barabási A L，Albert R. 1999. Emergence of scaling in random networks. Science，286（5439）：509-512.

Börner K，Maru J T，Goldstone R L. 2004. The simultaneous evolution of author and paper networks. Proceedings of the National Academy of Sciences of the United States of America，101（suppl.1）：5266-5273.

Bornmann L，Mutz R. 2015. Growth rates of modern science: a bibliometric analysis based on the number of publications and cited references. Journal of the Association for Information Science and Technology，66（11）：2215-2222.

Braun T，Bujdosó E，Schubert A. 1987. Literature of Analytical Chemistry：A Scientometric Evaluation. Boca Raton：CRC Press.

Burt R S. 1992. Structural Holes：The Social Structure of Competition. Cambridge：Harvard University Press.

Clauset A，Shalizi C R，Newman M E J. 2009. Power-law distributions in empirical data. SIAM Review，51（4）：661-703.

de Solla Price D J. 1963. Little Science，Big Science. New York：Columbia University Press.

de Solla Price D J. 1965. Networks of scientific papers. Science，149（3683）：510-515.

de Solla Price D J，Gursey S. 1975. Studies on scientometrics. Part 1：transience and continuation of scientific authorship. International Forum on Information and Documentation，4（1）：27-40.

Drott M C，Griffith B C. 1978. An empirical examination of Bradford's law and the scattering of scientific literature. Journal of the American Society for Information Science，29（5）：238-246.

Evans J A. 2013. Future science. Science，342（6154）：44-45.

Foster R N. 1986. Working the S-curve：assessing technological threats. Research Management，29（4）：17-20.

Freeman L C. 1978. Centrality in social networks conceptual clarification. Social Networks，1（3）：215-239.

Friedkin N E，Johnsen E C. 1997. Social positions in influence networks. Social Networks，19（3）：209-222.

Gliwa B，Bródka P，Zygmunt A，et al. 2013. Different approaches to community evolution prediction in blogosphere. Niagara：The 2013 IEEE/ACM International Conference on Advances in Social Networks Analysis and Mining.

Goldstein M L，Morris S A，Yen G G. 2005. Group-based Yule model for bipartite author-paper networks. Physical Review E，71（2）：26108.

Granovetter M. 1985. Economic action and social structure：the problem of embeddedness. American Journal of Sociology，91（3）：481-510.

Granovetter M S. 1973. The strength of weak ties. American Journal of Sociology，78（6）：1360-1380.

Hoffman D M，Blasi B，Ćulum B，et al. 2014. The methodological illumination of a blind spot：information and communication technology and international research team dynamics in a higher education research program. Higher Education，67（4）：473-495.

Hopcroft J，Khan O，Kulis B，et al. 2004. Tracking evolving communities in large linked networks. Proceedings of the National Academy of Sciences of the United States of America，101（suppl.1）：5249-5253.

Jeong H，Néda Z，Balrabási A L. 2001. Measuring pre-ferential attachment for evolving network. https://doi.org/10.1209/epl/i2003-00166-9[2023-10-15].

Katz J S，Martin B R. 1997. What is research collaboration？. Research Policy，26（1）：1-18.

Kim B. 2003. Managing the transition of technology life cycle. Technovation，23（5）：371-381.

Kossinets G，Watts D J. 2006. Empirical analysis of an evolving social network. Science，311（5757）：88-90.

Lotka A J. 1926. The frequency distribution of scientific productivity. Journal of the Washington Academy of Sciences，16（12）：317-323.

Lu K，Wolfram D. 2010. Geographic characteristics of the growth of informetrics literature 1987–2008. Journal of Informetrics，4（4）：591-601.

Morris S A，Goldstein M L. 2007. Manifestation of research teams in journal literature：a growth model of papers， authors，collaboration，coauthorship，weak ties，and Lotka's law. Journal of the American Society for Information Science and Technology，58（12）：1764-1782.

Newman M E J. 2001. Scientific collaboration networks. I. Network construction and fundamental results. Physical Review E，64（1）：016131.

Newman M E J. 2003. Mixing patterns in networks. Physical Review E，67（2）：026126.

Newman M E J，Barabási A L，Watts D J. 2006. The Structure and Dynamics of Networks. Princeton：Princeton University Press.

Pajevic S，Plenz D. 2012. The organization of strong links in complex networks. Nature Physics，8：429-436.

Palla G，Barabási A L，Vicsek T. 2007. Quantifying social group evolution. Nature，446：664-667.

Pan R K，Saramäki J. 2012. The strength of strong ties in scientific collaboration networks. Europhysics Letters，97（1）：18007.

Polanyi K. 1944. The Great Transformation：The Political and Economic Origins of Ourtime. Boston：Beacon Press.

Ramasco J J，Morris S A. 2006. Social inertia in collaboration networks. Physical Review E，73（1）：016122.

Shi Q，Xu B，Xu X M，et al. 2011. Diversity of social ties in scientific collaboration networks. Physica A：Statistical Mechanics and its Applications，390（23/24）：4627-4635.

Tang L，Liu H，Zhang J P，et al. 2008. Community evolution in dynamic multi-mode networks. Las Vegas：The 14th ACM SIGKDD International Conference on Knowledge Discovery and Data Mining.

Tuckman B W，Jensen M A C. 1997. Stages of small-group development revisited. Group & Organization Management，2（4）：419-427.

van Nguyen M，Kirley M，García-Flores R. 2012. Community evolution in a scientific collaboration network. Brisbane：2012 IEEE Congress on Evolutionary Computation.

Wagner C S，Leydesdorff L. 2005. Network structure，self-organization，and the growth of international collaboration in science. Research Policy，34（10）：1608-1618.

Yan E. 2012. Scholarly Networks：Networks Approaches and Applications. Bloomington：Indiana University.

Zhong X P，Huang Q，Davison R M，et al. 2012. Empowering teams through social network ties. International Journal of Information Management，32（3）：209-220.

Zhou S H，Siu F，Wang M H. 2010. Effects of social tie content on knowledge transfer. Journal of Knowledge Management，14（3）：449-463.

Zigurs I. 2003. Leadership in virtual teams：oxymoron or opportunity. Organizational Dynamics，31（4）：339-351.

第7章 科研社群与主题的协同演化

7.1 科研社群与主题的协同演化内涵

7.1.1 协同演化理论

1. 理论来源

协同演化理论最早源自生物学领域，其在该领域中经历了"经典进化理论→协同进化理论→协同演化理论"的发展。1859 年达尔文（Darwin）在《物种起源》中提出的经典进化理论，以物种为独立观察对象，并根据与人类的相近程度确认物种发展等级，认为物种进化过程符合"优胜劣汰"规律。然而这一理论无法解释漫长岁月中的"高等"与"低等"物种共存现象。能够更好地解释这一共存现象的共生关系被学者注意到，协同进化理论应运而生。Mode（1958）在协同进化遗传学数据模型研究中认为，一个物种的进化并不是孤立地发生变异，而是与它关系极为密切的物种发生着关系。该观点认为进化的目标不是淘汰生物，而是通过物种的互惠共生而实现长期地稳态延续。在此基础上，Ehrlich 和 Raven（1964）正式提出协同演化理论。他们基于对多种蝶类和多种显花植物的共生观察，认为协同演化发生在两个或多个相互依赖的物种上的持续变化中，在进化过程中它们的演化轨迹相互影响和适应。

协同演化理论提出之后，广泛应用于经济、哲学、社会文化等学科研究领域，用于理解系统中不同主体之间、主体与系统之间相互作用和共同演化的过程。Norgaard（1994）率先将协同演化理论运用到经济学领域，认为社会经济系统的协同演化主要反映了知识、价值、组织、技术和环境五个子系统的长期反馈关系。美国国家科学院研究了墨西哥瓦哈卡州社会从狩猎、聚集到古代国家的演变过程中发生的宗教仪式变化，发现某些仪式与社会组织形式存在协同演化关系（Marcus and Flannery，2004）。总的来说，协同演化理论被广泛认为是理解群落演化的有效途径。

2. 概念界定

目前，学术界就"协同演化"的概念暂无统一的界定。本书将代表性定义梳理如表 7-1 所示。基于表 7-1 中所提及的定义，区别于早期的概念，可将协同演化的核心内涵概括为以下几个方面。

表 7-1　协同演化代表性定义

序号	定义	作者
1	一个物种的某类特性因回应另一物种的某类特性而进化，而后者的该类特性也同样因回应前者的特性而进化的过程	Ehrlich 和 Raven（1964）
2	认为协同演化不仅是"协同"的，更是"演化"的，是"相互影响的各种因素之间的演化关系"，而在社会经济系统中，协同演化主要反映了知识、价值、组织、技术和环境五个子系统的长期反馈关系	Norgaard（1984）
3	将协同演化分为横向与纵向两种类型，跨越不同层次系统的互动为纵向，同一层次系统的互动为横向	McKelvey（2002）
4	通过对协同演化的内涵进行分析，厘清了并行发展与协同演化之间的关系，认为协同演化不同于并行发展，只有在两个演化种群之间拥有能够显著改变对方适应特征的双向因果关系时，两者之间才存在协同演化	Murmann（2003）
5	技术和制度是协同演化的，经济增长背后的主要推动力就来自这种协同演化的过程	Nelson（2009）
6	将协同演化与共生发展联系在一起，认为所有动植物都与微生物建立共生关系，不同微生物群的综合遗传信息超过宿主的遗传信息，并影响全生物（宿主及其所有相关微生物）的演化，将物种之间的关系分为互利共生、竞争、偏利共生等	Rosenberg 和 Zilber-Rrosenberg（2011）
7	在企业创新系统研究方面，协同代表系统内部各要素间、要素和系统整体间、系统与系统间的一种相互作用模式与机制；演化代表创新主体、创新要素之间通过互动学习与交互共演实现创新活动目标	陈劲（2017）

（1）多实体。协同演化需要两个或两个以上的不同实体相互作用而实现联合进化。

（2）双向关联。不同于并行发展，协同演化的多个实体之间存在显著的、能够影响其他实体多样化、反馈性的双向关系，包括但不限于互利、因果、反馈、适应等共生关联。一种实体的特征会因回应另一种实体的特征而发生进化，这种进化也会反过来使另一种实体的特征发生变化。

（3）长期变化。区别于生物进化论中的短期演化现象中呈现的竞争关系，协同演化通常发生在更长的历史演化进程中。相较于短期的优胜劣汰现象，协同演化是一种动态的长期反馈关系。

（4）多层次。随着各个领域的协同演化研究的不断推进，学者发现协同演化现象不仅体现为多实体，同时也体现为实体细分的不同层次、不同实体之间以及实体与实体所构成的整体系统之间的多种层次变化的相互影响。某个实体或层次的变化，会影响到其他实体或实体细分层次的不同变化。

基于上述概念，将协同演化界定为两个或两个以上实体及其所构成的层次间的长期互动影响，导致实体不同层次特征发生变化而引起的联合进化过程。

7.1.2　科研社群与主题的协同演化模型

基于协同演化的概念，将学科研究领域的协同演化定义为其内含的研究主题与科研社群之间的共同演化，探究研究主题与科研社群演化特征间的互动机制，以及两者相互作用对学科研究领域发展的影响。

本书将学科研究领域中科研社群与研究主题的协同演化模型梳理如图7-1所示。

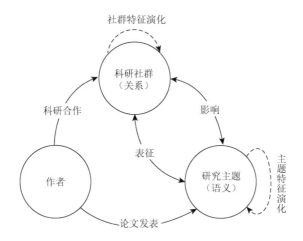

图 7-1 科研社群与研究主题的协同演化模型

首先在微观的构成要素层面，本书认为学术研究作者的科研行为是学科研究领域发展的核心动力机制：一方面论文作者通过发表学术论文产生学科研究领域的研究主题；另一方面作者通过与其他学者进行科研合作建立关联形成科研社群。

其次在中观的交互作用层面，作者作为研究主题参与者和科研社群成员，通过不断积累科研行为和科研成果，引起研究主题和科研社群的交互作用。这种交互作用体现为如下两种关联关系。

（1）双向表征。科研社群的特征可由研究主题的情况来代表或表征，反之亦然。例如，科研社群的多样性可通过其涉及的研究主题的丰富性来反映，说明科研社群的多样性可通过研究主题的丰富性来表征。研究主题的热度可由与之关联的科研社群规模来体现，说明研究主题热度可通过科研社群规模来表征。简而言之，本书认为研究主题与科研社群之间存在双向表征关系，可以通过一方的特定特征来反映另一方的某种情况。

（2）相互影响。科研社群和研究主题任意一方发生变化都会影响另一方，需要另一方也做出变化以反馈和适应这种变化。例如，当研究主题的热度越来越高时，会吸引越来越多的作者加入研究从而使得科研社群呈现出越来越集聚的趋势；而科研社群的集聚性变强，即大的科研社群变大，能够提升科研效率和深度进而提高研究主题的演化速度和成熟度。这种相互影响发生在科研社群与研究主题的不同特征和不同层次之间，从而引发两者的协同演化，并共同影响学科研究领域的发展。

最后在宏观的整体协同演化层面，本书主要聚焦研究主题与科研社群的协同演化，通过观察动态时间序列中研究主题与科研社群不同层次的双向表征和相互影响，解析两者的协同演化特征，理解其联合进化过程。

7.2　科研社群与主题的协同演化分析方法

7.2.1　协同演化分析框架

区别于第 6 章中主题科研社群与研究主题的从属关系，本章更为关注同属于学科研究层级的科研社群与研究主题之间的联合进化现象。因此，主要观察科研社群与研究主题两大主体不同层次、不同特征之间的双向表征和相互影响，以试图解读两者的协同演化特征。

据此，本章构建了科研社群与研究主题的协同演化分析框架，如图 7-2 所示。首先选择特定学科研究领域为案例展开研究，分别抽取科学研究成果中的学术文本和引文关系进行研究主题识别，抽取作者合著关系进行科研社群识别。其次分别对科研社群和研究主题进行演化特征拆解。分别拆解两者的特征分析层次，并使用两者特征对另一方进行双向表征：使用研究主题的特征（包括主题强度和主题丰富度）来表征科研社群的演化特征，使用科研社群的特征（包括社群数量、

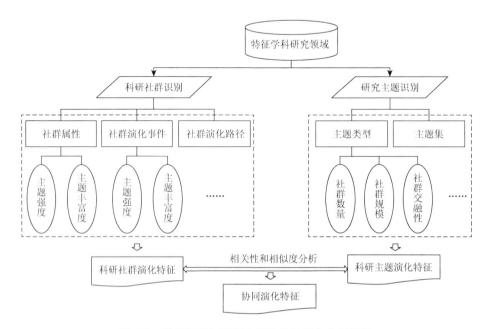

图 7-2　科研社群与研究主题的协同演化分析框架

社群规模等）来表征研究主题的演化特征。最后，通过科研社群和研究主题的双向表征特征的时序性分析分别观察两者的演化特征之后，进一步通过相似系数和相似度探讨两者的协同演化特征。

7.2.2　基于 paper2vec 的主题识别

主题发现有利于帮助研究者从海量文本信息中提炼主要内容和有价值的关键信息。当前主流的主题识别方法有 LDA 主题模型、动态主题模型（dynamic topic model，DTM）等，但传统的 LDA 模型在处理稀疏性文本语料时仍然存在较大局限性，DTM 运行效率过低（李璐萍和赵小兵，2021），而随着深度学习技术的不断发展与完善，学者开始引入无监督特征学习方法，使用深度神经网络学习得到低维向量表示，如 word2vec、doc2vec 等。doc2vec 方法相对于 word2vec 而言更具备上下文语义信息，Ganguly 和 Pudi（2017）在此基础上提出 paper2vec 算法，将文本信息和引文信息融合，使得论文文档向量具有更丰富的语义表示，有效解决了数据稀疏性问题，提高了论文文档的语义性表达能力，并且经多个真实数据集测试后发现 paper2vec 主题识别性能优于 doc2vec 等算法，因此采用 paper2vec 算法进行主题识别。

如图 7-3 所示，本书所采用的 paper2vec 算法，正是针对科研论文的特点，将论文文本信息与引文网络中的引文信息结合，将论文文献进行向量化表示后，利用聚类算法识别高维空间中的主题类簇。

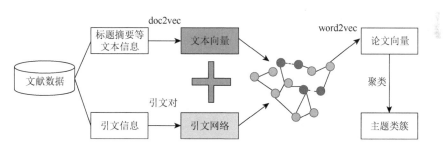

图 7-3　paper2vec 算法原理示意图

1. 问题定义

引文网络数据集可以表示为图 $G=(V,E)$，其中 V 表示论文节点，E 表示由引用关系构成的边。理论上来说，任何科学论文都是通过引用与其他论文相关联，但引用存在时滞性，导致存在潜在引用的现象。paper2vec 需要学习的映射函数为 $f:V\rightarrow R^D$。其中 D 是潜在空间的维数，$|V|$ 是图中节点的总数（包括非连通节点）。

f 是一个大小为 $|V|\times D$ 的矩阵。f 分两个阶段进行学习优化，包括两个目标函数。第一个目标函数 f_1 旨在捕获文本信息，而第二个目标函数 f_2 旨在捕获引文信息。

2. 捕获文本信息

捕获文本信息的目标是为图 G 中的所有顶点找到良好的文本表示，并用集合 $V\{d_1, d_2, \cdots, d_n\}$ 来表示论文文本信息，其中 d_n 表示论文文档向量。paper2vec 算法是一种基于 skip-gram 模型进行文档向量表示的无监督学习方法。首先，模型先定义一个可在数据集上滑动的固定上下文窗口 C_1，训练上下文中的所有单词，目标函数为

$$\sum_{w_i, w_j \in C_1}^{|C_1|} \log \mathrm{Pr}(w_i \mid w_j, d_k) \tag{7-1}$$

其中，$\mathrm{Pr}(w_i \mid w_j, d_k)$ 为 softmax 函数：

$$\mathrm{Pr}(w_i \mid w_j, d_k) = \frac{\exp\left(w_j^{\mathrm{T}} w_i + w_j^{\mathrm{T}} d_k\right)}{\sum_{t=1}^{C_1} \exp\left(w_t^{\mathrm{T}} w_i + w_t^{\mathrm{T}} d_k\right)} \tag{7-2}$$

3. 用图链接文本信息

paper2vec 算法提出两种将文本信息整合进引文网络的新方法。

第一种方法是在引文网络中创建基于文本的人工链接，该方法的理论前提是作者对于研究现状的了解存在局限性，可能在引用时会错过一些重要论文，因此需要在引文网络中考虑没有直接引用关系但文本相似度较高的情况，即潜在引用情况（Sugiyama and Kan，2013）。基于在捕获文本信息阶段中，所有论文均已用文档向量进行表示，对于图 G 中的每个节点，paper2vec 算法利用 k 近邻算法寻找与其最相似的节点并创造链接。

第二种方法则是将在捕获文本信息阶段中学习到的文档向量作为初始化点，利用神经网络对目标函数 f_2 进行优化。该方法通过网络随机游走形成图 G'，同样定义一个可在数据集上滑动的固定上下文窗口 C_2。对于图 G' 中任一节点 v_i，该方法通过最大化似然函数来预测其相邻节点 v_j：

$$\sum_{v_i, v_j \in C_2}^{|C_2|} \log \mathrm{Pr}(v_i \mid v_j) \tag{7-3}$$

paper2vec 算法将以上两种方法结合用以表示论文向量，并在多个真实数据集上进行实证，证明 paper2vec 算法具备更优的性能。

4. 聚类模型训练

paper2vec 模型的数据来源包括文本信息和引文网络数据。在文本信息处理方

面，由于标题和摘要是整篇论文的内容精华所在，可以有效表示文章内容，因此本书将每篇文章的标题和摘要作为其文本信息。在引文网络数据处理方面，Scopus数据库为每一篇文章赋予唯一外部标识（external identifier，EID），本书根据引用文献的题录信息爬取其 EID 信息，并分别与目标文献形成引用关系对。

首先，paper2vec 模型使用 doc2vec 模型对文本数据进行预训练。doc2vec 模型以词干化文本为输入，设置特征向量维度进行训练，最终得到文档初始向量值。

其次，构建引文网络。paper2vec 模型以文章为节点，以引用关系为连边，构建无向引文网络。由于论文之间可能存在潜在引用关系，paper2vec 模型根据doc2vec 模型计算的文档向量值计算文档相似度，为最相似的前两篇文章人工创建引用关系，形成引文关系对，并在引文网络上人工添加链接。

再次，paper2vec 模型将网络信息和 doc2vec 预训练结果输入 word2vec 模型中进行训练，设置特征向量维度，最终得到包含引用文献和目标文献的文章向量。

最后，对文章向量进行聚类，根据向量相似度形成多个主题类簇。本书使用k-means 聚类、高斯混合模型、层次聚类等多种经典聚类算法对文章向量进行计算，并采用 scikit-learn 库中的 calinski_harabasz_score 指标对聚类效果进行评估。calinski_harabasz_score 指标的中心思想是计算簇间距和簇内距的比值，因此calinski_harabasz_score 指标值越高表示聚类效果越好。

7.2.3　协同演化统计指标

科研社群与研究主题的协同演化体现为两者不同层次、不同特征的相互影响。因此，本节分别对统计层次和统计指标进行梳理。

1. 统计层次

在研究主题维度，尝试从主题类型（单主题）和学科领域主题集两个层面来观察研究主题的特征演化情况。在科研社群维度，结合现有研究将科研社群演化过程划分为三个层次来进行观测，分别包括科研社群属性、科研社群演化事件和科研社群演化路径。

1）主题类型和学科领域主题集

随着学科研究领域的发展，其研究内容逐渐完善并细分为不同的研究主题。本书使用 paper2vec 进行主题识别，假设其识别的主题数量为 m 个，所识别出的每一个研究主题被视作一个主题类型，即学科领域主题集可表示为 $T\{top\_1, top\_2, \cdots, top\_m\}$。$top\_1$ 为第 1 个主题类型，top_2 为第 2 个主题类型，以此类推，top_m 为最后一个主题类型。在此基础上，后续的研究主题演化特征既可对单个主题类型如 top_1 进行统计，亦可对学科领域主题集 $T\{top\_1, top\_2, \cdots, top\_m\}$ 进行分析。

2）科研社群属性

科研社群属性用于表征社群本身的特征或性质，以从多个角度的时序变化来描述科研社群演化特征的不同方面，如科研社群的成员构成、交流频次、网络结构等。本书主要根据科研社群所涉及的主题情况来表征科研社群的语义特征。

3）科研社群演化事件

科研社群在演化过程的每一时期均会发生演化事件，而各研究主题类型下各演化事件类型所占比重体现了各研究主题内社群之间的交融性。若新生、增长类演化事件较多，表明该研究主题在演化过程中有较多新研究成员加入，若合并、分裂等复杂演化事件较多，则表明该研究主题下社群之间的联系比较密切，社群交融性较强。本书统计了不同研究主题中科研社群演化事件的频次，用以分析各研究主题下演化事件的分布情况。所采用的科研社群演化事件如表 4-1 所示。

4）科研社群演化路径

科研社群演化路径反映了特定科研社群的演化历史过程中的一系列演化事件。从整体来看，科研社群的演化历史也伴随着研究主题的动态发展过程。本书将分析科研社群演化路径上的研究主题所发生的新生、消亡、合并等动态演化事件，统计分析不同科研社群演化路径上的多种主题特征变化，揭示科研社群演化路径上的社群属性与主题协同演化过程。

2. 统计指标

基于研究主题和科研社群的双向表征关系，本节分别用主题强度和主题丰富度指标来量化科研社群的语义特征，用社群数量、社群规模和社群交融性来分析研究主题的关注和演化过程特征。除此之外，科研社群作者 Z-Score 指标被提出用于识别科研社群演化路径。

1）主题强度

科研社群成员在研究过程中往往不只对一个主题产生兴趣，某个科研社群在某个时期的研究兴趣可能由多个主题组成。在时序演化过程中，科研社群研究的主题类型、对主题的偏好程度均可能发生变化。因此首先提出科研社群主题强度指标，用以衡量某研究主题在某时期的科研社群中的受关注程度，其次对图书情报学领域内各研究主题在各个时期的主题强度进行计算，同时分析科研社群层面两大主题类别的主题凝聚程度演变情况，最后计算各研究主题在各时期的主题强度，用以衡量学科研究领域不同研究主题的主题强度变化趋势。

首先，为衡量某研究主题在某时期的科研社群中的受关注程度，提出科研社群主题强度指标：

$$\text{strength}_{(\text{com},i)} = \frac{n_i}{N} \tag{7-4}$$

$$\text{Strength}_{(t,i)} = \frac{\text{sum}\left(\text{strength}_{(c,i)}\right)}{N_{(c,i)}} \qquad (7\text{-}5)$$

其中，$\text{strength}_{(\text{com},i)}$ 为科研社群 com 中主题 i 的主题强度；n_i 为科研社群 com 中主题 i 出现的频次；N 为科研社群 com 中所有主题出现的频次；$\text{Strength}_{(t,i)}$ 为在 t 时期内主题 i 的主题强度；$\text{sum}\left(\text{strength}_{(c,i)}\right)$ 为 t 时期内所有科研社群里关于主题 i 的主题强度总和；$N_{(c,i)}$ 为 t 时期内包含主题 i 的所有科研社群的数量。

由定义可知，科研社群的主题强度越大，代表其对主题的关注度越高。对比不同主题在科研社群中的主题强度，可分析科研社群对不同主题类型的偏好。同时，某一时期的主题强度越大，代表其在该时期内的被关注程度越高。

2）主题丰富度

在科研社群演化过程中，科研社群成员的变化与流动影响着科研社群的主题研究方向。为进一步分析科研社群在某一时期的变化对其关注的主题类型产生的影响，将主题类型种类记作 K，并定义主题丰富度指标为

$$\text{Richness}_{(\text{com})} = K_{(\text{com})} \qquad (7\text{-}6)$$

其中，$\text{Richness}_{(\text{com})}$ 为科研社群 com 的主题丰富度；$K_{(\text{com})}$ 为科研社群 com 所涉及的研究主题的类型种类数。由定义可知，主题丰富度取值越大，科研社群所关注的研究内容越多样；主题丰富度取值越小，科研社群所关注的研究内容越集中。

3）社群数量

探讨各个研究主题类型下社群数量的变化有助于进一步判断研究主题在时序中的发展态势。此处将研究主题的社群数量定义为

$$\text{Num}_{(i)} = C_i \qquad (7\text{-}7)$$

其中，$\text{Num}_{(i)}$ 为研究主题 i 的社群数量；C_i 为研究主题 i 所涉及的社群数量。社群数量越多，代表研究主题的研究热度越高，说明研究主题被作者关注的程度越高。在此基础上，本书一方面分析各研究主题下科研社群的数量分布情况，另一方面探讨各研究主题类型下科研社群数量随时间演变的过程。

4）社群规模

探讨各研究主题类型下社群的平均规模有助于进一步了解主题科研社群演化过程中集聚程度的变化。将研究主题的社群规模和平均社群规模定义为

$$\text{Size}_{(\text{com})} = D_{\text{com}} \qquad (7\text{-}8)$$

$$\text{Avgsize}_{(i,\text{com})} = \frac{\text{sum}\left(\text{Size}_{(i,\text{com})}\right)}{C_i} \qquad (7\text{-}9)$$

其中，$\text{Size}_{(\text{com})}$ 为科研社群 com 的社群规模；D_{com} 为科研社群 com 的节点总数；$\text{Avgsize}_{(i,\text{com})}$ 为研究主题 i 的平均社群规模；$\text{Size}_{(i,\text{com})}$ 为研究主题 i 所涉及的科研社

群com 的社群规模；C_i 为研究主题 i 所涉及的社群数量。由定义可知，研究主题的平均社群规模越大，代表研究主题的集聚程度越高，说明研究主题在大型科研社群中的分布集中性越强。据此，本书首先分析各研究主题类型下科研社群的平均社群规模，其次分析各研究主题的平均社群规模在时序中的演变情况，最后计算各研究主题在各时期的平均社群规模，用以衡量学科研究领域中研究主题下社群规模变化趋势。

5）社群交融度

在科研社群演化事件中，新生、增长、延续、部分存活且增长、衰减、消亡演化事件是围绕单个社群自身的演变，而合并、合并且增长、部分合并、部分合并且增长、分裂、分裂且增长则涉及多个社群之间的关联。为进一步分析各研究主题下科研社群之间的合作交流程度，定义研究主题的社群交融度指标：

$$\text{Interflow}_{(i,t)} = \frac{m_{(i,t)}}{M_{(i,t)}} \qquad (7\text{-}10)$$

其中，$\text{Interflow}_{(i,t)}$ 为 t 时期研究主题 i 的社群交融度；$m_{(i,t)}$ 为 t 时期研究主题 i 中合并、合并且增长、部分合并、部分合并且增长、分裂、分裂且增长等演化事件的发生频次；$M_{(i,t)}$ 为 t 时期研究主题 i 中所有演化事件发生的频次。由定义可知，社群交融度越高，说明该研究主题下科研社群之间的合作交流程度越高。

6）作者 Z-Score

为了实现对科研社群演化路径的有效挖掘，在完成科研社群识别的基础上依据 Z-Score 指标对所有科研社群的成员进行排序，选取各个社群中 Z-Score 值最高的成员作为其核心作者。在科研社群中的作者 a 的 Z-Score 指标为

$$\text{Z-Score}_{(\text{com},a)} = \frac{d_a - d_{(\text{com})}}{S_{(\text{com})}} \qquad (7\text{-}11)$$

其中，$\text{Z-Score}_{(\text{com},a)}$ 为作者 a 在科研社群 com 中的 Z-Score 值；d_a 为作者 a 在科研社群 com 中的点度中心性；$d_{(\text{com})}$ 为科研社群 com 的平均度；$S_{(\text{com})}$ 为科研社群 com 中所有节点的点度中心性的标准差。作者 Z-Score 值在所属科研社群中排名第一时，判定该作者为该科研社群的核心作者。在此基础上，本书基于相邻时间段内核心作者的科研社群流向构建科研社群演化路径。

7.3 案例研究：图书情报学领域科研社群与主题的协同演化

7.3.1 数据采集与预处理

本案例将图书情报学领域作为实证对象，以第 3 章中得到的 73 259 篇文献为

数据源，分别合并每篇论文的标题与摘要作为文本数据，并进行分词、去除停用词、词干化等数据预处理。

7.3.2　研究主题及科研社群识别

1. 研究主题识别

在引文网络数据处理方面，Scopus 数据库为每一篇文章赋予唯一 EID，根据引用文献的题录信息爬取其 EID 信息，并分别与目标文献形成引用关系对，最终得到 208.3 万条引用关系。将文本信息和引文信息融合，采用 paper2vec 算法进行主题识别。

首先，paper2vec 模型使用 doc2vec 对文本数据进行预训练。doc2vec 模型以词干化文本为输入，将特征向量维度设置为 100 进行训练，最终得到 73 259 篇文档的初始向量值。然后，构建了引文网络。

其次，paper2vec 模型将网络信息和 doc2vec 预训练结果输入 word2vec 模型中进行训练，将特征向量维度设置为 100，最终得到包含引用文献和目标文献在内的共 105.5 万篇文章的向量。

最后，从 105.5 万篇文章向量中抽取出 73 259 篇包含目标文献的文章向量，并对文章向量进行聚类，根据向量相似度形成多个主题类簇。如图 7-4 所示，可以看出使用层次聚类算法，在类簇值取 13 时，得分效果最佳。

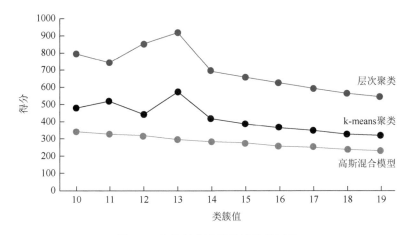

图 7-4　多种经典聚类算法效果评估

融合引文和文本信息的文档向量在高维空间里聚集成 13 个类簇，本案例研究使用 scikit-learn 库对 13 个类簇下的文档关键词计算词频–逆文件频率（term frequency-inverse document frequency，TF-IDF）分值，根据分值排名最高的关键词以及人工判读结果来定义主题内容。最终本案例研究识别出图书情报学领域13个研究主题，并将各研究主题下 TF-IDF 分值排名较高的前10个关键词抽取出来用以表征主题内涵，如表 7-2 所示。

表 7-2　图书情报学领域 13 个研究主题信息

编号	研究主题	关键词
topic_0	系统建模与实验	系统| 模型| 实验| 动态| 科技| 复杂| 技术| 软件| 评估| 训练
topic_1	信息需求	信息| 用户| 需求| 服务| 图书馆| 学生| 分析| 学校| 资源| 因素
topic_2	数据挖掘	模型| 代码| 数据| 二元| 信息| 方法| 错误| 技术| 线性| 分类
topic_3	社会网络	社会| 网络| 模型| 作者| 知识| 方法| 关系| 文章| 社群| 创新
topic_4	虚拟社区	在线的| 社群| 知识| 服务| 健康| 信息| 大众| 学术的| 用户| 模型
topic_5	信息行为	信息| 用户| 模型| 行为| 服务| 网络| 社会| 环境| 在线| 影响
topic_6	社交媒体	用户| 社会| 中间| 网络| 系统| 服务| 在线| 影响| 交流| 推特
topic_7	数字图书馆	图书馆| 数字| 来源| 用户| 学生| 数据库| 服务| 收藏| 方法| 数据
topic_8	信息系统	系统| 设计| 信息| 数据| 知识| 发展| 技术| 数字的| 效果| 服务
topic_9	模型与方法	模型| 系统| 代码| 方法| 分析| 分类| 提出| 特点| 算法| 结构
topic_10	信息检索与搜寻	信息| 需要| 寻找| 服务| 系统| 技术| 分析| 影响| 检索| 理论
topic_11	文献计量	引用| 论文| 发表| 期刊| 文章| 科学| 网络| 分析| 方法| 作者
topic_12	知识管理	知识| 研究| 管理| 系统| 科技| 信息| 用户| 组织| 服务| 网络

分析图书情报学领域下的 13 个研究主题及其关键词可以发现，近些年来该领域重点关注方法与技术、学科知识体系重要分支两个方面，既体现了学科知识结构特点以及图书情报学特色研究方法，又涵盖了计算机学、管理学等多学科领域的方法与技术，充分证明图书情报学领域具备多学科交叉融合的特点。

在学科知识体系重要分支方面，图书情报学领域研究人员重点关注信息需求、数字图书馆、信息检索与搜寻、虚拟社区、文献计量、信息行为、社交媒体、知识管理等研究主题。

（1）信息需求。在该研究主题下，随着信息爆炸式增长及用户信息需求持续个性化，信息需求研究逐渐从"以系统为中心"转向"以用户为中心"，研究人员重点分析不同用户角色的认知、感受及行动在信息寻找过程中的变化过程，归纳用户需求规律及特征，并有针对性地提供信息服务，丰富用户获取信息的渠道与方式。

（2）数字图书馆。公共图书馆、高校图书馆是图书情报学领域的重要研究对象，众多研究人员针对图书馆服务体系与模式进行了大量研究，图书馆服务创新和资源共享也是该研究主题下的研究热点。随着信息技术的不断发展，为满足用户日益增长的信息需求，传统图书馆开始走上数字化建设道路，智慧图书馆、数字图书馆成为新的研究热点，信息化时代下的图书馆服务模式、资源共享及理论创新得到进一步发展。

（3）信息检索与搜寻。信息检索与搜寻是图书情报学学科的特色研究主题之一，研究人员主要围绕信息检索与信息搜寻理论、信息检索系统与模型、信息检索和信息搜寻过程影响因素等展开深入探讨，对 Web 2.0 环境下的信息检索服务与创新、信息搜寻模式探讨、信息检索技术提高以及信息检索与搜寻实践发展进行深入探索。

（4）虚拟社区。随着信息技术的发展，以共同兴趣为形成基本要素的虚拟社区开始成为研究人员的关注热点，研究人员针对学术虚拟社区、健康虚拟社区等各类虚拟社区上的社群交互行为、知识共享行为及其影响因素展开深入分析。

（5）文献计量。文献计量学是图书情报学的重要组成部分，研究人员在该研究主题下主要运用引文分析、网络分析等研究方法在核心期刊测定、学科热点研究、前沿主题识别和科学评价等方面展开深入研究。

（6）信息行为。该研究主题主要研究学生、教师、科研人员等不同用户角色的信息行为，重点关注用户信息行为的理论探究、模型构建、研究方法创新以及影响因素探讨。

（7）社交媒体。社交媒体蓬勃发展使社交媒体数据爆炸式增长，研究人员开始关注社交媒体上的信息传播、情感分析、话题演变等研究，并基于社交媒体对用户信息行为展开深入探索。

（8）知识管理。知识管理是现代组织管理理论的重要组成部分，也是图书情报学知识体系中的重要分支，该研究主题下的知识共享、知识流动、知识组织等成为研究热点，同时研究人员还侧重于对知识管理系统、知识服务与创新等的研究。

在方法与技术方面，图书情报学引入计算机学、管理学等领域成熟的模型与方法，以在传统研究领域进行应用创新。

（1）系统建模与实验。系统建模是系统科学领域的重要理论与方法，应用于图书情报学领域用以研究图书馆管理、知识管理、网络演化等复杂问题，对信息获取、检索、扩散等系列行为展开实验与分析。

（2）社会网络。社会网络分析作为社会学研究的重要分支，在图书情报学的科研合作、主题识别与发现、知识流动与共享等领域得到广泛运用，丰富了图书情报学领域的研究方法。

（3）信息系统。信息系统是图书情报学领域与计算机领域融合的重要研究方向，研究人员主要在信息系统构建、信息系统效能评价、风险系数与安全性能评估、用户体验等方面展开深入探讨。

（4）数据挖掘。随着大数据时代的来临，如何从海量数据中挖掘出可用信息并进行数据分析是研究人员的关注重点，在数据挖掘主题下，异构数据处理、信息分类、系统聚类以及数据挖掘算法应用成为研究热点。

（5）模型与方法。模型与方法是针对数据分析模型与算法进行调参优化以提高性能的研究，其研究热点集中于经典模型的方法与应用、预测模型效果优化、信息分类质量提升等方面。

综上所述，近些年来图书情报学领域的研究人员侧重于将计算机学、社会学、系统科学等领域的前沿方法和技术与领域的特色知识体系内容结合，充分运用至信息获取、检索、组织、利用、扩散等各个环节，通过数据挖掘与建模来有效提高信息处理与分析能力，加大在数据密集型环境下充分利用知识的力度。同时，对于信息需求、数字图书馆、信息检索与搜寻、虚拟社区、文献计量、信息行为、社交媒体、知识管理等主题，一方面体现出图书情报学领域的研究以用户为中心，致力于为用户提供更好的信息搜寻体验及提高信息处理能力，另一方面在主题内容上各主题内涵随着信息技术的不断发展和研究人员的深入研究而持续完善，在理论、方法及实践层面不断创新。

2. 科研社群识别

使用 Python 中的 igraph 包封装的 Leiden 算法，将目标函数设置为"modularity"，将作者之间的合著次数作为边权重，将分辨率参数、最大迭代次数等设置为默认，分别对 10 个时间窗口下的科研合作网络进行科研社群识别。由于在复杂网络特别是知识网络中，三元闭包分析是最基本的分析单元（胡昌平和陈果，2014），因此过滤掉成员数量少于 3 人的小型社群，共获得科研社群 3637 个。不同时间窗口的科研社群识别结果如图 7-5 所示，可以看出，随着时间窗口的累积，科研社群数量经历了由少到多、最终趋于稳定的过程。

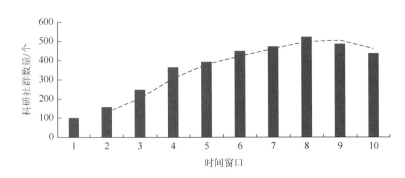

图 7-5　不同时间窗口的科研社群识别结果

7.3.3　科研社群属性与研究主题协同演化分析

不同时期的科研社群所研究的主题类型、主题强度有较大差异性，而对于某一研究主题而言，其所涉及的科研社群数量、规模也会随时序演变。为探讨科研社群属性特征在时序演化过程中如何影响研究主题凝聚程度，本节以研究主题为视角，探讨研究主题类型、科研社群数量、平均社群规模的演化关系，7.3.4 节从科研社群视角出发，分析不同时期科研社群的主题强度、主题丰富度随时间演化的过程。

1. 研究主题的科研社群数量分布

探讨各个研究主题下科研社群数量特征变化有助于进一步判断研究主题在时序中的发展态势。为此，一方面分析各研究主题下科研社群数量的分布情况，另一方面探讨各研究主题下科研社群数量随时间演变的过程。

图 7-6 展示了图书情报学领域下 13 个研究主题中包含的科研社群数量，横轴表示研究主题类型，纵轴表示科研社群数量。可以看出各研究主题下科研社群数量分布与主题频次分布相似，系统建模与实验、信息需求、数字图书馆和虚拟社区等研究主题涉及的科研社群数量较多，说明这四类研究主题是图书情报学领域中科研社群的研究热点。

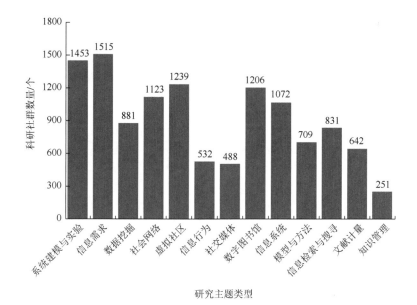

图 7-6　图书情报学领域研究主题中的科研社群数量分布

　　为进一步揭示图书情报学领域中研究主题类型和科研社群数量在时序上的协同演化情况，根据各研究主题在不同时期涉及的科研社群数量情况绘制出热力图和折线图，用以探讨研究主题类型与科研社群数量协同演化特征，如图 7-7 和图 7-8 所示。图 7-7 中横轴代表时期，纵轴代表研究主题类型，图 7-8 中横轴代表时期，纵轴代表科研社群数量，不同折线代表不同研究主题。

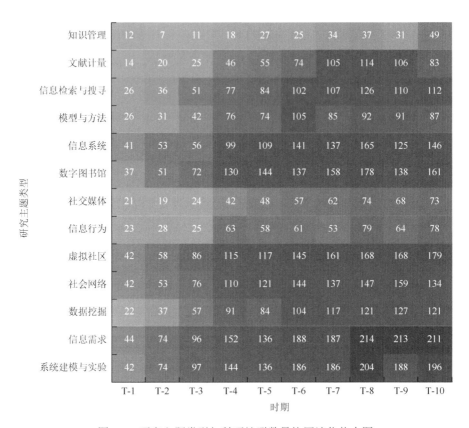

图 7-7　研究主题类型与科研社群数量协同演化热力图

T-1、T-2、T-3、T-4、T-5、T-6、T-7、T-8、T-9、T-10 分别指 2001～2002 年、2003～2004 年、2005～2006 年、2007～2008 年、2009～2010 年、2011～2012 年、2013～2014 年、2015～2016 年、2017～2018 年、2019～2020 年

　　由图 7-7 可知，系统建模与实验、信息需求、社会网络、虚拟社区、数字图书馆和信息系统在各个时期内涉及的科研社群数量均较多，说明在任一时期内图书情报学领域的科研社群对这些研究主题均保持较高关注度，也进一步印证了这几类研究主题属于领域研究热点的发现。数据挖掘、社交媒体和信息检索与搜寻等研究主题在前期主要集中于少数科研社群，后期随信息技术的不断发展及跨学科融合趋势的不断深入，这三类研究主题逐渐涉及更多科研社群，丰富了对应研究主题下的研究内容。

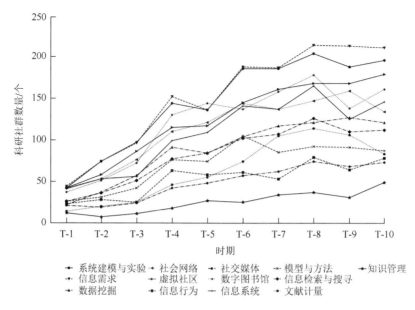

图 7-8　研究主题类型与科研社群数量协同演化折线图

图 7-8 则展示了各研究主题下科研社群数量随时间演变的情况。总体来看，各研究主题下科研社群数量的演变大致可分为三个阶段。T-1 至 T-3 属于萌芽时期，各研究主题下的科研社群数量受限于图书情报学领域发展尚处于较低水平。T-4 至 T-7 属于快速发展时期，各研究主题下的科研社群数量飞速增长，共同促进学科主题内容的发展。T-8 至 T-10 属于平稳时期，大体上各研究主题下的科研社群数量趋于稳定，科研社群更专注于自身擅长的研究主题。从研究主题类型来看，模型与方法涉及的科研社群数量在 T-6 时期达到巅峰，随后下落且稳定在一较高数量水平，数字图书馆和信息系统下的科研社群数量在 T-8 时期达到最高，随后有下降又上升的趋势，知识管理和虚拟社区两个研究主题下的科研社群数量一直保持稳定增长态势，表明这两类研究主题正受到更多科研社群的关注。

2. 研究主题的科研社群规模分布

探讨各研究主题下的平均社群规模有助于进一步了解研究主题在科研社群演化过程中的集聚程度变化。首先分析各研究主题下的平均社群规模，其次分析各研究主题下的平均社群规模在时序中的演变情况，最后分析各研究主题在各时期的平均社群规模的统计学特征，用以衡量图书情报学领域 13 个研究主题下社群规模的变化趋势。

本案例研究统计了各研究主题下的平均社群规模，如图 7-9 所示，横轴表示研究主题类型，纵轴表示平均社群规模。可以看出，知识管理和信息行为的平均社群规模较大，信息需求和系统建模与实验的平均社群规模相对而言较小，说明图书情报学领域中知识管理和信息行为两类研究主题主要分布在大型科研社群中，社群成员数量较多，而信息需求和系统建模与实验两类研究主题涉及的科研社群规模较小。

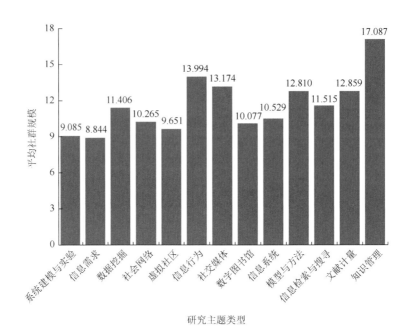

图 7-9　　图书情报学领域各研究主题下平均社群规模分布

　　为进一步分析各研究主题的平均社群规模在时序中的演变情况，本案例研究统计了各研究主题在各时期的平均社群规模，并分析其统计学特征，如图 7-10 和图 7-11 所示。图 7-10 中的数值表示某一时期内某研究主题的平均社群规模的大小，颜色越深代表数值越大。可以看出所有研究主题下的平均社群规模均在 T-9 时期最大，其中知识管理、信息行为、社交媒体的平均社群规模最大，表明这三类研究主题更易出现在大型科研社群中。信息需求、系统建模与实验、虚拟社区和社会网络等研究主题下的平均社群规模相对较小，说明这几类研究主题更倾向于分布在中小型科研社群中。

　　图 7-11 是根据各研究主题在各时期内的平均社群规模绘制的箱线图，用以衡量图书情报学领域 13 个研究主题下的社群规模的变化趋势，横轴代表研究主题类型，纵轴代表平均社群规模。不难发现，社交媒体和知识管理的平均社群规模整体变化幅度最大，且相较而言社交媒体在时序演化过程中的数据波动程度较小，表明社交媒体和知识管理两类研究主题下的科研社群规模有明显的扩大趋势，且知识管理研究主题下的科研社群规模变化幅度大于社交媒体。信息需求、系统建模与实验、数

字图书馆和信息系统等研究主题的中位数、上下四分位区间整体相当，但信息系统的上下限区间较大，说明这四类研究主题在随时间演化的过程中，虽然平均社群规模波动程度相差不大，但信息系统的整体变化幅度要大于其他三类研究主题。

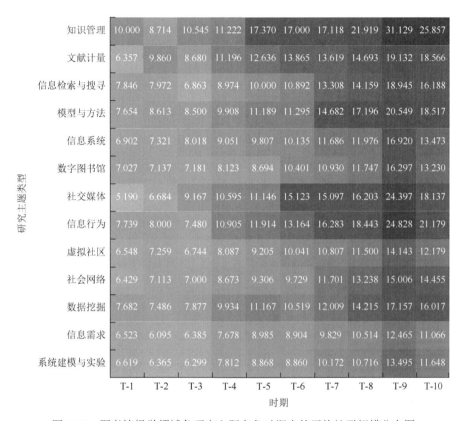

研究主题类型	T-1	T-2	T-3	T-4	T-5	T-6	T-7	T-8	T-9	T-10
知识管理	10.000	8.714	10.545	11.222	17.370	17.000	17.118	21.919	31.129	25.857
文献计量	6.357	9.860	8.680	11.196	12.636	13.865	13.619	14.693	19.132	18.566
信息检索与搜寻	7.846	7.972	6.863	8.974	10.000	10.892	13.308	14.159	18.945	16.188
模型与方法	7.654	8.613	8.500	9.908	11.189	11.295	14.682	17.196	20.549	18.517
信息系统	6.902	7.321	8.018	9.051	9.807	10.135	11.686	11.976	16.920	13.473
数字图书馆	7.027	7.137	7.181	8.123	8.694	10.401	10.930	11.747	16.297	13.230
社交媒体	5.190	6.684	9.167	10.595	11.146	15.123	15.097	16.203	24.397	18.137
信息行为	7.739	8.000	7.480	10.905	11.914	13.164	16.283	18.443	24.828	21.179
虚拟社区	6.548	7.259	6.744	8.087	9.205	10.041	10.807	11.500	14.143	12.179
社会网络	6.429	7.113	7.000	8.673	9.306	9.729	11.701	13.238	15.006	14.455
数据挖掘	7.682	7.486	7.877	9.934	11.167	10.519	12.009	14.215	17.157	16.017
信息需求	6.523	6.095	6.385	7.678	8.985	8.904	9.829	10.514	12.465	11.066
系统建模与实验	6.619	6.365	6.299	7.812	8.868	8.860	10.172	10.716	13.495	11.648

时期

图 7-10　图书情报学领域各研究主题在各时期内的平均社群规模分布图

3. 科研社群的主题强度演化分析

本案例研究对图书情报学领域各研究主题在各个时期内的平均主题强度进行计算，分布图如图 7-12 所示。图 7-12 中横轴表示时期，纵轴代表研究主题类型，数值代表某研究主题在某一时期的主题强度。从研究主题类型来看，系统建模与实验和信息需求的主题强度在大部分时期均排在前列，信息行为和知识管理的主题强度在 T-3 时期达到最高后处于较低水平。从整体趋势来看，在图书情报学领域近些年的发展过程中，各研究主题的主题强度均存在前期增长、中后期波动甚至稍有回落的态势，说明科研社群在时序演化过程中，前期有较强的主题偏好，社群层面的主题凝聚程度较高，后随着跨学科研究的深入发展，科研社群研究方向呈现多元化发展趋势，社群层面的主题凝聚程度稍有降低。

35
30
25
20
15
10
5
0
平均社群规模
系统建模与实验
信息需求
数据挖掘
社会网络
虚拟社区
信息行为
社交媒体
数字图书馆
信息系统
模型与方法
信息检索与搜寻
文献计量
知识管理
研究主题类型

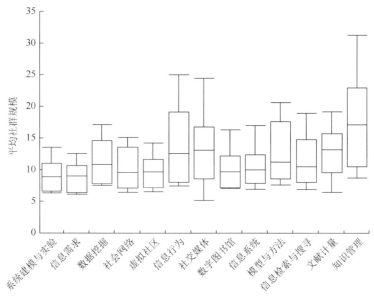

图 7-11　图书情报学领域各研究主题下平均社群规模箱线图

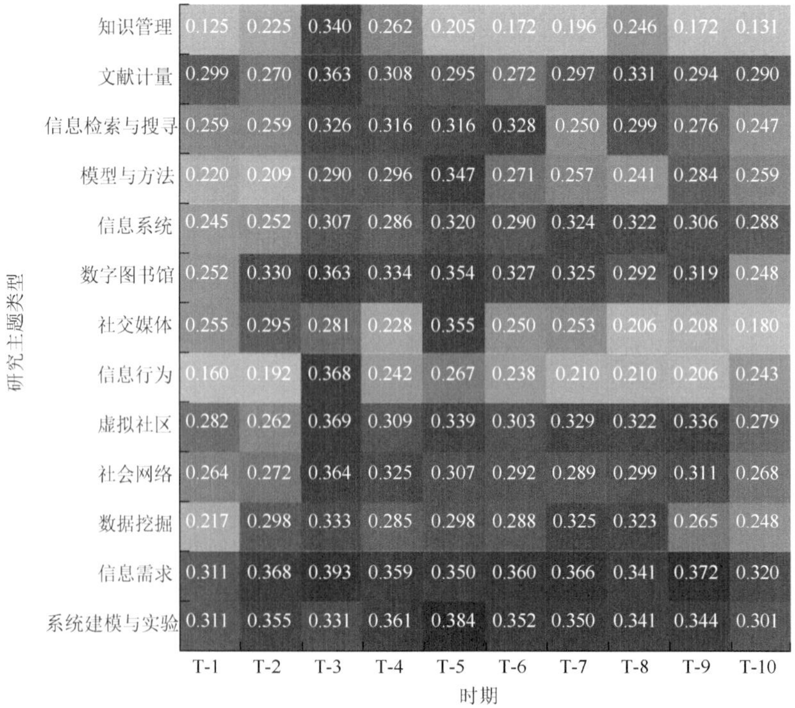

研究主题类型
知识管理 0.125 0.225 0.340 0.262 0.205 0.172 0.196 0.246 0.172 0.131
文献计量 0.299 0.270 0.363 0.308 0.295 0.272 0.297 0.331 0.294 0.290
信息检索与搜寻 0.259 0.259 0.326 0.316 0.316 0.328 0.250 0.299 0.276 0.247
模型与方法 0.220 0.209 0.290 0.296 0.347 0.271 0.257 0.241 0.284 0.259
信息系统 0.245 0.252 0.307 0.286 0.320 0.290 0.324 0.322 0.306 0.288
数字图书馆 0.252 0.330 0.363 0.334 0.354 0.327 0.325 0.292 0.319 0.248
社交媒体 0.255 0.295 0.281 0.228 0.355 0.250 0.253 0.206 0.208 0.180
信息行为 0.160 0.192 0.368 0.242 0.267 0.238 0.210 0.210 0.206 0.243
虚拟社区 0.282 0.262 0.369 0.309 0.339 0.303 0.329 0.322 0.336 0.279
社会网络 0.264 0.272 0.364 0.325 0.307 0.292 0.289 0.299 0.311 0.268
数据挖掘 0.217 0.298 0.333 0.285 0.298 0.288 0.325 0.323 0.265 0.248
信息需求 0.311 0.368 0.393 0.359 0.350 0.360 0.366 0.341 0.372 0.320
系统建模与实验 0.311 0.355 0.331 0.361 0.384 0.352 0.350 0.341 0.344 0.301
T-1 T-2 T-3 T-4 T-5 T-6 T-7 T-8 T-9 T-10
时期

图 7-12　图书情报学领域各研究主题在各个时期内的平均主题强度分布图

为进一步从社群层面观察研究主题的凝聚程度演变，根据各研究主题的主题强度时序演化趋势绘制折线图，并按研究主题所属类别进行展示，如图 7-13 所示，横轴代表时期，纵轴代表主题强度，不同折线代表不同研究主题。

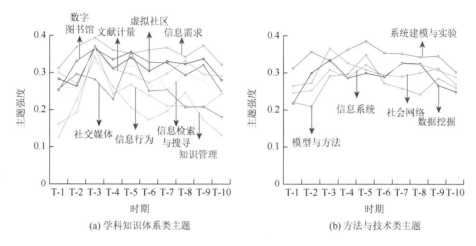

图 7-13　图书情报学领域研究主题强度演化趋势图

从研究主题最高主题强度出现时期来看，学科知识体系类主题集中于 T-3 时期，方法与技术类主题集中于 T-5 时期，说明图书情报学领域科研社群早期更关注学科知识体系类主题，丰富了学科领域的知识研究，随后开始引入计算机学等领域的技术至图书情报学专业问题中以实现研究方法和技术层面的创新。

从研究主题类型来看，学科知识体系类主题中，信息需求、虚拟社区、数字图书馆和文献计量的主题强度在 T-3 时期达到最高后虽有所回落但仍维持在较高水平，信息行为、社交媒体和知识管理的主题强度在中后期均处于较低水平，说明这三类主题在社群层面上的凝聚程度较低。在方法与技术类主题中，系统建模与实验的主题强度维持在较高水平，模型与方法的主题强度在 T-5 时期达到最高水平后快速回落，从社群层面而言受关注程度开始下降，但在后期有所回升。

图 7-14 是根据各研究主题在各时期内的主题强度绘制的箱线图，用以衡量图书情报学领域 13 个研究主题的主题强度变化趋势，横轴代表研究主题类型，纵轴代表主题强度。可以看出，信息需求和系统建模与实验的上下限区间较小且中位数较大，说明这两类研究主题在社群层面的主题凝聚程度较高，更受科研社群成员关注。知识管理和信息行为的上下限区间较大，说明这两类研究主题的主题强度在时序变化中较为明显，科研社群对这两类研究主题关注程度的波动较大。

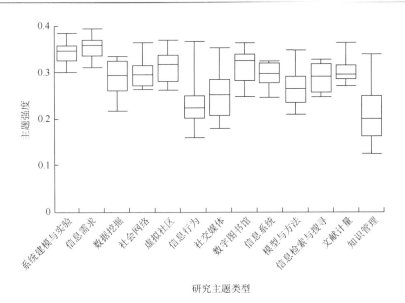

图 7-14　图书情报学领域研究主题强度箱线图

7.3.4　科研社群演化事件与主题协同演化特征分析

演化事件作为衡量科研社群演化过程的重要特征，揭示着科研社群在相邻时间窗口中的结构变化过程与规律。其所标识的科研社群变化也会带来主题类型、丰富度及强度的改变。主题在时间维度上表现出的新生、消失与迁移现象也深刻影响着科研社群演化方向。为深入分析科研社群在某一时期的结构变化与主题协同演化特征，对科研社群演化事件与主题类型、主题丰富度及主题强度的协同演化过程展开深入探讨。

1. 科研社群演化事件与主题类型协同演化

一方面，统计不同研究主题下科研社群演化事件的发生频次，观察整体演化事件分布。另一方面，为进一步分析各研究主题下科研社群之间的合作交流程度，本书定义研究主题的社群交融性指标，并分析各研究主题的社群交融性时序演化特征。

1）各研究主题下演化事件发生频次分布

为分析各研究主题下演化事件的分布情况，统计了不同研究主题下科研社群演化事件发生频次，如图 7-15 所示，横轴表示研究主题类型，纵轴表示演化事件类型，数值表示某研究主题下科研社群演化事件发生频次，颜色越深表示发生频次越高。

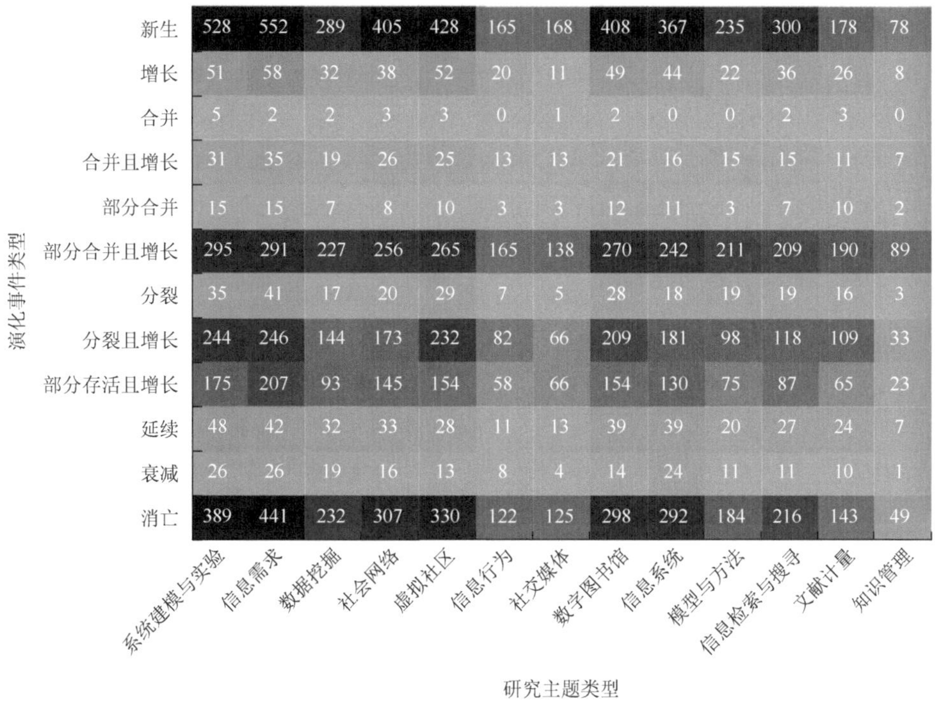

演化事件类型＼研究主题类型	系统建模与实验	信息需求	数据挖掘	社会网络	虚拟社区	信息行为	社交媒体	数字图书馆	信息系统	模型与方法	信息检索与搜寻	文献计量	知识管理
新生	528	552	289	405	428	165	168	408	367	235	300	178	78
增长	51	58	32	38	52	20	11	49	44	22	36	26	8
合并	5	2	2	3	0	1	2		0	0	2	3	0
合并且增长	31	35	19	26	25	13	13	21	16	15	15	11	7
部分合并	15	15		8	10	3	3	12	11	3	7	10	2
部分合并且增长	295	291	227	256	265	165	138	270	242	211	209	190	89
分裂	35	41	17	20	29	7	5	28	18	19	19	16	3
分裂且增长	244	246	144	173	232	82	66	209	181	98	118	109	33
部分存活且增长	175	207	93	145	154	58	66	154	130	75	87	65	23
延续	48	42		33	28	11		39	39	20	27	24	7
衰减	26	26	19	16	13	8	4	14	24	11	11	10	1
消亡	389	441	232	307	330	122	125	298	292	184	216	143	49

研究主题类型

图 7-15　图书情报学领域各研究主题下演化事件发生频次分布图

从演化事件类型来看，新生和消亡演化事件在各研究主题中广泛分布，但新生演化事件在各研究主题下的发生频次均高于消亡演化事件，说明图书情报学领域各研究主题中既有大量新生科研社群加入研究，又有不少科研社群解体消亡，学科领域内研究主题整体呈现动态发展面貌。单纯的合并、分裂、延续、衰减等演化事件发生频次较低，但部分合并且增长、分裂且增长、部分存活且增长等演化事件发生频次较高，说明各研究主题下科研社群演化事件比较复杂，科研社群之间联系程度较高，合作与交流密切。

从研究主题类型来看，系统建模与实验、信息需求、数字图书馆、虚拟社区等研究主题下新生和消亡演化事件发生频次较高，说明这几类研究主题中科研社群新生和消亡现象不断交织。系统建模与实验、信息需求、数字图书馆等研究主题中，部分合并且增长演化事件发生频次最高，说明这几类研究主题下科研社群之间的联系密切。

2）各研究主题下社群交融性演化分析

为探究在时序演化过程中，各研究主题下科研社群之间联系程度的协同演化情况，计算各研究主题类型在各个时期的社群交融度，并绘制折线图和箱线图，如图 7-16 和图 7-17 所示，图 7-16 中横轴表示时期，纵轴表示社群交融度，不同折线代表不同研究主题类型，图 7-17 中横轴表示研究主题类型，纵轴表示社群交融度。

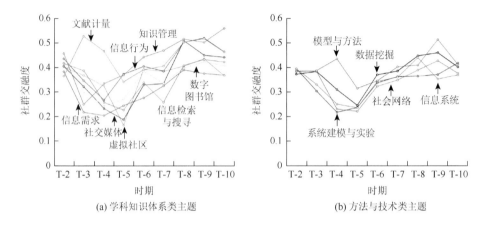

(a) 学科知识体系类主题　　(b) 方法与技术类主题

图 7-16　图书情报学领域各研究主题下社群交融度时序演化图

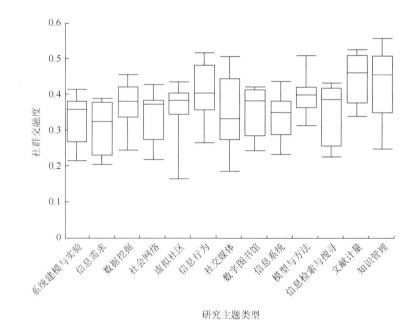

研究主题类型

图 7-17　图书情报学领域各研究主题下社群交融度箱线图

从图 7-16 中可以得知，各研究主题的社群交融度整体呈现出先下降后上升的趋势，表明图书情报学领域的研究主题下，科研社群之间的交流密切程度有过先降低后逐渐上升的过程。从研究主题类型来看，学科知识体系类主题中，文献计量的社群交融度在 T-3 时期达到最高，在 T-5 时期下降到最低，随后又持续攀升，说明该研究主题下的科研社群成员之间前期合作交流频繁，经历一段时期自我发展后，科研社群之间的联系日益密切，为学科发展贡献丰硕科研成果。知识管理的社群交融度在 T-3 时期降到最低之后呈上升趋势，并在 T-10 时期达到最高，说明知识管理研究主题下的科研社群演化事件趋向复杂化，科研社群成员的流动性提高，合作交流程度日益紧密。方法与技术类主题中，模型与方法的社群交融度在 T-4 时期达到第一个峰值后迅速下降，又持续攀升至 T-9 时期达到最高，说明该研究主题下的科研社群合作交流程度虽有所波动，但整体呈加强趋势。

图 7-17 展示了各个研究主题下社群交融度在演化过程中的波动状况。可以发现，文献计量和知识管理的中位数最高，表明这两类研究主题下的科研社群之间的合作交流程度更高，而文献计量的上下限区间及上下四分位区间均小于知识管理，说明在时序演化过程中文献计量的社群交融度变化幅度更小，社群之间的合作交流程度整体而言更加稳定。虚拟社区和模型与方法的中位数和上下四分位区间较为接近，但虚拟社区的上下限区间大于模型与方法，说明这两类研究主题的整体社群交融度相差不大，在时序上社群交融度的波动程度较为一致，但虚拟社区的社群交融度变化的极值大于模型与方法。

2. 科研社群演化事件与主题丰富度协同演化

在科研社群演化过程中，科研社群成员的变化与流动影响着科研社群的主题研究方向，为进一步分析科研社群在某一时期的变化对社群关注的主题种类产生的影响，首先定义主题丰富度指标，用以评估科研社群在某一时期研究的主题类型数量，其次统计各个演化事件类型下的平均主题丰富度以及其随时序演化的状况，如图 7-18 和图 7-19 所示。

图 7-18 展示了图书情报学领域各科研社群演化事件下的平均主题丰富度，其中部分合并且增长演化事件下的平均主题丰富度最高，衰减演化事件下的平均主题丰富度最低。从社群交融性角度来说，合并、合并且增长、部分合并、部分合并且增长等合并类演化事件的平均主题丰富度比分裂、分裂且增长、衰减、部分存活且增长等演化事件高，说明科研社群之间合并类演化事件相较于分裂、衰减类演化事件而言，更能促进科研社群主题的多样化发展。

从社群规模来说，分裂且增长演化事件的平均主题丰富度比新生演化事件高 0.695，合并且增长演化事件的平均主题丰富度比合并演化事件高 2.380，部分合并且增长演化事件的平均主题丰富度比部分合并演化事件高 4.524，部分存活且增长演化事件的平均主题丰富度比衰减演化事件高 1.167，说明在科研社群演化过程

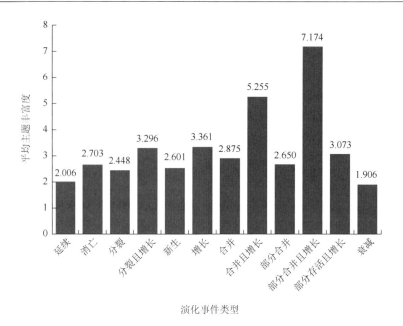

图 7-18　图书情报学领域各科研社群演化事件下的平均主题丰富度分布图

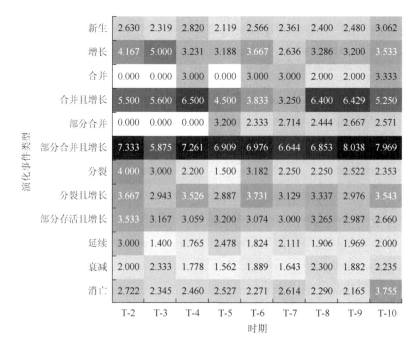

图 7-19　科研社群演化事件下的平均主题丰富度时序分布图

中，新成员的加入能带来科研社群主题丰富度的提升，增长类演化事件能有效提升科研社群主题丰富度。

图 7-19 展示了各科研社群演化事件下的平均主题丰富度时序分布情况，横轴代表时期，纵轴代表演化事件类型。不难发现，部分合并且增长、合并且增长演化事件的平均主题丰富度在各个时期均处于较高水平，一方面说明科研社群之间的合并现象有利于提升科研社群的主题丰富度，另一方面说明科研社群中新成员的加入能带来科研社群主题多样性的提高。分裂、延续、衰减等演化事件的平均主题丰富度在前期较高，但随时序发展整体开始下降，说明在发生这几类演化事件的科研社群里，主题类型数量在逐渐减少。新生演化事件的平均主题丰富度整体呈上升趋势，说明图书情报学领域中新生社群的主题多样性不断提高，进而丰富整个学科领域的研究。

3. 科研社群演化事件与主题强度协同演化

在科研社群演化过程中，科研社群成员的变化与流动同样影响着科研社群的主题偏好，为进一步分析科研社群演化事件类型与社群主题偏好的协同演化关系，一方面计算科研社群演化事件下各研究主题的平均主题强度，得到科研社群演化事件下的最高研究主题强度，如表 7-3 所示，另一方面计算各科研社群演化事件在不同时期的最受关注的研究主题，如图 7-20 所示。

表 7-3　科研社群演化事件下的最高研究主题强度对应表

科研社群演化事件	最高研究主题强度
分裂且增长	系统建模与实验
部分合并且增长	系统建模与实验
消亡	信息需求
部分存活且增长	信息需求
合并且增长	信息需求
分裂	文献计量
增长	文献计量
新生	文献计量
合并	数据挖掘
延续	社会网络
部分合并	虚拟社区
衰减	信息行为

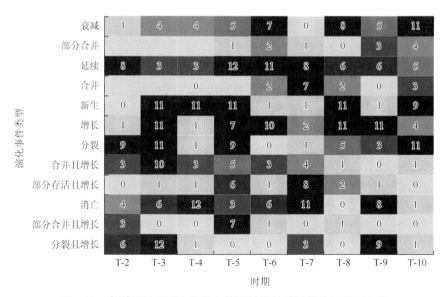

图 7-20　各科研社群演化事件在不同时期的最受关注的研究主题

数字 0 至 12 分别对应表 7-2 中的 topic_0 至 topic_12

1）各科研社群演化事件下的最高研究主题强度分析

从表 7-3 中可以发现分裂且增长、部分合并且增长两类演化事件下的科研社群对系统建模与实验有较强的主题偏好，消亡、部分存活且增长、合并且增长三类演化事件下的科研社群则更关注信息需求，分裂、增长、新生三类演化事件下的科研社群对文献计量的关注度更高。

2）各时期科研社群演化事件下研究主题受关注程度分析

不同的科研社群演化事件下的科研社群有不一样的主题偏好，为进一步分析各科研社群演化事件对研究主题的受关注程度产生的影响，计算各科研社群演化事件在不同时期的最受关注的研究主题，如图 7-20 所示，横轴代表时期，纵轴代表演化事件类型，不同的数字代表不同的研究主题类型。

从研究主题的受关注程度来说，部分合并且增长、部分存活且增长、新生等演化事件下的科研社群在时序演化过程中呈现出对单个研究主题的持续性关注，如新生演化事件下的科研社群长期以来偏向于对文献计量的研究，部分合并且增长演化事件下的科研社群长期以来更关注系统建模与实验方面的研究，部分存活且增长演化事件的科研社群则长期关注信息需求主题，说明这三类演化事件下的科研社群具备明显的主题偏好性。消亡、衰减、部分合并等演化事件下的科研社群在时序演化过程中，其最高主题强度所对应的研究主题处于动态变化中，表明这三类演化事件下的科研社群关注的研究主题比较广泛，不具备明显的、持续性的主题偏好。

7.3.5　科研社群演化路径与社群主题协同演化分析

科研社群演化路径展示了学科领域演进过程的整体面貌，科研社群的演化也反映出研究主题的动态发展过程。为深入分析科研社群演化路径上研究主题新生、消亡、合并等动态演化状况，首先以个例分析的形式详细讨论基于科研社群演化路径的社群主题演化，其次从统计角度对不同科研社群演化路径上的社群主题演化特征进行深入分析，最后对科研社群演化路径上的社群属性与主题协同演化过程展开深入研究。

1. 基于科研社群演化路径的社群主题演化

1）科研社群演化路径上的社群主题演化过程

为进一步探究图书情报学领域中科研社群与研究主题协同演化的整体面貌，对科研社群演化路径上各科研社群包含的主题信息进行标注，图 7-21 为图书情报学领域中的一条聚合型演化路径，横轴表示时期，节点是以"时期-社群编号"为命名方式的科研社群，其大小则反映了科研社群的成员数量，其颜色表示不同的演化事件，边表示科研社群之间存在关联关系，中括号内的数字则表示各个科研社群所包含的主题的编号。

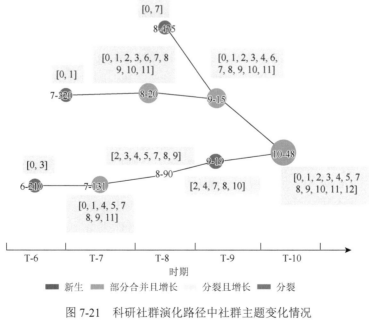

图 7-21　科研社群演化路径中社群主题变化情况

数字 0 至 12 分别对应表 7-2 中的 topic_0 至 topic_12

不难发现，该条演化路径由三条演化序列组成，在演化序列{7-320，8-20，9-15，10-48}和{8-475，9-15，10-48}中，科研社群 7-320 的研究主题为系统建模与实验（topic_0）和信息需求（topic_1），其核心作者流入科研社群 8-20 的同时，也延续了社群主题。科研社群 8-20 发生部分合并且增长演化事件，意味着其在 T-7 至 T-8 时期除与科研社群 7-320 产生联系以外，还有其他科研社群的部分成员流入，因此该科研社群的主题类型得以丰富。科研社群 9-15 在 T-8 至 T-9 时期发生部分合并且增长演化事件，同时可以发现科研社群 8-20 和 8-475 的核心作者等部分社群成员流入科研社群 9-15，两个社群的研究主题在科研社群 9-15 中均有所体现，同时还增加了 1 个研究主题，即虚拟社区（topic_4）。

在演化序列{6-210，7-131，8-90，9-19，10-48}中，新生科研社群 6-210 的核心作者流入科研社群 7-131，系统建模与实验（topic_0）得以延续。科研社群 8-90 是由科研社群 7-131 分裂而来，保留了虚拟社区（topic_4）、信息行为（topic_5）、数字图书馆（topic_7）、信息系统（topic_8）、模型与方法（topic_9）等研究主题，同时由于新成员的加入，新增了数据挖掘（topic_2）、社会网络（topic_3）等研究主题，再次印证了增长类演化事件可以带来社群主题丰富度的提升。科研社群 9-19 由科研社群 8-90 分裂而来，其在继承大部分原有社群研究主题的基础上，还新增了信息检索与搜寻（topic_10）研究主题。最后科研社群 9-19 和 9-15 的部分社群成员共同合并且吸纳了新的成员形成科研社群 10-48。

2）科研社群演化路径中社群规模与主题特征协同演化分析

整体来看，在科研社群演化路径中，研究主题随科研社群的演变而呈现动态变化特征，为分析科研社群演化路径上社群规模演变和主题特征演变的协同关系，对演化路径上各科研社群的社群规模、主题丰富度和主题强度进行统计，如图 7-22 所示，主题强度一行列出了各科研社群中主题强度最高的几个主题。

在演化序列{7-320，8-20，9-15，10-48}和{8-475，9-15，10-48}中，社群规模和主题丰富度整体呈上升趋势，表明这两条演化序列在时序发展过程中处于蓬勃发展态势，科研社群成员数量不断增加，研究范围广泛。演化序列{6-210，7-131，8-90，9-19，10-48}中社群规模不断增大，主题丰富度呈现先增长后下降最后再增长的趋势，结合其科研社群演化事件来看，可能是社群发生分裂类演化事件导致科研社群成员数量及主题类型减少。从主题强度方面来看，在演化序列{7-320，8-20，9-15，10-48}和{6-210，7-131，8-90，9-19，10-48}上，相邻时间段里，科研社群主题强度最高的前三个研究主题之间均存在交集，说明前一时间段科研社群的核心作者影响着下一时间段科研社群的研究主题偏好。

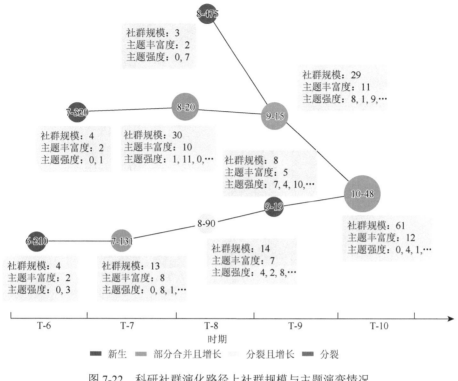

图 7-22　科研社群演化路径上社群规模与主题演变情况

数字 0 至 12 分别对应表 7-2 中的 topic_0 至 topic_12

2. 科研社群演化路径中社群主题特征分析

第 6 章以个例形式分析图书情报学领域中科研社群演化路径上的社群演化情况，可以发现科研社群与主题的协同演化特征，详细解释演化路径上主题的动态演化过程，但无法总结归纳出科研社群演化路径上主题的演化特征。因此从整体层面出发，深入分析四种科研社群演化模式下的主题丰富度和主题热度分布情况，用以探究各科研社群演化模式下社群研究主题的演化规律。

1）科研社群演化模式下主题丰富度分布分析

图 7-23 为四种科研社群演化模式下科研社群平均主题丰富度分布情况，横轴为科研社群演化模式类型，纵轴为平均主题丰富度。可以看出，主线型演化模式下的平均主题丰富度最低，主要原因是图书情报学领域中主线型演化模式主要分布于小型演化路径上，该模式下演化路径的科研产出水平较低，从而影响社群的平均主题丰富度。聚合型演化模式下的平均主题丰富度为 5.443，说明该演化模式相对于主线型演化模式而言，其演化路径上的科研社群主题类型更丰富。星型演化模式下的平均主题丰富度最高，其次是多终点型演化模式。这说明整体而言，

演化序列交叠程度更高、社群演化情况更复杂的大型科研社群演化路径拥有更多的主题类型，具备更高的主题丰富度。

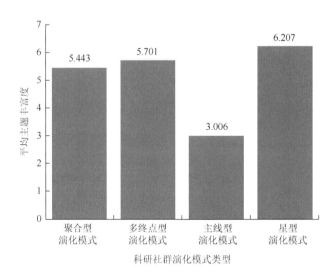

图 7-23　四种科研社群演化模式下科研社群平均主题丰富度分布

2）科研社群演化模式下主题热度分布分析

为进一步分析科研社群演化路径上的主题热度分布情况，统计四种科研社群演化模式下 13 种研究主题的占比情况，如图 7-24 所示，不同色条代表不同科研社群演化模式，横轴代表研究主题类型，纵轴代表主题热度占比，即其在某一演化模式下所占的比重。

整体而言，星型演化模式、主线型演化模式和聚合型演化模式中信息需求、系统建模与实验和数字图书馆的主题热度占比较高，其中主线型演化模式中信息需求的主题热度占比高达 0.149。这说明在图书情报学领域科研社群演化路径中，这三类科研社群演化模式下科研社群的研究主题更集中于利用复杂系统等研究方法对信息需求、数字图书馆等展开深入探讨，系统建模与实验、信息需求和数字图书馆是科研社群演化过程中重点关注的研究方向。多终点型演化模式中数字图书馆、数据挖掘和文献计量的主题热度占比较高，说明相较于其他三类演化模式，多终点型演化模式下的科研社群更关注数据挖掘和文献计量方面的研究。

3. 科研社群演化路径中社群属性与主题协同演化

以上研究对科研社群演化路径中主题丰富度及主题强度的演化进行了深入分析，并探讨了不同科研社群演化模式下科研社群与主题的协同演化特征。为

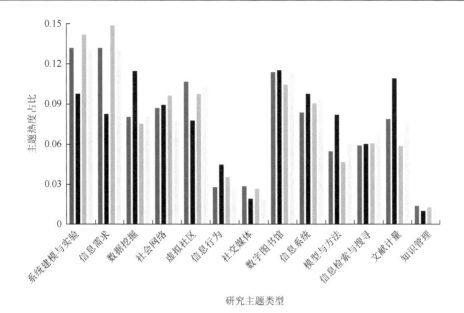

图 7-24　科研社群演化模式下主题热度占比统计图

深入分析科研社群演化和主题演化之间的相互影响关系，重点分析社群属性和主题丰富度、主题强度的协同演化，探究二者在共同演化中相互作用的过程。

1）科研社群演化路径中社群规模与主题丰富度协同演化

在时序演化过程中，社群规模的变化会对社群的主题丰富度产生一定影响，为进一步分析科研社群演化路径中社群规模与主题丰富度的协同演化过程，计算四种科研社群演化模式下社群规模与主题丰富度的 Pearson 相关系数，并绘制散点图，如图 7-25 所示，横轴表示社群规模，纵轴表示主题丰富度。

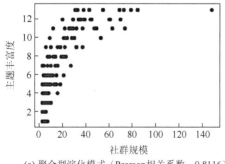

(a) 聚合型演化模式（Pearson相关系数：0.8116）

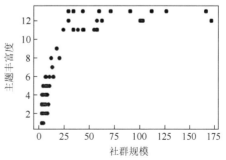

(b) 多终点型演化模式（Pearson相关系数：0.7325）

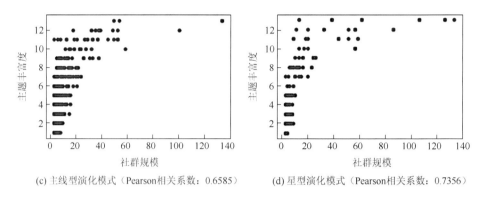

(c) 主线型演化模式（Pearson相关系数：0.6585）　　　(d) 星型演化模式（Pearson相关系数：0.7356）

图 7-25　科研社群演化模式下社群规模与主题丰富度协同演化

由图 7-25 可知，聚合型演化模式中社群规模与主题丰富度的 Pearson 相关系数最高，达 0.8116，多终点型演化模式和星型演化模式中社群规模与主题丰富度的 Pearson 相关系数相差不大，分别为 0.7325 和 0.7356，主线型演化模式中社群规模与主题丰富度的 Pearson 相关系数最低，为 0.6585。整体而言，图书情报学领域中，科研社群演化路径上社群规模和主题丰富度的演化存在正相关关系，社群规模增大，会相应地带来主题丰富度的提升，社群规模降低，会相应地带来主题丰富度的降低。从科研社群演化模式来看，聚合型演化模式表现出比其他三类演化模式更强的相关性，说明在聚合型演化模式下，社群规模变化是引起社群主题变化的重要影响因素。

2）科研社群演化路径中社群核心作者与主题强度协同演化

在科研社群演化路径上，科研社群主题强度也随社群的演化而不断演变，而主题强度作为反映科研社群在某一时期研究偏好的重要指标，分析其在演化路径上与科研社群的相互影响过程有利于揭示内容层面上科研社群与主题的协同演化机制。由于社群核心作者对于整个社群的影响较大，在科研社群演化前后，核心作者的"核心"程度也会影响到下一时期科研社群的主题强度。因此，基于核心作者流动形成的演化路径研究社群核心作者的 Z_Score（Z 分数）分值对主题强度的影响。

首先将科研社群演化路径上各科研社群主题强度最高的前三个主题作为该社群的主要研究方向（主题丰富度低于 3 的取全部），其次统计科研社群演化路径上相邻时期内两科研社群研究主题相似的个数，将其作为科研社群研究偏好相似度，并记录前一科研社群核心作者的 Z_Score 分值。最后统计不同科研社群研究偏好相似度对应的科研社群核心作者的平均 Z_Score 分值。

表 7-4 展示了在不同科研社群演化模式下，不同科研社群研究偏好相似度对应的平均 Z_Score 分值。可以看出，在四种科研社群演化模式下，前一科研社群

核心作者的 Z_Score 分值越高，相邻科研社群研究偏好相似度越大，说明在图书情报学领域的科研社群演化路径上，社群核心作者在该社群的影响力越大，越能在演化过程中对下一阶段科研社群的研究偏好产生影响。

表 7-4　科研社群演化模式下社群核心作者的平均 Z_Score 分值与研究偏好相似度对应表

科研社群研究偏好相似度	聚合型演化模式	多终点型演化模式	主线型演化模式	星型演化模式
0	−1.177	−1.495	−1.622	−0.721
1	−0.438	−0.581	−1.263	−0.427
2	−0.144	0.507	−0.781	0.682
3	0.088	1.130	−0.600	—

本章参考文献

陈劲. 2017. 企业创新生态系统论. 北京：科学出版社.

达尔文 C. 2020. 物种起源. 韩安，韩乐理，译. 北京：新星出版社.

胡昌平，陈果. 2014. 层次视角下概念知识网络的三元关系形态研究. 图书情报工作，58（4）：11-16.

李璐萍，赵小兵. 2021. 基于主题模型的主题发现方法研究综述. 中央民族大学学报（自然科学版），（2）：59-66.

Ehrlich P R，Raven P H. 1964. Butterflies and plants：a study in coevolution. Evolution，18（4）：586-608.

Ganguly S，Pudi V. 2017. Paper2vec：combining graph and text information for scientific paper representation. Toulouse：European Conference on Information Retrieval.

Marcus J，Flannery K V. 2004. The coevolution of ritual and society：new 14c dates from ancient Mexico. Proceedings of the National Academy of Sciences of the United States of America，101（52）：18257-18261.

McKelvey B. 2002. Managing coevolutionary dynamics：some leverage points. Barcelona：18th EGOS Conference.

Mode C J. 1958. A mathematical model for the co-evolution of obligate parasites and their hosts. Evolution，12（2）：158-165.

Murmann J P. 2003. Knowledge and Competitive Advantage：The Coevolution of Firms，Technology and National Institution. New York：Cambridge University Press.

Nelson R R. 2009. An Evolutionary Theory of Economic Change. Boston：Harvard University Press.

Norgaard R B. 1984. Coevolutionary development potential. Land Economics，60（2）：160-173.

Norgaard R B. 1994. Development Betrayed：The End of Progress and A Co-Evolutionary Revisioning of the Future. London：Routledge.

Rosenberg E，Zilber-Rosenberg I. 2011. Symbiosis and development：the hologenome concept. Birth Defects Research Part C：Embryo Today：Reviews，93（1）：56-66.

Sugiyama K，Kan M Y. 2013. Exploiting potential citation papers in scholarly paper recommendation. Indianapolis：The 13th ACM/IEEE-CS Joint Conference on Digital Libraries.

第8章 基于可解释机器学习的科研 社群演化预测方法

　　科研合作对科技发展的贡献日益显著。科研协作，尤其是国际协作和跨学科协作越来越频繁（Lee and Bozeman，2005；Leahey，2016；Wagner et al.，2017；Dusdal and Powell，2021）。协作团队被认为在提高学术生产力、增强文章影响力和实现颠覆性突破方面具有优势（Lee and Bozeman，2005；Singh and Fleming，2010；Wu et al.，2019）。具备以上优势的科研团队通常由具有互补技能和相似研究兴趣的科学家组成，他们愿意为实现共同的科研目标相互协作并承担责任（Ren and Zhou，2015）。Evans 等（2011）关注了协作的同质性，并从科学研究中抽取了可以突破机构或地域限制的社群结构。这种社群结构被称为科研社群，是学术活动的基本单元，其静态或动态特征在揭示科学的各个方面中发挥着重要作用（Mao et al.，2017）。科研社群作为科学自身的一个新兴研究课题，近年来吸引了越来越多的学者进行研究。对某一研究领域的科研社群进行识别和追踪，并探究科研社群的动态变化，可以促进对研究协作和科技发展的理解，从而指导科技发展政策的制定。

　　科研社群的这种抽象结构可以从科学协作网络中识别出来，并利用网络科学理论（Newman，2001a）通过一些网络指标进行定量分析。协作网络中的科研社群可被视为一种中尺度结构，其内部节点紧密相连或者具有相似的特征或角色（Girvan and Newman，2002；Fortunato and Newman，2022）。评估科研社群的演变可为以下方面提供有价值的见解：①发现互动模式的根本转变；②理解复杂网络的潜在结构；③预测网络的未来趋势（Takaffoli et al.，2011）。然而，现有的科研社群研究仅仅描述了科研社群结构特征的静态或动态变化（Mao，2014；Zheng et al.，2017），而没有通过深入分析来预测科研社群的未来发展趋势、合理解释科研社群的演化过程。

　　为了填补这一研究空白，本书致力于调查科研社群的演化并揭示演化的潜在因素。本书将该问题理解为基于事件的科研社群演化预测（group evolution prediction，GEP）任务（Bródka et al.，2013；Tajeuna et al.，2019），该任务预测焦点科研社群的未来演化事件。基于此，本章首先从预测的角度，根据相邻时期科研社群间成员的移动情况，定义了七个演化事件；其次，采用可解释机器学习方法来预测科研社群的演化事件；最后，基于 SHAP（沙普利值加性解释方法，SHapley Additive exPlanations）进行特征贡献的量化分析。其中，用可解释机器学习方法来预测科研社群演化事件有两个好处：一方面，最先进的机器学习模型在预测中表现出了更好的性能；另一方面，可解释机器学习方法非常强调模型的可解释性，它采用统计方法量化模型特征对其性能的影响（Du et al.，2019）。对于GEP 任务而言，特征贡献的量化有助于理解影响因素（由科研社群特征反映）与科研社群演化之间的关系。从本质上讲，可解释机器学习方法为研究科研社群特征对科研社群演化的影响提供了解决方案。

8.1　网络社群演化预测内涵

社会网络是由个体成员或组织之间的社会互动所形成的相对稳定的关系系统。社交网络通常用图表示，节点表示个人或组织，边表示各种社会互动，如伙伴关系和友谊（Ding et al.，2023）。随着时间的推移，社交网络会根据用户活动演变成动态网络。例如，新用户（由节点表示）加入网络，老用户停止活动或离开网络。因此，边的产生或终止代表了用户之间互动的当前状态。几乎每个人都参与了某种类型的动态社交网络，如脸书。动态社交网络中有许多有趣的模式或知识，使得社交网络分析（social network analysis，SNA）领域越来越受欢迎。

社群结构是动态社交网络最重要的特征之一（Bouyer and Beni，2022）。随着动态社交网络的发展，不同的社群在互动过程中会经历形成、消失、成长、缩小、存活、合并和分裂等各种事件（Bródka et al.，2013），如图 8-1 所示：（a）T2 时间范围内出现了 T1 时间范围内不存在的新社群；（b）从 T2 到 T3，一些节点或链路加入社区；（c）从 T3 到 T4，一个社群分裂成多个社群；（d）所有成员消失或成员之间没有联系，分散在 T4 至 T5 的其他社群；（e）两个社群保持不变或仅改

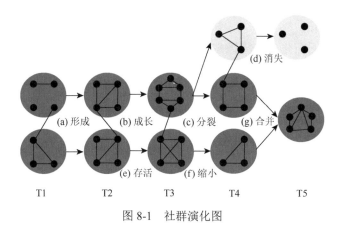

图 8-1　社群演化图

变 T2 到 T3 的几个节点或链接；（f）从 T3 到 T4，部分节点或链路离开社群；（g）从 T4 到 T5，多个社群合并为一个社群。预测对社群演化至关重要的演化事件是 SNA 现有研究的重要组成部分。对社群演化事件预测方法的研究在公共安全、公共卫生和市场营销等领域都有实际应用。例如，在公共安全领域，监控群体演化有助于识别支持或倾向于犯罪的个人或群体（Nicholls et al.，2021）；在公共卫生领域，国民账户体系可用于追踪流行病期间感染病原体的群体，并预测其传播（Sims and Kasprzyk-Hordern，2020）；在市场营销领域，人们可以通过分析用户评论和关系来监控产品趋势（Majmundar et al.，2023）。

8.1.1 网络社群演化预测任务定义

网络社群演化预测是一项研究网络社群（或在线社交网络中的群体）在未来时间内如何演化和变化的任务。通常根据群落历史演化事件的序列和当前时间点群落的特征，预测未来可能发生的群落演化事件。网络社群演化预测任务根据其具体任务目标和所关注的不同特征维度具有不同的定义，大致可分为以下几种。

（1）社群结构演化。社群结构演化任务关注社交网络中社群的大小、成员数量、成员身份以及他们之间的关系如何在未来发生变化。这方面的预测有助于理解社群内部的变化和动态。

（2）社群主题演化。社群主题演化任务旨在预测社群中的主题、话题或兴趣如何随着时间的推移而演化。这包括社群成员对不同主题的讨论、兴趣漂移和新兴主题的出现等方面的变化。

（3）社群行为演化。社群行为演化任务关注社群成员的行为模式，如信息分享、互动方式、意见表达等在未来时间内的变化。这包括社群成员在社交网络上的活跃度、参与度和互动方式的演化。

结合社群演化特征，Saganowski 等（2015）将网络社群演化预测分为六个阶段，如图 8-2 所示。

阶段 1：时间窗生成。将数据集划分为时间窗。

阶段 2：复杂网络生成。为每个时间窗口创建一个复杂网络。

阶段 3：社群探测。使用任何社群检测方法在每个时间窗口内提取群体。

阶段 4：进化跟踪与链条识别。使用任意群体进化跟踪方法跟踪群落的进化，并创建进化链。

阶段 5：特征抽取。计算描述先前组概要的特性，如大小、密度、内聚等，以捕获给定时间的社群状态。

阶段 6：预测。应用监督机器学习方法来学习和预测群体生命周期中即将发生的事件。

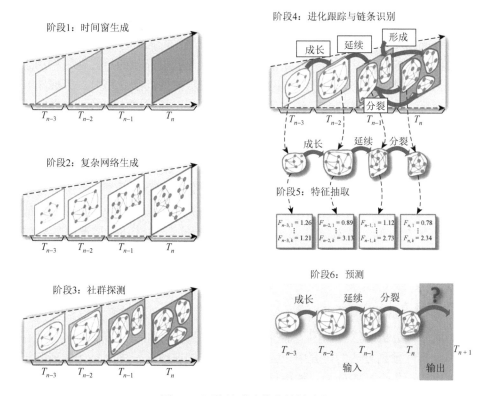

图 8-2　网络社群演化的关键阶段

网络社群演化预测任务通常依赖于社交网络数据、机器学习模型、社交网络理论和数据挖掘技术，以帮助研究人员和社交媒体平台更好地理解和预测社群的行为和发展趋势。这对于社交媒体管理、社交网络营销、舆情分析以及社会科学研究等领域具有重要意义。

8.1.2　常见的网络社群演化事件预测方法

现有的群落演化预测流程通常首先采用固定时间框架划分策略，将动态网络划分为多个时间框架（Takaffoli et al.，2014）。其次，通过群落检测算法（Palla et al.，2005）独立识别每个时间段内的群落。再次，使用群落跟踪算法识别关键事件并确定群落演化序列（Greene et al.，2010）。最后，利用演化序列和群落特征来预测群落演化过程中的下一个事件。常见的演化事件预测方法有以下几个。

1. 基于网络动态性的方法

基于网络动态性的方法关注网络的动态性质，如节点的出入度变化、链接的建立和断裂等。这些动态性质可以用于检测关键事件，如社群的分裂或合并。处理动态社交网络和不断演变的社群结构的最具挑战性的问题之一，是理解这些结构随时间演变的方式并对其进行建模。跟踪和预测社群演化的研究通常将动态网络划分为多个静态网络，每个静态网络包括在离散时间间隔（小时、天或年）上聚合的交互。这种间隔的选择通常是随意的。然而，显然网络离散时间间隔的选择对观察社群结构、分析社群结构的演变以及预测社群未来的事件有很大的影响。Dakiche 等（2021）提出了一个新的框架——TNSEP（tailored network spliting for event prediction，面向事件预测的网络分割），它跟踪用户活动随时间的动态分布，以进行适当的网络拆分，从而更准确的预测社群事件。该方法主要分析网络用户随时间变化的活动分布，以捕捉互动密度高的时期和互动密度极低的时期，结果表明每个网络都呈现出不同的活动分布。通过几种情况研究随时间的推移用户的互动增长与适当的网络分割之间的相关性，从而得出更为准确的预测结果。

2. 时间序列分析方法

时间序列分析方法可以用于捕捉群落演化的周期性和趋势性变化。在现有的时间序列事件预测方法的研究中，大部分工作集中在改进子序列集（由多个相邻子序列组成的集合）的分类。然而这些预测方法忽略了子序列集之间的时间依赖性，也没有捕获事件之间的相互转移关系，对小样本数据集的预测效果较差。为了解决这个问题，Zhong 等（2023）提出了一种新的时间序列事件预测框架，将事件预测问题转化为标记问题，以更好地捕获子序列集之间的时间序列关系。具体来说，该方法使用序列聚类算法来识别时间序列中的代表性模式，然后将子序列集表示为模式的加权组合，并使用极限梯度提升（extreme gradient boosting，XGBoost）算法进行特征选择。之后，将选定的模式特征作为长期短期记忆（long short-term memory，LSTM）模型的输入，以获得初步预测值。此外，利用全链接条件随机场（conditional random fields，CRF）对初步预测值进行平滑和细化，得到最终的预测结果。在此基础上，Ding 等（2023）从时间框架的通用性出发，建立了一种新的群落演化模型，并提出了一种新的优化时间框架划分算法。与传统的固定时间框架划分算法相比，该算法在可接受的额外计算代价下，根据特定网络的信息波动自适应调整时间窗口的大小和数量。通过对几个实际网络的分析，发现自适应时间框架划分算法提高了网络社群跟踪的质量，保证了预测事件的准确性。

3. 基于多元特征融合的方法

基于多元特征融合的方法通过提取多种类型的群落特征来描述和跟踪群落的进化过程，建立模型并预测群落的进化。Chen 等（2022）提出了基于多元特征集和潜在结构特征（multivariate feature sets and potential structural features，MF-PSF）的社群演化预测方法。首先，该方法从四个方面建立多元特征集：群落核心节点特征、群落结构特征、群落序列特征和群落行为特征。其次，提取基于 DeepWalk（深度游走）算法和光谱传播理论的社群潜在结构特征，分析社群的整体内部结构特征和顶点分布。最后，将群落的多元结构特征和潜在结构特征合并，预测群落演化事件，并讨论各特征在演化预测过程中的重要性。还有研究人员考虑到群落进化的复杂特征，从多层面预测群落的演化。Wang 等（2022）提出了一种基于多层特征融合的社群演化预测算法，该算法从社群层和节点层获取特征。在节点层，提出了一种基于全局和局部的角色提取算法。该算法可以有效地发现社群中不同的角色。这样就可以区分不同特征的节点对群落演化的影响。在社群层，提出利用社群超图来获取社群间的交互关系。最后一个社群特征是两层特征的融合。在获得所有特征后，通过这些特征训练分类器，并将其用于群落演化预测。

4. 基于事件图谱和图分析的方法

事件图谱是一种用于表示和分析事件序列的工具，可以用于识别关键事件和模式。图分析技术可以帮助理解事件之间的关系，并推断未来可能发生的事件。

事件演化图（event evolutionary graph，EEG）反映了事件之间的顺序和因果关系，对事件预测具有重要价值。然而，由于 EEG 中缺乏事件上下文，因此在进行预测时会出现方向不确定和准确率低的问题。Gao 等（2021）使用条件事件演化图（conditional event evolutionary graph，CEEG）来解决这些问题。CEEG 对 EEG 进行了扩展，增加了四种类型的事件上下文，包括状态、原因、子类型和对象。首先通过将输入与自适应语义模板进行匹配来提取事件上下文，其次对每个事件的上下文进行泛化。为了识别演化方向，将其视为二元分类问题，并根据广义上下文计算每个方向的事件转换概率。该方法有很强的能力，能够生成更好的事件演化路径。还有研究人员提出进化的状态图，首先系统地表示状态（节点）之间随时间演变的关系（边），其次对由时间序列数据构建的动态图进行分析，发现图结构的变化（如连接某些状态节点的边）可以预知事件的发生（即时间序列波动）。Hu 等（2021）提出了一种新颖的图神经网络模型，即进化论状态图网络（evolutionary state graph network，EvoNet），对节点级（状态到状态）和图级（段到段）传播进行建模，并捕获节点图（状态到段）随时间的交互。该方法不仅有了明显的改进，而且还为结果解释和事件预测提供了更多见解。

值得注意的是，这些方法的选择通常取决于具体的研究问题、可用数据和领域的特定要求。在群落演化预测中，研究人员往往会根据问题的复杂性和可用资源选择适当的方法，并不断改进和调整模型以提高预测的准确性。

8.2　可解释机器学习

随着机器学习和深度学习技术的快速发展，我们已经见证了无数令人惊叹的成就，如从自动驾驶汽车到医疗诊断，再到自然语言处理。然而，这些强大的模型通常被视为"黑盒"，即可以观察到它们的输入和输出，但很难理解模型内部是如何做出决策的。这就是可解释机器学习的核心概念：努力解开这些"黑盒"，使其内部工作原理对人类更加透明和可理解。

可解释机器学习的概念可以满足好奇心，在当今社会和科技环境中具有极其重要的作用。首先，它有助于确保机器学习系统的决策是合理且可信的。在医疗领域，如果一个深度学习模型提供了癌症诊断结果，医生需要能够理解为何该模型做出了这一诊断，以便采取适当的医疗行动。其次，可解释性对于法律和伦理问题至关重要。例如，在自动驾驶汽车事故中，如果一台自动驾驶汽车导致了事故，法律要求我们能够追溯到决策的源头，即机器学习模型，以确定责任。最后，可解释性对于推动机器学习在更广泛领域中的应用至关重要，包括金融、医疗、航空航天等领域。

8.2.1　为什么需要可解释机器学习

我们为什么需要可解释机器学习呢？在这一节中，我们将深入探讨为何可解释性在机器学习中如此重要，以及它对决策制定和应用的潜在影响，这体现在以下四个方面。

1. 决策制定的可信度

在许多领域中，决策制定者依赖于机器学习模型来支持他们的决策。这可能涉及股票投资、病例诊断、信用风险评估等各种决策。然而，如果这些模型是"黑盒"，决策制定者将面临一个严峻的问题：他们不知道为什么模型会做出某个决策。这就削弱了对模型的信任。可解释性的引入可以弥补这一缺陷，因为它允许决策制定者理解模型是如何得出建议或决策的。

2. 错误识别和改进

不可解释的模型可能会做出不合理的决策，从而无法及时发现和纠正错误。可解释性模型，能够深入挖掘模型的决策过程，从而更容易发现潜在问题。例如，在欺诈检测领域，可解释性模型可以帮助银行发现为何某个交易被标记为可疑交易，从而更好地理解欺诈行为的模式。

3. 法律和伦理合规性

在一些领域，法规要求决策必须是可解释的。例如，在信用评分模型中，法规可能要求借款人能够了解他们的贷款申请为何被拒绝。如果模型是"黑盒"，这些法规将可能被违反。此外，伦理要求也在日益受到关注，人们希望能够解释模型的决策以确保公平性和透明性。

4. 促进创新和应用拓展

可解释机器学习有助于扩大机器学习的应用范围。它使得更多行业和领域能够接受和采用机器学习技术。例如，在医疗领域，医生更愿意采纳能够提供解释的诊断模型，因为他们可以理解诊断的依据，从而更好地为患者提供护理。这样，可解释性不仅推动了技术的进步，还促进了社会和经济的发展。

可解释机器学习对于决策制定、错误纠正、法律合规性和应用拓展都具有深远的影响。它是确保机器学习技术能够更好地为人类服务的重要一步，为进一步探索和应用人工智能技术提供了新的可能性。

8.2.2　可解释机器学习方法

1. 透明模型

在实现可解释机器学习的目标时，一种重要的方法是使用透明模型。透明模型是指那些天生具有可解释性的机器学习算法，如线性回归模型、决策树（decision tree）等，其决策过程和预测结果可以被相对容易地理解和解释。

线性回归模型是一种经典的透明模型，用于对连续型输出变量与一个或多个输入特征之间的关系进行建模。其基本思想是通过寻找最佳拟合直线或平面来建立输入和输出之间的线性关系。线性回归模型的可解释性体现在模型参数的解释性，每个参数表示了相应特征对输出的影响程度。

决策树是一种基于树状结构的透明模型，用于分类和回归任务。它将数据集逐步分割成更小的子集，每个节点代表一个特征和一个分割规则。决策树的结构较为直观，可以被解释为一系列简单的规则，因此非常适合可解释性要求高的场景。

朴素贝叶斯是一种基于概率的分类算法，它假设特征之间是相互独立的。虽然这个假设在现实中往往不成立，但朴素贝叶斯模型的简单性和可解释性使其在文本分类和垃圾邮件过滤等领域得到广泛应用。

逻辑回归是一种用于二元分类的透明模型。它通过将线性组合的结果应用于逻辑函数（sigmoid 函数）来估计概率，从而确定类别。逻辑回归的参数表示每个特征对于分类的权重，因此容易解释。

K 近邻算法是一种基于距离的分类算法。它通过查找与待分类样本最近的 K 个邻居来确定其类别。这种方法的可解释性在于，分类结果依赖于最近邻居的类别，可以直观地理解。

尽管透明模型具有明显的可解释性优势，但它们也存在一定的局限性，需要根据特定任务和应用场景来选择。透明模型通常只能捕捉简单的线性或非线性关系。对于复杂的数据和关系模型，透明模型可能不足以胜任。透明模型对特征工程的依赖性较大，需要手工选择和设计特征以获得良好的性能。一些透明模型可能在处理高维稀疏数据时表现不佳，难以表现出良好的泛化能力。

透明模型在可解释机器学习中发挥着重要作用，特别适用于需要高度可解释性的任务和领域。虽然它们存在一定的局限性，但可以作为实现可解释性的有力工具，有助于用户理解模型决策、分析特征重要性，以及满足法规和伦理要求。在实际应用中，如何选择合适的透明模型取决于具体的任务和可解释性需求。当任务需要对模型的决策进行详细解释时，透明模型是首选，如医疗诊断、金融欺诈检测等领域。当任务涉及分析特征的重要性和影响时，透明模型更容易提供这些信息，如市场分析、用户行为预测等。在初期阶段，透明模型可以帮助理解数据和问题，并作为建模的基准。在基本理解的基础上，可以进一步探索更复杂的模型。

2. 基于规则的方法

在可解释机器学习领域，基于规则的方法是一种重要的方法，用于构建可解释的模型。该方法以规则集、决策规则等形式表示模型的决策过程，使用户能够直观地理解模型的工作原理。

基于规则的方法是一种建立可解释模型的方法，其核心思想是通过一系列规则来描述模型的决策过程。这些规则可以采用人类可读的形式表示，如"如果条件 A 满足，那么采取行动 B"。基于规则的模型可以分为规则集和决策规则两大类。

规则集是由一组规则构成的集合，其中每个规则都描述了一个特定情况下的行为或决策。这些规则通常以"如果-那么"（if-then）的形式表示。例如，在医疗诊断中，一个规则可以是"如果患者体温超过 38℃，那么诊断为发热"。规则集通常通过专家知识或数据挖掘算法来构建。这些规则可以根据任务和领域的需求来定制，以确保模型的可解释性。

决策规则是一种特殊类型的规则，用于描述决策树模型的决策过程。决策规则可以被视为决策树的一种等效表示，它们将输入特征映射到输出类别。例如，对于一个垃圾邮件过滤模型，一个决策规则可以是"如果邮件主题包含'免费奖品'并且发件人不在白名单中，那么将其标记为垃圾邮件"。决策规则具有高度的可解释性，用户可以轻松理解模型是如何根据输入特征做出决策的。

3. 局部解释性方法

局部解释性方法是可解释机器学习领域的重要工具，用于解释模型在特定数据点或局部区域上的决策过程。这种方法允许我们深入了解模型在输入空间中的局部行为，从而提供有关模型预测的可解释性信息。常见的局部解释性方法 LIME（local interpretable model-agnostic explanations，局部可解释的模型诊断解释方法）是一种与模型无关的局部解释性方法，旨在解释模型在特定数据点附近的行为。它的核心思想是在输入空间中生成一组近似样本来近似模型的决策边界，并根据这些样本构建一个局部可解释模型。LIME 的主要步骤如下。首先，生成近似样本，在目标数据点附近生成一组近似样本。这些样本可以通过对目标数据点的输入特征进行微小的扰动或随机采样得到。其次，使用计算模型进行预测，对于每个近似样本，使用原始模型进行预测，得到对应的预测概率或值。再次，构建局部可解释模型。使用生成的近似样本和对应的模型预测，构建一个局部可解释模型，通常选择线性回归模型、决策树或其他可解释模型。这个局部模型近似地捕捉了模型在目标数据点附近的行为。最后，使用 LIME 在目标数据点处的决策。这可以通过查看模型的系数、特征重要性等方式来实现。LIME 的优点在于它是模型无关的，可以应用于各种不同类型的模型，包括深度学习模型；它也允许我们理解模型在特定数据点上的决策过程，帮助用户更好地理解模型的预测。

局部解释性方法是可解释机器学习模型的有力工具，允许我们深入了解模型在特定数据点上的决策过程。通过 LIME 和 SHAP 等方法，用户可以更好地理解模型的行为，推断特征的重要性，以及识别模型的局部强弱点。这些方法在各个领域中都有广泛的应用，特别适用于需要对模型决策进行细致解释的任务和领域。

8.2.3　可解释机器学习的应用

可解释机器学习在各领域中具有广泛的应用，它通过提供解释和洞察，帮助用户更好地理解机器学习模型的预测结果和决策。以下是可解释机器学习的应用以及一般逻辑。

1. 可解释机器学习在图书馆学中的应用

图书馆和在线图书商常常面临着向用户推荐图书的任务。可解释机器学习方法在这方面发挥了关键作用。一种常见的方法是使用推荐系统，其中可解释性方法可以提高推荐的质量和可信度。在一个图书馆中，为了提高用户满意度和借阅率，引入基于可解释机器学习的图书推荐系统。为了提高模型的可解释性，设计一组用户特征和图书特征，包括用户的借阅历史、兴趣标签以及图书的主题、作者等。使用透明模型，如决策树或线性回归模型，以便用户能够理解模型的推荐依据。利用特征重要性分析，用户可以查看哪些特征对于图书推荐的决策起到了关键作用，从而更好地理解推荐过程。

在图书馆学领域，文献检索是一项重要的任务，涉及用户根据其信息需求检索相关文献。可解释机器学习方法可以改善文献检索系统的性能，并提高搜索结果的可信度。图书馆的在线文献检索系统可以引入可解释机器学习方法以改善用户的检索体验。当用户输入检索查询时，系统不仅返回相关文献，还提供查询解释，解释为什么某些文献被视为相关。这可以通过可解释的特征重要性分析和关键词匹配来实现。系统允许用户提供反馈，以进一步改善检索结果。用户可以将文献标记为相关或不相关，并提供反馈意见，系统会考虑这些反馈来优化检索算法。为了提高可信度，系统引入了可解释性评估指标，以衡量模型对于用户反馈的响应程度。这些指标可以帮助保持模型的可解释性。

2. 可解释机器学习在信息科学中的应用

信息科学领域经常需要对大量信息进行分类和标记，以便组织、检索和分析。可解释机器学习方法可以改善信息分类系统的性能，并提高标签的可信度。例如，可以在一个新闻聚合平台引入可解释机器学习方法以改进新闻分类结果。可以增加可解释性标签，新闻文章的标签不仅是模型预测的结果，还包括与每个标签相关的关键特征，以帮助用户理解分类依据。为了提高可信度，平台提供特征可视化工具，用户可以查看哪些特征对每个标签的分类起到了关键作用。用户可以提供反馈，标记不准确的分类或提供额外信息，以帮助改善分类性能。这样，可解释机器学习系统提高了信息分类的准确性，并增进了用户对标签的信任，因为他们可以理解为什么某些标签被分配给了某篇新闻。

同理在信息科学领域，信息的检测和过滤对于过滤掉噪声和冗余信息非常重要。可解释机器学习方法可以帮助改进信息过滤系统的性能，并提高过滤决策的可信度。例如，社交媒体平台引入可解释机器学习方法可以改进信息检测和过滤系统。对于每个被过滤掉的信息，系统提供了决策规则解释，解释了为什么该信息被视为不适当信息或垃圾信息。用户可以提供反馈，标记被误判的信息，以帮助系统改进决策规则。使用透明模型和可视化工具，以便用户能够理解模型是如何做出过滤决策的。这样，可解释机器学习系统提高了信息检测和过滤的准确性，并增进了用户对决策的信任，因为他们可以理解为什么某些信息被过滤掉。

3. 可解释机器学习在医疗保健领域的应用

在医疗保健领域，解释机器学习模型的决策是至关重要的。例如，可解释机器学习可以用于帮助医生理解模型是如何进行疾病诊断或制定治疗计划的。这不仅提高了医疗决策的可信度，还有助于医生与患者进行更有效的沟通。此外，可解释机器学习还可以揭示患者的健康记录中的关键特征，从而帮助医生更好地了解患者的疾病风险和治疗需求。

4. 可解释机器学习在金融领域的应用

在金融领域，可解释机器学习方法有助于风险评估、信用评分和投资决策。这些模型的解释性有助于金融专业人士理解模型如何评估风险，为什么某个信用分数被分配给借款人，以及为什么某个投资策略被推荐。这提高了金融决策的可信度，有助于避免不必要的风险。

5. 可解释机器学习的一般逻辑及其应用

当谈到可解释机器学习的一般逻辑时，可以跳出特定学科的限制，看看它如何在多个领域中应用，以及如何从中受益。以下是一些通用的逻辑。

（1）算法归因。可解释机器学习的一般目标之一是了解模型的预测如何受特征的影响。通过算法归因，可以识别关键的影响因素，即哪些特征对模型的预测贡献最大。这有助于用户理解模型的决策逻辑，以及在不同情况下哪些因素更加重要。

（2）揭示机制。可解释机器学习也可以用于揭示模型的工作机制。这是通过分析模型权重、特征重要性和交互项等来实现的。例如，在图像分类中，可解释机器学习方法可以揭示模型是如何识别物体、边界和纹理的。这种机制的揭示有助于深入理解模型的内部工作原理。

（3）模型选择和优化。可解释机器学习可以帮助数据科学家在建模过程中做出更明智的选择。它可以揭示特征的重要性，帮助筛选最相关的特征，从而提高模型性能。此外，了解模型的决策过程可以指导模型参数的优化和调整。

（4）可信度提高。在实际应用中，可解释机器学习有助于提高模型的可信度。用户和利益相关者通常更愿意信任他们可以理解的模型。通过提供解释，模型的预测结果更具可信度，这对于关键决策和安全问题尤为重要。

（5）个性化决策。可解释机器学习还可以用于为不同用户提供个性化决策。通过了解每个用户的偏好和需求，模型可以根据不同的上下文提供不同的解释和建议。这对于推荐系统和个性化医疗决策非常有用。

（6）决策透明度提高。可解释机器学习可以提高模型决策的透明度，使用户和利益相关者了解模型是如何进行预测的。这对于涉及法规合规性的领域（如金融和医疗保健）以及伦理和道德问题的决策特别重要。

（7）快速问题排查。可解释机器学习有助于快速排查模型性能下降或预测错误的原因。通过分析特征的变化，用户可以更容易地确定问题是数据质量、模型偏差所致还是特定输入所致。

（8）教育和传播。可解释机器学习还可用于教育和传播机器学习概念。通过提供可视化和直观的解释，它有助于普及机器学习知识，使更多人能够理解和使用这些技术。

总之，可解释机器学习的一般逻辑在许多领域中都有广泛的应用，从提高模型的可信度到揭示机制和支持个性化决策，都有着积极的影响。可解释机器学习为数据科学家、研究人员和业务专业人员提供了更深入的洞察，使机器学习在不同领域中更具可应用性。

8.3　基于 SHAP 的机器学习模型解释

SHAP 是一种用于解释机器学习模型预测机制的强大方法（Lundberg and Lee，2017），它提供了一种数学框架，可解释每个特征对模型预测的贡献程度。

8.3.1　SHAP 方法原理

SHAP 方法旨在解释机器学习模型的预测，其核心目标是计算每个特征对预测结果的贡献，从而解释单个实例的预测。它的理论基础源自联盟博弈理论，其中数据实例的特征被视为联盟中的参与者，Shapley 值用于告诉我们如何公平地分配预测结果（总支出）给每个特征。这种方法使特征之间的相互作用和贡献度得以量化。SHAP 的创新之处在于将 Shapley 值的解释表现为可加的特征归因方法。这使得 SHAP 方法与 LIME 和 Shapley 值有了联系。SHAP 的基本数学原理包括以下几个。

（1）特征的联盟。在 SHAP 的框架中，特征被看作是博弈中的参与者，它们可以合作以共同影响模型的输出。每个特征可以被认为是一个潜在的联盟，并且可以与其他特征组成不同的联盟。

（2）Shapley 值。Shapley 值是一种博弈理论中的解决方案概念，用于确定每个参与者对博弈结果的贡献。在机器学习的背景下，Shapley 值用于衡量每个特征对模型预测的贡献，即每个特征对于预测结果的"价值"。

（3）Shapley 值的计算。计算 Shapley 值涉及特征排列组合的加权平均。具体而言，对于每个特征，它会在不同的联盟中与其他特征协同合作，然后计算其对不同特征排列的边际贡献。这些边际贡献最终将被加权平均以计算特征的 Shapley 值。

SHAP 的数学原理提供了一种严格的方法，用于解释特征如何共同影响机学习模型的预测结果。通过计算 Shapley 值，SHAP 方法允许以公平的方式解释特征的重要性，帮助用户理解模型的决策过程。这一数学原理为可解释机器学习提供了坚实的理论基础。

SHAP 方法以其坚实的理论基础和能够将 Shapley 值转化为可解释的线性模型的优势而脱颖而出。它允许我们以可解释的方式了解特征对模型预测的贡献，为机器学习模型的解释提供了一种强大的方法。这种方法的灵活性和理论支持为解释模型提供了更深入的视角。

8.3.2　SHAP 方法性质

SHAP 方法建立在三大核心性质基础上，用于解释机器学习模型的预测结果。

（1）局部准确性。SHAP 要求解释模型 $g(x')$ 在局部与要解释的模型 $f(x)$ 保持一致，即特征归因的总和等于要解释的模型的输出。这体现了 Shapley 值的效益性，确保特征贡献在不同特征组合中平均分配。

（2）缺失性。SHAP 引入了缺失性，要求缺失的特征的 Shapley 值为 0，与常规 Shapley 值的赋值方法不同。这有助于清晰表示哪些特征值是缺失的，同时确保解释的局部准确性。

（3）一致性。一致性要求当模型变化时，特征值的边际贡献增加或保持不变，Shapley 值也应相应增加或保持不变。这确保了解释的稳定性和可靠性，即使模型略有变化。

通过这些性质，SHAP 方法增强了机器学习模型的可解释性，有助于用户理解模型的决策过程，提高模型可信度。

8.3.3　SHAP 方法变体

1. TreeSHAP

TreeSHAP 是 SHAP 方法的一种变体，专门用于解释基于树的机器学习模型，如决策树、随机森林和梯度提升树（Lundberg et al.，2018），具有高速计算 Shapley 值和在特征相关性情况下正确估计 Shapley 值的能力，相比于其他方法，如 KernelSHAP，TreeSHAP 具有显著的计算性能优势。

TreeSHAP 的核心思想在于计算给定特征子集 S 的条件期望预测 $E(X[S|XC] \times [f(x)|xS])$，其中 S 是待解释的特征子集，XC 表示已知条件。为了理解如何计算单个树模型、实例 x 和特征子集 S 的期望预测，可以考虑以下直观的过程。

如果 S 包含了所有特征，那么树模型将预测实例 x 的期望预测。这是因为 S 覆盖了所有特征，没有条件约束。

如果 S 为空集，即不包含任何特征，那么树模型将使用所有终端节点的预测的加权平均值。这表示没有特征的条件，所以取所有叶子节点的平均值作为期望预测。

如果 S 包含一些（并非全部）特征，那么将忽略不可到达的节点的预测。不可到达的节点是指那些决策路径与 S 中的特征值相矛盾的节点。在剩余的终端节点中，根据节点的大小（即节点中的训练样本数量）对预测结果进行加权平均。这样得到的平均值即为给定 S 时 x 的期望预测。

TreeSHAP 的关键之处在于它可以同时考虑所有可能的特征子集 S，而不需要指数级的计算复杂度。它通过在树上同时推进所有可能的子集 S 来实现这一点。对于每个决策节点，必须跟踪子集的数量，这取决于父节点中的子集和分割特征。这一方法的优势在于其多项式级的计算时间，使得其在解释大规模树模型时变得高效可行。

总的来说，TreeSHAP 是一种用于解释基于树的机器学习模型的高效方法，它通过降低计算复杂度并同时考虑所有特征子集，为机器学习模型的可解释性提供了强大的支持。这一方法在解释复杂树模型时尤其有用，能够帮助用户理解模型的决策过程和特征的重要性。

2. KernelSHAP

KernelSHAP 是一种近似 Shapley 值的方法，其目标是计算特征对预测结果的贡献，以帮助理解模型的决策过程和特征的重要性，其核心内容如下。

（1）Shapley 值的计算。KernelSHAP 使用 Shapley 值的概念，这是一种博弈论中的概念，用于衡量合作博弈中每个玩家对合作所产生的价值贡献。在机器学习中，这一概念被应用于特征对模型输出的贡献。计算 Shapley 值可以是计算密集型的任务，特别是对于高维数据和复杂模型。因此，KernelSHAP 使用了蒙特卡罗采样等技术来近似 Shapley 值，以加速推进计算过程。

（2）蒙特卡罗采样。蒙特卡罗采样是 KernelSHAP 中的一项关键技术，用于生成随机的特征值组合。通过多次采样生成不同的组合，KernelSHAP 可以估计每个特征的 Shapley 值。增加采样次数可以提高估计的准确性，但也会增加计算成本。这里需要权衡计算效率和解释精度。

（3）计算复杂性。KernelSHAP 的计算复杂性主要取决于特征的数量、采样次数和模型的复杂性。对于大规模数据集和复杂模型，计算 Shapley 值可能需要较长的时间。为了加速计算，可以考虑使用近似方法或并行计算。

（4）模型无关性。与 SHAP 方法一样，KernelSHAP 也是模型无关的。这意味着它可以用于解释各种类型的机器学习模型，包括深度学习、树模型、线性模型等。这使得 KernelSHAP 成为一个通用的解释性工具，可以适用于不同领域和模型类型。

（5）特征重要性。KernelSHAP 可以用于识别哪些特征对于模型的预测结果具有重要性。通过分析 Shapley 值，用户可以了解每个特征对不同样本的影响程度。

这有助于加深对模型行为的理解，并指导特征选择和工程决策。

（6）可解释性应用。KernelSHAP 的主要应用是提高模型的可解释性。根据解释模型的预测结果，用户可以更好地理解模型的工作原理，进行模型诊断，识别潜在问题，并增强对模型的信任。这在许多领域中都有重要的应用，包括医疗诊断、金融风险评估、自动驾驶等。

当使用 KernelSHAP 解释机器学习模型预测时，通常需要按照一系列步骤进行操作。以下是一些关键步骤。

步骤 1：选择待解释的样本和模型。

首先，选择一个待解释的样本，这是你想要解释的模型的输入数据点。其次，选择要解释的机器学习模型，可以是任何类型的模型，包括回归、分类或其他类型的模型。

步骤 2：生成特征值组合。

在 KernelSHAP 中，解释的关键是特征值的组合。对于每个特征，需要生成两种情况的组合：存在和缺失。例如，如果你有 3 个特征（A、B 和 C），则需要生成以下组合。

000（无特征存在），001（只有特征 C 存在）。

010（只有特征 B 存在），011（特征 B 和 C 都存在）。

100（只有特征 A 存在），101（特征 A 和 C 都存在）。

110（特征 A 和 B 都存在），111（所有特征都存在）。

步骤 3：模型预测。

对于每个生成的特征值组合，将其输入模型中，然后记录模型的预测结果。这将生成一个包含模型输出结果的列表，其中包括存在和缺失不同特征值组合的预测结果。

步骤 4：计算 Shapley 值。

在这一步骤，可以使用 Shapley 值的计算方法来计算每个特征的 Shapley 值。这需要对每个特征值组合进行迭代，并计算每个特征的贡献，以获得最终的 Shapley 值。

步骤 5：解释模型的预测结果。

将计算得到的 Shapley 值与待解释的样本一起使用，以解释模型的预测结果。这可以通过将 Shapley 值与特征的存在或缺失相对应来实现，以说明每个特征对最终的模型预测的贡献程度。

值得注意的是，KernelSHAP 是解释性方法中的一种，它与其他解释性方法如 LIME 和特征重要性分析有一些不同。不同的方法适用于不同的场景，用户可以根据需求选择最合适的解释性工具。总之，KernelSHAP 为解释机器学习模型的预测结果提供了一种强大的方法，有助于深入理解模型并提高决策的可信度。

8.3.4　SHAP 方法分析实例

当使用 SHAP 来解释机器学习模型的预测结果时，有几种常用的分析方法，包括对总体模型解释、对单个样本的解释和属性之间的依赖关系解释。下面将使用一个示例来说明这些方法。

示例：假设有一个二分类问题，要使用机器学习模型来预测贷款申请是否会被批准。本节使用 SHAP 来解释这个模型的决策。

（1）对总体模型解释。方法：可以计算各特征的全局 Shapley 值，了解它们对整个模型的预测的贡献。SHAP 库提供了一种衡量全局特征重要性的方法，如 SHAP 值的均值或绝对均值。分析：通过查看全局 Shapley 值，可以确定哪些特征对整个模型的输出具有最大的影响，如可能发现"信用评分"和"年收入"对决策的影响最大。

（2）对单个样本的解释。方法：对于某个样本，可以计算每个特征的局部 Shapley 值，以解释该样本的特定预测结果。SHAP 库提供了这种功能。分析：通过查看局部 Shapley 值，可以了解每个特征在该样本中的贡献，如发现这个特定样本的"信用评分"相对较低，这导致了贷款申请被拒绝。

（3）属性之间的依赖关系解释。方法：SHAP 允许我们生成 Shapley 值的摘要图，用于使特征之间的依赖关系可视化。这可以帮助解释为什么某些特征组合会导致特定预测结果。分析：通过查看 Shapley 值的摘要图，可以识别哪些特征组合导致了决策的变化，如可能发现"信用评分"较低且"贷款期限"较长，更容易导致拒绝决策。

这些分析方法帮助用户理解模型的预测结果、特征的重要性，以及特征之间的相互影响。通过综合考虑这些分析，用户可以更好地理解模型的决策过程。

总的来说，SHAP 方法作为一种有坚实理论基础的解释方法，具有公平性、可对比解释、整合性和统一性等诸多优点，但也需要打破计算速度、特征相关性和数据访问等方面的限制。在选择解释方法时，需要根据具体的应用场景和需求权衡这些优点和限制。

8.4　基于 SHAP 的科研社群演化预测及评估方法

8.4.1　科研社群演化预测分析框架

在本书中，预测科研社群的演化被表述为基于事件的 GEP 任务，即预测某一研究领域中科研社群的演化事件。本章的研究目标是利用机器学习方法完成该任务，并通过解释预测模型来量化分析特征的重要性。如图 8-3 所示，整个框架包括七个阶段。

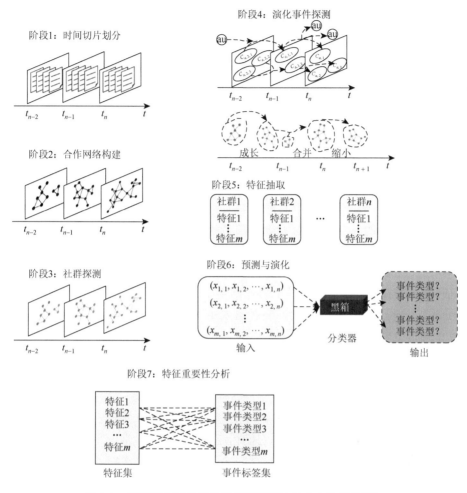

图 8-3　预测演化事件和分析特征重要性的七个阶段的框架

标注 au 的圆表示新加入协作网络或最终退出网络的作者节点

　　阶段 1：时间切片划分。将输入的文献数据按预设的时间间隔分为若干时间切片。

　　阶段 2：合作网络构建。根据共同作者构建合作网络。

　　阶段 3：社群探测。应用社群检测算法从网络中识别社群。

　　阶段 4：演化事件探测。通过匹配两个连续时间切片中的相关社群对来跟踪演化链，并将其过渡识别为不同的事件。

　　阶段 5：特征抽取。提取特征以描述每个时间切片中每个社群的状态。

　　阶段 6：预测与演化。构建并训练预测模型，以预测每个社群在其生命周期内即将发生的事件。

阶段 7：特征重要性分析。应用可解释机器学习方法，探明特征在预测社群演化事件中的作用。

8.4.2　合作网络中的科研社群检测算法

科研社群可以被认为是合作网络中具有密集连接节点的密集模式和非重叠社群（Sytch and Tatarynowicz，2014）。给定一个具有时间切片 T（$T=1,2,\cdots,t$）的文献数据集，我们用每个时间切片的子数据集构建一个协作网络 $G_t(V,E)$，其中节点 V 代表作者，边 E 基于子数据集中的合著关系形成。边的权重 e_{ij} 由作者 i 和作者 j 在第 t 个时间切片中共同发表的论文数量来衡量。然后，我们根据社群内部节点之间的链接数相对大于外部节点之间的链接数来检测社群（Girvan and Newman，2002）。

由于 Leiden 算法在文献网络中的良好表现（Traag et al.，2019），我们采用 Leiden 算法来检测每个时间切片的协作网络中的社群。将 $C_t=\left\{C_1^t,C_2^t,\cdots,C_n^t\right\}$ 表示为网络 G_t 中检测到的社群集合，将社群表示为 $C_n^t(V_C,E_C)$，其中 V_C 和 E_C 分别表示节点集和边集。

8.4.3　科研社群演化事件

本章将社群的演化视为一系列由成员移动定义的演化事件。如果两个相邻时间切片中的一对社群共享成员，则它们相连，并且在这种情况下，后一时间切片中的社群起源于前一时间切片中的社群。按时间顺序将所有时间切片上的社群对连接起来，就形成了相关社群的演化链。由于一个分裂的社群会产生多个演化分支，因此将具有相同起源的演化链组合起来，就形成了一棵演化树。不同的树可能有共同的社群，当几个社群合并成一个更大的社群时，不同的树就会连接在一起。图 8-4 显示了研究领域中的演化链和演化树。

大圆代表在时间切片 t 中的第 j 个社群 C_j^t，较小的标注 au 的圆表示新加入协作网络或最终退出网络的作者节点。连接两个时间切片中的社群的线表示成员的移动。一条演化链从 C_1^{t-2} 开始，一棵演化树从 C_2^{t-2} 开始。

使 C_{focal} 为要预测的焦点社群，Related_C^t 为在时间切片 t 上与社群 C 有共同成员的社群集合。受演化树结构的启发，我们定义了八个演化事件，如表 8-1 所示。需要注意的是，有些社群在时间 t 形成，随后在时间 $t+1$ 解散。这些社群不会在多个时间切片上形成演化链或演化树。本章将社群演化事件的预测表述为一个多元分类问题，并为每个社群提取一系列特征，从而训练基于机器学习的分类器来预测下一个时间切片中社群的可能变化。

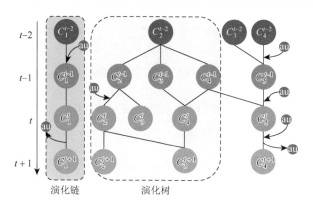

图 8-4　演化链和演化树的示意图

表 8-1　社群演化事件的定义

演化事件	定义	图 8-4 示例
形成	$\left\| \text{Related}_{C_{\text{focal}}}^{t-1} \right\| = 0$	$C_1^{t-2}, C_2^{t-2},$ C_3^{t-2}, C_4^{t-2}
成长	$\left\| \text{Related}_{C_{\text{focal}}}^{t+1} \right\| = 1$，而且 C_i^{t+1} 在 $\text{Related}_{C_{\text{focal}}}^{t+1}$ 中，$\text{Related}_{C_i^{t+1}}^{t} = \{ C_{\text{focal}} \}$，同时 $\exists \text{au},\ \text{au} \in C_i^{t+1}$ 且 $\notin C_{\text{focal}}$	C_1^t, C_5^t
延续	$\left\| \text{Related}_{C_{\text{focal}}}^{t+1} \right\| = 1$，而且 C_i^{t+1} 在 $\text{Related}_{C_{\text{focal}}}^{t+1}$ 中，$C_{\text{focal}} = C_i^{t+1}$	C_1^{t-1}
缩小	$\left\| \text{Related}_{C_{\text{focal}}}^{t+1} \right\| = 1$，而且 C_i^{t+1} 在 $\text{Related}_{C_{\text{focal}}}^{t+1}$ 中，$\text{Related}_{C_i^{t+1}}^{t} = \{ C_{\text{focal}} \}$，且 $C_i^{t+1} \subset C_{\text{focal}}$	C_1^{t+1}
合并	$\left\| \text{Related}_{C_{\text{focal}}}^{t+1} \right\| \geqslant 1$，$\forall C_i^{t+1}$ 在 $\text{Related}_{C_{\text{focal}}}^{t+1}$ 中，$\left\| \text{Related}_{C_i^{t+1}}^{t} \right\| > 1$	$C_3^{t-2}, C_4^{t-2}, C_3^{t-1},$ $C_4^{t-1}, C_5^{t-1}, C_4^t$
分离	$\left\| \text{Related}_{C_{\text{focal}}}^{t+1} \right\| > 1$，$\forall C_i^{t+1}$ 在 $\text{Related}_{C_{\text{focal}}}^{t+1}$ 中，$\text{Related}_{C_i^{t+1}}^{t} = \{ C_{\text{focal}} \}$	C_2^{t-2}, C_2^{t-1}
分离与部分合并	$\left\| \text{Related}_{C_{\text{focal}}}^{t+1} \right\| > 1$，$\exists C_i^{t+1} \in \text{Related}_{C_{\text{focal}}}^{t+1}$，$\text{Related}_{C_i^{t+1}}^{t} = \{ C_{\text{focal}} \}$，同时 $\exists C_j^{t+1} \in \text{Related}_{C_{\text{focal}}}^{t+1}$，$\left\| \text{Related}_{C_j^{t+1}}^{t} \right\| > 1$	C_2^t
解散	$\left\| \text{Related}_{C_{\text{focal}}}^{t+1} \right\| = 0$	C_3^t

8.4.4　科研社群演化特征

对科研社群演化提取的综合特征集包括拓扑、外部、核心节点和时间四个维度的特征。

1. 拓扑特征

一个社群的拓扑特征可以通过几个重要的网络结构特性来衡量，如表 8-2 所示。

表 8-2　关于网络结构特性的社群拓扑特征

特征	描述	其他说明
成员数	$|V_C|$	
连边数	$|E_C|$	
成员跨社群连接率	$|E_{\text{Cout}}|/|V_C|$	$E_{\text{Cout}} = \{(u,v) \in E \mid u \in V_C, v \notin V_C\}$
平均点度中心性	$2|E_C|/|V_C|$	
平均点接近中心性	$\sum_{v \in V_C} \text{CC}(v) \Big/ |V_C|$	CC(v) 表示点 v 的接近中心性
平均中介中心性	$\sum_{v \in V_C} \text{BC}(v) \Big/ |V_C|$	BC(v) 表示点 v 的中介中心性
密度	$2|E_C|/|V_C|(|V_C|-1)$	
领导力	$\sum_{v \in V_C} \dfrac{d_{\max} - d_v}{(|V_C|-2)(|V_C|-1)}$	d_v 表示点 v 的度数 $d_{\max}$ 表示社群最大度数

2. 外部特征

协作网络的结构特征可能影响社群的演变，作者（成员）在地理距离、社交距离、机构支持和研究兴趣方面的差异也可能影响协作动机，并进一步推动科研社群的演变（Katz and Martin，1997；Sargent and Waters，2004；Sonnenwald，2007；Lassi and Sonnenwald，2010）。作者所属的研究机构在一定程度上反映了他们的地理和社交距离。作者的研究兴趣可以通过其出版物的主题来揭示（Jung and Yoon，2020）。可以使用两种方法来描述社群的主题。首先是主题建模，根据社群成员发表的出版物的主题分布来获得焦点社群的主题集。其次是出版物的参考文献。Zhao 和 Strotmann（2008）基于引用相同参考文献的论文可能具有相似研究主题的假设，提出了一个指标 Coupling$_C$ 来衡量社群的主题同源性，当社群成员发表的出版物具有强烈的文献耦合时，该指标值就会变大，反之亦然。此外，本书认为社群成员是否长期坚持自己的研究兴趣在社群演化中起着重要作用。因此，本书引入了主题一致性（topic consistency）指标来衡量社群成员在不同时期的研究兴趣的一致性。

设 P_C 为 C_{focal} 成员在当前时间切片上发表的论文集，R_C 为去除重复引用的论文集，T_C 为从 P_C 中提取的代表主题集。论文 p 和 r 的 Coupling_C 定义为

$$\text{Coupling}_C = \frac{\sum\limits_{r \in R_C} \left| \left\{ p \mid p \text{ 引用 } r, \; p \in P_C \right\} \right|}{|R_C| \times |P_C|} \tag{8-1}$$

其值在 (0, 1] 范围内变化，这意味着当 Coupling_C 等于 1 时，P_C 中的每篇论文都引用了相同的参考文献。例如，图 8-5（a）中的 Coupling_C 值为 $\dfrac{2+2+2+2}{4\times 2}$，图 8-5（b）中的 Coupling_C 值为 $\dfrac{1+1+1+1}{4\times 2}$。

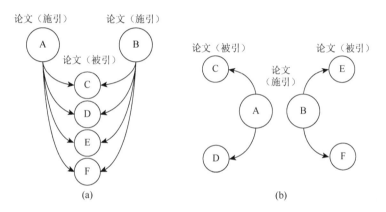

图 8-5　文献耦合示例

图 8-5 显示了 P_C 中每篇论文具有完全重叠的参考文献和具有完全不同的参考文献两种文献耦合极端情况。

LDA 是一种广泛使用的主题建模方法（Blei et al.，2003）。通过应用 LDA，我们得到给定出版物 i 的主题分布为 $\text{topic}_i : (x_{i1}, x_{i2}, x_{i3}, \cdots, x_{ij}, \cdots, x_{in})$，其中 n 表示论文集中的主题数，x_{ij} 表示第 i 篇论文中出现第 j 个主题的概率。对于一个社群 C_{focal}，其主题分布的计算公式为

$$\text{topic}_{C_{\text{focal}}} = \frac{\sum\limits_{i=1}^{|P_C|} (x_{i1}, x_{i2}, x_{i3}, \cdots, x_{ij}, \cdots, x_{in})}{|P_C|} \tag{8-2}$$

两个社群 C_i 和 C_j 的主题相似度可以通过余弦相似度来计算：

$$\text{topic similarity}_{(C_i, C_j)} = \frac{\text{topic}_{C_i} \cdot \text{topic}_{C_j}}{\left\| \text{topic}_{C_i} \right\| \cdot \left\| \text{topic}_{C_j} \right\|} \tag{8-3}$$

因此，本书提出了一些外部特征，如表 8-3 所示。

表 8-3　社群的外部特征（包括并非来自网络结构的机构和主题属性）

特征	描述	其他说明
文献数	$\|P_C\|$	
参考文献数	$\|R_C\|$	
主题数	$\|T_C\|$	对每篇文献，抽取两个可能性最大的主题
主题一致性	$\dfrac{\text{topic}_{C_{\text{focal}}} \cdot \text{topic}_{C_{\text{preceding}}^{t-1}}}{\left\|\text{topic}_{C_{\text{focal}}}\right\| \left\|\text{topic}_{C_{\text{preceding}}^{t-1}}\right\|}$	$\text{topic}_{C_{\text{preceding}}^{t-1}} = \sum\limits_{C_i \in \text{Related}_{C_{\text{focal}}}^{t-1}} \omega_i \cdot \text{topic}_{C_{\text{preceding}}^{t-1}}$ $\omega_i = \dfrac{\left\|C_i \cap C_{\text{focal}}\right\|}{\sum \left\|C_i \cap C_{\text{focal}}\right\|}$
耦合	$\dfrac{\sum\limits_{r \in R_C} \left\|\{p \mid p \text{ 引用 } r,\ p \in P_C\}\right\|}{\|R_C\| \times \|P_C\|}$	
机构数	社群成员所属机构总数（Institute）	
成员平均机构数	$\text{Institute} \big/ \|V_C\|$	

注：$C_{\text{preceding}}^{t-1}$ 表示当前社群前一时刻的主题分布

3. 核心节点特征

在协作网络中，节点的重要性各不相同，在社群中也是如此（Jiang et al.，2020）。能够吸引赞助商和新鲜血液的领先研究人员往往在社群中发挥突出作用（Li et al.，2019），他们可能主导社群的演化。在网络中，重要节点可以通过高中心性来识别。假设网络中的点度中心性近似服从正态分布，本书将点度中心性、接近中心性或介数中心性大于均值 μ 两倍标准差 σ 的节点确定为核心节点，分别命名为 Corenodes$_{\text{degree}}$、Corenodes$_{\text{closeness}}$ 和 Corenodes$_{\text{betweenness}}$。表 8-4 列出了社群的核心节点特征。

表 8-4　社群的核心节点特征

特征	描述	其他说明
核心节点点度中心性	核心节点的平均度数	$\text{Corenodes}_{\text{degree}}$ $= \{v \mid v \in V_C, d_v > \mu + 2\sigma\}$
核心节点接近中心性	核心节点的平均接近中心性	$\text{Corenodes}_{\text{closeness}}$ $= \{v \mid v \in V_C, \text{CC}(v) > \mu + 2\sigma\}$
核心节点中介中心性	核心节点的平均中介中心性	$\text{Corenodes}_{\text{betweenness}}$ $= \{v \mid v \in V_C, \text{BC}(v) > \mu + 2\sigma\}$

续表

特征	描述	其他说明
核心节点点度中心性比率	$\left\|\mathrm{Corenodes}_{\mathrm{degree}}\right\|/\left\|V_C\right\|$	$\mathrm{Corenodes}_{\mathrm{degree}}$ $= \{v \mid v \in V_C, d_v > \mu + 2\sigma\}$
核心节点接近中心性比率	$\left\|\mathrm{Corenodes}_{\mathrm{closeness}}\right\|/\left\|V_C\right\|$	
核心节点中介中心性比率	$\left\|\mathrm{Corenodes}_{\mathrm{betweenness}}\right\|/\left\|V_C\right\|$	

注：不同类型的中心性用于区分核心节点和其他节点

4. 时间特征

一方面，由于社群演化是一个动态过程，因此应考虑时间特征。社群中节点的生命周期被视为一个时间特征。另一方面，由于演化过程的连续性，上一个时间切片中前一个社群的特征也被考虑在内。社群的时间特征如表 8-5 所示。值得注意的是，对于前一个社群而言，只有那些对焦点社群的形成做出巨大贡献的社群才应被考虑在内。因此，本书基于焦点社群与前一社群的共享成员数，只考虑前两个社群。

表 8-5　社群的时间特征（考虑了在最为邻近的时间切片中的节点年龄和前面的时间切片）

特征	描述	其他说明
平均累积年龄	$\sum_{v \in V_C} \mathrm{Age}_{\mathrm{accumulated}}(v) \Big/ \left\|V_C\right\|$	$\mathrm{Age}_{\mathrm{accumulated}}(v)$ 表示点 v 从第一个时间切片算起的累积时间片段
平均持续年龄	$\sum_{v \in V_C} \mathrm{Age}_{\mathrm{continuous}}(v) \Big/ \left\|V_C\right\|$	$\mathrm{Age}_{\mathrm{continuous}}(v)$ 表示点 v 从第一个时间切片算起的持续时间片段
上一阶段事件	上一时间切片发生的事件，以独热向量形式存储	
上一阶段特征	上一时间切片社群特征的加权平均	除了上一时间切片事件特征，其他特征都被考虑在内

8.4.5　科研社群演化事件预测算法

由于科研社群演化事件的预测被表述为一个分类问题，因此尝试应用性能良好的分类模型，这些模型可以通过与模型无关的方法进行解释。两种基于决策树的集成算法，即 XGBoost 算法（Chen and Guestrin，2016）和随机森林（random forest，RF）算法（Breiman，2001），被用于训练使用特征的分类器。它们在一般分类任务中表现出良好的性能（Chen and Guestrin，2016；Zhang et al.，2017）。这两种算法采用不同的集成策略来提高分类性能。XGBoost 是一种提升算法，可增强一系列基础分类器以提高其准确性。RF 是一种引导聚集算法，其组成中的基础分类器相互独立且平行。本书选择 CART 作为基础分类器。

8.4.6　基于 SHAP 的特征重要性分析方法

本书的一个重要目标是研究社群的特征如何影响社群的演化。为此，本书应用可解释机器学习技术，分析特征对分类模型性能的贡献。其基本假设是，对性能贡献较大的特征对科研社群的演化更为重要。

由于计算方法不同，测量特征重要性可能带来不同的结果。例如，信息增益计算的是信息熵的减少（Kullback，1959），而排列特征重要性计算的是单个特征值随机排列时模型得分的减少（Breiman，2001）。SHAP（Lundberg and Lee，2017）模型在 Shapley 值（Hart，1989）的基础上提供了一种加法特征归因方法，是一种理论扎实、报酬分配公平的解释方法。SHAP 的公理，包括效率、对称性、哑值和可加性，为解释提供了合理的基础（Molnar，2020）。更重要的是，在实践中，SHAP 可以证明某一特征是起消极作用还是起积极作用，并为解释某一特征对单一样本的影响提供了可能，而许多其他方法则无法做到这一点。因此，作为一种应用广泛的模型可解释性方法，本书采用 SHAP 来衡量每个特征对每个演化事件的重要性。SHAP 方法背后的主要思想是 Shapley 值，它来源于合作博弈理论，即根据参与者对总支出的贡献来分配支出。

对于每个样本，预测模型根据其特征输出预测值。因此，每个特征都被视为"贡献者"，每个特征的 SHAP 值都是分配的"支出"。假设第 i 个样本的第 j 个特征为 x_{ij}，第 i 个样本的预测值为 y_i，则 SHAP 将预测模型解释为加法特征归因，如式（8-4）所示：

$$y_i = y_{\text{base}} + f(x_{i1}) + f(x_{i2}) + \cdots + f(x_{ij}) \tag{8-4}$$

其中，y_{base} 为预测期望值；$f(x_{ij})$ 为第 i 个样本中第 j 个特征的 SHAP 值，该值基于 x_{ij} 的 Shapley 值。直观地说，每个特征都对预测值有贡献，$f(x_{ij})$ 可以看作是第 j 个特征对第 i 个样本的贡献。当 $f(x_{ij}) > 0$ 时，该特征提升预测值，起积极作用；反之，该特征使预测值下降，起消极作用。

8.5　案例研究：图书情报学领域科研社群演化预测

本书以图书情报学领域为例，对科研社群演化的影响因素进行了实证研究。

8.5.1　数据收集和预处理

1. 数据集

选择图书情报学作为实证学科来研究科研社群预测。图书情报学是一门不断发展的交叉学科，涉及诸多研究课题（Chang and Huang，2012）。所有科研社群演化特征，即拓扑、外部、核心节点和时间等特征，都可能影响科研社群的演化。因此，本书从 Scopus 数据库中收集文献数据，使用图书情报学类别中 CiteScore 最高的前 100 种期刊作为数据源，共得到从 2000 年到 2019 年的 78 598 条出版记录。通过将文献类型限制为文章、综述、会议论文和简短调查来进一步筛选出版物。删除了没有 EID 或 Author ID 的出版物（EID 和 Author ID 分别表示 Scopus 为出版物和作者分配的唯一标识符）。最后，得到了一个包含 73 120 篇出版物和 107 035 位作者的数据集。

如图 8-6 所示，作者发表论文的数量呈幂律分布。发表 3 篇以下论文的作者占 85% 以上，其论文约占全部论文的 50%。根据普赖斯法则（Price et al.，1986），13 667 位发表 3 篇及以上论文的研究人员被认为是该领域的主要贡献者。

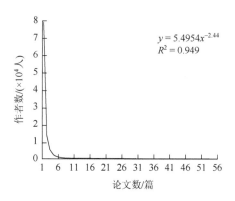

$$y = 5.4954x^{-2.44}$$
$$R^2 = 0.949$$

图 8-6　作者发表论文的数量分布

2. 研究机构消歧

本书使用一级机构名称（如大学名称，而不是学院名称）来表示作者的隶属关系。由于收集到的记录中的作者单位信息格式较乱，本书应用全球研究标识符数据库（Global Research Identifier Database，GRID，https://grid.ac）的应用程序编程接口（application programming interface，API）从地址字段的非格式化文本中识别作者所属单位，从而生成唯一标识符网格（grid）和组织类型，包括教育、医疗、公司、档案、非营利组织和政府。对于未识别的记录，进一步手动更正那些缩写的或写错的名称，并删除一小部分没有明确机构名称的记录。

3. 协作网络构建

将 2000～2019 年的数据集以时间间隔 2 年为标准划分为 10 个时间切片，即 2000～2001 年、2002～2003 年……2018～2019 年，构建了 10 个协作网络，图 8-7 展示了其中的 4 个。从图 8-7 中可以看出，随着网络的增长，网络节点（即研究人员）的规模越来越大。除此之外，社群检测算法是通过对连接节点组成的连接组件（connected components）进行检测来识别社群的。在图 8-7 中我们观察了连接组件的变化情况，发现：随着时间的推移，组件的数量、巨型组件的大小以及组件的平均大小都在增加或增大，组件内部的关系也越来越紧密。根据这些观察结果，可以推断检测出的社群可能越来越多，其规模也可能越来越大。协作网络的动态可能是由社群的演化驱动的，因而需要识别本书中定义的演化事件以更深入地解析网络动态变化机制。

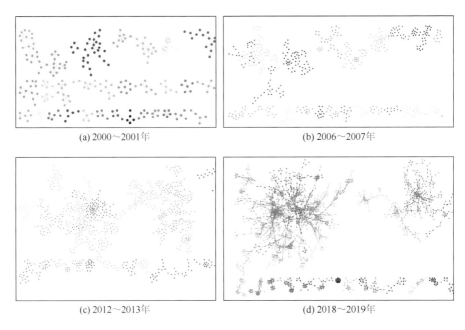

(a) 2000～2001年   (b) 2006～2007年

(c) 2012～2013年   (d) 2018～2019年

图 8-7　由 Cytoscape 软件可视化的协作网络

资料来源：Shannon 等（2003）

表 8-6 中的协作网络基本信息也证明了这一发展趋势。在 10 个时间切片中，节点数量和边数量均呈现整体上升趋势，其中在 2016～2017 年这一时间切片达到峰值。该现象说明这几年图书情报学稳步发展，新鲜血液不断注入，协作增多。

同时，也看到这 20 年间发表论文数量的飙升，2018～2019 年论文数量是 2000～2001 年论文数量的近 3 倍。密度在整个期间处于较低水平，并有下降趋势。平均集聚系数在 2016～2017 年时间切片之前呈上升趋势。从这些现象可以推断出：协作网络的整体联系较为松散，一些局部社群的联系更加紧密。

表 8-6　协作网络基本信息

时间切片	论文数量/篇	节点数量/个	边数量/条	平均集聚系数	密度
2000～2001 年	4 271	1 873	833	0.15	4.75
2002～2003 年	4 345	2 234	1 209	0.21	**4.85**
2004～2005 年	5 202	3 099	2 051	0.25	4.27
2006～2007 年	6 526	4 152	3 170	0.30	3.68
2008～2009 年	6 791	4 678	3 734	0.32	3.41
2010～2011 年	7 536	5 318	5 317	0.34	3.76
2012～2013 年	7 967	5 837	5 534	0.36	3.25
2014～2015 年	9 119	6 382	6 702	0.38	3.29
2016～2017 年	9 997	**6 437**	**8 118**	**0.39**	3.92
2018～2019 年	**11 366**	5 917	5 995	0.34	3.43

注：加粗数值是该列中的最大值

8.5.2　科研社群识别

由于三元闭包结构是揭示社会网络形成和演化动态原理的基本结构（Klimek and Thurner，2013），剔除成员少于 3 人的社群，在 10 个时间切片中共识别出 3637 个社群。图 8-8 显示了不同规模和年份的社群分布，表 8-7 列出了社群的基本属性。

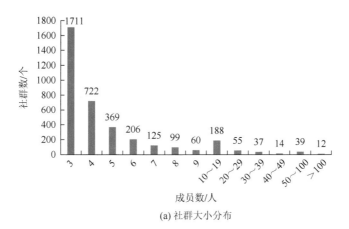

(a) 社群大小分布

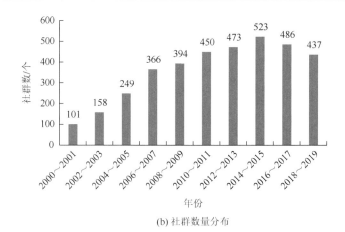

(b) 社群数量分布

图 8-8　社群识别结果

社群数量分布，即每个时间切片中的社群数量

表 8-7　社群的基本属性

时间切片	社群数量	平均节点数	平均度数	平均密度	平均论文数	平均主题数	平均参考文献数	平均机构数
2000～2001 年	101	5.00	2.08	0.70	6.03	6.94	105.08	4.52
2002～2003 年	158	5.01	2.13	0.72	5.32	6.29	99.64	4.27
2004～2005 年	249	4.82	2.24	0.78	4.29	5.77	88.65	3.98
2006～2007 年	366	5.43	2.30	0.75	5.13	6.10	115.40	4.71
2008～2009 年	394	5.63	2.39	0.78	4.85	5.96	115.31	4.78
2010～2011 年	450	6.08	2.46	0.74	5.39	6.37	135.12	5.11
2012～2013 年	473	6.55	2.54	0.74	5.58	6.34	146.66	5.63
2014～2015 年	523	6.84	2.56	0.75	6.20	6.27	172.21	6.52
2016～2017 年	486	7.70	2.62	0.77	7.36	6.34	196.56	8.56
2018～2019 年	437	7.42	2.48	0.74	8.23	6.26	238.35	9.01

从表 8-7 中可以看出，识别出的社群平均密度较高，高密度显示了社群内的高连接性，证明了 Leiden 算法的有效性。表 8-7 的数据显示出一些有趣的现象。第一，社群的平均规模（节点数）有逐年扩大的趋势，但小团体仍占多数。2012～2013 年首次出现了成员超过 100 人的社群，2016～2017 年形成了最大的社群，成员达到 171 人。这一结果与图 8-8 呈现的社群时间分布特征相符。然而，成员不超过 10 人的小团体仍占多数，约占 91.6%。第二，伴随着社群规模

的扩大，成员所隶属的机构数量也在同步增长。基于这一现象可以进一步探讨跨机构和跨学科协作如何影响社群的发展。第三，当主题多样性在较小范围内变化时，以平均论文数计的社群生产力却在提高。可以推断，促进协作的是主题重叠而非多样性。第四，总体来看，平均参考文献数逐步增加，这表明社群的知识库在不断扩大。

8.5.3　科研社群演化事件分析

本案例研究共发现 4 305 205 条演化链，通过组合具有共同起源的演化链来构建演化树。以社群 C_{34}^1 为例，其演化树的可视化桑基图如图 8-9 所示。

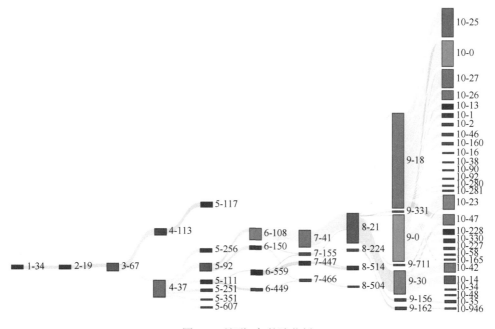

图 8-9　社群 C_{34}^1 的演化树

第 t 个时间切片中的第 i 个社群（即 C_i^t）在本图中以 $t\text{-}i$ 形式命名。流量的宽度由两个相连社群之间的共享成员数量决定

由于第 10 个时间切片中的社群演化在观测期内是不可见的，本书确定了2000～2017 年的 9 个时间切片中 3200 个社群的可预测演化事件。图 8-10 显示了7 个演化事件在 9 个时间切片中的分布。其中，解散出现的频率最高，约占 1/3，即使在 2000～2009 年这一早期观测期也是如此。因此，本章进一步研究了图书情报学领域社群的整体持续性（即存活时间），使用由其演化链上至少一个成员经历

的时间切片数量衡量的社群年龄指标进行量化分析。图 8-11 显示了 9 个时间切片中社群年龄的分布情况。

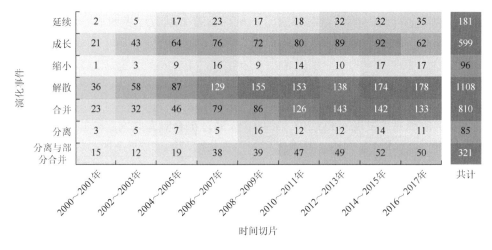

图 8-10 演化事件随时间分布的热图

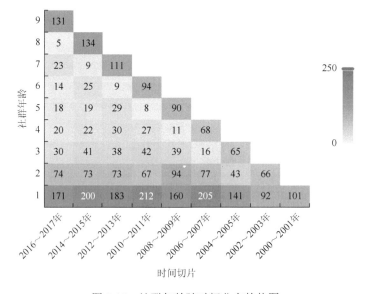

图 8-11 社群年龄随时间分布的热图

从图 8-10 中可以看出，尽管解散演化事件频频发生，但每个时期都有大量的新生社群注入新鲜血液，而且很大一部分社群的寿命较长。这种分布在一定程度上反映了社群的生命力和持续性。除解散外，成长和合并也经常发生，尤其是在最近几年，这与表 8-7 中平均节点数随时间增长的结果一致。分离与部分合并事件在各时间切片中也占有重要地位。总体而言，图 8-10 中的演化事件的分布显示，图书情报学中社群的演化过程非常复杂，往往伴随着多个社群之间的互动：通过社群间的协作，不同的社群合并成一个更大的社群；当一个社群内部的协作终止时，一个社群会分裂成几个小社群。

8.5.4　科研社群演化预测模型构建及性能评估

首先计算拓扑、核心节点、外部和时间方面的特征，其次通过用 gensim 包（Rehurek and Sojka，2010）实现的 LDA 从摘要和标题中提取出版物主题。根据图 8-12 所示的不同主题数下的主题一致性，确定 24 为最佳主题数。选取概率最高的两个主题作为一篇论文的代表主题。为了优化决策树及其相关分类器的性能，进一步采用卡方分选法对连续数据进行离散化处理，使得分选之间的差异较大，而分选内部的差异较小。据此，为每个社群构建一个包含 51 个唯一特征的特征集。最后使用信息值（information value，IV）评估每个特征对每个事件的预测能力。发现对于每个特征，其对应的演化事件至少有一个 IV 大于 0.02。因此，最终所有 51 个特征都保留用于模型训练。

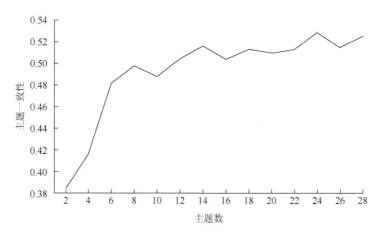

图 8-12　LDA 主题一致性得分随主题数的分布

决策树和支持向量机（support vector machines，SVM）被当作与 XGBoost 和 RF 进行比较的基准。为了处理演化事件的不平衡问题，采用了 SMOTE（synthetic minority over-sampling technique，合成少数类过采样技术）对少数社群进行超采样（Chawla et al.，2002）。由于生命周期中年龄为 1 的社群无法为预测提供足够的信息，且其数量较多，对分类器性能的影响较大，在进行正式实验前将其从数据集中剔除，最终获得 2560 个有效样本用于正式实验。评估采用 5 倍交叉验证，参数调整采用网格搜索，其性能结果见表 8-8，这里采用宏观调和平均数 F1 得分评估分类器性能。

表 8-8　4 种分类器的宏观 F1 得分

演化事件	XGBoost	RF	决策树	SVM
延续	0.66	0.67	0.59	0.53
解散	0.39	0.45	0.42	0.42
分离	0.83	0.83	0.62	0.45
分离与部分合并	0.57	0.60	0.46	0.51
成长	0.25	0.26	0.27	0.20
合并	0.39	0.42	0.32	0.30
缩小	0.81	0.81	0.68	0.42
总计	0.56	0.58	0.48	0.41

表 8-8 比较了 4 种分类器的性能，可以看出：①基于树的预测模型（XGBoost、RF 和决策树）的性能远远优于 SVM，RF 的性能最好，其次是 XGBoost；②7 个演化事件的预测性能差异很大，成长演化事件似乎最难预测。

此外，一个社群在早期时间切片中的先前属性和演化事件（称为其历史轨迹）可能包含额外的信息以提高模型性能。因此，本章研究了社群的历史轨迹是否会影响预测结果。将测试数据分为两组：有历史轨迹和无历史轨迹。表 8-9 显示了两个最佳模型（即 XGBoost 和 RF）在两组数据中的表现。这两种模型在有历史轨迹社群中的表现普遍优于无历史轨迹社群，但成长演化事件除外。通过对混淆矩阵进行进一步研究发现，许多成长样本被误判为合并样本，并且有历史轨迹的测试社群中被误判为合并的成长样本比例高于无历史轨迹的测试社群。这两个标签下的社群可能具有相似的特征，即无论社群是合并还是成长，其成员数量都倾向于增加。更多的历史轨迹信息甚至会损害对成长演化事件的预测效果。

表 8-9　XGBoost 和 RF 对有/无历史轨迹社群的 F1 得分

演化事件	有历史轨迹社群 （communities with historical trajectory）			无历史轨迹社群 （communities without historical trajectory）		
	样本量	XGBoost	RF	样本量	XGBoost	RF
延续	56	0.64	0.71	125	0.67	0.66
解散	468	0.39	0.45	—	—	—

续表

演化事件	有历史轨迹社群 （communities with historical trajectory）			无历史轨迹社群 （communities without historical trajectory）		
	样本量	XGBoost	RF	样本量	XGBoost	RF
分离	58	0.85	0.88	27	0.75	0.70
分离与部分合并	268	0.60	0.64	53	0.40	0.35
成长	303	0.18	0.15	296	0.32	0.35
合并	525	0.39	0.43	285	0.38	0.40
缩小	57	0.83	0.85	39	0.77	0.76
总计	1735	0.56	0.59	825	0.55	0.53

注：剔除年龄为 1 的社群，因此无历史轨迹社群中没有解散样本

8.5.5　科研社群演化预测特征重要性分析

为了分析特征的贡献，通过对最佳模型（即 RF）应用 TreeSHAP（Lundberg et al.，2020）计算其 SHAP 值。图 8-13 显示了每个演化事件的特征 SHAP 值。

水平漂移的点代表数据样本，其颜色反映特征本身的值，相对于零点的位置表示特征对模型输出的影响。左侧表示抑制，右侧表示促进。对于每个演化事件，仅显示平均 SHAP 值最高的前 15 个特征。

对于延续演化事件［图 8-13（a）］，连边数对模型输出的影响最大，并且起着消极作用。当一个社群有更多的连接时，它在未来几乎没有成员流动的情况下保持其规模的可能性较小。然而，密度对模型性能有积极影响，但远小于连边数带来的消极影响。有趣的是，平均中介中心性与平均接近中心性的作用正好相反。

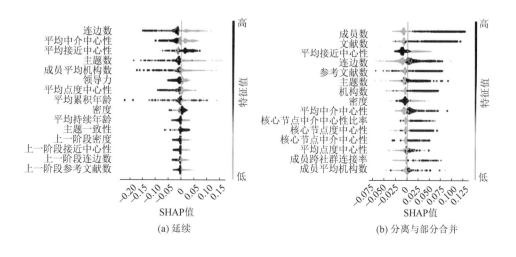

(a) 延续　　　　　　　　　　　(b) 分离与部分合并

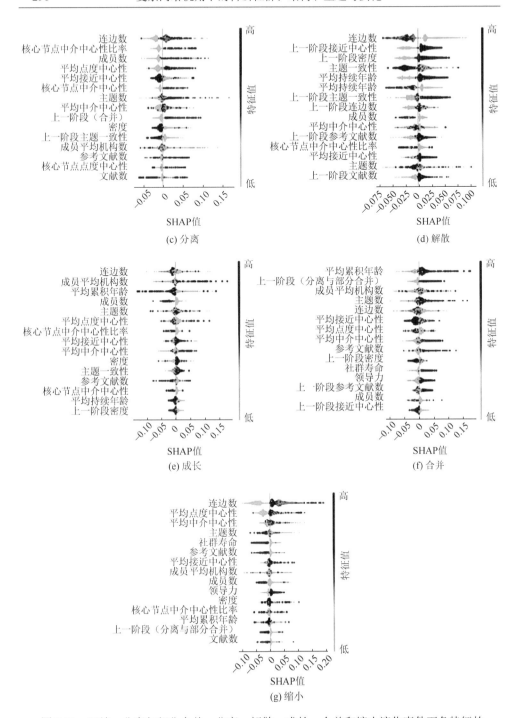

图 8-13　延续、分离与部分合并、分离、解散、成长、合并和缩小演化事件下各特征的
SHAP 值

在一个稳定的社群中，节点之间倾向于直接连接而不是依赖中介，这导致社群内的路径变短而不是变长。在外部特征方面，主题一致性对模型输出有积极影响，而主题数和成员平均机构数则有消极影响。因此，可以得出这样的结论：研究课题和成员归属缺乏多样性，且一直专注于相似研究课题的社群成员更为稳定、不易流失。

至于演化事件分离与部分合并和分离 [图 8-13（b）和图 8-13（c）]，无论是成员数还是连边数都对预测这两个演化事件起积极作用。核心节点中介中心性比率和密度对这两个演化事件的影响是一致的，对前者起促进作用，对后者起抑制作用。当一个社群扩展到相当大的规模，联系变得更加松散，中介增多时，社群将分裂成子社群。主题数对两个事件都有积极影响，表明研究课题多样性高的社群容易分裂。相对于事件分裂，密度在预测分离与部分合并演化事件时的排名更高，这揭示出与社群外学者的频繁互动预示了合并分裂子组件的趋势。如果一个社群在上一个时间切片中合并，那么在考虑其他特征的情况下，它在这个时间切片中分裂的可能性要高于分离与部分合并。

在衰退演化事件解散和缩小中 [图 8-13（d）和图 8-13（g）]，特征的影响有很大的不同。一个不同是，虽然衰退演化的社群似乎都具有较小的规模，但是边的数量对这两个事件的预测却有相反的影响，连边数越多，缩小的可能性就越大，而解散的可能性就越小。一个合理的解释是，对于一个小型社群来说，过多的连接可能会产生昂贵的通信成本。因此，必须减少不必要的节点和连接，以降低成本，提高效率。然而，当越来越多的节点相互之间没有连接时，根据社群的定义，该节点组就不能再被认定为社群，因此社群也就解散了。另一个不同是社群及其节点的年龄。根据上述其他可观察到的属性，当社群有衰退趋势时，年轻社群缩小，年老社群解散。此外，考虑到研究主题，低主题多样性（即主题数量少）可能导致社群缩小，低主题相似性（即主题一致性值低）可能导致社群解散。解散事件在很大程度上依赖于时间特征，上一个时间切片中前社群的特征对预测当前时间切片中焦点社群是否解散有明显影响。令人惊讶的是，发表过大量论文并坚持某一研究课题的高密度连接社群在不久的将来解散的概率很高。

本书模型在预测成长和合并样本时表现不佳，混淆矩阵显示很大比例的成长标签样本被误判为合并类别。从图 8-13（e）和图 8-13（f）中可以看出，对于这两个演化事件，对模型输出影响较大的特征有近一半是相同的，而且大部分 SHAP 节点都在 0 附近波动。因此，RF 很难区分这两类事件。社群规模对成长演化事件有消极影响，表明小社群比大社群更有可能增长。节点和社群的年龄在预测合并演化事件中起积极作用，而在预测成长演化事件中起消极作用。年轻社群对新加入某一研究领域的学者更有吸引力，而老社群则倾向于从其他社群招募资深学者进行发展。此外，初级学者与资深学者协作的机会也少于那些已经有一定事业基础的学者。已在某一领域长期存在的社群不太可能吸收新鲜血液。在研究主题方面，主题一致性越高，社群就越有可能成长；主题多样性越高，社群就越有可能合并。这可能是正反馈的结果，即其他社群学者的参与影响了焦点社群原有的知识结构。有趣的是，如果一个社群在最为邻近的时间切片中发生了分离与部分合并演化事件，那么它在当前时间切片中合并的可能性就很高。另外，如图 8-12 所示，主题数为 24 时，主题一致性得分最高，同时也标志着快速增长的结束。

通过表 8-10，可以总结和归纳出特征对科研社群演化的影响。第一，7 个演化事件都主要受到拓扑特征的影响，尤其是连边数、平均点度中心性、平均接近中心性和平均中介中心性，这表明社群内部的连通性具有至关重要的影响。第二，外部特征的主题属性也在每个演化事件的所有特征中名列前茅。高度的主题一致性可以防止社群的衰落和消亡，但也可能导致社群停滞不前和成员缺乏流动性。第三，依据中介中心性的核心节点中介中心性比率对演化过程有相当大的影响。当高中心性节点较多时，社群的分裂概率会增大。由于资深学者可能具有较丰富的专业知识和较高的声望，能够招募到大量的协作者，因此成员学术年龄较大的社群很可能与其他社群合并（Zuckerman，1967）。

表 8-10　各演化事件预测中的特征贡献总结

特征	延续	解散	分离	分离与部分合并	成长	合并	缩小
平均累积年龄	DI				DI	II + M	DI + L
平均持续年龄	DI	II + M			DI		
平均中介中心性	DI + H	DI	II	II	II	II	II
平均接近中心性	II + H	II	DI	DI + M	II	DI	II
社群寿命						II	DI
核心节点中介中心性			II	II	DI		
核心节点中介中心性比率		DI	II + M	II	DI		II + L
核心节点点度中心性			II + L	II			
平均点度中心性	DI	DI + M	II + M	II + L	DI	DI	II + H
密度	II		DI	DI	II		DI
连边数	DI + H	DI + H	II + M	II + M	DI + M	DI	II + H
成员数		DI	II + M	II + H	DI	DI + L	DI
成员平均机构数	DI + M		DI	II + L	II + M	II + M	DI
机构数			II				

续表

特征	延续	解散	分离	分离与部分合并	成长	合并	缩小
成员跨社群连接率				II + L			
上一阶段接近中心性	DI + L	II + M				DI + L	
上一阶段密度	DI	II + M			DI + L	DI	
上一阶段（分离与部分合并）						II + M	DI + L
上一阶段连边数	DI + L	II					
上一阶段（合并）			II				
上一阶段文献数		II + L					
上一阶段参考文献数	DI + L	II				II	
上一阶段主题一致性		II	DI				
领导力	DI					II	II
文献数			DI + L	II + M			DI + L
参考文献数			II	II	DI	II	DI
主题数	DI + M	DI	II	II	II	II	DI
主题一致性	II	DI + M			II		

注：本表可使用以下术语阅读。II：概率随特征值的增大而提高。DI：概率随特征值的增大而降低。L：对预测的影响较小。H：对预测的影响较大。M：对预测的影响中等（Rathore et al.，2022）。本表提供了预测每个演化事件的特征贡献总结。对于每个演化事件，仅计算并给出了 SHAP 值最高的 15 个特征。特征的影响被量化为特征集对预测演化事件整体贡献的比例。本书将特征的影响分为三类：≥8%的高效果、2.5%～8%的中等效果和<2.5%的低效果。

本章参考文献

Adamic L A，Adar E. 2003. Friends and neighbors on the Web. Social Networks，25（3）：211-230.

Aksnes D W，Piro F N，Rørstad K. 2019. Gender gaps in international research collaboration：a bibliometric approach. Scientometrics，120（2）：747-774.

Amabile T M，Patterson C，Mueller J，et al. 2001. Academic-practitioner collaboration in management research：a case of cross-profession collaboration. Academy of Management Journal，44（2）：418-431.

Asur S，Parthasarathy S，Ucar D. 2009. An event-based framework for characterizing the evolutionary behavior of interaction graphs. ACM Transactions on Knowledge Discovery from Data，3（4）：1-36.

Balili C，Segev A，Lee U. 2017. Tracking and predicting the evolution of research topics in scientific literature. Boston：2017 IEEE International Conference on Big Data.

Blei D M，Ng A Y，Jordan M I. 2003. Latent Dirichlet allocation. The Journal of Machine Learning Research，3：993-1022.

Blondel V D，Guillaume J L，Lambiotte R，et al. 2008. Fast unfolding of communities in large networks. Journal of Statistical Mechanics：Theory and Experiment，（10）：P10008.

Bouyer A，Beni H A. 2022. Influence maximization problem by leveraging the local traveling and node labeling method for discovering most influential nodes in social networks. Physica A：Statistical Mechanics and its Applications，592：126841.

Breiman L. 2001. Random forests. Machine Learning，45：5-32.

Breiman L，Friedman J，Olshen R A. 1984. Classification and Regression Trees. New York：Routledge.

Bródka P，Saganowski S，Kazienko P. 2013. GED：the method for group evolution discovery in social networks. Social Network Analysis and Mining，3（1）：1-14.

Cao R M，Liu X F，Fang Z C，et al. 2023. How do scientific papers from different journal tiers gain attention on social media？. Information Processing & Management，60（1）：103152.

Carusi C，Bianchi G. 2019. Scientific community detection via bipartite scholar/journal graph co-clustering. Journal of Informetrics，13（1）：354-386.

Chang Y W，Huang M H. 2012. A study of the evolution of interdisciplinarity in library and information science：using three bibliometric methods. Journal of the American Society for Information Science and Technology，63（1）：22-33.

Chawla N V，Bowyer K W，Hall L O，et al. 2002. SMOTE：synthetic minority over-sampling technique. Journal of Artificial Intelligence Research，16：321-357.

Chen C M，Morris S. 2003. Visualizing evolving networks：minimum spanning trees versus pathfinder networks. Seattle：IEEE Symposium on Information Visualization 2003.

Chen J，Zhao H，Yang X，et al. 2022. Community evolution prediction based on multivariate feature sets and potential Structural Features. Mathematics，10（20）：3802.

Chen T Q，Guestrin C. 2016. XGBoost：a scalable tree boosting system. San Francisco：The 22nd ACM SIGKDD International Conference on Knowledge Discovery and Data Mining.

Confalonieri R，Coba L，Wagner B，et al. 2021. A historical perspective of explainable Artificial Intelligence. Wiley Interdisciplinary Reviews：Data Mining and Knowledge Discovery，11（1）：e1391.

Dakiche N，Benbouzid-Si Tayeb F，Benatchba K，et al. 2021. Tailored network splitting for community evolution prediction in dynamic social networks. New Generation Computing，39：303-340.

Ding J Y，Wang T W，Cheng R H，et al. 2023. Community evolution prediction based on a self-adaptive timeframe in social networks. Knowledge-Based Systems，275：110-117.

Ding Y. 2011. Community detection：topological vs. topical. Journal of Informetrics，5（4）：498-514.

Du M N，Liu N H，Hu X. 2019. Techniques for interpretable machine learning. Communications of the ACM，63（1）：68-77.

Dusdal J，Powell J J W. 2021. Benefits，motivations，and challenges of international collaborative research：a sociology of science case study. Science and Public Policy，48（2）：235-245.

Evans T S，Lambiotte R，Panzarasa P. 2011. Community structure and patterns of scientific collaboration in Business and Management. Scientometrics，89（1）：381-396.

Fortunato S，Bergstrom C T，Börner K，et al. 2018. Science of science. Science，359（6379）：eaao0185.

Fortunato S，Newman M E J. 2022. 20 years of network community detection. Nature Physics，18：848-850.

Gao J Q，Luo X F，Wang H. 2021. An uncertain future：predicting events using conditional event evolutionary graph. Concurrency and Computation：Practice and Experience，33（9）：e6164.

Girvan M，Newman M E. 2002. Community structure in social and biological networks. Proceedings of the National

Academy of Sciences of the United States of America，99（12）：7821-7826.

Greene D，Doyle D，Cunningham P. 2010. Tracking the evolution of communities in dynamic social networks. Odense：2010 International Conference on Advances in Social Networks Analysis and Mining.

Gliwa B，Bródka P，Zygmunt A，et al. 2013. Different approaches to community evolution prediction in blogosphere. Niagara：2013 IEEE/ACM International Conference on Advances in Social Networks Analysis and Mining.

Hart S. 1989. Shapley value//Eatwell J，Milgate M，Newman P. Game Theory. London：Palgrave Macmillan：210-216.

Haroutunian E. 2011. Information theory and statistics//Lovric M. International Encyclopedia of Statistical Science. Berlin：Springer：666-667.

Heinze T，Kuhlmann S. 2008. Across institutional boundaries？Research collaboration in German public sector nanoscience. Research Policy，37（5）：888-899.

Hu C，Racherla P. 2008. Visual representation of knowledge networks：a social network analysis of hospitality research domain. International Journal of Hospitality Management，27（2）：302-312.

Hu W J，Yang Y，Cheng Z Q，et al. 2021. Time-series event prediction with evolutionary state graph//Lewin-Eytan L，Carmel D，Yom-Tov E，et al. WSDM'21：Proceedings of the 14th ACM International Conference on Web Search and Data Mining. New York：Association for Computing Machinery：580-588.

ilhan N，Öğüdücü Ş G. 2016. Feature identification for predicting community evolution in dynamic social networks. Engineering Applications of Artificial Intelligence，55：202-218.

Jaccard P. 1912. The distribution of the flora in the alpine zone. New Phytologist，11（2）：37-50.

Jiang L L，Liu H Q，Zhang N. 2020. Prediction of community evolution based on long-short term memory networks. Application Research of Computer，37（12）：3599-3602，3617.

Jung S，Yoon W C. 2020. An alternative topic model based on common interest authors for topic evolution analysis. Journal of Informetrics，14（3）：101040.

Kairam S R，Wang D J，Leskovec J. 2012. The life and death of online groups：predicting group growth and longevity. Seattle：The Fifth ACM International Conference on Web Search and Data Mining.

Katz J S，Martin B R. 1997. What is research collaboration？. Research Policy，26（1）：1-18.

Katz L. 1953. A new status index derived from sociometric analysis. Psychometrika，18（1）：39-43.

Kim B，Khanna R，Koyejo O. 2016. Examples are not enough，learn to criticize！Criticism for interpretability. Neural Information Processing Systems，9：2288-2296.

Klimek P，Thurner S. 2013. Triadic closure dynamics drives scaling laws in social multiplex networks. New Journal of Physics，15（6）：063008.

Kullback S. 1959. Information Theory and Applications. New York：John Wiley and Sons.

Lassi M，Sonnenwald D H. 2010. Identifying factors that may impact the adoption and use of a social science collaboratory：a synthesis of previous research. Information Research，15（3）：15-23.

Leahey E. 2016. From sole investigator to team scientist：trends in the practice and study of research collaboration. Annual Review of Sociology，42：81-100.

Lee S，Bozeman B. 2005. The impact of research collaboration on scientific productivity. Social Studies of Science，35（5）：673-702.

Li W H，Aste T，Caccioli F，et al. 2019. Early coauthorship with top scientists predicts success in academic careers. Nature Communications，10（1）：5170.

Liben-Nowell D，Kleinberg J. 2007. The link-prediction problem for social networks. Journal of the American Society for Information Science and Technology，58（7）：1019-1031.

Lin X，Hu X，Hu Q，et al. 2016. A social network analysis of teaching and research collaboration in a teachers' virtual learning community. British Journal of Educational Technology，47（2）：302-319.

Lundberg S M，Erion G，Chen H，et al. 2020. From local explanations to global understanding with explainable AI for trees. Nature Machine Intelligence，2：56-67.

Lundberg S M，Erion G G，Lee S I. 2018. Consistent individualized feature attribution for tree ensembles. http://arxiv.org/abs/1802.03888.pdf[2020-05-15].

Lundberg S M，Lee S I. 2017. A unified approach to interpreting model predictions. Long Beach：The 31st International Conference on Neural Information Processing Systems，30：4768-4777.

Ma R M. 2012. Author bibliographic coupling analysis：a test based on a Chinese academic database. Journal of Informetrics，6（4）：532-542.

Ma Y X，Li T T，Mao J，et al. 2022. Identifying widely disseminated scientific papers on social media. Information Processing & Management，59（3）：102945.

Majmundar A，Xue Z，Asare S，et al. 2023. Trends in public interest in shopping and point-of-sales of JUUL and Puff Bar 2019-2021. Tobacco Control，32（e2）：e236-e242.

Mao J，Cao Y J，Lu K，et al. 2017. Topic scientific community in science：a combined perspective of scientific collaboration and topics. Scientometrics，112（2）：851-875.

Mao L. 2014. The geography，structure，and evolution of the GIS research community in the US：a network analysis from 1992 to 2011. Transactions in GIS，18（5）：704-717.

Miller T. 2019. Explanation in artificial intelligence：insights from the social sciences. Artificial Intelligence，267：1-38.

Mohammadmosaferi K K，Naderi H. 2020. Evolution of communities in dynamic social networks：an efficient map-based approach. Expert Systems with Applications，147：113221.

Moliner L A，Gallardo-Gallardo E，de Puelles P G. 2017. Understanding scientific communities：a social network approach to collaborations in Talent Management research. Scientometrics，113（3）：1439-1462.

Molnar C. 2020. Interpretable Machine Learning: A Guide for Making Black Box Models Explainable. Victoria: Leanpub.

Newman M E J. 2001a. The structure of scientific collaboration networks. Proceedings of the National Academy of Sciences of the United States of America，98（2）：404-409.

Newman M E J. 2001b. Scientific collaboration networks I. Network construction and fundamental results. Physical Review E，64（1）：016131.

Newman M E J. 2001c. Clustering and preferential attachment in growing networks. Physical Review E，64（2）：025102.

Newman M E J，Girvan M. 2004. Finding and evaluating community structure in networks. Physical Review E，69（2）：026113.

Nicholls J，Kuppa A，Le-Khac N A. 2021. Financial cybercrime：a comprehensive survey of deep learning approaches to tackle the evolving financial crime landscape. IEEE Access，9：163965-163986.

Palla G，Barabási A L，Vicsek T. 2007. Quantifying social group evolution. Nature，446（7136）：664-667.

Palla G，Derényi I，Farkas I，et al. 2005. Uncovering the overlapping community structure of complex networks in nature and society. Nature，435：814-818.

Pavlopoulou M E G，Tzortzis G，Vogiatzis D，et al. 2017. Predicting the evolution of communities in social networks using structural and temporal features. Bratislave：2017 12th International Workshop on Semantic and Social Media Adaptation and Personalization.

Pessoa Junior G J，Dias T M R，Silva T H P，et al. 2020. On interdisciplinary collaborations in scientific coauthorship networks：the case of the Brazilian community. Scientometrics，124：2341-2360.

Peters H P F，van Raan A F J. 1993. Co-word-based science maps of chemical engineering. Part II：representations by combined clustering and multidimensional scaling. Research Policy，22（1）：47-71.

Price D J，Merton R K，Garfield E. 1986. Little Science，Big Science and Beyond. New York：Columbia University Press.

Quinlan J R. 1986. Induction of decision trees. Machine Learning，1：81-106.

Raghavan U N，Albert R，Kumara S. 2007. Near linear time algorithm to detect community structures in large-scale networks. Physical Review E，76：036106.

Rajita B S A S，Narwa B S，Panda S. 2021. An efficient approach for event prediction using collaborative distance score of communities//Gaswami D，Hoang T A. Distributed Computing and Internet Technology. Cham：Springer：271-279.

Rathore A S，Arjaria S K，Gupta M，et al. 2022. Erythemato-squamous diseases prediction and interpretation using explainable AI. IETE Journal of Research，70（4）：1-20.

Rehurek R，Sojka P. 2010. Software framework for topic modelling with large corpora. Melta：Workshop on New Challenges for NLP Frameworks 2010.

Ren N，Zhou J. 2015. The discovery and evaluation of research team under the mode of weighted co-author network. New Technology of Library and Information Service，31（9）：68-75.

Ribeiro M T，Singh S，Guestrin C. 2018. Anchors：high-precision model-agnostic explanations. New Orleans：The Thirty-Second AAAI Conference on Artificial Intelligence and Thirtieth Innovative Applications of Artificial Intelligence Conference and Eighth AAAI Symposium on Educational Advances in Artificial Intelligence.

Rosvall M，Bergstrom C T. 2008. Maps of random walks on complex networks reveal community structure. Proceedings of the National Academy of Sciences of the United States of America，105（4）：1118-1123.

Saganowski S，Bródka P，Koziarski M，et al. 2019. Analysis of group evolution prediction in complex networks. PLOS ONE，14（10）：0224194.

Saganowski S，Gliwa B，Bródka P，et al. 2015. Predicting community evolution in social networks. Entropy，17（5）：3053-3096.

Sargent L D，Waters L E. 2004. Careers and academic research collaborations：an inductive process framework for understanding successful collaborations. Journal of Vocational Behavior，64（2）：308-319.

Sarkar P，Chakrabarti D，Moore A W. 2011. Theoretical justification of popular link prediction heuristics. Barcelona：The Twenty-Second International Joint Conference on Artificial Intelligence.

Shannon P，Markiel A，Ozier O，et al. 2003. Cytoscape：a software environment for integrated models of biomolecular interaction networks. Genome Research，13（11）：2498-2504.

Sims N，Kasprzyk-Hordern B. 2020. Future perspectives of wastewater-based epidemiology：monitoring infectious disease spread and resistance to the community level. Environment International，139：105689.

Singh J，Fleming L. 2010. Lone inventors as sources of breakthroughs：myth or reality？. Management Science，56（1）：41-56.

Smith T B，Vacca R，Krenz T，et al. 2021. Great minds think alike，or do they often differ？Research topic overlap and the formation of scientific teams. Journal of Informetrics，15（1）：101104.

Sonnenwald D H. 2007. Scientific collaboration. Annual Review of Information Science and Technology，41：643-681.

Sytch M，Tatarynowicz A. 2014. Exploring the locus of invention：the dynamics of network communities and firms' invention productivity. Academy of Management Journal，57（1）：249-279.

Tajeuna E G，Bouguessa M，Wang S R. 2019. Modeling and predicting community structure changes in time-evolving social networks. IEEE Transactions on Knowledge and Data Engineering，31（6）：1166-1180.

Takaffoli M，Rabbany R，Zaïane O R. 2014. Community evolution prediction in dynamic social networks. Beijing：2014

IEEE/ACM International Conference on Advances in Social Networks Analysis and Mining.

Takaffoli M，Sangi F，Fagnan J，et al. 2011. Community evolution mining in dynamic social networks. Procedia-Social and Behavioral Sciences，22：49-58.

Traag V A，Waltman L，van Eck N J. 2019. From Louvain to Leiden：guaranteeing well-connected communities. Scientific Reports，9（1）：5233.

Vieira E S，Cerdeira J，Teixeira A A C. 2022. Which distance dimensions matter in international research collaboration？A cross-country analysis by scientific domain. Journal of Informetrics，16（2）：101259.

Viswanath B，Mislove A，Cha M，et al. 2009. On the evolution of user interaction in facebook. Barcelona：The 2nd ACM Workshop on Online Social Networks.

Wagner C S，Whetsell T A，Leydesdorff L. 2017. Growth of international collaboration in science：revisiting six specialties. Scientometrics，110（3）：1633-1652.

Wang J B，Yang N D. 2019. Dynamics of collaboration network community and exploratory innovation：the moderation of knowledge networks. Scientometrics，121（2）：1067-1084.

Wang Z，Xu Q G，Li W M. 2022. Multi-layer feature fusion-based community evolution prediction. Future Internet，14（4）：113.

White H D，Griffith B C. 1981. Author cocitation：a literature measure of intellectual structure. Journal of the American Society for Information Science，32（3）：163-171.

Wu J，Wang K L，He C C，et al. 2021. Characterizing the patterns of China's policies against COVID-19：a bibliometric study. Information Processing & Management，58（4）：102562.

Wu L F，Wang D S，Evans J A. 2019. Large teams develop and small teams disrupt science and technology. Nature，566：378-382.

Yan E J，Guns R. 2014. Predicting and recommending collaborations：an author-，institution-，and country-level analysis. Journal of Informetrics，8（2）：295-309.

Zhang C S，Liu C C，Zhang X L，et al. 2017. An up-to-date comparison of state-of-the-art classification algorithms. Expert Systems with Applications，82：128-150.

Zhao D Z，Strotmann A. 2008. Author bibliographic coupling：another approach to citation-based author knowledge network analysis. Proceedings of the American Society for Information Science and Technology，45（1）：1-10.

Zheng J，Gong J Y，Li R，et al. 2017. Community evolution analysis based on co-author network：a case study of academic communities of the journal of "Annals of the Association of American Geographers". Scientometrics，113（2）：845-865.

Zhong Z H，Lv S，Shi K B. 2023. A new method of time-series event prediction based on sequence labeling. Applied Sciences，13（9）：5329.

Zuckerman H. 1967. Nobel laureates in science：patterns of productivity，collaboration，and authorship. American Sociological Review，32（3）：391-403.